FEMMES SANS FRONTIÈRES

Chantal Gauthier

FEMMES SANS FRONTIÈRES

L'histoire des Sœurs Missionnaires de l'Immaculée-Conception

1902-2007

CARTE **BLANCHE**

Photo de la couverture: Départ pour les Philippines et la Mandchourie, Vancouver, septembre 1932.

Les Éditions Carte blanche
1209, avenue Bernard Ouest
Bureau 200
Outremont (Québec)
H2V 1V7
Téléphone: 514-276-1298
Télécopieur: 514-276-1349
carteblanche@vl.videotron.ca
www.carteblanche.qc.ca

Diffusion au Canada
FIDES
Téléphone: 514-745-4290
Télécopieur: 514-745-4299

Diffusion au Canada
SOCADIS: (514) 745-4299

Mot de la Supérieure générale

Nous nous souvenons pour rendre grâces au passé, pour vivre le présent et pour projeter l'avenir dans un esprit de fidélité et d'espérance.

Sensible aux signes des temps, Délia Tétreault a su identifier l'appel que Dieu lui adressait face à un besoin spécifique de l'Église et du monde, en fondant en 1902 la Société des Sœurs Missionnaires de l'Immaculée-Conception.

Le projet d'écrire l'histoire de notre Institut provient du désir de partager une page de notre patrimoine culturel et religieux et de célébrer la mémoire de femmes sans frontières d'ici et d'ailleurs qui ont entendu et répondu à un même appel, celui de devenir en action de grâces, à la manière de Marie, missionnaires de la Bonne Nouvelle (Const. 2.3).

Ces femmes sans frontières dont nous parlons ont non seulement remarquablement servi le Seigneur et l'Église missionnaire, mais elles ont également contribué, à partir des valeurs évangéliques, à l'édification d'un monde plus humain et plus juste dans les divers domaines où elles se sont impliquées.

Se souvenir, se rappeler, mais aussi évoquer l'esprit de la mission commune, qui aujourd'hui encore, continue de nous rassembler, de nous animer et de nous dynamiser. Comme membres de l'Institut, nous nous sentons interpellées à poursuivre la mission en fidélité à l'héritage reçu de nos devancières de manière dynamique, audacieuse et créative.

Louise Denis, m.i.c.
Supérieure générale

Liste des sigles et abréviations

AED	Actes de l'enquête diocésaine
ACDI	Agence canadienne de développement international
AMIC	Archives des Sœurs Missionnaires de l'Immaculée-Conception
ASMIC	Associés aux Sœurs Missionnaires de l'Immaculée-Conception
c.s.c.	Congrégation de Sainte-Croix
CEB	Communauté ecclésiale de base
CHR	Conférence haïtienne des religieux et religieuses
CRC	Conférence religieuse canadienne
FMM	Franciscaines Missionnaires de Marie
ICA	Immaculate Conception Academy
ICAM	Immaculate Conception Academy of Manila
IER	Institut d'éducation rurale
IHMA	Immaculate Heart of Mary Academy
MCR	Sœurs Missionnaires du Christ-Roi
MIC ou m.i.c.	Sœurs Missionnaires de l'Immaculée-Conception
Miss. d'Afr.	Missionnaires d'Afrique (anciennement Pères Blancs)
MNDA	Sœurs Missionnaires de Notre-Dame des Anges
o.m.i.	Oblats de Marie Immaculée
OMS	Organisation mondiale de la Santé
ONU	Organisation des Nations-Unies
OPM	Œuvres Pontificales Missionnaires
OPME	Œuvres Pontificales Missionnaires des Enfants
o.s.b.	Ordre de Saint Benoît (Bénédictins)
p.b.	Pères Blancs
PMÉ ou p.m.é.	Prêtres des Missions-Étrangères du Québec
s.s.c.j.	Sœurs du Sacré-Cœur de Jésus
SJ ou s.j.	Jésuites
SMNDA	Sœurs Missionnaires de Notre-Dame d'Afrique (Sœurs Blanches)

Remarques préliminaires

Tous les noms de lieux de mission en Chine ont été donnés selon l'appellation usuelle des MIC. Lors de la première occurrence, le nom actuel en pinyin a été mis entre parenthèses.

Toutes les photographies du présent ouvrage, à moins d'une indication contraire, ont été fournies par les MIC à titre personnel, ou tirées des archives de la communauté (AMIC).

Lorsqu'une personne est désignée par le titre de sœur (ou sr), sans autre spécification, il s'agit d'une sœur Missionnaire de l'Immaculée-Conception.

Genèse d'un projet

Vingt fois sur le métier remettez votre ouvrage ;
polissez-le sans cesse et le repolissez.

Nicolas BOILEAU, 1674

EN 1997, voyant venir le centenaire de leur Institut, les Sœurs Missionnaires de l'Immaculée-Conception lancent le projet Histoire. L'objectif ? Témoigner du vécu missionnaire de la communauté et faire partager l'héritage spirituel de la fondatrice, Délia Tétreault. Commence alors pour l'équipe affectée à ce projet un vaste travail de classification, de recherche et de compilation. Pour diverses raisons, toutefois, ce projet historique ne peut être réalisé comme prévu. De plus, l'entreprise a pris une ampleur insoupçonnée. Comment rendre compte de cent ans de vie missionnaire ? Comment résumer toutes ces années passées au service de l'évangélisation, de l'éducation, de la santé et de l'engagement social ?

Les MIC ne baissent pas les bras pour autant. La collaboration de la directrice des archives, de même que l'embauche d'une archiviste laïque, permettent de faciliter la tâche des recherchistes. Celles-ci préparent une quantité impressionnante de documents de référence en plus de réaliser des chronologies exhaustives pour chacune des 225 maisons qu'a comptées la communauté. En 2002, le conseil général décide de solliciter l'avis d'historiens professionnels. C'est dans ce contexte que France Lord, ma collègue, et moi-même produisons une étude préliminaire destinée à démontrer la faisabilité du projet. Lors de cet exercice, nous proposons notre vision du projet Histoire MIC : une histoire plurielle, riche de la diversité de ses sources, sans compromis sur la rigueur, abondamment illustrée et judicieusement mise en page. En bref, il s'agit de faire un ouvrage qui plaira tant aux sœurs – elles y retrouveront évoqué le travail de toute une vie – qu'au grand public.

À l'automne 2003, nous recevons officiellement du conseil général notre mandat : rédiger l'histoire de la communauté depuis ses débuts. Avec enthousiasme, j'accepte cette commande, bien qu'elle exige de moi, historienne de métier, bon nombre de compromis. Pour répondre au désir des sœurs, je dois viser une histoire consensuelle où les contenus factuels prendront le dessus sur l'analyse. Laissant donc de côté certains événements et certaines problématiques qui m'intéressent plus spécifiquement, j'assume en toute connaissance de cause le type de travail que je suis appelée à faire. Le sujet est digne d'intérêt. Le Québec a été un acteur de premier plan dans l'élan missionnaire du 20ᵉ siècle et les MIC ont largement contribué à cet effort. En outre, il s'agit pour moi d'un devoir de mémoire. Le vieillissement des sœurs, et particulièrement des sœurs canadiennes, exige que l'on fixe sur papier la mémoire identitaire de la communauté.

Cela dit, je dois souligner l'ouverture des sœurs, ainsi que la confiance et la latitude qu'elles m'ont accordées tout au long du projet. Consciente de l'obligation de satisfaire les attentes légitimes de mes « clientes », j'ai tout de même proposé d'ajouter au contenu habituel de ce genre de monographie des éléments novateurs, dont une enquête prosopographique – ou socio-historique – sur les effectifs MIC. C'est ainsi que le chapitre 4, intitulé « D'où venez-vous ma sœur ? », s'intéresse au recrutement et aux candidates elles-mêmes. Grâce à la contribution statistique de quatre communautés missionnaires présentes au Québec – les Franciscaines Missionnaires de Marie, les Sœurs Missionnaires de Notre-Dame d'Afrique (Sœurs Blanches), les Sœurs Missionnaires de Notre-Dame des Anges et les Sœurs Missionnaires du Christ-Roi – il a été possible de comparer le recrutement chez les MIC à celui de communautés similaires. La création puis l'analyse de bases de données ont aussi permis d'explorer plusieurs pistes intéressantes. Combien de candidates ont été tentées par l'aventure MIC depuis les débuts de l'Institut? Combien sont restées? D'où venaient-elles? Que faisait leur père?

Je souhaitais également sonder les sœurs sur plusieurs questions touchant leur vie religieuse et missionnaire. Avec l'assentiment du conseil général, un questionnaire a été élaboré et envoyé à toutes. La réponse a été excellente: 362 sœurs, d'origine et d'âge divers, me l'ont retourné. Dans les chapitres 4 et 5, on pourra découvrir ce qui a influencé leur entrée chez les MIC, si elles ont trouvé difficile de renoncer à la vie séculière ou encore comment elles ont vécu les changements apportés par le concile Vatican II.

Il m'est apparu essentiel que l'histoire des MIC ne soit pas anonyme. J'ai tenu à ce que le nom des sœurs apparaisse, que ce soit à l'intérieur du récit lui-même ou dans la légende d'une photo. Pas question de dissimuler les initiatives individuelles, les actions des unes et des autres, derrière le terme générique de «sœurs» ou «communauté». Bien sûr, pour des raisons de synthèse, on ne peut toujours échapper à ce type de généralisation mais j'ai évité qu'elle ne devienne la norme. Plus que cela, j'ai voulu faire parler les sœurs, que l'histoire reflète, dans une certaine mesure, leur point de vue. Grâce à de nombreux entretiens, des centaines de comptes rendus de mission – les «mémoires vivantes» – et des articles du *Précurseur*, la revue de l'Institut, j'ai pu me constituer une banque bien fournie d'anecdotes et de récits témoignant d'un vécu, d'un contexte, d'une époque.

Enfin, parce que le public d'aujourd'hui est de plus en plus exigeant visuellement, une attention particulière devait être apportée à l'image. Rompues à l'usage des médias, les MIC ont aisément compris l'importance d'une présentation soignée pour capter l'attention des lecteurs et susciter leur intérêt pour un ouvrage au sujet religieux: une mise en page dynamique, l'insertion de graphiques, de tableaux et d'encadrés, ainsi que près de 300 photos enrichissent le présent volume.

Une approche thématique

Devant l'impossibilité physique de faire l'histoire de chacune des missions entreprises, de toutes les œuvres engagées de par le monde, le choix d'une approche thématique s'est révélé rapidement l'option la plus cohérente. Mais peu importe la façon de s'y prendre, la rédaction d'une histoire aussi vaste – 100 ans d'histoire, plus de 1500 membres, 17 pays, 225 maisons – entraîne inévitablement des compromis, oblige à des choix parfois difficiles, surtout pour les sœurs qui ont eu bien plus tendance à me faire ajouter des détails qu'à me suggérer des coupures.

De façon assez classique, le premier chapitre relate l'histoire de la fondatrice, Délia Tétreault, et situe son projet missionnaire dans le contexte de l'époque. Le chapitre 2 raconte la naissance de l'Institut des Sœurs Missionnaires de l'Immaculée-Conception et son développement jusqu'en 1952. Il fait état des objectifs poursuivis par la fondatrice et des moyens mis en place pour y arriver. L'évolution de l'Institut, de 1952 à nos jours, constitue la trame du troisième chapitre. On y met en évidence les changements vécus par la communauté à la suite des nouveaux contextes politiques, sociaux et religieux, de même que les éléments de continuité qui marquent alors l'histoire MIC. À des fins de cohésion, ces chapitres traitent principalement du Canada. Toutefois, pour rappeler au lecteur l'insertion continue des sœurs en pays de mission, des encadrés sur les différents pays sont introduits à des endroits stratégiques dans la trame du récit. Ils expliquent brièvement les contextes d'arrivée et présentent un résumé des principales œuvres accomplies.

Le quatrième chapitre, déjà évoqué, analyse les questions de recrutement et de persévérance, tout comme celle de l'internationalité. Il présente également un portrait de la candidate idéale et se penche sur les motifs de refus invoqués par la maîtresse des novices, responsable des aspirantes MIC. Quant au chapitre 5, il décrit la vie religieuse et missionnaire avant et après le vent de changements apporté par le concile Vatican II (1962-1965) : les étapes de formation à la vie religieuse, la vie en communauté, la formation missionnaire et la question du départ en mission. De plus, ces deux chapitres font largement état des réponses soumises par les sœurs dans le cadre du questionnaire.

Les chapitres 6 à 9 sont fort différents des cinq premiers. Chacun d'eux traite d'un des secteurs d'activités privilégiés par les MIC : l'éducation, la santé, l'engagement social et l'évangélisation. Beaucoup plus factuels et descriptifs, ces chapitres sont destinés à mettre en évidence les réalisations des Sœurs Missionnaires de l'Immaculée-Conception dans chacun de ces domaines. Dans les chapitres 6 et 7, portant respectivement sur l'éducation et la santé, l'approche chronologique et géographique a été privilégiée. Ainsi, nous pouvons suivre l'évolution de l'œuvre éducative secteur par secteur : en Asie, aux Antilles, en Afrique et en Amérique latine. Cette approche permet de faire ressortir la spécificité de chaque pays de mission : faire œuvre d'éducation à Hong Kong ou aux Philippines est fort différent que d'enseigner en Haïti ou en Bolivie dans une école rurale. Il en va de même dans le secteur de la santé.

Les activités entreprises par les sœurs dans le domaine social sont si nombreuses et si disparates qu'il était tout simplement impossible de reprendre l'approche précédente dans le chapitre 8. Il était cette fois préférable de réunir leurs principales actions selon les groupes visés : les enfants, les personnes âgées, les handicapés, les pauvres ou les prisonniers. Leur travail auprès des immigrants et des réfugiés est aussi évoqué, ainsi que les nombreux projets communautaires mis sur pied au profit des collectivités. De la même façon, le chapitre 9, par la diversité et l'abondance des activités d'évangélisation, se prêtait davantage à une approche thématique. On y retrouve résumées les nombreuses initiatives de formation, que ce soit auprès de communautés religieuses locales ou de laïcs engagés, ainsi que le vaste travail de pastorale et d'animation missionnaire des MIC.

Femmes sans frontières se termine sur un constat lucide de la situation actuelle, tout en faisant état de quelques éléments positifs, porteurs d'espoir pour l'avenir de l'Institut.

Un travail de collaboration

Ce projet de longue haleine n'aurait jamais vu le jour – c'est la formule consacrée, mais combien juste – sans la collaboration de nombreuses personnes. On me permettra ici de souligner leur contribution et d'exprimer à toutes et à tous ma profonde gratitude. Mes plus vifs remerciements vont d'abord à sr Georgette Barrette. Engagée dans le projet Histoire depuis ses débuts, elle y a travaillé sans relâche pendant 10 ans. Sous sa direction, un immense travail de recherche et de documentation a été accompli. Recherchiste hors pair, planificatrice efficace, elle m'a offert dès le début un soutien de tous les instants. Son enthousiasme n'a jamais été pris en défaut et, pour ma part, j'ai toujours pu compter sur ses encouragements. Plus que tout, elle aura été ma muse pendant toutes ces années : ses patientes explications, ses nombreuses anecdotes et ses témoignages éloquents auront réussi à me faire voir la communauté, non plus comme un simple objet d'étude, mais comme une entité bien vivante. J'ai été dès lors plus sensible aux attentes des sœurs.

Merci également à sr Mireille Morin qui porte aussi ce projet depuis ses débuts. Elle a assuré avec brio la coordination entre tous les intervenants, à l'intérieur de la communauté comme à l'extérieur, facilitant les rencontres et les échanges. Je dois aussi remercier toutes les sœurs qui ont relu avec attention mon manuscrit et fait de pertinentes suggestions : sr Georgette Barrette, sr Gilberte Bleau, sr Madeleine Grenier, sr Étiennette Guérette, sr Pauline Longtin, sr Mireille Morin, sr Évangéline Plamondon, sr Huguette Turcotte, ainsi que les membres de l'administration générale.

Il me faut signaler la collaboration continue des recherchistes et des copistes – particulièrement sr Étiennette Guérette et sr Simonne Perreault – qui ont compilé une imposante documentation pour faciliter ma propre enquête : que ce soit les chronologies de toutes les maisons MIC, les nombreux dossiers particuliers, les tableaux synthèses des œuvres par pays, tout ce travail a posé de solides jalons sur lesquels j'ai pu m'appuyer. Il m'est impossible de les nommer toutes. Qu'elles trouvent ici l'expression de ma gratitude pour cet apport considérable.

Au secrétariat général comme au Bureau de la Cause Délia-Tétreault, mes demandes ponctuelles ont toujours été bien reçues et traitées avec diligence. Quant au personnel des archives, sous la direction de sr Françoise Jean, il a accompli un travail colossal pour la recherche et l'identification des photographies qui illustrent cet ouvrage. En outre, je m'en voudrais de ne pas rappeler la participation significative des sœurs à la collecte de témoignages. Par le biais d'entretiens, des mémoires vivantes, du questionnaire et des photographies, elles ont été nombreuses à contribuer à la construction de la mémoire communautaire.

J'ai aussi bénéficié d'une aide inestimable à l'extérieur de la communauté. Un remerciement bien senti donc à Sébastien Brodeur-Girard qui a fait un gros travail de défrichage à partir de la documentation MIC. Merci aussi à Stéphan Martel pour son aide avec les nombreux questionnaires reçus. L'énorme quantité de photos disponibles mais non répertoriées et non identifiées rendait nécessaire la création d'un système de classement. Anne-Catherine Lafaille a apporté à cet égard une contribution importante. Je ne peux évidemment passer sous silence l'apport de ma collègue et amie, France Lord : remue-méninges, révision des textes, rédaction d'encadrés synthèses et soutien moral représentent un bien mince aperçu de sa collaboration à ce projet.

En terminant, un merci bien spécial à sr Marie-Paule Sanfaçon, supérieure générale de 2000 à 2005, et à sr Lucie Gagné, vicaire générale depuis 2000, qui ont jugé bon de me confier la rédaction de *Femmes sans frontières*. Leur appui a été une marque de confiance fort appréciée.

Un devoir de mémoire, un geste de reconnaissance

Ce projet est né de la volonté des Sœurs Missionnaires de l'Immaculée-Conception de commémorer le centenaire de leur Institut. Certes, les fêtes du centenaire sont maintenant choses du passé. D'autres anniversaires se dessinent, et tout particulièrement 1909, la date du premier départ missionnaire pour la Chine. Les MIC n'ont nul besoin, toutefois, d'un prétexte pour écrire leur histoire.

Un ouvrage destiné à mieux faire connaître cet Institut missionnaire – le premier du genre en Amérique –, son originalité, ses particularités ainsi que ses œuvres, tant au Québec qu'à l'étranger, devrait trouver sa place dans l'historiographie religieuse. Et n'oublions pas que le cœur de cet Institut, ce sont les femmes qui ont passé ses portes. Des femmes qui ont construit leur communauté, l'ont nourrie et la portent aujourd'hui vers l'avenir. L'histoire de ces missionnaires s'inscrit donc aussi dans les cercles plus grands de l'histoire des femmes. De plus, l'abandon du culte et des pratiques religieuses dans les sociétés occidentales, de même que la disparition des vocations, rendent urgent le devoir de mémoire envers le patrimoine religieux et les communautés religieuses. *Femmes sans frontières* se veut aussi une contribution à la mémoire communautaire.

Pour les MIC, cet ouvrage se révèle l'occasion de partager avec leurs proches, leurs amis et le grand public ce qu'elles ont réalisé, construit et facilité au fil des ans grâce à de nombreuses collaborations. Raconter cette histoire, c'est avant tout un geste de reconnaissance, un hommage à ceux et celles qui les ont secondées.

Chantal GAUTHIER

Un long discernement

Mon Dieu que voulez-vous de moi ?

Délia Tétreault[1]

L'HISTOIRE DE DÉLIA TÉTREAULT, fondatrice des Sœurs Missionnaires de l'Immaculée-Conception (MIC), a déjà été racontée à quelques reprises. Une première biographie a été imprimée en 1942, peu de temps après sa mort survenue le 1er octobre 1941. Ce texte, aujourd'hui publié sous le titre de *Braise et Encens*, en est à sa troisième édition[2]. En 1991 a paru une nouvelle biographie de la fondatrice en vue d'appuyer sa cause de béatification[3]. Plusieurs petits opuscules, de même qu'un certain nombre d'ouvrages sur sa spiritualité, ont également été rédigés au fil des ans par des membres de la communauté[4]. Tous ces textes ont le mérite de mettre en lumière la vie de Délia, son cheminement spirituel ainsi que les événements entourant les débuts de l'Institut.

Malgré ces écrits, il semble important de consacrer ici un chapitre à l'histoire de la fondatrice. D'une part, parce que les événements de l'enfance et de la jeunesse de Délia ont influencé sa spiritualité et, par conséquent, celui de son Institut. D'autre part, parce que ces événements, attestés ou non, sont devenus avec le temps des références pour les membres de sa communauté. Sa vie, telle que racontée par ses biographes, est une source d'inspiration. Un refuge aussi. Appelées constamment à se

Délia Tétreault, mère Marie-du-Saint-Esprit, fondatrice de l'Institut des Sœurs Missionnaires de l'Immaculée-Conception. Outremont, 1923.

Mgr Georges Gauthier, nommé administrateur apostolique du diocèse de Montréal en 1921, accède au poste d'évêque coadjuteur quelques années plus tard. À la mort de Mgr Bruchési, en 1939, il devient archevêque en titre jusqu'à son décès, le 31 août 1940.

définir, voire à se redéfinir en fonction des réalités de nos sociétés modernes, les Sœurs Missionnaires de l'Immaculée-Conception trouvent dans l'exemple de leur fondatrice un point d'ancrage, une référence.

Cela dit, nous connaissons relativement peu de chose de la vie de Délia Tétreault avant la fondation de son Institut en 1902. Elle-même a laissé bien peu de documents concernant cette époque. En novembre 1922, à la demande de Mgr Georges Gauthier, elle commence à écrire son histoire de vocation. Elle est âgée de 57 ans. Cette lettre ne sera cependant jamais terminée. En 1933, à la suite d'une congestion cérébrale qui la laisse partiellement paralysée, elle se confie au chanoine Avila Roch, supérieur du Séminaire des Missions-Étrangères, qui prend soin de noter ce qu'il entend. Les rares épanchements de Délia au sujet de son enfance ont aussi été soigneusement consignés par ses proches collaboratrices, dont Joséphine Montmarquet (sr Marie-de-Saint-Gustave), son amie et première compagne de fondation. À cela s'ajoute la correspondance émanant de gens ayant côtoyé Délia avant le début de l'Institut, soit une cinquantaine de lettres au total, de même que quelques carnets et feuillets écrits de sa main.

Avec le temps, des recherches furent effectuées afin de s'assurer des faits relatés dans *Braise et Encens*. Lorsqu'il fut question d'entreprendre les procédures en vue d'un procès de béatification, en 1973, d'autres investigations furent menées. Bien que certains événements, dans l'état actuel des recherches, demeurent dans l'ombre, deux faits indiscutables ressortent et méritent d'être soulignés, car ils définissent la fondatrice, sa spiritualité tout autant que sa personnalité. D'abord, il est certain que Délia a longtemps cherché sa voie. L'Institut missionnaire dont elle est la fondatrice est le résultat d'un long cheminement. Elle a près de 40 ans lorsque celui-ci reçoit l'approbation pontificale en 1904. Cette longue période de discernement est la conséquence directe de son aspiration la plus grande : faire, en tout, la volonté de Dieu. Autre élément important, Délia a vécu une enfance heureuse. Ce fait apparemment anodin semble pourtant avoir été un élément clé de sa spiritualité.

Une enfance heureuse

Au début de 1865, Célina Ponton est enceinte pour la septième fois en moins de treize ans. Depuis son mariage avec Alexis Tétreault, en octobre 1852, elle a en effet mis au monde quatre garçons et deux filles. Rien d'inhabituel à une époque où les familles nombreuses constituent davantage la règle que l'exception. Elle peut cependant s'estimer chanceuse. Jusqu'ici, mère et enfants s'en sont tirés sains et saufs. Cette fois, elle attend des jumeaux. Délia et son frère Roch naissent le 4 février. Mais la chance n'est plus au rendez-vous. Comme tant d'enfants en bas âge, le petit Roch ne survivra que quelques mois.

Délia est baptisée dès le lendemain de sa naissance. À l'époque, les enfants reçoivent le baptême le plus tôt possible, souvent dans la journée. La mère, alitée, n'assiste pas à la cérémonie et c'est le père, tiré à quatre épingles, accompagné du parrain et de la marraine, qui se rend à l'église avec l'enfant. Voyons ce que nous révèle l'acte de baptême de Délia :

> Le cinq Février, mil huit cent soixante cinq, Nous Prêtre Vicaire, soussigné, avons baptisé Délia née jumelle la veille, du légitime mariage d'Alexis Tétreault, cultivateur et de Célina Ponton de cette paroisse. Parrain, Jean Alix, marraine Marcelline Tétreault. Le parrain a signé. Le père absent.
>
> Jean Alix
G.S. Dérome, Ptre[5]

En fait, cet extrait de baptême confirme plusieurs éléments. D'abord, la date de naissance de Délia ainsi que la naissance de jumeaux. Il donne également les noms du parrain, Jean Alix, oncle par alliance de Délia, et de la marraine, Marcelline Tétreault, demi-sœur d'Alexis. Enfin, il est fait mention d'un curieux détail. Le père de Délia, Alexis Tétreault, cultivateur de son état, est absent. Or, comme il a été dit plus haut, c'est habituellement le père qui mène l'enfant à l'église. Où est donc le père de Délia ? S'il est impossible de répondre en toute certitude à cette question, il est néanmoins permis d'avancer quelques hypothèses.

Alexis Tétreault possède une terre à Sainte-Marie-de-Monnoir, aujourd'hui Marieville, petite paroisse au cœur de la Montérégie. Les conditions

Célina Ponton (c. 1832-1867), mère de Délia.

Survivre à la naissance

Dans la deuxième moitié du 19ᵉ siècle, les femmes, au Québec, ont en moyenne 7 ou 8 enfants. Bien des familles en comptent 12, 15, 17 et même 20, mais la mortalité se charge de faire chuter le compte. En effet, la naissance d'un enfant n'est pas toujours un événement heureux. Trop souvent, la mort vient faucher la mère ou le nourrisson, parfois les deux. Accoucher, à la fin du 19ᵉ siècle, présente pratiquement les mêmes risques qu'aux premiers temps de la colonie. Cela se fait aussi dans les mêmes conditions : à la maison, entourée des femmes de la famille, avec l'aide d'une sage-femme. Si l'enfant survit au premier choc de la naissance, il n'est pas pour autant au bout de ses peines. La mortalité infantile, c'est-à-dire la mortalité des enfants de 0 à 1 an, atteint des proportions effroyables. Encore au début du 20ᵉ siècle, on estime qu'un enfant sur quatre meurt avant l'âge d'un an. Les chiffres sont plus élevés dans les centres urbains tels que Montréal et Québec, compte tenu des conditions sanitaires plus difficiles. La mauvaise qualité de l'eau, comme celle du lait, est en grande partie responsable de ce véritable fléau. À Montréal, il faut attendre 1910 pour que l'eau soit filtrée et chlorée. Quant au lait, le règlement rendant obligatoire la pasteurisation n'est adopté qu'en 1925.

La famille de Théodore Barrette et d'Émilie Pinsonnault. Trois des douze enfants sont morts en bas âge. Saint-Rémi-de-Napierville, c. 1918. Courtoisie de sr Georgette Barrette.

économiques sont particulièrement difficiles à cette époque pour les agriculteurs. Nombreux sont ceux qui n'arrivent plus à faire vivre convenablement leur famille et s'engagent dans les chantiers pendant les longs mois d'hiver. Que ce soit dans les chantiers de coupe de bois ou les chantiers navals, ces hommes quittent leur foyer pendant de nombreux mois dans l'espoir de gagner suffisamment d'argent pour subvenir aux besoins les plus criants. Certains vont même tenter leur chance dans les manufactures américaines pendant quelques mois, histoire de voir si la vie est plus facile de l'autre côté de la frontière, avant de se décider à déménager toute la famille. La naissance de Délia ayant eu lieu en février, l'absence de son père pourrait fort bien être imputée à un travail saisonnier loin du foyer familial.

Une explication plus prosaïque n'est bien sûr pas exclue. Alexis Tétreault est peut-être tout simplement resté au chevet de son épouse. Toutefois, l'importance de la cérémonie du baptême, à cette époque, rend cette

Maison natale de Délia, autrefois située au numéro 523, rang du Ruisseau Barré à Sainte-Marie-de-Monnoir (aujourd'hui Marieville).

Église de la paroisse Sainte-Marie-de-Monnoir (aujourd'hui Marieville) où Délia fut baptisée le 5 février 1865.

Alexis Tétreault (1830-1904),
père de Délia.

hypothèse peu probable. Alexis aurait plutôt laissé son épouse aux bons soins d'une parente, quelques heures, afin d'aller lui-même faire baptiser ses enfants.

Deux ans plus tard, en novembre 1867, la huitième grossesse de Célina Ponton s'avère fatale. Cette fois, la mère et l'enfant ne survivent pas à l'accouchement. Alexis Tétreault se retrouve seul avec sept enfants âgés de 2 à 14 ans. Que faire? Le remariage, pour les veufs, est très fréquent à l'époque. Alexis a lui-même perdu sa mère en bas âge, et son père, avec deux jeunes enfants sur les bras, n'a pas hésité à se remarier. Il ne semble pas, pourtant, qu'Alexis ait opté pour cette solution. Grâce à la généalogie de certains Tétreault, nous savons désormais qu'il a tenté sa chance aux États-Unis[6].

Qu'advient-il de ses enfants? Délia est confiée à son parrain, Jean Alix, et à son épouse, Julie Ponton, sœur de Célina. Les écrits de Délia, de même que ses confidences, ne laissent aucun doute à ce sujet: elle considère M. et Mme Alix comme ses propres parents, leur prodiguant beaucoup d'affection. Lorsqu'elle parle de son père et de sa mère, c'est à eux qu'elle fait allusion. Quant aux autres enfants Tétreault, nous sommes peu renseignés sur leur sort. Il est possible que le père de Délia soit parti dans l'État de New York avec ses trois aînés: Célina, Joseph et Alexis fils, âgés respectivement de 14, 12 et 10 ans. Benoît, âgé de 8 ans, aurait pour sa part été confié à une parente et, grâce à la générosité de l'oncle Jean, fait des études au collège de Marieville. Ce n'est que plus tard qu'il rejoindra les membres de sa famille aux États-Unis. Quant à Pierre et Victoire, âgés de 6 et 4 ans, il est peu probable qu'ils aient accompagné leur père dans son périple. Pour autant que l'on sache, Alexis Tétreault n'a jamais revu sa fille Délia.

Malgré tout, il semble que Délia ait réussi à garder des liens avec ses frères et sœurs. Par un témoignage recueilli auprès d'une de ses sœurs, Victoire, devenue Mme Courteau, nous apprenons que tante Julie, mère adoptive de Délia, faisait venir ses frères (les plus jeunes, sans aucun doute) ainsi que Victoire pendant les vacances d'été: «C'était pour les petits neveux et nièces des jours de joie et de détente[7].» De plus, des écrits de

Émigrer aux États-Unis

Vers le milieu du 19ᵉ siècle, l'agriculture québécoise connaît des moments difficiles. L'espace est devenu trop restreint. Les bonnes terres sont toutes occupées. Les fils de cultivateurs se morfondent. De plus, les rendements sont insuffisants et plusieurs années de mauvaises récoltes rendent la situation intenable. Conséquence? Des milliers de Québécois abandonnent leur terre natale pour aller gagner leur vie ailleurs. Trois solutions s'offrent à eux: aller défricher de nouvelles terres dans l'arrière-pays, émigrer vers les villes ou s'expatrier hors des frontières du Québec.

L'exode vers les États-Unis a commencé vers 1830, alors que des cultivateurs des régions frontalières « vont faire les foins » chez les Américains. À partir de 1860, ce sont des familles entières qui traversent la frontière. Au 19ᵉ siècle, c'est un demi-million de Québécoises et de Québécois qui déménagent aux États-Unis pour s'engager principalement dans les usines de textiles et de chaussures. Plus de 900 000 entre 1840 et 1930. Cet exode est si massif qu'au tournant du siècle, il y a presque autant de Canadiens français en dehors du Québec qu'à l'intérieur de celui-ci.

Les journaux de l'époque se font l'écho de cette migration. Le *Franco-Canadien*, publié à Saint-Jean-d'Iberville, fait état, en avril 1869, de l'ampleur de la désertion:

> Nos compatriotes continuent à se diriger vers les États-Unis dans une proportion alarmante. Tous les jours, les gares de chemins de fer conduisant au-delà de la frontière sont remplies de nombreuses familles attendant l'heure du départ. Depuis près d'un mois, chaque convoi en emporte des centaines. […] Dans un seul rang de la paroisse de Saint-Alexandre, onze terres contiguës sont délaissées et offertes en vente ou à louer; tous les dimanches, les crieurs publics annoncent à chaque porte d'église de nombreux encans de la part de familles qui cherchent à vendre leur mobilier pour réaliser les fonds nécessaires aux dépenses du voyage…

Délia, vers l'âge de trois ans, avec sa sœur Célina et son frère Joseph, c. 1868.

Délia ainsi que des lettres à certains de ses frères ou encore à des neveux ou nièces, alors qu'elle est beaucoup plus âgée et déjà en religion, laissent également entrevoir des rapports affectueux[8].

Désormais, le véritable foyer de Délia se trouve dans la maison de M. et Mme Alix. Que savons-nous de sa famille adoptive ? Peu de chose. Jean Alix et Julie Ponton s'épousent en 1847, mais n'ont pas d'enfant. Jean Alix occupe, à Marieville, une position sociale et économique fort respectable. Son arrière-neveu, historien de la famille, écrit : « Il fut marchand dans son village et plus tard rentier. Sans postérité, il aimait à secourir les jeunes, les orphelins. Une de ses protégées vit à Montréal. Son nom est Délia Tétreault[9]. » En 1867, âgée de près de trois ans, Délia se retrouve donc la fille unique d'un couple aisé. Cette prospérité sera toutefois fortement ébranlée par le « désastre », c'est-à-dire la faillite de la banque Ville-Marie en 1899. « Leur ruine entraîne naturellement celle de mes plus chères espérances », écrira Délia à une compagne en 1899[10].

Des économies qui s'envolent en fumée

Le Québec de la fin du 19e siècle est marqué par de graves scandales financiers et de nombreuses faillites bancaires. En 1896, après plusieurs années d'existence, la Banque du Peuple s'effondre à la surprise générale. Les déposants et les détenteurs de billets se retrouvent avec des pertes d'environ 1,7 million de dollars. Les conséquences sociales de cette faillite sont désastreuses. « Je vis de pauvres vieilles en haillons et presque nu-tête, les yeux remplis de larmes ; leurs économies et celles d'autres épargnants avaient été dilapidées, noyées dans un bourbier de fraude et d'immoralité », raconte un observateur[11]. Mais la liquidation de la Banque du Peuple est à peine terminée que les 19 succursales de la Banque Ville-Marie frôlent l'insolvabilité. Le président et directeur général de la Banque a utilisé les fonds déposés par les épargnants pour financer ses propres projets et ceux de ses amis. Des retraits massifs provoqués par les rumeurs de détournement de fonds ont finalement raison de la Banque en juillet 1899. À la fin de la saga, les pertes des déposants et des détenteurs de billets dépassent 1,2 million de dollars. Pour plusieurs, c'est la ruine.

Malgré la perte de ses parents naturels, Délia semble avoir eu une enfance heureuse. Ses parents adoptifs lui prodiguent attention et affection. Une religieuse de Jésus-Marie, qui a été élève au couvent de Marieville et qui a côtoyé Délia, rapporte ce qui suit : « Le seul souvenir d'enfant gravé dans ma mémoire, [...] c'est que de son oncle sacristain, elle [Délia] nous obtenait des séances captivantes, car son oncle était le plus intéressant et expert conteur d'histoires du pays. C'était une jouissance bien grande que Mlle Tétreault nous procurait aimablement[12]. » D'après son propre témoignage, Délia est très proche de sa mère adoptive, à qui elle confie tout. Elle ajoute encore : « Ma bonne Mère me fut, dans ces occasions, d'un grand secours, et avec combien de tendresse et d'énergie elle m'aidait à me corriger de mes défauts[13] ! »

Ce contexte familial n'est sans doute pas étranger à sa spiritualité. Elle a été aimée. Il est sans doute plus facile dans ces conditions de rendre grâce... Pourtant, la perte de ses parents aurait très bien pu la pousser à s'identifier aux souffrances du Christ, comme tant de fondateurs d'ordre, et à développer une spiritualité de la Passion[14]. Mais non. La spiritualité de Délia est sereine et rayonnante. Son Dieu est un Dieu d'amour et de tendresse : « Quand je m'arrête à penser que Dieu m'aime divinement malgré ma profonde misère, je suis la créature la plus heureuse du monde[15]. »

Délia enfant a-t-elle baigné dans une atmosphère particulièrement dévote ? Rien ne le laisse croire. Ses parents sont de bons chrétiens, certes. Jean Alix est sacristain, il est vrai, et très près du curé de Marieville. Délia, par ailleurs, fait ses études chez les Sœurs de la Présentation de Marie de 1873 à 1883. Elle en gardera un bon souvenir : « Quels auxiliaires précieux le bon Dieu n'avait-il pas dans mon incomparable mère et dans les saintes religieuses qui ont fait mon éducation[16] ! » Toujours dans son histoire de vocation, Délia explique qu'enfant elle cherchait toutes les occasions de se cacher au grenier pour y lire d'anciennes annales de la Sainte-Enfance et de la Propagation de la Foi qu'elle avait trouvées dans une caisse : « Il ne me venait pas à l'esprit que je pouvais un jour devenir missionnaire, ma pensée enfantine n'allait pas plus loin qu'à une grande admiration pour les religieux et religieuses qui avaient ce bonheur[17]. »

Délia vers l'âge de quatre ou cinq ans, c. 1869-1870.

Délia et ses parents adoptifs, Jean Alix (1823-1910) et Julie Ponton, (c. 1825-1900). 1877-1879.

Le rêve prophétique de Délia peint par sr Marie Bilodeau dans son studio
de la Maison Mère. Montréal, 1951.

C'est à cette époque également, poursuit-elle, qu'elle fait un rêve qui
deviendra, pour la communauté, emblématique de sa vocation missionnaire :

> Il ne serait peut-être pas hors de propos de raconter un rêve datant de la même
> époque, me semble-t-il : dans ce rêve j'étais à genoux près de mon lit, et tout
> à coup j'aperçus un champ de beaux blés mûrs qui s'étendait à perte de vue.
> À un moment donné tous ces blés se changèrent en têtes d'enfants, je compris
> en même temps qu'elles représentaient des âmes d'enfants païens[18].

Délia quitte peu à peu l'innocence de l'enfance et s'avance vers l'âge
adulte. L'heure des choix approche. Débute alors pour la jeune femme
une longue période de réflexion, véritable quête intérieure.

Délia cherche sa voie

> Vers ma treizième année, écrit Délia, je sentis un vif attrait pour la vie religieuse [...]. Dans ma quatorze ou peut-être plutôt dans ma quinzième année, je me sentis poussée, pressée dans un moment de ferveur de faire le vœu de chasteté perpétuelle, ce que je fis effectivement[19].

Toutefois, rien n'est simple pour la jeune adolescente :

> Ces premières années qui auraient dû être les plus heureuses de ma vie ne le furent guère, tiraillée comme je l'étais : le monde me tirait d'un côté, la grâce me sollicitait de l'autre. Notre-Seigneur me reprochait amèrement les plaisirs que je cherchais à prendre dans le monde, et mon manque de correspondance à sa grâce ne me permettait pas de jouir de ses consolations[20].

Délia, vers l'âge de 18 ans, c. 1883.

Délia insiste. Si à cette époque elle est attirée par la solitude, le silence et la prière, elle ne l'est pas moins par la vie mondaine. « L'amour du monde, des vanités et surtout la lecture de romans, écrit-elle encore, me livraient une guerre acharnée et continuelle[21]. » Peu à peu, les tentations passent. Elle promet de ne plus jamais lire de romans ni aucune publication légère. Elle s'adonne désormais à la lecture d'ouvrages sérieux et spirituels. Les visites, dans sa paroisse, d'évêques missionnaires du Nord-Ouest canadien tels Mgr Vital-Justin Grandin l'impressionnent durablement : « Bien qu'éprouvant une inexprimable admiration pour la vie apostolique, je n'aurais jamais osé y prétendre. D'ailleurs, la chose ne me paraissait pas possible, puisqu'il n'existait au Canada aucune Communauté de religieuses missionnaires[22]. »

À dix-huit ans, Délia semble davantage en paix avec elle-même. Elle ne sait peut-être pas encore ce qu'elle fera, ou comment elle le fera, mais elle n'est plus tiraillée entre le monde et la vie religieuse. Elle opte définitivement pour cette dernière. Monsieur et Mme Alix, les parents adoptifs de Délia, ne semblent pas avoir beaucoup encouragé – sans pour autant y mettre un frein – la vocation de Délia : « Ma fille, puisque tu as fait le sacrifice de me quitter, lui dira sa mère quelques années plus tard, et exigé aussi que j'y consente, continue-le bravement ; fais-le bien, ou reviens, s'il te pèse trop[23]. » La crainte de perdre son unique fille explique sans doute

Vital-Justin Grandin est né en France en 1829. En 1854, cet oblat de Marie Immaculée se met en route pour Red River dans l'Ouest canadien. Premier évêque de Saint-Albert, en Alberta, il restera en poste jusqu'à sa mort en 1902. Engagé auprès des métis et des autochtones, il a fait construire des écoles, des orphelinats et des hôpitaux qu'il a confiés aux religieuses francophones. Il a aussi encouragé l'immigration de Canadiens français et de Franco-Américains dans l'Ouest canadien.

le peu d'enthousiasme de Mme Alix devant cette avenue déchirante. Délia elle-même, de toute évidence, ne se sentira vraiment libre de prendre un engagement plus formel qu'après la mort de sa mère adoptive. En effet, à de nombreuses reprises, elle abandonnera ses activités pour venir soigner cette dernière.

Délia se sent appelée, oui, mais à quoi au juste? Les événements cités plus haut nous incitent à croire que Délia va opter pour une vocation missionnaire ou à tout le moins pour une vocation qui s'en approche. Pas du tout. Elle demande son admission chez les Carmélites, un ordre contemplatif. Elle n'y est cependant pas reçue. Délia ne s'est jamais expliquée sur cet épisode de sa vie. Bien que nous ne possédions aucun document motivant ce refus, il a toujours été présumé que c'est son mauvais état de santé qui avait été le principal obstacle à son entrée au Carmel.

En effet, depuis sa plus tendre enfance, Délia souffre d'une santé précaire: «Une autre épreuve qui contribua aussi à rendre pénible cette époque de ma vie, écrit-elle, fut mon mauvais état de santé, c'est misérablement que je suivais mes classes et le succès était mince[24].» Elle ne semble pas atteinte d'un mal précis, mais plutôt dotée d'une frêle constitution qui la rendait fragile à diverses contagions. En 1901, elle est très

Gravure représentant le monastère des Carmélites, à Montréal, c. 1880.
Courtoisie des Carmélites de Montréal.

Les pionnières missionnaires du Québec

En 1883, il n'existe pas encore de communauté d'origine canadienne spécifiquement destinée à la mission *ad extra*. De fait, même si le nombre de communautés féminines au Québec est en hausse depuis les années 1840, grâce aux efforts de Mgr Ignace Bourget, il est encore loin de ce qu'il sera dans les années 1930. Au total, on dénombre un peu plus d'une vingtaine de communautés de femmes au Québec œuvrant surtout dans les domaines de l'enseignement, de l'entraide sociale et des soins de santé, sans oublier quelques communautés contemplatives telles que les Carmélites (Montréal, 1875) et les Adoratrices du Précieux-Sang (Saint-Hyacinthe, 1861).

Mission des Sœurs Grises à Providence dans les Territoires du Nord-Ouest, c. 1930. Archives des Sœurs Grises de Montréal ; L025/Y10A Providence, Territoires du Nord-Ouest.

Mgr Ignace Bourget (1799-1885), d'abord nommé secrétaire de Mgr Jean-Jacques Lartigue, fut ensuite désigné comme coadjuteur de celui-ci en 1837 puis lui succéda comme évêque de Montréal de 1840 à 1876. Sous son épiscopat énergique, la société québécoise vit un renouveau religieux sans précédent, dont l'impact se fera sentir jusque dans les années 1960.

Si aucune de ces communautés n'est exclusivement vouée à la mission, plusieurs d'entre elles ont déjà commencé à essaimer vers l'Ouest canadien, le Grand Nord ou les contrées lointaines. En effet, les Sœurs Grises œuvrent dans l'Ouest canadien depuis 1844. Les Sœurs de la Providence, fondées par Émilie Gamelin, débarquent au Chili en 1852 puis en Oregon en 1856. Les Sœurs de Sainte-Anne partent pour la Colombie-Britannique en 1858 puis se dirigent vers l'Alaska. Les Sœurs des Saints Noms de Jésus et de Marie répondent aussi à l'appel de l'Ouest américain et s'installent en Oregon en 1859.

Quant aux premières initiatives québécoises vers l'Asie ou l'Afrique, elles se font d'abord à l'intérieur de congrégations européennes. Léa Malouin, par exemple, religieuse de Jésus-Marie – congrégation implantée au Québec depuis 1855 –, part pour l'Inde en 1869. D'autre part, des communautés essentiellement missionnaires voient le jour à travers le monde. Les Sœurs de Notre-Dame d'Afrique (Alger, 1869 – Québec, 1903), mieux connues sous le nom de Sœurs Blanches, les Franciscaines Missionnaires de l'Immaculée-Conception (Minnesota, 1873 – Montréal, 1912) et les Franciscaines Missionnaires de Marie (Inde, 1877 – Québec, 1892) sont de ce nombre. Sans tarder, ces communautés recrutent au Québec. En 1886, dix Canadiennes françaises entrent au noviciat des Franciscaines Missionnaires de l'Immaculée-Conception situé à Belle Prairie au Minnesota. En 1900, les Franciscaines Missionnaires de Marie comptent déjà 64 Canadiennes.

Il ne fait aucun doute qu'à la fin du 19e siècle, le vaste élan missionnaire du Québec est bel et bien amorcé. Il connaîtra son heure de gloire dans les années 1950 alors que le Québec se retrouve au 4e rang des pays catholiques pour l'envoi de missionnaires, derrière l'Irlande, la Hollande et la Belgique mais devant la France et l'Italie. On estime à environ 5000 le nombre de missionnaires canadiens-français en poste à l'étranger en 1961. De ce nombre, plus de 3000 sont des femmes !

gravement malade et doit se soumettre à la cure des tuberculeux. Or il est vrai que les communautés religieuses étaient en général fort pointilleuses au sujet de la santé de la candidate, compte tenu des conditions de vie assez rudes dans les couvents.

Après la tentative du Carmel, Délia abandonne l'idée des ordres contemplatifs. Elle se présente chez les Sœurs de la Charité de Saint-Hyacinthe, communauté résolument tournée vers l'action. Le 15 octobre 1883, elle est admise comme postulante. Son séjour est de courte durée puisqu'elle en sort à la mi-décembre de la même année. Que s'est-il passé? Dans *Braise et Encens*, il est écrit: «Une épidémie de fièvre s'étant déclarée au couvent, ses parents se hâtèrent de la ramener au foyer; elle y demeura sept ou huit ans[25].» Si la raison de son départ est effectivement la présence d'une épidémie de fièvre, pourquoi n'y retourne-t-elle pas une fois le danger écarté? En fait, le témoignage d'une sœur qui a connu Délia au noviciat des Sœurs Grises laisse croire qu'on ne souhaitait nullement que Délia revienne:

> Sœur Tétreault, c'était une petite fille qui semblait n'avoir guère senti le joug de la discipline avant de venir au couvent. En autant que je me rappelle, elle avait été élevée par une tante qui l'adorait: l'enfant qu'elle était nous parut espiègle, désinvolte, émancipée, un peu exaltée. Nos maîtresses ne trouvaient pas qu'elle avait de vocation de sœur Grise, et d'après elles, pas de vocation religieuse[26]…

Délia n'a de toute évidence pas encore trouvé sa voie. Néanmoins, c'est pendant son postulat chez les Sœurs Grises qu'elle aurait reçu un signe, une indication de ce qu'elle devait faire. C'est du moins ce qu'elle confie bien des années plus tard au chanoine Roch:

> Un soir […] que j'étais avec des postulantes dans une petite pièce, il m'a semblé que Notre-Seigneur me disait que je devais plus tard fonder une Congrégation de femmes pour les missions étrangères, et travailler à la fondation d'une semblable Société d'hommes, d'un séminaire des Missions Étrangères sur le modèle de celui de Paris. J'oubliai bientôt cet incident; il me revint à l'esprit à l'ouverture de notre maison, sans que j'eusse l'idée d'en parler à personne[27].

L'Hôtel-Dieu de Saint-Hyacinthe où Délia a été postulante en 1883. Courtoisie des Sœurs de la Charité de Saint-Hyacinthe.

Il est étonnant que Délia « oublie » si rapidement cet épisode. D'autant plus qu'une seconde vision serait survenue peu de temps après son retour du postulat, un jour qu'elle cueillait des framboises chez un oncle : « Au moment où j'étais ainsi occupée à ma cueillette, je vis en esprit une grande maison, comme un monastère, qui était peuplée de prêtres, et une autre peuplée de religieuses[28]. » Si Délia se sent attirée par les missions – et ses biographes insistent là-dessus –, pourquoi décide-t-elle d'entrer au Carmel ? Et si elle se sent appelée à fonder une communauté religieuse, pourquoi n'en parle-t-elle pas ? Pourquoi, forte d'une vision, d'un signe, d'une intuition – le terme choisi importe peu –, ne s'en ouvre-t-elle pas à quelqu'un ?

Délia n'a que dix-huit ans. Elle manque certainement de confiance en elle et n'ose probablement pas croire à son appel. Enfin, il est évident que Délia n'est pas bien comprise ou bien guidée par ses directeurs spirituels de l'époque. D'ailleurs, elle-même avoue ce manque de direction : « Que de déboires j'ai eus avec des directeurs, comme il m'a fallu m'en tirer toute seule[29]. »

Des rencontres déterminantes

Délia se retrouve donc de nouveau à la case départ, chez ses parents, et rien n'est encore très clair. Les deux tentatives sans lendemain, auprès de communautés religieuses, montrent qu'elle n'était pas à sa place dans ces instituts et peut-être aussi qu'elle n'était pas tout à fait prête. Pour Yves Raguin, après son retour à la maison, Délia « n'est certainement pas tentée de sonner à la porte d'une autre Congrégation religieuse car elle se sait appelée à fonder une Congrégation féminine et à aider à la fondation d'une Société masculine[30] ». Nous allons voir que ce n'est pas tout à fait vrai. Si Délia se sait appelée à fonder une congrégation missionnaire, elle n'en laisse rien voir et va au contraire être tentée à nouveau par d'autres expériences de vie religieuse.

Le père Almire Pichon, s.j.

De retour à la maison familiale, Délia y reste un peu plus de sept ans. Que fait-elle pendant toutes ces années ? Selon son propre témoignage ainsi que celui de rares témoins, elle s'occupe de sa mère malade ainsi que de bonnes œuvres, regroupant notamment les enfants pauvres de la paroisse afin de leur enseigner le catéchisme. Elle ne manque certainement pas, également, d'assister aux sermons, retraites et autres homélies prononcées par des prédicateurs itinérants. C'est sans aucun doute au cours de l'une de ces retraites – véritables missions populaires – qu'elle fait la rencontre d'un jésuite français, le père Almire Pichon. Celui-ci est au pays depuis quelque temps et organise des retraites fort courues un peu partout à travers le Québec.

Cette rencontre de Délia et du père Pichon a lieu vers la mi-août 1889. Elle trouve aussitôt chez ce prédicateur une oreille attentive. En fait, il semble qu'il aborde de lui-même la question de la vocation religieuse. Délia aurait-elle enfin trouvé quelqu'un pour la conseiller dans son cheminement ? Il est vrai que le père Pichon est un homme instruit, qui a l'expérience de la direction. N'a-t-il pas été, juste avant son arrivée au Canada, directeur de Thérèse Martin, future sainte Thérèse de l'Enfant-Jésus ?

La première rencontre semble donc des plus positives. S'ensuit, au fil des ans, une correspondance assez soutenue dont une partie seulement – quelques lettres du père Pichon à Délia – nous est parvenue. Dès les premières lettres, nous comprenons que Délia cherche encore sa voie. Cette fois, elle peut s'ouvrir à un interlocuteur plus sensible à sa détresse :

> Vos lettres, surtout la dernière… c'est vous ! J'y lis même ce que vous n'avez pas écrit. Laissez toujours votre plume me parler librement de la chère âme et de tout l'intime. Comme je suis pressé de découvrir les desseins de Dieu sur vous ! Votre avenir me tient fortement au cœur […]. Ne soyez plus effrayée ni de votre cœur ni des ressorts puissants de votre nature. J'applaudis à tout et je bénis Dieu d'avoir donné cette trempe à mon enfant[31].

En mars 1890, il écrit encore :

> Vous languissez ! Même au milieu des vôtres vous sentez que vous n'êtes pas chez vous. Ne serait-ce pas une preuve nouvelle, un signe manifeste que vous

Almire Pichon, s.j.
Né en France en 1843, Almire
Pichon entre au noviciat jésuite à
l'âge de 20 ans. Ordonné prêtre
en 1873, il poursuit ses études de
théologie sous la direction du
père Ramière, grand apôtre de la
dévotion au Sacré-Cœur. Sa
demande de départ pour la Chine
lui est refusée en raison de sa
mauvaise santé, mais ses
supérieurs lui offrent le Canada.
Il y fait deux séjours : le premier
de 1884 à 1886; le second de 1888 à
1907, date de son retour définitif
en France. Il a été un prédicateur
de retraites recherché et actif. On
lui attribue la prédication de plus
de 1000 retraites! Il est mort à
Paris, le 15 novembre 1919.

n'êtes point dans votre voie, dans votre élément? Pauvre petit poisson hors
de l'eau ne peut que palpiter et mourir. Patience! Vous serez un jour plongée
dans l'eau et vous y nagerez en liberté[32].

À la fin du mois de mai 1890, Délia effectue une retraite chez les Religieuses du Sacré-Cœur au Saut-au-Récollet (aujourd'hui le quartier
Ahuntsic, à Montréal). Elle confiera, bien plus tard, qu'elle avait senti
qu'elle n'avait pas sa place dans cette communauté[33]. En octobre 1890,
c'est une autre communauté religieuse qui attire son attention, les Auxiliatrices du Purgatoire. Comment a-t-elle entendu parler de cet institut
assez récent, fondé à Paris en 1856? Sans doute par Pichon lui-même, qui
n'ignore rien de cette communauté. En effet, à travers la biographie
d'Alexandrine Pouliot, première Canadienne française à se joindre aux
Auxiliatrices, nous découvrons qu'elle-même fut conseillée et dirigée par
le père Pichon[34].

Les Auxiliatrices du Purgatoire ne sont pas des contemplatives, mais
des femmes d'action. Elles sont au service des pauvres et offrent leur travail pour les âmes du purgatoire. Pas spécifiquement missionnaires, elles
sont néanmoins appelées tôt en mission et débarquent à Shanghai dès
1867. En 1890, elles n'ont encore aucune fondation en Amérique.

Délia écrit donc au père Pichon à leur sujet, mais celui-ci, étrangement,
ne semble pas très enthousiaste : «Non, non, les Auxiliatrices ne ressem-
blent pas aux religieuses que vous connaissez. C'est un genre à part», lui
répond-il[35]. Délia insiste, car il lui envoie l'adresse des Auxiliatrices, à
Paris, quelques mois plus tard[36]. Cette curiosité de Délia pour les Auxiliatrices reste sans suite. Le manque d'intérêt du père Pichon est toutefois
révélateur. Il s'explique sans doute par le fait que, conscient de la valeur
de la vocation religieuse de Délia, il souhaite plutôt l'associer à une œuvre
et une fondation qu'il projette au Canada. En effet, le père Pichon désire
établir à Montréal une œuvre en faveur des immigrants, principalement
les immigrants italiens. Il a également en tête la fondation d'un institut
féminin séculier – c'est-à-dire une communauté de femmes laïques vivant
ensemble selon une règle mais sans prononcer de vœux – qui prendrait
en charge cette œuvre charitable et spirituelle.

Le temps passe et, pendant que Délia confie ses incertitudes et ses angoisses au père Pichon, celui-ci lui dévoile peu à peu son projet. Mais comme cette œuvre n'a ni l'aval de ses supérieurs ni celui de l'archevêque de Montréal, le père Pichon insiste sur le secret. En avril 1891, Béthanie – c'est le nom de la maison d'œuvres – ouvre néanmoins ses portes avec deux « élues ». Qui sont-elles ? Mystère. Nous savons qu'une riche veuve, Mme Poitou, est venue de France afin d'assurer la direction de l'œuvre et la soutenir financièrement. Délia ne fait manifestement pas partie des deux premières recrues de Béthanie. En fait, elle semble se faire tirer l'oreille et éprouver quelques réticences à quitter son foyer pour se consacrer à l'œuvre du père Pichon. Chose certaine, le secret qui entoure cette œuvre n'est pas pour plaire à Délia :

> [...] Que j'aimerais vous voir dès Mardi. Les premières élues de Béthanie ne seront encore que deux. Serez-vous la troisième ? Il ne faut pas confier mon secret. Il est de la plus haute importance que le mystère reste caché. Mais alors comment obtenir l'assentiment de votre famille ? C'est de vive voix que nous pourrions concerter un petit plan. Ne pourriez-vous venir dans quelque temps à Béthanie faire une retraite ? [...] Pourrez-vous accourir[37] ?

Cette lettre est datée du 10 avril 1891 mais ce n'est qu'en juin que Délia se rend aux arguments du père Pichon et rejoint Béthanie. Elle n'y sera jamais complètement à l'aise.

> Cette maison de bonnes œuvres était située rue St-Philippe, dans un quartier de pauvres, lequel n'avait peut-être pas très bonne réputation : l'on voyait souvent de beaux équipages arrêtés devant la maison qui avait assez jolie apparence. On se demandait peut-être quelle espèce de rendez-vous c'était. Le Père Pichon était un saint homme, une belle figure de la Compagnie de Jésus mais ne pensant qu'à faire le bien, il ne se préoccupait pas de ce que l'on pourrait dire. L'on devait se demander pourquoi j'étais là[38].

Délia s'installe donc à Béthanie. Elle y œuvre pendant presque 10 ans. Que fait-elle au juste ? Elle s'occupe des pauvres et des malades, et surtout des immigrants italiens, laissés-pour-compte :

La maison de Béthanie, rue Saint-Urbain à Montréal. D'abord située rue Saint-Philippe, Béthanie réunit une douzaine de jeunes filles sous la direction de Mme Poitou pour une œuvre charitable et spirituelle. L'œuvre est ensuite transportée rue Saint-Urbain puis rue Rachel dans la paroisse de l'Immaculée-Conception. Douze ans après son ouverture en 1891, l'œuvre du père Pichon est abandonnée, ses membres se dispersent et Mme Poitou retourne en France.

Le bien que nous faisions était consolant, nous préparions jusqu'à quatre cents premières communions à la fois, faisions le catéchisme aux enfants, faisions bénir des mariages, etc. Nous nous occupions des Italiens qui alors n'avaient personne pour s'occuper d'eux[39].

Les Italiens de Montréal

À la fin du 19e siècle, l'immigration italienne au Québec est encore assez limitée. Il s'agit très souvent d'ouvriers non spécialisés ou d'ouvriers agricoles arrivant à Montréal sans leur famille, pour de courts séjours, et retournant ensuite dans leur village natal avec l'argent gagné difficilement à l'emploi des compagnies de chemin de fer. Selon Statistique Canada, en 1901, la population italienne de Montréal se chiffre à 1630. Ce n'est qu'à partir des années 1910 que ces Italiens s'installent de manière permanente et font venir leur famille. En 1911, les effectifs de la population italienne sont passés à 7013. La deuxième grande vague d'immigration italienne – et de loin la plus importante – a lieu dans les années 1950 et 1960. De 1951 à 1961, la population italienne de Montréal passe de 30 000 à 97 000.

Une demoiselle Turcotte, qui a fort bien connu Délia à Béthanie puisqu'elle y était employée comme cuisinière, livre d'autres détails :

Votre Vénérée Mère enseignait le catéchisme. Nous faisions une grande chaudronnée de soupe qu'elle allait distribuer dans les familles pauvres et c'est là qu'elle recrutait ses élèves. Elle eut jusqu'à vingt élèves, de grands garçons parfois de 17 ans[40].

Elle ajoute :

Elle était d'une patience angélique. À un pauvre idiot de 25 ans, elle réussit à inculquer quelques notions de catéchisme. [...] Elle réussit à lui faire faire sa première communion. [...] Que dire de son dévouement ? C'est elle qui, la nuit, avait soin d'une vieille dame âgée, la mère d'une personne de la maison. Cette pauvre malade déjà en enfance, lui fit passer bien des nuits[41].

Le père Alphonse-Marie Daignault, s.j.

Délia se dépense sans compter à Béthanie, mais les tourments ne manquent pas. Sa mauvaise santé, celle de sa mère adoptive aussi, au chevet de laquelle elle se rend fréquemment, les pertes financières de sa famille et le secret entourant l'œuvre du père Pichon… Autant de croix qu'elle porte toutes ces années. En outre, Délia n'est pas convaincue d'avoir trouvé à Béthanie sa véritable vocation. Cette vérité s'impose à elle avec encore plus de force à la suite de sa rencontre avec le père Alphonse-Marie Daignault, un missionnaire jésuite de retour d'Afrique.

Cette rencontre a lieu, fort probablement, entre 1891 et 1893, alors que le père Daignault est au Canada. En fait, c'est par une lettre du père Pichon à Délia, datée du 15 avril 1893, que nous apprenons que celle-ci est déjà en contact avec le missionnaire :

> Est-ce vrai que le R.P. Deniaud [*sic*] pourrait avoir quelques vues sur notre cher Béthanie ? Ce que Mme Poitou vient de m'écrire me fait tressaillir. Tâchez de revoir le R.P. et de le sonder. S'il le veut, tout Béthanie le suivra. Engagez-le à m'écrire. J'ai voulu lui faire une petite ouverture et le bon Dieu a permis qu'il n'y eût pas d'écho. Soyez l'instrument du bon Dieu : obtenez-nous les missions et vous me serez deux fois chère […] Dites-moi votre pensée sur le Zambèze, sur le R.P. Deniaud[42].

Cette lettre est intéressante à plus d'un égard. Elle nous apprend, nous l'avons dit, que Délia connaît le père Daignault. L'a-t-elle rencontré à Montréal ? Est-il venu visiter Béthanie ? L'a-t-elle plutôt rencontré chez elle, à Marieville, alors qu'elle est occupée au chevet de sa mère et que celui-ci rend visite à sa famille ? Toutes ces hypothèses se valent. Fait significatif, toutefois, ce n'est pas Délia qui parle au père Pichon de cette rencontre, mais Mme Poitou. Et voilà le père Pichon qui rêve de mission en Afrique, sans tenir compte des vues de ses supérieurs sur cette question. Autre élément à noter : l'absence de réponse du père Daignault à l'ouverture que lui fait Pichon. En fait, le père Pichon ne semble pas exister pour le père Daignault. Aucune allusion dans ses lettres à Délia, jamais. En choisissant d'œuvrer en secret, le père Pichon mettait le père Daignault

Alphonse-Marie Daignault s.j. Né à Longueuil en 1850, Alphonse-Marie Daignault entre chez les jésuites à l'âge de 20 ans. Ordonné prêtre en 1881, il est nommé trois ans plus tard pour la mission du Zambèze (aujourd'hui Zimbabwe). Après un bref séjour au Canada entre 1891 et 1893, il repart pour l'Afrique. Malade, il rentre de mission en 1901 et demeure dès lors en poste au Québec jusqu'à sa mort en 1938.

dans une position difficile. Ce dernier, compte tenu des confidences de Délia, ne pouvait ignorer le rôle du père Pichon à Béthanie.

Si le projet de mission caressé par le père Pichon échoue, il n'en demeure pas moins que Délia a rencontré quelqu'un qui est sensible à ses idées, quelqu'un en qui elle a confiance et avec qui elle va échanger pendant de nombreuses années. Mais, surtout, Délia a finalement rencontré quelqu'un qui a éveillé, ou réveillé, son âme missionnaire.

Doit-on conclure, comme le fait Yves Raguin dans sa biographie, que Délia s'apprête à cette époque à quitter Béthanie pour suivre le père Daignault au Zambèze? Que si le projet du père Pichon échoue, Délia, elle, est prête à partir seule? Ce n'est pas impossible. Pour soutenir cette hypothèse, il y a, d'abord, la confidence de Délia elle-même : « Le jour où je devais m'embarquer pour l'Afrique, il pleuvait à plein ciel, et je crois que j'ai versé autant de larmes qu'il tombait de gouttes de pluie[43]. » Il y a également les lettres du père Pichon. Celle du 27 avril 1893, alors qu'il est en mission auprès des Acadiens, indique qu'un événement a secoué Béthanie et l'a fait souffrir. Est-ce l'annonce du départ de Délia?

> Avant de quitter Bathurst, où j'ai tant souffert pour Béthanie, je veux m'accorder la grande joie de vous tracer un petit mot. Votre carte et l'excellente lettre, qui l'a suivie, avaient pour mission de me consoler, et elles s'en sont acquittées très suavement. Remerciez pour moi la Ste Vierge de vous avoir donné un cœur si filial. Oui, oui, je choisirai pour mon pauvre Béthanie la douce cachette que vous m'indiquez, le sein de la très Ste Vierge Marie. Si Marie est pour nous, qui donc sera contre nous? [...] Eh bien! Oui, je consens de grand cœur à souffrir et à souffrir beaucoup si à ce prix je parviens à vous donner le bonheur. Il est si radieux le bonheur que je rêve pour vous[44].

Cette lettre indique également que Délia lui a écrit pour le consoler et qu'elle lui demande de remettre Béthanie entre les mains de la Sainte Vierge. Remarquons ici la subtilité de la réponse du père Pichon. Il n'écrit plus « *notre* bien-aimé Béthanie », comme dans les lettres précédentes, mais « *mon* pauvre Béthanie ». Cela semble particulièrement révélateur. Enfin, le père Pichon, à la fin de sa lettre, rassure Délia : il veut bien souffrir si c'est pour son bonheur. Cette phrase est aussi importante car elle confirme que l'événement dont il est question a un lien certain avec sa protégée.

Délia, cependant, ne part pas pour l'Afrique. Sa santé, encore une fois, semble responsable de ce rendez-vous manqué. Elle est au désespoir, mais pour le père Pichon, les problèmes de santé de la jeune femme ne sont que la volonté de Dieu et ce départ manqué, une indication certaine que sa place est bel et bien à Béthanie… Mais pour Délia, qu'en est-il?

Elle ne semble faire aucune autre tentative pour rejoindre le père Daignault en Afrique et ne quitte pas Béthanie. Est-elle résignée? Croit-elle, à l'instar du père Pichon, que sa place est à Béthanie? Non. Sa vocation missionnaire est maintenant bien éveillée et il ne lui reste plus qu'à trouver comment la réaliser, malgré l'obstacle que représente sa santé précaire. Car à ce stade, Délia ne peut ignorer ce handicap important à une vocation missionnaire. Partout, dans les communautés existantes, elle serait refusée. Elle doit donc choisir une autre voie, une voie originale. Ses échanges réguliers avec le père Daignault lui sont d'un grand secours. Celui-ci connaît les missions, les besoins. Il a vu bien des choses dans ses nombreux périples. Il la conseille, la guide. Peu à peu, un projet prend forme.

Pour Délia, ces années d'attente et de mûrissement sont bien longues. Dans une lettre datée du 2 juin 1895, Pichon écrit: «À vrai dire N.S. et moi nous sommes contents de l'enfant qui nous est née à pareil jour en 91. Mais elle, hélas! ne paraît pas toujours très satisfaite ni de N.S. ni de moi[45].» Le mauvais état de santé de sa mère, qui s'aggrave à l'été de 1897, lui fait quitter Béthanie pour accourir à son chevet. Mais l'absence de Délia se prolonge, et en octobre le père Pichon lui fait des reproches à peine voilés:

Vos chers petits sauvages de Montréal vous attendent; leurs bons Anges vous appellent. Ne les entendez-vous pas battre des ailes, là-bas, à Marieville, au-dessus de votre tête? Le bon Dieu éprouve grandement ma chère petite œuvre des Catéchismes en prolongeant la maladie de votre bonne mère. Aussi je vous prie de ne pas retarder d'une heure votre retour, dès que vous le croirez possible[46].

Et il poursuit sur le même ton, exigeant même de Délia un engagement plus sérieux :

Et vous devez le sentir, mon Enfant, il faudra rentrer pour ne plus sortir. Méditez bien la parole de Jésus au temple : « Ne saviez-vous pas (c'est à la Ste Vierge qu'il parle) qu'il faut que je sois tout entier aux intérêts de la gloire de mon père ? » Jésus blâme celui qui reste sourd à son appel, parce qu'il voulait ensevelir son père[47].

Délia revient à Béthanie. Son retour est attesté en juillet 1898. Mais le père Pichon n'est plus, pour elle, le directeur attentif de jadis. Tout à son propre projet, celui-ci n'entend pas ce que lui dit la jeune femme de ses hésitations, de ses doutes et de ses intuitions. Un fossé d'incompréhension se creuse petit à petit entre les deux. Plus les projets de Délia se précisent et plus le père Pichon refuse d'admettre que Délia pourrait se sentir appelée à une autre œuvre que Béthanie.

Cette fois, Délia n'attend plus passivement. Elle entreprend des démarches. Elle expose, encore timidement, ses idées, ses projets. Son séjour à Béthanie n'est plus une fin en soi mais une étape – elle-même en parlera comme d'un noviciat – où elle peut mûrir son projet missionnaire, se former aux dures exigences de l'apostolat et surtout commencer à mettre sur pied un véritable réseau de contacts qui s'avéreront précieux pour l'avenir. En effet, les dernières années à Béthanie sont pour elle l'occasion de rencontres inestimables.

Ida Lafricain et Joséphine Montmarquet

À Béthanie même, Délia fait la connaissance d'Ida Lafricain. Cette dernière se joint au petit groupe au printemps 1894. Plus jeune que Délia, elle a 23 ans à son arrivée. Comme toutes les jeunes femmes de la maison, Ida s'occupe de visiter les pauvres et d'enseigner le catéchisme. Un lien d'amitié particulier se développe entre les deux compagnes quand celle-ci accepte de soigner Délia, atteinte de diphtérie, s'isolant avec elle dans une chambre de la maison[48]. Cette histoire, racontée par les biographies d'Ida Lafricain, s'avère des plus plausibles, car la présence de maladies contagieuses telles que la variole, la tuberculose, la rougeole, la scarlatine, la coqueluche, le choléra et la diphtérie, surtout dans les quartiers pauvres, est à cette époque très importante. Le résultat de cette intimité forcée est une belle complicité qui ne se démentira jamais. Quelques lettres échangées alors que Délia se trouve à nouveau au chevet de sa mère, en août 1899, montrent le sens de l'humour d'Ida, mais aussi les relations de plus en plus difficiles avec le père Pichon qui voit ses «élues» chercher à se réaliser ailleurs :

> Mademoiselle Ahern m'a dit que vous vouliez avoir des nouvelles de vos petites filles. Friponne que vous êtes! Je sais bien, moi, ce que vous désirez savoir… des nouvelles d'un certain grand personnage. Eh bien! Je l'ai vu mercredi après-midi, il avait l'air mieux qu'à son départ, j'entends physiquement, mais pour l'humeur il n'a guère fait de progrès. […] Vers midi, mercredi, il a téléphoné à Mme Poitou, lui demandant s'il y avait quelque chose d'extraordinaire à la maison (c'était je crois, une manière d'annoncer son retour)… Mon entrevue avec lui a été des plus glaciales quoiqu'assez longue. Il était comme un glaçon et je ne me suis pas gênée de lui dire. Nous avons parlé de vous presque tout le temps. Il m'a paru prendre part à votre peine. Soyez bien assurée qu'il va beaucoup prier pour vous et pour votre mère. En le quittant il m'a dit au revoir. C'est la seule parole aimable qu'il a prononcée. Voilà tout ce que j'ai à vous dire de notre très affectueux père[49].

Pendant cette période, Délia fait également la connaissance d'une autre jeune femme, Joséphine Montmarquet, en qui elle trouvera une amie et une compagne fidèle. À peine plus âgée que Délia, Joséphine réside avec sa sœur Célina à l'Académie Saint-Louis-de-Gonzague dirigée par les Sœurs du Bon-Pasteur d'Angers. Elles ont un petit capital – hérité de leurs parents – et leur pension constitue une aide financière précieuse pour cette communauté. Les membres de Béthanie, en l'absence fréquente du père Pichon, se rendent communier au monastère du Bon-Pasteur, situé rue Sherbrooke, c'est-à-dire à quelques rues de leur maison. Quoi qu'il en soit des circonstances exactes qui permirent à Délia et Joséphine de tisser des liens d'amitiés, nous savons que ces deux jeunes femmes sont déjà des confidentes à l'été 1897. Elles échangent notamment sur des ouvrages de

Joséphine Montmarquet (1864-1917), jeune fille, future sœur Marie-de-Saint-Gustave.

Chaîne d'esclavage semblable
à celle portée par Délia.

Louis-Marie Grignion de
Montfort (1673-1716).
Missionnaire et apôtre dans les
campagnes de l'ouest de la France
au début du 18ᵉ siècle, il est
reconnu pour ses prédications
spectaculaires. Partout il plante la
Croix ; partout il sème la dévotion
au Rosaire. Après seize ans
d'apostolat, il meurt en pleine
prédication. Pendant sa courte
vie, Grignion de Montfort a
beaucoup écrit. Ses œuvres
principales sont *L'Amour de la
Sagesse éternelle* et le *Traité de la
Vraie Dévotion à la Sainte Vierge.*
Béatifié en 1888, il est canonisé
en 1947.

dévotion et s'influencent l'une et l'autre dans leur lecture, comme en
témoigne une lettre de Joséphine :

> […] j'espère qu'elle vous sera accordée cette force dont vous avez si grand
> besoin pour continuer de remplir votre double mission de propagatrice de la
> vraie dévotion à Marie et de catéchiste des enfants abandonnés. Quelque
> ingrat que vous paraisse parfois ce dernier apostolat, je ne puis croire qu'il
> reste stérile […]. L'histoire du Bienheureux de Montfort, que vous avez bien
> voulu me procurer, m'intéresse et m'édifie beaucoup. Puisse la lecture de cet
> ouvrage produire chez moi un accroissement d'amour envers la très sainte
> Vierge […][50]

Cette lettre de Joséphine Montmarquet est, de fait, un excellent prétexte pour s'intéresser à la spiritualité de la jeune femme qu'est alors Délia.
À quelles dévotions accorde-t-elle sa préférence ? Quelles pratiques religieuses privilégie-t-elle ? Alors qu'elle est sur le point de quitter Béthanie
et de s'engager dans un nouveau projet religieux, quel est son arsenal
spirituel ?

La plus « ancienne » dévotion de Délia, la plus ardente et la plus constante que nous lui connaissons, est sans contredit sa dévotion à Marie.
Dans un de ses carnets, on peut lire cette note écrite en 1892 : « Hier, fête
de l'Immaculée-Conception, je me consacrais à ma divine Mère par le
vœu d'esclavage. Ô Marie, je suis à vous maintenant, faites de moi ce que
vous voudrez[51]. »

Elle a été, de fait, une fervente propagatrice du *Traité de la Vraie Dévotion à la Sainte Vierge,* un ouvrage de Louis-Marie Grignion de Montfort,
comme en témoigne une sœur de l'Hôtel-Dieu qui l'a bien connue :

> Mˡˡᵉ Tétreault commença à venir à l'Hôtel-Dieu vers l'année 1897 ou 1898,
> quand elle était chez madame Poitou. […] Elle avait une grande dévotion à
> la Sainte Vierge et nous a fourni des volumes de la vraie dévotion à Marie
> pour chaque Sœur de notre Institut. Elle m'a beaucoup aidée dans la pratique
> de la dévotion à la Sainte Vierge. Elle disait souvent : « Ma Sœur, gardez votre
> chaîne d'esclavage, (c'est elle qui me l'a donnée), soyez confiante en la Sainte
> Vierge »[52].

Les dévotions au Québec à la fin du 19ᵉ siècle

L'épiscopat de Mᵍʳ Ignace Bourget (1840-1876) se distingue non seulement par ses efforts de recrutement de personnel religieux, mais aussi par sa volonté de faire revivre des dévotions traditionnelles au sein de la population canadienne : les cultes à la Vierge Marie et à saint Joseph sont parmi ceux qui suscitent le plus d'engouement.

Présente dès les débuts de la Nouvelle-France, la piété mariale prend alors une ampleur inégalée attisée par les apparitions miraculeuses qui ne cessent de se multiplier un peu partout dans le monde, notamment en France. Le clergé convie l'ensemble des fidèles à fêter avec solennité les diverses fêtes de la Vierge (Annonciation, Assomption, Immaculée-Conception) qui deviennent autant d'occasions pour des prédications spéciales, des processions et autres réjouissances. La pratique assidue des exercices du mois de Marie ainsi que la dévotion au Rosaire, de plus en plus populaire, témoignent de l'importance de ce culte à la fin du 19ᵉ siècle.

Première chapelle construite par le frère André, c. 1906.
©Oratoire Saint-Joseph du Mont-Royal.

La dévotion à saint Joseph, jadis protecteur de la Nouvelle-France, se révèle moins spectaculaire que les pratiques mariales mais ne cesse de se développer. En 1870, le pape Pie IX le proclame patron de l'Église

Entre juillet et octobre 1904, le frère André, un clerc de Sainte-Croix, fait construire sur le flanc du Mont-Royal une chapelle dédiée à saint Joseph. Très modeste, ce premier oratoire ne peut contenir tous les fidèles qui affluent. La basilique actuelle, commencée en 1924, ne fut achevée qu'en 1967, 30 ans après la mort du frère André.

universelle et Léon XIII, en 1889, le propose comme modèle aux travailleurs. À la fin du 19ᵉ siècle, le Canada ne possède pas encore de sanctuaire national. Cependant, l'Oratoire Saint-Joseph ne tardera pas à être inauguré à Montréal par le frère André en 1904.

Mᵍʳ Bourget s'évertue aussi à faire adopter de nouvelles pratiques. Parmi les dévotions nouvelles – ou renouvelées – à l'honneur à cette époque, on retrouve celles pour les âmes du purgatoire, le Chemin de croix, le Sacré-Cœur ainsi que le Saint-Sacrement. La procession du Saint-Sacrement ou Fête-Dieu s'affirme par son faste et son éclat : « On la fera, demande l'évêque, en tous lieux, avec toute la pompe possible ; et c'est pour frapper davantage les fidèles, par cet éclat extérieur, qu'on ne la fera qu'une fois dans chaque Église. » Quant au culte au Sacré-Cœur, il se développe considérablement sous l'impulsion de Pie IX mais surtout grâce au zèle des Jésuites. Ce mouvement de dévotion véhicule un fort contenu social et cadre donc très bien avec la nouvelle sensibilité religieuse désireuse de « régénérer » la société. Naissent alors des œuvres qui deviendront extrêmement importantes dans la première moitié du 20ᵉ siècle, comme les Ligues du Sacré-Cœur, l'Association des Voyageurs de commerce et l'Œuvre des retraites fermées.

Les fidèles ont également accès à un éventail de lectures pieuses de plus en plus vaste. Le sanctuaire de Sainte-Anne-de-Beaupré lance ses annales dès 1873. À partir de 1877, les populaires *Annales de la Propagation de la foi* sont désormais disponibles dans une édition canadienne. De nombreuses communautés religieuses commencent aussi à publier leur propre périodique afin de faire connaître leurs œuvres ou leurs dévotions comme le *Messager canadien du Sacré-Cœur* des Jésuites (1892), la *Voix du Précieux Sang* des Adoratrices (1894) ou encore les revues des Dominicains qui diffusent la dévotion du rosaire (1895 et 1896). Grâce aux progrès de l'alphabétisation, à l'appui du clergé, à la publicité et à la multiplication des confréries et des œuvres qui les supportent, ces publications pénètrent de plus en plus de foyers : là où n'entre pas encore le journal, elles constituent l'unique lecture, l'unique ouverture sur le monde. Vies de saints, anecdotes, légendes, conseils moraux, propagande catholique contre les ennemis protestants… Bref, un contenu édifiant pour toute la famille.

Un des calepins de Délia, datant de l'époque où elle est toujours à Béthanie, s'avère un précieux document pour mettre à jour quelques-unes des dévotions chères à la jeune femme. Nous pouvons y lire notamment un vœu en faveur des âmes du purgatoire :

> 9 février [18]94 – Marie, Mère de miséricorde, je renouvelle entre vos mains en faveur des saintes âmes du Purgatoire, l'entier abandon de mes œuvres satisfactoires pendant ma vie, et des suffrages qui me seront appliqués après la mort, et ne me réserve que la compassion de votre cœur maternel[53].

On y découvre également deux billets d'admission, découpés et collés, l'un pour la Sainte Ligue du Sacré-Cœur de Jésus et l'autre pour l'Archi-confrérie du Sacré-Cœur de Jésus ou pieuse union du Sacré-Cœur. L'année 1896, par ailleurs, fut pour Délia une « année consacrée au Sacré-Cœur par Marie ma divine Maîtresse ».

C'est encore à l'Hôtel-Dieu qu'elle pratique sa dévotion au Chemin de Croix, une autre dévotion fort populaire à la fin du 19ᵉ siècle :

> Elle avait aussi une grande dévotion au Chemin de la Croix ; chez Madame Poitou, je crois qu'il n'y avait pas de chemin de la croix dans la chapelle, car elle me demanda de venir faire son chemin de la croix le soir à huit heures ; c'était vraiment beau, car elle devait être bien fatiguée à cette heure-là, après tout son travail auprès des pauvres et à la sacristie chez Madame Poitou[54].

Délia, à n'en pas douter, est une femme de son temps. Ses dévotions sont en tous points conformes aux exhortations et encouragements lancés par les autorités ecclésiales, et plutôt bien reçus par la population qui se laisse gagner par la nouvelle ferveur spirituelle. C'est donc forte de ces pratiques – et de bien d'autres encore – que Délia se prépare à son projet. Elle a trouvé chez Ida et Joséphine une oreille attentive. Elle trouvera également chez elles un soutien indéfectible lorsque le temps viendra de passer à l'action.

Un premier projet missionnaire

Petit à petit, le projet missionnaire de Délia prend forme. Ses échanges avec le père Daignault se poursuivent. Celui-ci, de loin, la conseille et la guide. À cette époque, Délia fait une autre rencontre décisive, celle de

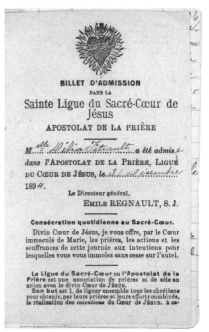

Billet d'admission de Délia dans la Sainte Ligue du Sacré-Cœur de Jésus. Montréal, 1894.

L'abbé Gustave Bourassa
(1860-1904).
Gustave Bourassa est le fils de
Napoléon Bourassa, architecte,
peintre et écrivain, et d'Azélie
Papineau, fille de Louis-Joseph
Papineau. Son frère, Henri, est le
célèbre fondateur du *Devoir*.
Gustave est ordonné prêtre en
1884. En 1896, il est nommé
secrétaire de l'Université Laval à
Montréal. En 1904, il devient
curé de la paroisse Saint-Louis-
de-France, à Montréal. Ce
nouveau poste lui permet de se
rapprocher de Délia et de sa
communauté naissante. Il meurt
peu de temps après, des suites
d'un accident.

l'abbé Gustave Bourassa. Aumônier au monastère du Bon-Pasteur, il deviendra le confesseur de Délia, puis, avec le père Daignault, le guide spirituel de la communauté naissante et même un pourvoyeur de fonds. Il est vraisemblable qu'elle commence à se confier à lui au début de l'année 1899. En effet, au mois de mai de cette année, le père Daignault écrit à Délia qu'il a communiqué à l'abbé Bourassa quelques idées. On peut donc supposer qu'un premier contact a déjà eu lieu :

> J'ai reçu vos bonnes lettres et vos timbres. Grand merci. Je n'ai pas de réponse de M\[r\] Bourassa. […] Il est moralement certain que je retournerai en Afrique le 27 de ce mois […]. Qu'adviendra-t-il de nos projets ? Il faut tout laisser au bon Dieu, et continuer de prier. J'espère que les idées que j'ai communiquées à M\[r\] Bourassa finiront par faire leur chemin. Verrons-nous la réalisation de nos désirs ? Je n'en sais rien […][55].

Dans les mois qui suivent, le père Daignault écrit deux lettres à Délia dans lesquelles il est question d'une école apostolique. C'est là un sujet qui lui tient à cœur, et c'est aussi le projet qu'il a en tête pour Délia depuis un moment déjà. En fait, à la lecture de sa lettre du 28 décembre 1899, nous constatons qu'il songe non seulement à une école apostolique, en vue de former des jeunes filles pour les missions, mais aussi à une école pour garçons :

> Vous serez heureuse d'apprendre que les Dames du Sacré-Cœur ont enfin ouvert une école apostolique pour jeunes filles à Armagh en Irlande […]. Le R.P. Filiatrault qui devait traiter à Rome de la fondation d'une école apostolique pour garçons au Canada ne m'a pas écrit le résultat de ses entrevues avec N.T.R.P. Général. Je vous envoie aussi un prospectus de l'École Apostolique fondée à Armagh par les Dames du S.-Cœur. C'est quelque chose, mais ce n'est pas assez. Il faudrait une école semblable au Canada si riche en vocations […][56].

Le père Daignault poursuit sa lettre en invitant Délia à se mettre sous la direction de l'abbé Bourassa. Lui-même est trop loin pour assurer cette direction de façon adéquate. Ce passage est intéressant par ce qu'il révèle des tourments que vit toujours Délia et l'approbation implicite qu'il lui donne de s'affranchir complètement du père Pichon :

J'ai réfléchi sérieusement à votre vocation, vos désirs, vos craintes, etc. Ne croyez-vous pas qu'il vaudrait mieux vous mettre entièrement sous la direction du bon M. l'Abbé Bourassa ? À si grande distance, ne pouvant communiquer que par lettres, ne connaissant qu'imparfaitement les circonstances de la maison dans laquelle vous vivez, je crois qu'il est très difficile de vous donner une direction sûre […][57].

D'emblée, Délia va suivre le conseil du père Daignault et se mettre sous la direction de l'abbé Bourassa. Quelques mois auparavant, c'est entre les mains de Dieu que Délia avait remis son sort. Voici ce qu'elle a noté à la fin d'une retraite effectuée en février 1899 :

Mgr Paul Bruchési (1855-1939). Archevêque de Montréal de 1897 à 1939, Mgr Bruchési, après la mort de l'abbé Bourassa, deviendra le protecteur de l'Institut fondé par Délia Tétreault.

> Mon Dieu, c'est dans toute la sincérité de mon cœur que je vous dis : non ma volonté mais la vôtre. Si vous me voulez ici je le veux aussi, et je vous demande, au nom de ma divine Mère, de m'y attacher par des liens que la mort seule pourra rompre, vous conjurant aussi de ne pas permettre que les démarches que j'ai faites nuisent en rien à ma vraie vocation. Mais si, au contraire, vous me voulez ailleurs, envoyez des événements qui me conduisent là où vous me voulez, sans que j'aie nullement la responsabilité de ma vocation[58].

Nous sommes au début de l'année 1900. Après avoir appris la ruine de ses parents, Délia s'apprête à vivre une autre année difficile. Sa mère adoptive est de nouveau gravement malade, et cette fois c'est la fin. Elle meurt le 17 mai 1900.

Par ailleurs, Délia s'est confiée à l'abbé Bourassa, mais attend toujours de savoir s'il va accepter de l'aider dans ses projets. Il semble bien que oui. Profitant d'un séjour qu'il doit faire en Europe, il rend visite à l'école apostolique d'Armagh, en Irlande, dont a tant parlé le père Daignault. Du paquebot, il écrit, le 10 juillet 1900 :

> Je vous écrirai dans une huitaine de jours. Je reste bien uni de cœur et d'intention avec vous au moment de cette visite qui aura peut-être une influence décisive sur votre avenir et sur notre œuvre à laquelle je commence à songer comme à une chose mienne[59].

Délia a donc un nouvel allié. Il ne reste plus qu'à convaincre les autorités ecclésiastiques. Si Mgr Bruchési, alors archevêque de Montréal, s'inquiète de voir une nouvelle fondation devenir une charge, sur le plan financier, pour le diocèse, son conseiller, le père Charles Lecoq, supérieur de Saint-Sulpice, est pour sa part favorable au projet. Après quelques mois d'hésitations, Mgr Bruchési accepte.

Entre-temps, Délia a quitté Béthanie où la situation n'était plus tenable. En effet, elle pouvait difficilement continuer à prendre part à l'œuvre du père Pichon alors qu'elle-même devait mettre sur pied un projet cohérent et responsable, susceptible d'obtenir l'adhésion des autorités. À cette étape de son cheminement, toutefois, Délia n'est plus sans ressource. Elle a des amies, un conseiller, un protecteur.

Au début de l'année 1901, au moment où Mgr Bruchési se déclare favorable au projet d'École apostolique, Délia tombe malade. Obligée au repos, ne pouvant rien entreprendre, elle craint que l'archevêque ne change d'idée. L'abbé Bourassa la semonce un peu :

> Le bon Dieu vous arrête précisément, afin de vous calmer, et de vous disposer à un entier abandon à sa sainte volonté. Vous n'avez ni à regimber ni à vous agiter. Vous n'avez qu'à vous tenir bien tranquille entre vos deux draps et à déguster paisiblement les potions que vous sert une main délicate et dévouée. Puisque le bon Dieu vous veut au lit, c'est qu'il juge que votre sœur n'a pas besoin de vos services, ni Mgr l'Archevêque, ni votre directeur, de vos empressements ni de vos suggestions[60].

En avril, Délia peut finalement se rendre, à la demande de Mgr Bruchési, au Mont Sainte-Marie, chez les sœurs de la Congrégation de Notre-Dame, afin de se former à la vie religieuse. Elle y fera un séjour de quelques mois. C'est là le début d'une belle amitié entre Délia Tétreault et mère Sainte-Anne-Marie, alors assistante de la maison.

Délia peut-elle, enfin, démarrer son projet et se lancer dans sa nouvelle vie ? Malheureusement pour elle, elle devra patienter encore un peu. En juillet 1901, le médecin diagnostique une infection pulmonaire, la tuberculose sans doute, qui nécessite une assez longue convalescence. D'abord soignée au Mont-Sainte-Marie, elle part pour la campagne où son amie Ida lui prodigue les soins nécessaires.

Pendant tout ce temps, le père Daignault lui écrit de longues lettres, la réconfortant et prodiguant mille conseils sur l'œuvre qui est aussi la sienne. Peu à peu, Délia se remet. Pendant sa convalescence, elle lit et relit les avis du père Daignault et en discute avec Ida.

En décembre 1901, Délia a repris suffisamment de force et Mgr Bruchési lui donne l'autorisation de commencer, « à ses risques et périls », l'œuvre qu'elle projette depuis si longtemps. En février, une modeste maison de six pièces est louée dans le quartier Côte-des-Neiges. Enfin, le moment tant attendu arrive. Au tout début du mois de juin 1902, Délia et ses deux compagnes, Ida Lafricain et Joséphine Montmarquet, emménagent dans la maison du 900, avenue Maplewood, jetant ainsi les bases de l'École apostolique et du futur Institut missionnaire.

Notes

1. AMIC, Délia Tétreault, Notes personnelles, 1er février 1899.
2. Anne-Marie Magnan, m.i.c., *Braise et Encens*, Montréal, 1960, 3e édition révisée (parue originalement sous le titre *Mère Marie du Saint-Esprit* en 1942).
3. Yves Raguin, s.j., *Au-delà de son rêve… Délia Tétreault*, Montréal, Fides, 1991.
4. Pauline Longtin, m.i.c., *Fondement de l'esprit missionnaire chez Délia Tétreault* (1979) ; Gisèle Villemure, m.i.c., *Qui est Délia Tétreault ?* (1983) ; Hélène de Serres, m.i.c., *Délia Tétreault et la Vierge Marie* (1984) ; Georgette Barrette, m.i.c., *Délia Tétreault et l'Église canadienne* (1987) ; Éliette Gagnon, m.i.c., *Délia Tétreault et l'Action de grâces* (1987) ; Gisèle Villemure, m.i.c., *À l'écoute de Délia…* (1997) ; Jeanne-Françoise Alabré, m.i.c., *Vie d'action de grâces et mission selon Délia Tétreault* (2000).
5. AMIC, Copie de l'extrait de baptême de Délia Tétreault obtenue du registre de la paroisse de Marieville.
6. Il existe de nombreuses généalogies des Tétreault. Voir notamment Laurenson, Ken *et al. Tetreau Ancestory History*, Guelph (Ontario), 3e édition, avril 2001. Plusieurs sites Internet offrent également des compléments d'information.
7. Témoignage cité par Albertine Graton (sr Saint-Jean-François-Régis), *Le cycle d'or. Histoire de la Congrégation des Sœurs Missionnaires de l'Immaculée-Conception (1902-1952)*, manuscrit dactylographié, chapitre 1, p. 5.
8. AMIC, Délia Tétreault, Correspondance à sa famille. Voir aussi AMIC, Délia Tétreault, Notes personnelles.
9. E. Alix, *La famille Alix du Mesnil – Généalogie d'une famille canadienne-française*, Richelieu, 1935-1936, p. 134.
10. AMIC, Lettre de Délia Tétreault à Joséphine Montmarquet, 3 septembre 1899.

11. Cité par John Turley-Ewart, « Le passé caché des banques », *Le banquier*, 26 : 6 (nov.-déc. 1999).

12. AMIC, Lettre de mère Marie de l'Espérance, r.j.m., à Anne-Marie Magnan (sr Sainte-Marie-Madeleine), 12 janvier 1964.

13. AMIC, Lettre (inachevée) de Délia Tétreault à Mgr Georges Gauthier, 1er novembre 1922.

14. Juan Manuel Lozano, *La Spiritualità dei Fondatori. Il carisma di uomini e donne che hanno fondato gli istituti missionari*, Bologne, Editrice Missionaria Italiana, 2003, p. 64.

15. AMIC, Chroniques de Québec (rue Simard), 19 juin 1927.

16. AMIC, Lettre (inachevée) de Délia Tétreault à Mgr Georges Gauthier, 1er novembre 1922.

17. *Ibid.*

18. *Ibid.*

19. *Ibid.*

20. *Ibid.*

21. *Ibid.*

22. *Ibid.*

23. Confidence de Délia Tétreault à Orphise Boulay (sr Marie-de-Loyola), octobre 1915, AED, vol. IV, p. 742.

24. AMIC, Lettre (inachevée) de Délia Tétreault à Mgr Georges Gauthier, 1er novembre 1922.

25. Anne-Marie Magnan, *Braise et Encens…*, p. 16.

26. AMIC, Lettre de sr Auger, s.c.s.h., à Anna Paquette (sr Marie-de-la-Providence), 13 décembre 1941.

27. AMIC, chanoine Avila Roch, notes manuscrites, 1933.

28. Confidence de Délia Tétreault à Joséphine Montmarquet (sr Marie-de-Saint-Gustave), vers 1914, rapportée par Anne-Marie Magnan, *Braise et Encens…*, p. 59.

29. Confidence de Délia Tétreault à Orphise Boulay (sr Marie-de-Loyola), octobre 1915, AED, vol. IV, p. 742.

30. Yves Raguin, *Au-delà de son rêve…*, p. 44.

31. AMIC, Lettre du père Almire Pichon à Délia Tétreault, 31 octobre 1889.

32. AMIC, Lettre du père Almire Pichon à Délia Tétreault, 26 mars 1890.

33. AMIC, chanoine Avila Roch, notes manuscrites, 1933.

34. René-Salvator Catta, *Pourquoi suis-je venue ? Alexandrine Pouliot, première auxiliatrice canadienne, 1864-1937*, Montréal, Fides, 1964.

35. AMIC, Lettre du père Almire Pichon à Délia Tétreault, 8 octobre 1890.

36. AMIC, Lettre du père Almire Pichon à Délia Tétreault, 15 décembre 1890.

37. AMIC, Lettre du père Almire Pichon à Délia Tétreault, 10 avril 1891.

38. Confidence de Délia Tétreault à Joséphine Montmarquet (sr Marie-de-Saint-Gustave), février 1916, rapportée par Anne-Marie Magnan, *Braise et Encens…*, p. 17.

39. Confidence de Délia Tétreault à Marie Cloutier (sr Marie-du-Bon-Conseil), juin 1931, AED, vol. IV, p. 936.

40. Témoignage d'Emma Turcotte au sujet de Délia Tétreault, novembre 1941, AED, vol. VI, p. 1612-1613.

41. *Ibid.*

42. AMIC, Lettre du père Almire Pichon à Délia Tétreault, 15 avril 1893.

43. Confidence de Délia Tétreault rapportée par Anne-Marie Magnan, *Braise et Encens…*, p. 30.

44. AMIC, Lettre du père Almire Pichon à Délia Tétreault, 27 avril 1893.

45. AMIC, Lettre du père Almire Pichon à Délia Tétreault, 2 juin 1895.

46. AMIC, Lettre du père Almire Pichon à Délia Tétreault, 26 octobre 1897.

47. *Ibid.*

48. *Elles étaient deux.* Vol. I : *Mère Saint-Viateur, m.o.*, Saint-Boniface, 1967, p. 5-6.

49. AMIC, Lettre d'Ida Lafricain à Délia Tétreault, 5 août 1899.

50. AMIC, Lettre de Joséphine Montmarquet à Délia Tétreault, 23 août 1897.

51. AMIC, Délia Tétreault, Notes personnelles, 1892.

52. Témoignage de sr Thérèse-de-Saint-Augustin, r.h.s.j., mars 1941, AED, vol. VI, p. 1603-1604.

53. AMIC, Délia Tétreault, Notes personnelles, 1894.

54. Témoignage de sr Thérèse-de-Saint-Augustin, r.h.s.j., mars 1941, AED, vol. VI, p. 1603-1604.

55. AMIC, Lettre du père A.M. Daignault à Délia Tétreault, 4 mai 1899.

56. AMIC, Lettre du père A.M. Daignault à Délia Tétreault, 28 décembre 1899.

57. *Ibid.*

58. AMIC, Délia Tétreault, Notes personnelles, 1er février 1899.

59. AMIC, Lettre de Gustave Bourassa à Délia Tétreault, 10 juillet 1900.

60. AMIC, Lettre de Gustave Bourassa à Délia Tétreault, janvier 1901.

CHAPITRE 2

Naissance et développement
(1902-1952)

*Notre Institut a coûté trop de sacrifices, trop de larmes et trop de travail
pour lui faire suivre d'autre chemin que celui de Notre-Seigneur.*

Délia TÉTREAULT[1]

EN 1902, Délia Tétreault, avec l'aide de quelques amies dévouées, ouvre les portes d'une école apostolique. C'est la première du genre au Canada. Toutefois, au moment de son décès, en 1941, ce n'est pas une école apostolique florissante qu'elle laisse derrière elle, mais un institut religieux missionnaire en pleine croissance. Que s'est-il passé? Quand et comment le projet élaboré par Délia et le père Daignault a-t-il pris une nouvelle direction?

Dès les débuts, de nombreux défis se posent à la fondatrice du jeune Institut missionnaire. Dans la première moitié du 20e siècle, sur fond de guerre mondiale, de crise économique et d'épidémies de toutes sortes, la nouvelle congrégation religieuse prend son essor. Tout en gardant le cap sur ses objectifs principaux, soit développer le zèle missionnaire au Canada et porter la foi en pays infidèles, Délia déploie de remarquables talents de gestionnaire afin d'assurer la survie puis la croissance de sa communauté.

Ce chapitre expose d'abord les circonstances qui entourent la naissance de l'Institut des Sœurs Missionnaires de l'Immaculée-Conception. Il nous fait ensuite découvrir les premières œuvres MIC, que ce soit au Canada ou en Chine, premier territoire de mission de la jeune congrégation. En fait, les stratégies et les initiatives développées par la fondatrice au Canada, l'organisation et les finances de l'Institut, de même que les contextes d'établissement des diverses missions outre-mer constituent la trame de fond du récit.

Des débuts modestes

L'École apostolique

Le 3 juin 1902, Délia et ses compagnes, Joséphine Montmarquet et Ida Lafricain, s'installent dans la maison du 900, avenue Maplewood, dans le quartier Côte-des-Neiges à Montréal[2]. Avec l'aide de May Johnson, une jeune Irlandaise qui s'occupait de travaux ménagers chez les Sœurs du Bon-Pasteur, elles travaillent à mettre sur pied l'École apostolique rêvée par Délia et le père Daignault.

Nous savons que cette école a pour but de former des jeunes filles en vue d'une vie missionnaire future. En effet, sur le modèle des séminaires de missions et des écoles apostoliques qui existent déjà en Europe, Délia se propose de préparer des sujets plus aguerris pour les congrégations religieuses qui œuvrent dans les missions *ad extra* :

Première résidence de l'École apostolique : le 900, rue Maplewood à Côte-des-Neiges.

L'objet de notre œuvre est donc de travailler, sous la direction de notre Archevêque, à l'extension du règne de Jésus-Christ, à la conversion et à la sanctification des âmes, par la prière, le sacrifice et par tous les moyens extérieurs possibles, spécialement par les quatre suivants :

1. Recruter des vocations apostoliques ;
2. Fournir des sujets aux congrégations, soit canadiennes soit étrangères, qui se dévouent à l'œuvre des missions ;
3. Préparer ces sujets à leur vie future par une solide instruction et une forte formation ;
4. Recevoir les dons en argent ou en nature, tels que : objets de dévotion, ornements, vêtements, linge, etc., et les expédier dans les missions[3].

Dans ce document, intitulé «Opportunité et idée sommaire d'une école apostolique de filles au Canada», Délia décrit non seulement les objectifs de l'École, mais en résume aussi l'esprit et le fonctionnement. La nouvelle association, écrit-elle, doit être animée d'un zèle sans bornes pour les intérêts de Dieu et des âmes et cultiver la charité, l'humilité, le désintéressement, la générosité, la pauvreté et l'obéissance. Elle doit aussi favoriser le recueillement par la retraite et le silence, et développer l'esprit de reconnaissance:

> Nos actions de grâces, comme ses bienfaits, devraient être incessantes. L'on pourrait, en entrant dans notre petite société, et fréquemment, au cours de l'existence quotidienne, offrir sa vie comme une hymne de perpétuelle reconnaissance, tant en son nom qu'en celui de tous les hommes. Après le *Pater* et l'*Ave*, que le *Magnificat* et le *Te Deum* soient nos prières de prédilection. Lors même qu'il ne se ferait guère autre chose dans la maison, que de remercier Dieu pour l'univers entier, il nous semble qu'elle aurait encore, à cause de cela, sa raison d'être[4].

C'est la première fois que Délia fait référence de façon aussi explicite à la reconnaissance, ou action de grâces, comme élément central de sa spiritualité, ce qui fait de ce document un texte particulièrement important pour l'histoire de l'Institut. Il est cependant difficile de le dater avec précision. La correspondance de Délia incite à croire qu'une première ébauche a été écrite puis envoyée au père Daignault à l'été 1901, à la suite des quelques conseils qu'il lui avait fait parvenir. C'est sans doute une version de ce texte qu'il a sous les yeux en octobre de la même année, lorsqu'il répond à Délia:

> Quant à l'écrit que vous m'avez envoyé, dans lequel vous exposez vos vues sur l'œuvre qui vous occupe, je vous le renvoie avec les observations qui se sont présentées à mon esprit […][5].

Une autre version, fort probablement celle que nous avons, a été envoyée à Mgr Bruchési, à sa demande, à l'automne 1902. Lors d'un séjour à Rome, il écrit à la fondatrice pour lui faire part de sa satisfaction:

> À Rome j'ai reçu le travail que je vous ai demandé. Je le trouve très clair. Je comprends absolument comme vous l'œuvre que vous avez entreprise. Votre

programme est bien celui de l'École Apostolique d'Armagh. Rien de plus apostolique que le but que vous poursuivez. Je vous bénis de Rome, comme je vous ai bénies, vous et vos compagnes, à Montréal. Allez donc de l'avant. Nous traiterons la question au point de vue pratique à mon retour[6].

Sur le plan pratique, justement, le programme de Délia nous donne quelques idées du fonctionnement envisagé :

> Notre association, telle que nous la concevons dans son rapport avec son but, comprendrait deux catégories de personnes. La première embrasserait celles qui, avec l'approbation et la recommandation de leur directeur, voudraient se consacrer, dans la vie religieuse, à l'œuvre de l'École apostolique. Les unes seraient occupées, suivant leurs talents et le jugement des supérieures, à l'enseignement et à la formation des élèves. Les autres seraient employées aux travaux matériels de la maison.
>
> La seconde catégorie comprendrait les jeunes filles que nous recevons à titre d'élèves et de postulantes, pour favoriser leur préparation à la vie religieuse dans les missions[7].

Quant aux moyens de subsistance, Délia ne s'y attarde guère. Le tout dernier point abordé stipule que si la postulante le peut, une pension raisonnable et proportionnelle aux besoins de la maison et aux ressources de sa famille devra être payée. Un léger trousseau devrait aussi être apporté. Toutefois, si la postulante s'avère incapable de payer – ce qui est généralement le cas – elle sera admise gratuitement. Comment, dès lors, Délia compte-t-elle assurer la survie financière de l'École apostolique ?

Une opportunité se présente dès le départ : Célina Montmarquet, sœur de Joséphine, vient s'installer dans la modeste habitation en qualité de pensionnaire. Son but ? Aider la nouvelle association de ses ressources financières et offrir ses services comme maîtresse bénévole de chant et de musique. Le dévouement de cette femme ne se démentit jamais : elle demeura jusqu'à la fin de ses jours une insigne bienfaitrice de la communauté. Délia peut aussi compter sur l'abbé Bourassa, père spirituel et bienfaiteur matériel de la petite société. Pour le reste, elle fait confiance à la Providence :

Célina Montmarquet, bienfaitrice de la communauté. Outremont, 1909.
Sœur de Joséphine Montmarquet, Célina fut une collaboratrice de la première heure. Elle a résidé à la Maison Mère des MIC jusqu'à sa mort survenue le 9 mars 1934.

Cher père bien-aimé Saint Joseph

Continuez-nous vos charitables soins, gérez nos intérêts. Si Dieu veut que nous fassions cette œuvre, déjouez toutes les ruses de l'ennemi et disposez pour son exécution cœurs et choses… Conservez-nous la faveur des autorités ; préparez-nous de bons sujets ; si Mlle D. convient pour cette œuvre, disposez-là, préparez-là pour la fin de la vacance. Puis gardez-nous bien notre maison et pourvoyez à tous nos besoins matériels […][8].

Avant même l'ouverture de l'École, la fondatrice s'inquiétait de savoir si elle parviendrait à placer ses jeunes « apostoliques ». Le père Daignault n'hésite pas, alors, à la rassurer sur cette question :

Soyez sans crainte, vous n'aurez aucune difficulté à placer toutes vos jeunes missionnaires. Si je ne craignais pas d'être trop ambitieux, je vous dirais : nous les prendrons toutes pour l'Afrique[9].

De fait, il semble bien que les inquiétudes de Délia à ce sujet n'étaient pas fondées. L'École n'a pas aussitôt ouvert ses portes que les demandes et les offres de placement se multiplient : en septembre, deux religieuses franciscaines de Caroline du Sud réclament des sujets pour leur communauté ; en octobre, l'archevêque de Saint-Boniface, Mgr Adélard Langevin, o.m.i., est aussi à la recherche de candidates pour la congrégation qu'il désire fonder dans l'Ouest canadien. Au début de l'année 1903, le père John Forbes, de la Société des Missionnaires d'Afrique, écrit à Délia qu'il souhaite la voir préparer beaucoup de vocations pour les Sœurs Blanches d'Afrique :

Dieu bénisse votre chère œuvre apostolique ! C'est la prière que je lui adresse avec ferveur, et n'est-ce pas ce que vous pouvez désirer de mieux ? Car quand le Bon Dieu bénit, tout est bien. Je vous l'ai déjà dit, mademoiselle, votre fondation a toute ma sympathie, elle ne m'est pas moins chère que la mienne d'ici. Si je souhaite d'envoyer un grand nombre de jeunes postulants à notre noviciat de la Maison-Carrée en Algérie, je souhaite avec non moins d'ardeur que vous prépariez beaucoup de vocations pour la Congrégation de nos Sœurs Missionnaires, les Sœurs Blanches d'Afrique[10].

Le père John Forbes (1864-1926), c. 1905.
John Forbes demande à entrer dans la Société des Missionnaires d'Afrique (Pères Blancs) en 1886. Il fait son noviciat à Alger et poursuit sa formation à Carthage puis à Jérusalem. En 1895, il effectue un séjour d'un an au Canada durant lequel il visite sa famille et fait la promotion des missions d'Afrique. Il repart d'ailleurs pour Alger avec quatre candidates canadiennes pour les Sœurs Blanches d'Afrique. En juillet 1900, il revient au pays où il travaille à la fondation d'un noviciat de Pères Blancs, à Québec, qui ouvrira ses portes l'année suivante. Le père Forbes retourne en Afrique en 1914, où il restera jusqu'à sa mort en 1926. Courtoisie des Archives des Pères Blancs, Montréal.

Maison Rosehill, 27, chemin de la Côte-Sainte-Catherine, telle qu'achetée en 1903.

Le véritable défi de Délia s'avère plutôt le recrutement de jeunes filles. Elle a pourtant pris la peine d'écrire à divers évêques du Canada afin de leur faire part de l'ouverture imminente de l'École apostolique et de sa volonté de recruter des aspirantes de qualité, intéressées par la vocation missionnaire. Mais ces derniers n'ont vraisemblablement pas de candidates à lui envoyer, car les inscriptions demeurent peu nombreuses. Néanmoins, en prévision des recrues qui ne manqueront pas de venir et, surtout, afin d'avoir suffisamment d'espace pour se livrer à de petites activités permettant d'assurer la survie financière du groupe, il faut trouver une maison plus grande. Grâce à la générosité de l'abbé Bourassa, le 3 mai 1903, les huit membres de l'association déménagent dans leur nouvelle demeure, située au 27, chemin de la Côte-Sainte-Catherine, à Outremont. Elles se voient confier la confection d'ornements pour la toute nouvelle paroisse de Saint-Viateur, érigée le 28 février 1902. De plus, à la demande des familles avoisinantes, les «Demoiselles», comme on se plaît à nommer Délia et ses compagnes, ouvrent deux classes pour les enfants du quartier. Voilà des revenus qui arrivent à point nommé.

En plus de l'enseignement et des travaux manuels, les jeunes femmes nourrissent leur vie intérieure par des prières et des dévotions peu à peu introduites dans le règlement de l'association. Ainsi, à la suite de la visite de l'abbé F.H. Lavallée, celui-là même qui avait encouragé Délia à propager le *Traité de la vraie dévotion à la sainte Vierge*, on décide d'ajouter à la récitation quotidienne du rosaire un *Ave Maria* aux prières d'après repas, de même que cinq minutes de lecture traitant de la Sainte Vierge. Comme les MIC aiment à le rappeler aujourd'hui, Marie prenait, dès le début, une place privilégiée dans la communauté. Les conférences hebdomadaires de l'abbé Bourassa, conseiller spirituel et directeur de la petite famille, alimentent également les réflexions de chacune.

Délia, pourtant, n'est pas satisfaite. Les recrues ne viennent pas en nombre suffisant. Et comment faire pour diriger ces jeunes filles vers les missions ou les congrégations missionnaires? Tout n'est pas encore bien rodé après un an d'existence. Il y a aussi le projet d'école apostolique pour garçons, dont elle avait déjà discuté avec le père Daignault, qui est resté en suspens. Ce dernier, toutefois, lui recommande la patience et lui conseille de commencer par mener à bien son projet actuel:

> Je crois que pour le moment vous devez concentrer vos efforts sur votre première fondation. Le bon Dieu vous éclairera plus tard s'il y a quelque chose à faire ailleurs […]. Je crois, comme Monsieur l'Abbé Bourassa, qu'une simple école apostolique est la chose par laquelle il faut commencer. Laissez à Dieu l'avenir. […] Vous dites que la grande difficulté c'est d'entrer en rapports avec les Religieuses Missionnaires et d'envoyer vos jeunes filles dans les Missions mais, ma bien chère enfant, toutes les Communautés de Religieuses Missionnaires ne savent plus où donner de la tête pour trouver des sujets! Dès aujourd'hui je m'engage à placer en Afrique seulement toutes les jeunes filles que vous nous préparerez. Bien plus, je m'engage à vous faire donner $100 dollars pour chaque jeune fille que vous nous préparerez, afin de vous compenser pour vos frais[11].

Une seconde fondation pour Délia ?

Dans les écrits personnels de Délia, il est souvent fait mention de deux œuvres distinctes, d'un second projet missionnaire. Le projet d'une école apostolique pour garçons se transforme peu à peu en celui d'un séminaire pour la formation de prêtres missionnaires. Délia et le père Daignault ne sont pas les seuls à voir la nécessité d'un tel établissement pour le Canada. Cette idée est dans l'air, pourrait-on dire, mais sa gestation sera longue.

Si Délia ne peut fonder personnellement un tel séminaire, elle peut néanmoins travailler à sa création, c'est-à-dire y réfléchir, trouver des alternatives et faire la promotion du projet. Les nombreuses notes manuscrites retrouvées dans ses papiers montrent à quel point elle est soucieuse de trouver l'organisation idéale :

> Cette société serait nationale. Avec l'autorisation ou au moins la permission de Monseigneur l'Archevêque, on exposerait le plan de l'œuvre projetée aux évêques de la province en leur demandant un prêtre de leur diocèse respectif, pour former le noyau de la nouvelle association. Pour ce qui est du soutien de l'œuvre, les recettes de la propagation de la Foi, que les religieux de la nouvelle société auraient charge de recueillir, y seraient affectées[12].

Une confidence faite à Joséphine Montmarquet, vers 1914, montre aussi combien cette fondation, qui tarde à prendre forme, la préoccupe sérieusement :

> Depuis deux ans et depuis quelques mois surtout, cette idée me hante. Elle est accompagnée de paix et me porte au sacrifice. Travailler de tout mon pouvoir à la fondation de ce Séminaire me semblerait être le complément de ma vocation. Si j'allais entreprendre un voyage en Chine ou toute autre chose où ma vie pourrait être exposée, je craindrais de mourir avant que cette œuvre fût lancée[13].

Délia s'active donc à convaincre les évêques du Québec, se faisant parfois très insistante. Si la plupart sont d'accord avec elle sur le bien-fondé d'un tel séminaire, ils sont réticents à s'engager à sa suite. Ainsi, lors de leur dernière rencontre, Mgr Bruchési lui lance : « Si vous voulez un

Séminaire canadien, trouvez-moi des prêtres. » Ce prêtre, ce sera l'abbé Louis-Adelmar Lapierre. Harassé par une longue marche, il se présente à la Maison Mère des sœurs, à Outremont, où on lui offre une tasse de café. Délia descend le rencontrer et bavarde avec lui. Il n'en faut pas plus : elle a enfin trouvé son homme ! Cette rencontre providentielle a lieu en 1920. Dès lors, les choses évolueront plus rapidement. Le 2 février 1921, l'assemblée des évêques de la province décrète la fondation, à Montréal, de la Société des Missions-Étrangères du Québec.

Séminaire des Prêtres des Missions-Étrangères du Québec. Pont-Viau, c. 1924. Courtoisie des Archives des PMÉ.

Ida Lafricain (1871-1957).
St-Boniface, 1911.
Sous le nom de Mère Saint-
Viateur, Ida Lafricain devient la
première supérieure générale des
Missionnaires Oblates du
Sacré-Cœur et de Marie
Immaculée. Fondée par
Mgr Adélard Langevin en 1904,
afin de pourvoir aux besoins en
éducation dans son diocèse de
St-Boniface, cette communauté
essaime rapidement dans tout
l'Ouest canadien.

L'été 1904 sonne l'heure des bilans et des remises en question. Après deux ans de fonctionnement, l'École compte assez peu d'« apostoliques ». Selon les chroniques de l'Institut, elles ne sont alors que cinq aspirantes à la vie religieuse. En fait, la maison totalise deux fois plus de personnel que de candidates à la vêture. Outre la directrice, c'est-à-dire Délia elle-même, il y a bien sûr Joséphine Montmarquet et sa sœur Célina. Quant à Ida Lafricain, elle a été recrutée, bien malgré elle, au printemps de la même année par l'archevêque de Saint-Boniface. Trois ou quatre maîtresses bénévoles, notamment Mlle Dulude pour le calcul, ainsi que Mlle Clément et Mlle Lapalme, complètent le corps enseignant. Il faut ajouter à celui-ci le personnel de soutien, soit May Johnson et Catherine Ouellette, chargées de l'entretien de la maison, ainsi que Mlle Mailhot à la cuisine.

Délia se questionne. Est-ce bien là l'œuvre que l'on attend d'elle ? Doit-elle poursuivre dans cette voie assez novatrice, malgré les maigres résultats, ou mettre sur pied une congrégation en bonne et due forme ? Quelques notes écrites dans un carnet, en date du 10 juillet 1904, font état de ses inquiétudes :

Dieu, mon Dieu, mon unique espérance, je viens vous faire part de mes inquiétudes et de mes craintes. Que voulez-vous de cette maison ? Serait-elle utile à l'Église ? Que voulez-vous de nous ? J'ai peur que nous ne soyons pas ce que vous voulez. [...] Ô mon divin Maître, quel est le but exact que vous voulez que nous poursuivions, voulez-vous simplement cette École ou bien une véritable communauté missionnaire ? Manifestez votre volonté. [...] Découvrez à Monseigneur vos adorables desseins. Si nous pouvons rendre quelques services à l'Église et aux âmes, inclinez favorablement Monseigneur l'Archevêque et faites qu'il nous obtienne la protection du Souverain Pontife. Mon Dieu faites donc de nous une vraie pépinière d'apôtres tout embrasés de zèle pour votre gloire et le salut des âmes[14].

Ces notes montrent qu'elle a fait part de ses hésitations et de ses projets à Mgr Bruchési qui doit se rendre à Rome, à l'automne, pour les célébrations du cinquantième anniversaire du dogme de l'Immaculée-Conception. L'archevêque de Montréal est plutôt ambivalent quant aux desseins de Délia. Soumettra-t-il l'idée d'une véritable communauté à Pie X? Que décidera le souverain pontife? L'avenir de la petite association est entre les mains des autorités ecclésiastiques.

Avant même de connaître le sort qui les attend, les membres de l'École apostolique ont cependant le malheur de perdre leur principal soutien. L'abbé Gustave Bourassa meurt le 20 novembre 1904. Jusqu'à la fin, il aura plaidé en faveur de ses protégées et prié instamment Mgr Bruchési de parler de l'œuvre de Délia au pape. D'autres amis de la jeune association, dont le père Joseph Ruhlman, jésuite, et le père Émile Foucher, clerc de Saint-Viateur et curé de la paroisse, invitent aussi l'archevêque à défendre le projet de Délia. Ce dernier répond qu'il y songe sérieusement:

> Soyez assuré que j'ai pour la petite association dont vous me parlez, la plus grande estime. J'admire son dévouement et l'esprit apostolique qui anime tous ses membres. Faut-il l'ériger en communauté religieuse pour le bien des missions étrangères? C'est la question qui se pose maintenant, et je vais y donner ma plus sérieuse considération…[15]

D'autres sources, cependant, laissent croire que Mgr Bruchési avait déjà son idée: «Je m'en allais à Rome avec la résolution de ne pas demander l'approbation. Je les admire, mais il y des Communautés qui sont chassées de leur pays, pourquoi ne pas les faire venir pour leur confier nos œuvres, ces religieuses sont toutes formées», aurait-il confié aux Sœurs Hospitalières de l'Hôtel-Dieu[16]. Une fois sur place, toutefois, la promesse faite à l'abbé Bourassa, dont il a appris entre-temps le décès, l'incite à soumettre au pape le cas de l'École apostolique: «Saint Père, je ne demande pas, je ne discute pas; décidez et votre serviteur obéira.» Sans demander davantage d'explications, Pie X répond aussitôt: «Fondez, fondez, Monseigneur, et toutes les bénédictions du ciel descendront sur cette nouvelle fondation[17].»

La décision est donc prise. L'École apostolique imaginée par Délia et le père Daignault devient, par la volonté du pape Pie X, un institut religieux voué aux missions étrangères. Celui-ci lui donne le nom de Société des Sœurs Missionnaires de l'Immaculée-Conception.

Le pape Pie X.
Pie X, né Giuseppe Melchiorre Sarto, est élu pape le 4 août 1903. Il meurt le 20 août 1914. La photo, prise entre 1880 et 1900, le représente avant son accession à la papauté.

L'Institut des Sœurs Missionnaires de l'Immaculée-Conception

La rencontre de Mgr Bruchési avec le pape Pie X se déroule le 30 novembre 1904. Toutefois, ce n'est que le soir du 16 décembre que Délia et ses compagnes apprennent l'heureuse nouvelle par un câblogramme que leur transmet le curé Foucher. Les cœurs sont à la joie et tout le petit groupe s'empresse de rendre grâces pour les faveurs dont il bénéficie. Il a désormais trouvé un nouveau protecteur en la personne de l'archevêque de Montréal.

Ce nouveau statut ne change rien dans l'immédiat pour le personnel de l'École qui continue l'enseignement et les petits travaux comme à l'habitude. Lorsque Mgr Bruchési revient à Montréal, au début du printemps, il règle d'abord avec Délia la question du costume : celui-ci sera noir. Il fixe également au 8 août, date anniversaire de sa consécration épiscopale, la première cérémonie de vêture. Délia, pour sa part, travaille depuis l'heureuse annonce à l'établissement de sa nouvelle communauté selon les lois de l'Église. Il lui faut élaborer une règle et rédiger des constitutions. Encore une fois, les avis du père Daignault s'avèrent précieux : « Quant à la règle, ne vous surchargez pas. Le strict nécessaire. La multiplicité des règles et des règlements ne fait pas les saints, c'est l'esprit qui doit tout animer[18]. »

En outre, quelques années plus tôt, au moment de l'ouverture de l'École apostolique, il lui avait aussi écrit une longue lettre, prodiguant de nombreux conseils :

> Si vous me permettez un conseil, c'est de vous faire un ordre du jour auquel vous vous attachiez sans servilité. [...] Je crois que pour commencer il est bon d'avoir un tout petit nombre de règles générales. Le reste viendra petit à petit à mesure que la lumière du ciel et l'expérience vous éclaireront. Mais ce qu'il est important de bien définir, autant que le bon Dieu vous éclairera, c'est l'esprit qui doit animer votre œuvre et le but que vous devez vous proposer, les vertus également qui doivent être surtout en honneur [...]. Prenez garde aux excès. Ne vous surchargez pas de prières ou de pratiques de dévotions. [...] Pas d'excès dans les mortifications corporelles[19].

Ces recommandations sont suivies attentivement. On en retrouve d'ailleurs l'esprit dans un brouillon de lettre rédigé par la fondatrice :

> La nécessité est la mère de l'industrie. Nos Constitutions se compléteront et se modifieront à mesure que notre [œuvre] se développera. Donc, pour le moment, contentons-(nous) de peu mais ce peu faisons-le bien, aussi parfaitement que possible. [...] Pour le moment, régler les œuvres à poursuivre, les exercices de piété à faire, le règlement des journées, la prise d'habit, les emplois de chacune, la manière de remplir ces emplois[20].

C'est ainsi que Délia rédige dans le courant de l'année 1905 un document connu sous le nom d'« Esquisse ». Il s'agit d'une première ébauche des Constitutions. On y retrouve, dans l'ordre, la finalité de l'œuvre, l'organisation, les moyens d'existence prévus, l'esprit, les dévotions, la formation et les qualités requises des aspirantes. Ce document n'est pas sans rappeler celui écrit vers 1901 ou 1902 : « Opportunité et idée sommaire... » dont il s'inspire largement. Bien sûr, la fin de l'œuvre n'est plus la même. L'unique but de la société, comme il est écrit désormais, est la propagation de la foi chez les infidèles : « Au moindre signe, la société devra être prête à envoyer ses sujets sous les climats les plus meurtriers, dans les conditions les plus pénibles et les plus périlleuses[21]. » Les moyens d'action ne diffèrent pas beaucoup : l'établissement de procures et de vestiaires afin de recueillir les dons en argent ou en nature ainsi que le maintien d'une école apostolique pour la formation de sujets. L'esprit de l'œuvre est en tout point similaire. Quant aux dévotions – au Saint-Esprit, au Saint Sacrement, à la Vierge Immaculée, à saint Joseph, aux saints anges, aux âmes du purgatoire ainsi qu'à saint François Xavier –, elles demeurent sensiblement les mêmes. Notons qu'il n'est pas question du Sacré-Cœur, comme l'avait pourtant suggéré le père Daignault.

Les préparations en vue de la cérémonie du 8 août vont bon train. Il faut adopter costume et coiffure assez rapidement, car ceux-ci doivent être confectionnés à la main. Voici ce que racontent les chroniques :

> L'occupation principale des vacances fut la préparation au grand événement de l'année : la première vêture et la première profession dans la Société. Il

Joséphine Montmarquet
(sr Marie-de-Saint-Gustave).
Outremont, c. 1905.
Délia Tétreault et ses compagnes
adoptèrent la même robe noire
que les Sœurs de la Congrégation
de Notre-Dame.

s'agissait, conséquemment, de créer un costume propre à l'Institut. L'on décida d'adopter la robe et le chapelet des religieuses de la Congrégation de Notre-Dame en y ajoutant une petite pèlerine noire ; ces bonnes Mères s'étant constituées les marraines des cinq élues du 8 août, elles voulurent bien se charger elles-mêmes des frais et de la confection du trousseau de leurs filleules : robes, voiles, et sous-vêtements[22].

Quant à la coiffure, elle s'inspire de celle d'une statue de sainte Anne située dans l'église du même nom rue McCord, à Montréal, où Délia aimait se recueillir. La croix de profession de la fondatrice est celle-là même qu'elle avait offerte en cadeau à l'abbé Bourassa et qui lui fut remise au décès de ce dernier. Par la suite, elle servira de modèle à toutes les croix remises aux MIC lors de leur profession temporaire. Le tout est complété, lors des vœux perpétuels, par un anneau d'or, symbole de l'union mystique, à l'intérieur duquel est gravé le nom de Jésus.

Lors du grand jour, c'est Mgr Bruchési lui-même qui préside la célébration eucharistique au cours de laquelle Délia Tétreault prononce ses vœux perpétuels et devient mère Marie-du-Saint-Esprit. Joséphine Montmarquet, en religion sr Marie-de-Saint-Gustave, s'engage par vœux temporaires tandis que Blanche Clément (sr Saint-Paul), Zénaïde Marcoux (sr Marie-de-Lourdes) et Émilda Charbonneau (sr Saint-Joseph) deviennent les premières novices de l'Institut.

Cet événement, pour important qu'il soit, ne change toutefois pas beaucoup de choses au quotidien des jeunes femmes qui se remettent au travail dès le lendemain. Elles doivent néanmoins s'habituer à quelques détails nouveaux, comme nous pouvons le lire dans les chroniques de la communauté :

[…] c'était le temps de la cueillette des fruits et de la mise en conserve. Sœur Saint-Paul étant donc retournée à ses confitures, trouva bientôt que près du poêle par une grosse chaleur d'été, sa nouvelle coiffe lui était un peu incommodante ; aussi alla-t-elle simplement trouver notre Mère pour lui demander si elle ne pourrait pas enlever tout ça… Ce jour-là aussi, notre chère Mère Assistante qui était à crayonner une lettre au jardin, demanda à une élève de bien vouloir aller chercher Sœur St-Gustave… L'élève, interdite, ne bougea point. – Que faites-vous donc? reprit la chère Mère. – Mais, dit timidement l'élève, Sœur St-Gustave, c'est vous-même[23]!

Le costume choisi, une constitution ébauchée, les premiers vœux prononcés, Délia n'a certes pas chômé depuis l'arrivée du fameux câblogramme. Devant elle, toutefois, deux énormes défis: assurer la survie financière de l'Institut et attirer de nouvelles recrues.

Sur le plan pécuniaire, l'Institut naissant peut toujours compter sur le soutien de Célina Montmarquet. Plus tard, en 1912, une autre bienfaitrice, Mme Malcom R. McKenzie, de son nom de fille Eugénie Huguenin, viendra aussi habiter à la Maison Mère. De plus, l'enseignement, commencé sous les auspices de l'École apostolique, se poursuit. En 1913 on accueille, à Outremont, 160 élèves dans six classes. Quelques mois à peine après sa profession religieuse, Délia met également sur pied une association de laïques, les Dames patronnesses, dont le but est «d'aider au développement des œuvres des Sœurs Missionnaires de l'Immaculée-Conception de Montréal [...] par tous les moyens possibles: prières, aumônes, etc.[24]». Ces dernières sont fort actives et organisent tombola, «garden party» et autres activités pour aider la communauté à faire face à ses obligations. En 1907, elles inaugurent un atelier de couture (ouvroir) au profit des missions. C'est le début d'une longue et fructueuse collaboration.

Les besoins sont grands. Il faut notamment davantage d'espace. Au printemps 1906, Délia achète la maison voisine, le 25, chemin de la Côte-Sainte-Catherine, et la fait relier à la première (soit le numéro 27) par une passerelle. À l'automne, toutefois, une grande propriété à flanc de montagne, de l'autre côté du chemin, au numéro 28, est mise en vente. Construite en 1867, elle domine un terrain de plus de 5 arpents, coupé d'un ruisseau. Voilà qui constituerait une résidence idéale pour la jeune congrégation. Les MIC remportent la mise aux enchères pour la somme de 26 000 $. Il s'agit d'une véritable aubaine puisque la propriété est évaluée à 40 000 $! Quant aux deux autres résidences, les sœurs s'en remettent à saint Joseph pour les vendre rapidement et rembourser une partie de l'audacieuse dette.

Délia (à gauche) et Joséphine Montmarquet avec des élèves de l'École apostolique. Outremont, c. 1906.

Un cercle de couture, animé par sr Jeanne Bellavance. Rimouski, 1923-1924.

La maison du 28, chemin de la Côte-Sainte-Catherine deviendra plus tard, à la suite du développement domiciliaire, le 314. Outremont, 1906.

Les temps sont durs et l'argent se fait rare. Pour diminuer certaines dépenses et manger adéquatement, on entreprend la culture de l'immense terrain nouvellement acquis : un potager est défriché à grand-peine. Quant aux effectifs, ils s'avèrent plutôt maigres. Les jeunes filles se présentent, mais ne restent pas. Au début de 1907, la petite communauté compte cinq professes, dont la supérieure, quatre novices et neuf postulantes. Moins d'une vingtaine de membres en tout.

L'année 1908 marque néanmoins un tournant certain pour le jeune Institut. Au mois de mai, Monseigneur Jean-Marie Mérel, des Missions Étrangères de Paris et évêque de Canton, fait un séjour à Montréal. Mᵍʳ Bruchési lui parle bien sûr de la toute nouvelle congrégation missionnaire et lui offre les services des MIC pour sa mission de Chine. Après une courte visite au couvent, Mᵍʳ Mérel repart avec l'espoir de faire venir les jeunes sœurs canadiennes à Canton. Quelques mois plus tard, en novembre, Mgr Bruchési écrit à la fondatrice à propos de sa rencontre avec le préfet de la Congrégation de la Propagande – responsable des territoires de mission – et lui fait part du champ d'apostolat confié aux MIC :

> J'ai aussi fait visite au cardinal Gotti, préfet de la Sacrée Congrégation de la Propagande. Tous les pays de missions vous sont ouverts. L'évêque qui désirera vous avoir n'aura qu'à s'entendre avec moi et avertir ensuite la Propagande. Aucune contrée ne vous sera désignée en particulier. Il vous est dit comme autrefois aux apôtres : «Allez, instruisez toutes les nations» [25].

Dans la même lettre, il annonce également que Mgr Mérel sera heureux de recevoir les Missionnaires de l'Immaculée-Conception. La première mission de l'Institut est donc décidée. Ce sera la Chine.

Développer le zèle missionnaire

Pour aider à la nouvelle fondation de Chine, Mgr Bruchési permet les quêtes dans les églises de Montréal et de la campagne : les sœurs s'y rendent deux par deux, et jusqu'à quatre ou huit pour les grandes églises. Mais les besoins financiers et humains, là-bas comme à la Maison Mère, sont énormes. À peine arrivées à Canton, les sœurs font déjà de nombreuses demandes :

> Comme il nous faut donner beaucoup de soin à la culture des arts, je sens le besoin d'une seconde maîtresse de dessin. Ne pourriez-vous pas nous en envoyer une ? Une pharmacienne et une jardinière nous seraient aussi bien utiles. […] En Chine on ne peut dormir sans être entouré d'une moustiquaire qui doit être fermée dès quatre heures de l'après-midi, sans quoi les moustiques font bonne chair [*sic*] à nos dépens. La mousseline dont on fait ces moustiquaires se vend $0,35 non pas la verge, mais le pied. Il va sans dire que nous ne pouvons en acheter. […] Le savon aussi est cher […]. Une vache serait pour nous une précieuse acquisition[26].

Il devient impératif d'assurer au nouvel Institut davantage de recrues et des soutiens financiers plus constants. Pour cela, Délia doit absolument faire connaître sa communauté et développer la ferveur missionnaire dans son propre pays. Du moins est-ce ainsi qu'elle voit la situation :

Les six premières « partantes » nommées pour la Chine en 1909 photographiées dans le jardin de la Maison Mère. De gauche à droite : sr Rachel Lalumière, sr Marie-Corinne Crevier, sr Zénaïde Marcoux, sr Philomène Trudel, sr Émilda Charbonneau et sr Adée Hébert. Outremont, 1909.

Sur les traces de saint François Xavier

En 1552, le jésuite François Xavier rend l'âme sur l'île de Sancian (Shangchuan), à quelques kilomètres de la côte méridionale de la Chine. Le futur saint patron des missions catholiques abandonne ainsi le salut de l'Empire du Milieu à ses confrères. Mais ce sont surtout leurs successeurs qui, à partir de la seconde moitié du 19ᵉ siècle, convertiront des dizaines et des centaines de milliers de Chinois à la foi catholique.

En 1909, les MIC se joignent à ce mouvement en envoyant un premier contingent de six religieuses. Ces femmes débarquent dans le sud de la Chine, à une époque très troublée. La corruption mine le régime impérial en place, l'économie est au bord de la faillite et la présence occidentale aggrave l'agitation sociale. En fait, dès 1912, le jeune empereur Puyi doit abdiquer devant une révolution républicaine. Cependant, le nouveau gouvernement tombe rapidement aux mains de chefs militaires qui se partageront le pays avec l'appui des puissances étrangères jusqu'à la fin des années 1920.

Dès leur arrivée, les sœurs s'installent à Canton (Guangzhou) dans une grande maison construite par la Société des Missions Étrangères de Paris au siècle précédent. Elles se voient confier la charge de près de 150 personnes : orphelines, femmes âgées et infirmes ainsi qu'une communauté de vierges chinoises[1]. Avec peu de moyens, les MIC animent une crèche, un orphelinat, un ouvroir et, à partir de 1910, la première école catholique pour filles de la ville.

Au fil des ans, leur apostolat se diversifie. Elles acceptent de s'occuper des femmes d'une léproserie située sur une île à une soixantaine de kilomètres de Canton, près du village de Shek Lung (Shilong). Elles leur dispensent des soins médicaux et un enseignement primaire. Afin d'augmenter leurs maigres revenus, les religieuses répondent aussi à l'appel des consuls français et britan-

nique d'offrir des leçons privées aux enfants du quartier européen de Shameen (Shamian). En 1917, le nombre d'élèves justifie l'ouverture d'une école primaire, fréquentée par des enfants de diplomates, d'industriels et de banquiers, occidentaux ou chinois.

Sous-financement, climat tropical, inondations : les Québécoises ont fort à faire pour s'adapter. Sans compter que leurs relations avec les évêques locaux ne sont pas toujours faciles. De surcroît, durant les deux premières décennies à Canton, la guerre civile force les religieuses à se réfugier de temps à autre dans le quartier européen ou à Hong Kong, alors territoire britannique. Enfin, nouveau souci pour la supérieure générale : quatre sœurs missionnaires en Chine quittent l'Institut à cette époque.

Les années 1930 sont marquées par la dictature de Tchang Kai-chek (Jiang Jieshi), soutenue par une bourgeoisie d'affaires sympathique aux intérêts occidentaux. C'est à la même époque que l'on assiste à la montée du communisme et à l'invasion japonaise lancée dans le nord-est du pays en 1931. Entre-temps, les MIC ont répondu à l'appel des prêtres des Missions

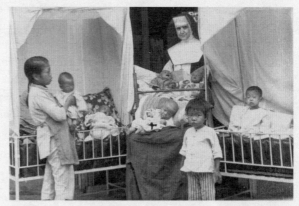

Sr Émilda Charbonneau à l'orphelinat de Canton. Chine, 1921.

Étrangères du Québec et ont fondé une maison à Leao Yuan (Liaoyuan), en Mandchourie. De 1927 à 1933, elles ouvrent différents postes dans la région.

Bien que les dispensaires soient au cœur de leurs activités, les MIC organisent aussi des œuvres complémentaires afin de convertir le plus grand nombre : catéchuménats, orphelinats, ouvroirs, petits pensionnats, refuges pour vieillards et handicapés. À Leao Yuan puis à Szepingkai (Siping), elles dirigent un noviciat de religieuses indigènes, les Sœurs de Notre-Dame-du-Rosaire, ainsi qu'une école apostolique pour préparer les jeunes filles à la vie religieuse. Les défis de la Mandchourie valent bien ceux de la mission du sud : éloignement des centres occidentaux, apprentissage de la langue, brigandage, privations et hivers rigoureux.

Avec une quarantaine de religieuses à travers toute la Chine[2], les MIC déploient aussi leurs efforts dans le centre du pays. À l'invitation de Mgr Simon Tsu (Zhu Kaimin), un évêque chinois jésuite, les sœurs se rendent sur l'île de Tsungming (Chongming), juste au nord de la grande ville de Shanghai, pour établir leurs œuvres. Pendant près de 20 ans, elles administreront l'école apostolique et le noviciat des sœurs Thérésiennes, une autre communauté chinoise. Sollicitées par les Jésuites canadiens-français cette fois, les MIC poursuivront leur mission à Süchow (Xuzhou), à partir de 1934.

À la fin des années 1930, le climat sociopolitique et la situation internationale se détériorent davantage. En lutte contre la guérilla communiste de Mao, le gouvernement nationaliste de Tchang Kai-chek assiste, impuissant, à l'occupation japonaise du territoire chinois. Même la ville de Canton, tout au sud, est bombardée. Près d'une centaine de MIC travaillent alors en Chine. En 1941, la Seconde Guerre mondiale éclate dans le Pacifique : les Japonais attaquent Hong Kong en décembre. Les MIC doivent y fermer temporairement leur école primaire, l'Académie Tak Sun, fondée en 1930. Malgré la présence

Sr Marie-Louise Chevrette et sr Sidonia Roussel s'apprêtent à soigner un enfant au dispensaire de Taonan. Mandchourie, Chine, 1937.

japonaise, les sœurs réussissent à maintenir leurs œuvres dans plusieurs postes de Chine continentale.

La reddition des Japonais en 1945 ne ramène pas la paix dans le pays. En Mandchourie, nationalistes et communistes se disputent la région de Szepingkai, un carrefour ferroviaire stratégique. À partir de 1947, les dispensaires ferment les uns après les autres et les MIC s'enfuient vers le sud. La victoire des troupes de Mao en 1949 sonne le départ des missionnaires étrangers. Le harcèlement prend différentes formes : mise en accusation, procès populaire, détention et, enfin, expulsion. Les religieuses indigènes aussi sont persécutées. Les dernières MIC quitteront la Chine vers Hong Kong en 1953 laissant derrière elles leur seule consœur chinoise, sr Lucia Ho.

1. Ayant fait vœu de chasteté, ces femmes, au service du diocèse, secondent les missionnaires dans leur travail : catéchisme, enseignement, etc.

2. En 1930, on compte 36 sœurs en Chine continentale et 5 autres sur le territoire de Hong Kong. Dix ans plus tard, elles sont 86 en Chine et 10 à Hong Kong.

> Les esprits et les cœurs sont ici encore peu inclinés vers les missions étran-
> gères. Il s'agirait de créer au pays un mouvement en ce sens ; mais ce sera, je
> crois, un travail de plusieurs années. Pour le moment on ne songe guère qu'aux
> œuvres locales[27].

Délia travaillera sans relâche pour créer un tel mouvement au Canada.
Au détriment parfois, diront certains, de son œuvre missionnaire *ad extra*.
Mais la survie et la croissance de son Institut en dépendent. En outre,
pour la fondatrice, tout est lié. En faisant la promotion des MIC, en déve-
loppant le zèle missionnaire au pays, elle s'assure du soutien financier et
du personnel dont elle a besoin pour mener à bien l'apostolat en pays de
mission.

Faire connaître l'Institut

Tout comme les besoins d'argent, le recrutement demeure une préoccupation constante chez Délia pendant les quinze ou vingt premières années
de l'Institut. Ses lettres comme ses notes personnelles témoignent de ses
tourments au sujet des entrées annuelles. Pourquoi une telle inquiétude ?
Parce que la concurrence est vive. Le nombre de congrégations religieuses
féminines, tant à Montréal que dans l'ensemble du Québec, ne cesse d'augmenter. Les jeunes filles qui désirent entrer en religion n'ont que l'embarras
du choix. Or, comme Délia le déclare à Mgr Mérel, pour le moment, on
songe davantage aux œuvres locales et celles-ci sont nombreuses.

Au début des années 1880, au moment où Délia réfléchissait à sa propre
vocation, on dénombrait un peu moins d'une trentaine de congrégations
féminines au Québec. Vingt ans plus tard, on en compte une quarantaine.
Entre 1901 et 1940, 47 nouvelles congrégations s'établiront sur le territoire
québécois, portant le total à 87 instituts[28].

Chacun de ces instituts possède une orientation spirituelle qui lui est
propre, de même qu'une vocation spécifique : soins hospitaliers, éducation,
travail social (auprès des pauvres, des filles-mères, des immigrants, etc.),
service au clergé, mission à l'étranger, contemplation. Au fil des ans, certaines congrégations s'illustrent dans plus d'un domaine : éducation et
travail social, par exemple. Les instituts missionnaires œuvrent générale-

Tableau 2.1
Instituts religieux féminins au Québec

	Fondation québécoise	Implantation de l'étranger	Total
Avant 1840	4	3	7
1841-1860	9	5	14
1861-1880	3	1	4
1881-1900	8	7	15
1901-1920	4	21	25
1921-1940	5	17	22
Total	33	54	87

ment dans plusieurs secteurs : santé, éducation et service social auprès des populations non catholiques.

Le recrutement de nouveaux membres constitue un enjeu d'importance pour tous ces instituts. Anciens ou nouveaux, ils doivent attirer annuellement un grand nombre de recrues. Ainsi, qu'elles le veuillent ou non, les congrégations religieuses féminines sont forcément en compétition. Bien sûr, certaines candidates dont la vocation est claire n'hésitent pas. Pour plusieurs, cependant, la vocation ne se manifeste pas de façon aussi évidente. Leur choix est largement influencé par un élément tangible : visite de religieuses de telle ou telle communauté à l'école ou à la maison ; fréquentation d'une école dirigée par des sœurs ; membre de la famille dans une congrégation donnée ; etc. Et même si la jeune fille a une bonne idée de ce qu'elle veut accomplir – enseigner, soulager les pauvres ou œuvrer auprès des Africains –, quel institut choisir ?

Compte tenu de la multiplication des instituts, ceux-ci se doivent de faire de la promotion afin de faire connaître leur spécificité. À cet égard, les congrégations enseignantes bénéficient d'un formidable avantage : elles côtoient quotidiennement un grand nombre de jeunes filles. Quant aux instituts missionnaires, ils sont les seuls à pouvoir compter sur l'attrait des pays lointains. Mais pas pour longtemps. Les appels des papes en faveur des missions – et particulièrement celui de Benoît XV avec l'encyclique *Maximum Illud* en 1919 – trouvent bientôt un écho favorable dans toutes les communautés : « Maintenant que toutes les Communautés ont des

Page couverture d'une plaquette destinée à aider les jeunes filles dans le choix d'une communauté religieuse. Montréal, 1939.

Quelques instituts de femmes missionnaires au Québec

Les Franciscaines Missionnaires de Marie (FMM) – Québec, 1892
Résolument internationales, les Franciscaines Missionnaires de Marie, fondées en Inde en 1877, regroupent des religieuses d'origines variées qui se consacrent à la mission par l'apostolat et la contemplation. En 1892, cinq d'entre elles répondent à l'appel du curé de Baie-Saint-Paul, à la recherche de personnel religieux pour le modeste hôpital de l'endroit. Devant l'impossibilité d'une fusion avec la communauté déjà en place, les FMM s'établissent plutôt à Québec. Leurs premières œuvres au Canada comptent une imprimerie, un ouvroir ainsi qu'un patronage pour jeunes filles, puis des écoles, des hôpitaux et des pensions.

Le noviciat de Québec formera plus de 625 missionnaires qui essaimeront aux quatre coins du monde. De nos jours, les FMM sont engagées sur le plan social et pastoral auprès des plus démunis de 75 pays.

Les Sœurs Missionnaires de Notre-Dame d'Afrique (SMNDA) – Québec, 1903
En 1903, la supérieure générale des Sœurs Missionnaires de Notre-Dame d'Afrique, mère Marie-Salomé, demande au père John Forbes, alors supérieur du postulat des Pères Blancs à Québec, de fonder dans la ville un postulat pour sa congrégation. Les choses ne traînent pas. Monseigneur Bégin donne son consentement et, la même année, quatre religieuses, trois Françaises et une Canadienne, arrivent d'Afrique pour diriger le nouvel établissement.

Les Sœurs Blanches inaugurent un ouvroir et sillonnent les paroisses pour parler de leur œuvre qu'elles feront aussi connaître par l'imprimé. Dès 1911, sept postulantes partent pour la maison mère d'Alger. En tout, plus de 500 Canadiennes se sont jointes à cette congrégation qui se dévoue essentiellement aux populations du continent africain.

Les Missionnaires de Notre-Dame des Anges (MNDA) – Lennoxville, 1919
En poste à Canton, en 1914, Florina Gervais quitte l'Institut des Sœurs Missionnaires de l'Immaculée-Conception. Elle souhaite plutôt mettre sur pied une association de laïcs qui se consacrerait à l'évangélisation des femmes chinoises et aux besoins de l'Église de Chine. Cinq ans plus tard, avec l'aide d'une ancienne élève cantonaise, Chan Tsi-Kwan, elle

Florina Gervais, fondatrice des MNDA, Chan Tsi Kwan, cofondatrice. Swatow, Chine, 1916. Courtoisie des Sœurs Missionnaires de Notre-Dame des Anges.

Frédérica Giroux, fondatrice des MCR, en visite à Anaham en Colombie-Britannique, 1955. Courtoisie des Sœurs Missionnaires du Christ-Roi.

fonde la Congrégation des Missionnaires de Notre-Dame des Anges, dans le diocèse de Sherbrooke. Quêtes, œuvres d'enseignement et pensions soutiennent la jeune congrégation.

Cinq premières MNDA partent pour le sud de la Chine en 1922. Dans les années 1950, leur apostolat de formation de religieuses, de catéchistes et de missionnaires laïques destinées à combler les besoins des Églises locales se transporte vers d'autres régions. Leurs œuvres s'étendent aux domaines de la santé, des services sociaux et de l'éducation. Elles seront plus de 370 à suivre les pas de Florina, mère Marie du Sacré-Cœur.

Les Sœurs Missionnaires du Christ-Roi (MCR) – Gaspé, 1928

Après vingt ans de vie religieuse passés chez les MIC, Frédérica Giroux et sa sœur Antoinette – ancienne MIC elle aussi – s'engagent dans la création d'un Institut missionnaire aux accents à la fois plus contemplatifs et centrés sur un envoi missionnaire plus intense. En 1928, elles reçoivent leur habit blanc de Missionnaires du Christ-Roi des mains de Mgr Ross, évêque de Gaspé. Sans œuvre éducative ou médicale au Canada, les MCR vivent alors d'aumônes et de petites industries au service du diocèse (imprimerie, couture, fabrique d'hosties, pension, etc.).

Le premier contingent de quatre MCR prend la route du Japon en 1933. Dès les années 1940, elles comptent des Japonaises dans leurs rangs. Depuis, l'Institut n'a cessé de s'internationaliser. Aujourd'hui, dans 9 pays, l'éventail des œuvres MCR comprend l'enseignement religieux, les soins aux malades, l'éducation et l'aide aux plus démunis. Au total, près de 600 missionnaires ont franchi les portes des noviciats de la congrégation.

missions à l'étranger, ça nous enlève beaucoup de sujets», écrit la fondatrice des MIC en 1934[29].

Au début des années 1930, à peine quelques instituts missionnaires sont implantés au Québec. Certains sont issus de congrégations étrangères comme les Franciscaines Missionnaires de Marie (1892) ou les Sœurs Missionnaires de Notre-Dame d'Afrique (1903). D'autres sont des fondations québécoises : c'est le cas des Sœurs Missionnaires de l'Immaculée-Conception (1902), des Missionnaires de Notre-Dame des Anges (1919) et des Missionnaires du Christ-Roi (1928).

Au-delà du recrutement, toutes ces congrégations, auxquelles il faut ajouter les communautés masculines, sont à la recherche de soutien financier. Elles frappent toutes aux mêmes portes. La compétition est vive, comme le souligne Délia :

> Mais, nous n'en recevons pas tant que cela d'aumônes. Les Frères Blancs et les Sœurs Blanches d'Afrique quêtent beaucoup ; les Franciscaines quêtent toujours, les Franciscains également beaucoup ; les Pères jésuites ont maintenant deux procures, l'une à Québec et l'autre à Montréal, et le Père Lavoie se démène pour recueillir des fonds pour leur Mission canadienne ; et pas un Père ne parle de la Mission de Mgr Tsu. Les Pères et les Sœurs de Ste-Croix qui sont partis pour le Bengale quêtent de leur côté, sans compter bien d'autres Missionnaires qui, eux aussi, tendent la main. Ce n'est pas par dépit que je vous fais cette énumération, c'est seulement pour vous faire voir que nous ne sommes pas dans des conditions avantageuses pour recevoir beaucoup d'aumônes[30].

Face à cette concurrence, Délia doit se montrer fine stratège pour que l'Institut et son œuvre missionnaire soient connus de tous. Déjà, le premier départ pour la Chine en 1909 avait eu un grand retentissement auprès de la population, les journaux de Montréal en faisant largement état. Or la fondatrice n'a pas l'intention de laisser sa jeune communauté retomber dans l'oubli. Lettres et photographies sont de bons instruments de propagande, comme elle le rappelle aux missionnaires de Canton :

> Il me semble qu'il ne serait pas hors de propos d'écrire à cette bonne dame Mckenzie et de lui adresser quelques photographies. Vous pourriez peut-être

en adresser aussi à Mr Jos. Comte, 164 rue St Georges, et à l'avocat Décary, Lachine, près de Montréal qui m'a remis $5.00 pour la mission et paraît porter intérêt à notre œuvre […][31].

Dès 1916, la supérieure envoie également ses filles dans les écoles et paroisses du Québec avec une «lanterne magique», ancêtre du projecteur à diapositives. Les MIC y animent des causeries qu'elles agrémentent par le visionnement de photographies sur verre. Elles exploitent également les ondes radio en participant à des émissions au cours desquelles elles présentent leurs œuvres à l'étranger.

Une lanterne magique et des diapositives de verre utilisées par les sœurs pour animer leurs causeries.

Les récits de missions, avec de nombreux détails exotiques, représentent aussi de remarquables outils promotionnels. Les Jésuites, rompus à ce genre d'exercice, les utilisent d'ailleurs depuis les premières missions de saint François Xavier au 16ᵉ siècle. C'est dans cet esprit que Délia demande à sr Blanche Clément, dans ses temps libres, de raconter anecdotes et aventures chinoises, en plus de décrire les usages et les coutumes indigènes. Cela fait du bon matériel publicitaire :

Pour faire connaître l'œuvre et nous attirer des aumônes, nous avons fait imprimer un petit recueil de lettres […]. Ce petit album a épuisé tous les renseignements que nous donnent vos lettres. […] Nous voudrions préparer autre chose pour la nouvelle année que nous adresserions à tous les curés du diocèse, aux amis et bienfaiteurs. Il faut cela sans quoi vous allez tomber dans l'oubli. Les œuvres locales ont tant d'industries pour s'attirer des secours et des sympathies. Je ne les blâme point, loin de là, je reconnais que c'est nécessaire et je voudrais essayer de les imiter. Mais nous ne pouvons rien entreprendre sans que vous nous fournissiez des matériaux[32].

À partir de 1911, les MIC s'attèlent plus spécifiquement au problème du recrutement en inaugurant l'œuvre des retraites fermées collectives. Première œuvre du genre pour les femmes au Canada, ces retraites de quelques jours, animées par un prédicateur, ont pour but de favoriser le recueillement et la prière chez les dames et les jeunes filles, tout en permettant à ces dernières de réfléchir à leur vocation dans un climat propice. Elles connaissent un succès indéniable. D'abord organisées à la Maison Mère, à Outremont, elles sont ensuite reprises à Nominingue (1915-1919), Rimouski (1919-1943), Joliette (1921-1974), Québec (1921-1976), Chicoutimi (1930-1968), Granby (1930-1964), Saint-Jean (1936-1972) et Sainte-Marie-de-Beauce (1944-1966). Un centre de retraites fermées est même ouvert à Marlborough, au Massachussetts, de 1947 à 1971.

Délia est formelle, les retraites fermées doivent susciter des vocations :

> Je vous répète ce que je vous ai dit maintes fois : nous avons besoin de vocations et naturellement je compte sur notre maison de retraites pour les fournir. La Maison Mère a fait d'énormes sacrifices pour la fondation de cette œuvre à Québec, il faut qu'elle en soit dédommagée par un grand nombre de vocations[33].

En outre, les MIC doivent s'empresser de développer des œuvres de ce type sinon d'autres congrégations le feront :

> Il faut faire de la propagande pour les retraites. [...] Si vous ne lancez pas l'œuvre dès maintenant, les SS. du St-Sacrement vous couperont l'herbe sous le pied. Il me semble que vous devriez aller demander à tous les curés de la ville de Québec de faire organiser des groupes de retraitantes par l'un de leurs vicaires[34].

C'est dans le même esprit que la fondatrice favorise l'ouverture de postulats et d'écoles apostoliques en région[35]. Quant à l'implication des MIC

Sr Béatrice Cornellier et sr Antoinette Raynauld avec un groupe de retraitantes. Saint-Jean, 1943.

dans la promotion des œuvres missionnaires telles que la Sainte-Enfance et la Propagation de la Foi, elle constitue encore une fois une extraordinaire opportunité : tout en amassant des fonds pour les œuvres missionnaires, les MIC se font aussi connaître du plus grand nombre puisque les sœurs parcourent inlassablement le territoire québécois, visitant les familles et les établissements scolaires. En 1918, Mgr Bruchési obtient, pour dix ans, que la moitié des recettes recueillies par les MIC dans les diocèses du Québec soient envoyées aux sœurs de Chine pour le soutien de leurs œuvres, l'autre moitié étant versée, comme il se doit, à la caisse commune des œuvres pontificales.

La carte maîtresse de Délia Tétreault, toutefois, c'est *Le Précurseur*, c'est-à-dire la revue des Sœurs Missionnaires de l'Immaculée-Conception, dont le premier numéro sort en mai 1920 :

> On travaille de toutes nos forces à propager notre bulletin « Le Précurseur » lequel, nous l'espérons, contribuera à créer un mouvement apostolique dans notre pays, et suscitera de nombreuses vocations de missionnaires ; Oh ! S'il pouvait aussi inspirer l'amour du sacrifice à nos jeunes filles[36] !

Or il semble bien que le vœu de Délia se réalise. L'incroyable investissement de temps et d'énergie engagé dans la revue – outre la rédaction et l'impression, les sœurs vont sans relâche de maison en maison proposer leur bulletin – porte fruit. Près de 20 % des professes MIC interrogées en 2004 ont souligné l'influence du *Précurseur* dans le choix de leur communauté. Il semble également que la lecture de ce périodique a suscité des vocations missionnaires autant pour les MIC que pour d'autres congrégations, même masculines : « Qui n'a rêvé missions lointaines en feuilletant *Le Précurseur* ? » écrit Claire Ainsley, sœur des Saints Noms de Jésus et de Marie, en 1986[37]. La première édition anglaise de la revue, *The Precursor* (*MIC Mission News* à partir de 1974), paraît le 1er septembre 1923.

Aux nombreux outils promotionnels qu'elles maîtrisent déjà, les MIC ajoutent un autre médium : les expositions missionnaires. Pour souligner l'année sainte de 1925, le pape Pie XI organise une grande exposition missionnaire. Vingt-quatre pavillons sont spécialement construits à cet effet dans les Jardins du Vatican. Toutes les congrégations missionnaires y participent en envoyant des objets représentant l'art et la culture des peuples missionnés. Cette initiative a pour but de documenter l'activité missionnaire et de faire connaître le rôle de l'Église dans ce domaine. Le 26 juillet 1924, deux MIC s'embarquent pour Rome afin de préparer le kiosque de la communauté. Le succès de l'exposition vaticane est tel qu'elle fera des petits un peu partout dans la catholicité. Au Québec, une première exposition missionnaire se tient à Joliette en 1927. Outre leur kiosque, les MIC présentent une conférence sur la Sainte-Enfance. L'expérience se renouvelle à Montréal en 1930 (les MIC y tiennent deux kiosques : un pour leurs missions, un pour la Sainte-Enfance), à Trois-Rivières en 1935, et de nou-

Sr Thérèse Gloutnez et sr Pierrette Bélainsky, propagandistes, visitent les familles et les écoles avec *Le Précurseur*. Montréal, 1952.

Un kiosque MIC lors de l'exposition missionnaire de Sherbrooke en 1941.

veau à Montréal en 1942. En tout, les MIC participent à 13 expositions entre 1927 et 1952, y compris au Canada anglais et aux États-Unis. Comme toutes les communautés présentes, elles bénéficient à chaque occasion d'une extraordinaire visibilité.

C'est ainsi que lentement d'abord, puis de façon accélérée à partir des années 1920, les effectifs MIC augmentent. Suffisamment, à tout le moins, pour ouvrir de nouveaux champs d'apostolat aux Philippines, au Japon ainsi qu'en Mandchourie, tout en multipliant les initiatives ici même au pays auprès des immigrants chinois de Montréal, Québec et Vancouver.

Gouvernance

Sous la gouverne de Délia

Les MIC doivent beaucoup au remarquable sens du marketing de leur fondatrice. En effet, celle-ci sait d'instinct, semble-t-il, ce qui captera l'attention des gens et saura susciter dons et vocations. Ses stratégies et ses outils de promotion ne sont pas nécessairement nouveaux ou uniques, mais elle les

Les Philippines, la perle catholique d'Orient

L'Église catholique est implantée dans les Philippines depuis la conquête espagnole au 16ᵉ siècle. À la suite de la Guerre hispano-américaine de 1898, les États-Unis, victorieux, obtiennent l'archipel pour une bouchée de pain. Ils mettent en place des institutions démocratiques, encadrées par un gouverneur étasunien. Jusqu'à la Deuxième Guerre mondiale, le Parti nationaliste dominera la scène politique avec le soutien d'une élite terrienne traditionnelle, peu disposée aux réformes sociales.

Dans les années 1910, l'importante communauté chinoise de Manille s'offre un nouvel établissement moderne de santé, le Chinese General Hospital. Fervent catholique, le directeur demande à l'archevêque de la capitale, Mᵍʳ Michael O'Doherty, de faire venir des MIC qualifiées pour s'occuper à la fois de l'hôpital et de l'école des infirmières. Cette œuvre hospitalière dans un pays à majorité catholique est-elle un choix opportun pour le jeune institut missionnaire de

Sr Claire Fontaine enseigne à des élèves de Mati. Philippines, 1949.

Montréal ? Quoi qu'il en soit, Délia décide de répondre à l'appel : en 1921, cinq religieuses s'embarquent pour les Philippines.

Bien qu'elles reçoivent l'appui du directeur, les MIC ne font pas l'unanimité au sein de l'hôpital. Ces tensions mèneront au renvoi des sœurs en 1939. Entre-temps, l'activité de catéchèse des MIC auprès des familles chinoises les amène à fonder leur première école en 1935.

Dès janvier 1942, la guerre et l'occupation japonaise frappent les Philippines. Les religieuses sont assignées à résidence et leurs œuvres, interrompues. Trois d'entre elles, accusées de cacher des Américains, sont incarcérées à la prison militaire ; quelques-unes seront détenues dans des camps. En 1945, les Américains libèrent le pays. Les MIC retrouvent alors leur école et leur résidence en ruines. L'indépendance des Philippines est proclamée l'année suivante.

L'après-guerre marque un nouveau départ pour les MIC. Après s'être consacrées exclusivement à la communauté chinoise, les religieuses obtiennent d'œuvrer auprès des Philippins. Tout en continuant d'instruire l'élite chinoise de Manille, elles prennent en charge de nouvelles écoles, notamment dans les banlieues. Du même pas, les sœurs acceptent l'invitation des prêtres des Missions-Étrangères du Québec de se rendre au sud du pays, dans l'île de Mindanao. Elles enseigneront aux jeunes de la localité côtière de Mati. Elles établissent aussi une maison dans la ville de Davao afin de pouvoir mieux desservir la région.

Durant les années 1950, les MIC accroissent leurs activités : pension pour étudiantes, maison de retraites, orphelinat, nouvelles écoles, catéchisme auprès des squatteurs de Manille. Elles ouvrent un noviciat à Baguio, une agglomération dans les montagnes au nord du pays, reconnue pour la fraîcheur de son climat. En 1958, Guadalupe Sempio devient la première sœur Missionnaire de l'Immaculée-Conception formée aux Philippines. Le noviciat accueillera aussi des candidates venues de Hong Kong et d'Afrique.

En 1966, les Philippines deviennent une province MIC à part entière. La maison provinciale s'installe à San Juan, devenue depuis une banlieue cossue de Manille. Les initiatives dans le domaine de l'éducation se multiplient. À la même époque, les sœurs intensifient leur engagement auprès des squatters, déplacés à l'extérieur de la ville par les autorités municipales. L'Immaculate Conception Center vient en aide à 3000 familles relocalisées dans un milieu rural, sans eau courante ni électricité. Cette maison sert d'école, de dispensaire, de poste de catéchisme et de chapelle.

Au début des années 1970, la situation politique s'envenime. Le gouvernement de Ferdinand Marcos doit affronter divers mouvements de contestation (étudiants, communistes et indépendantistes isla-mistes). Afin de museler ses opposants, Marcos impose la loi martiale et modifie la constitution pour mieux établir sa dictature. Lors des élections de 1986, des soulèvements populaires chassent Marcos du pays. Corazon Aquino prend le pouvoir appuyée par l'Église et une partie de l'armée. Avec une cinquantaine de Philippines dans leurs rangs, les MIC se sont impliquées activement, en participant à des mouvements pour la justice, dans la chute du dictateur.

Cette période agitée constitue une phase de réorientation. Les chapitres provinciaux et les évêques locaux insistent alors sur l'importance d'évangéliser les ethnies non chrétiennes de l'archipel. Les religieuses abandonnent donc certaines œuvres d'éducation pour aller convertir et alphabétiser les populations autochtones de l'arrière-pays des îles Mindoro et Mindanao. Aujourd'hui, les MIC assurent encore une présence sur Mindoro et dirigent toujours de grandes écoles dans la région de Manille et à Mati ainsi qu'une maison de retraites à Davao.

Sr Socorro Carvajal revient de mission en montagne. Malita, Philippines, 1988.

Mission au pays du Soleil levant

Nouvelle puissance maritime, le Japon de l'entre-deux-guerres s'occidentalise à grands pas. Nourri par l'industrialisation, la pression démographique et la montée du nationalisme, l'empire nippon n'a cessé de s'étendre depuis la fin du 19e siècle. Bien qu'il ait déjà fait la conquête de nombreuses îles, de Taiwan et de la Corée, ses ambitions coloniales visent maintenant la Chine. Côté religion, le gouvernement accorde la liberté de culte, mais le caractère étranger des confessions chrétiennes les rend suspectes aux yeux de nombreux Japonais.

Les MIC débarquent à Naze, sur l'île d'Amami-Oshima, en décembre 1926. Cette île subtropicale, battue par les typhons, se situe tout au sud de l'archipel japonais. Trois missionnaires répondent à l'appel des Franciscains canadiens qui les convient à

Ouverture du jardin d'enfants de Koriyama. Japon, 1932.

prendre la charge d'une école supérieure de jeunes filles. C'est le premier mandat confié à une communauté de Canadiennes françaises en terre nippone.

Les sœurs se consacrent d'abord à l'apprentissage de la langue japonaise. Elles accomplissent aussi des tâches de services liturgiques. Elles dispensent également des cours d'anglais, de musique et de couture : l'enseignement religieux est interdit à l'école. Les autorités ecclésiastiques tardent à leur confier la direction de l'établissement scolaire. L'évêque tergiverse et finit par demander à la communauté, comme garantie de stabilité, de construire à ses frais un hôpital. Devant cette exigence démesurée et des conditions de vie difficiles, le conseil général décide de laisser tomber cette mission peu viable. En 1933, les MIC quittent définitivement Naze pour rejoindre leurs consœurs installées à Kagoshima depuis 1928. Incapables d'implanter leurs œuvres dans le sud, elles se tournent vers le centre du pays.

Dans les années 1930, les MIC s'établissent dans le diocèse de Sendai, au nord de Tokyo, sur la grande île de Honshu. À l'invitation des Dominicains canadiens, elles offrent à Koriyama ainsi qu'à Wakamatsu une variété de cours et fondent des jardins d'enfants. Mais le répit est de courte durée : en 1940, le vent tourne pour les religieux étrangers au Japon. Le gouvernement exige que toutes les organisations religieuses soient contrôlées par des citoyens japonais. L'Église du Japon se retrouve désormais entre les mains d'évêques indigènes. L'année suivante, le déclenchement de la guerre dans le Pacifique interrompt les activités des MIC. D'abord confinées à leurs couvents, elles sont toutes rapatriées à Montréal en 1943. Elles ne seront de retour qu'en 1946.

Malgré les dégâts matériels, l'après-guerre marque une période d'essor pour le christianisme au Japon. La misère et la détresse du peuple japonais procurent un terreau fertile au message de paix et d'espoir de l'Église. Les conversions se multiplient et les œuvres, en particulier les écoles, prospèrent. Les MIC consolident leurs missions dans la région de Sendai et s'implantent à Tokyo. Leur maison de la capitale devient le cœur de leur action au Japon. Au fil des ans, les sœurs mettent sur pied un jardin d'enfants, un foyer pour étudiantes ainsi qu'un noviciat. Cependant, leur capacité à recruter localement demeurera limitée : seules 16 Japonaises prononceront leurs vœux perpétuels.

À partir des années 1980, les MIC tentent des œuvres à caractère plus social. Tout en poursuivant ses tâches pastorales et éducatives, l'Institut s'implique auprès des malades, des personnes âgées, des handicapés mentaux et des plus démunis. Depuis 2000, elles ont même ouvert une maison à Gyoda, à 50 km au nord de Tokyo, afin de travailler auprès de la population immigrante.

Sr Misao Imelda Takahashi, accompagnée d'un prêtre jouant de la guitare, chante avec ses élèves. Wakamatsu, Japon, 1984.

utilise avec un grand sens de l'à-propos. Bien que Délia ne puisse prendre tout le crédit pour les succès de l'Institut qui connaît une croissance remarquable à partir de 1920, c'est bel et bien grâce à sa vision plurielle de l'apostolat missionnaire que la communauté bénéficie d'une si grande visibilité.

Certes, les décisions de la fondatrice ne font pas toujours l'unanimité. Ses remarques incessantes sur la nécessité d'une obéissance aveugle – « une obéissance à la saint Ignace », écrit Délia, c'est-à-dire « prompte, sans répliques, respectueuse et aveugle »[38] – montrent bien que les sœurs, parfois insatisfaites des directives ou des choix imposés, soulèvent des objections ou trouvent le moyen de passer outre à une décision qui ne leur agrée pas. « On a toujours trente-six raisons pour ne pas obéir franchement et complètement, et mille moyens pour arriver à faire non ce que la supérieure demande mais ce qu'on voulait[39] », écrit-elle encore. D'où les rappels sur la nécessité de faire de l'obéissance la principale caractéristique de l'Institut. Mais ce ne sont là que de légers « manquements » qui s'observent dans tous les types de missions – humanitaire, militaire ou apostolique – et qui s'expliquent généralement par une vision différente entre l'état-major et les acteurs sur le terrain.

À première vue, aucune crise, aucune sédition sérieuse ne marque le gouvernement de Délia entre 1905 et 1939. Quelques départs, certains plus spectaculaires que d'autres, surviennent néanmoins ici et là. Celui de Florina Gervais (sr Saint-Alphonse-de-Liguori) en 1914, alors qu'elle est en poste à Canton, est un de ces événements qui marquent les esprits. Alors professe temporaire, la jeune femme quitte les MIC non pas par manque de vocation, mais bien parce que celle-ci ne s'accorde plus avec les orientations de l'Institut. Elle suivra donc sa propre voie. Laura Brodeur (sr Aimée-de-Marie) est la première professe perpétuelle à quitter les MIC en 1922. En 1923, Zénaïde Marcoux (sr Marie-de-Lourdes), compagne des débuts de l'École apostolique, délaisse à son tour l'Institut. Ce sont de lourdes pertes pour la jeune congrégation. En tout, du vivant de Délia, huit professes perpétuelles quittent la communauté. À celles déjà nommées, ajoutons Palmyre Labrecque (sr Marie-du-Saint-Rédempteur), une des premières « apostoliques », qui part en 1939.

La sortie de Frédérica Giroux (sr Marie-du-Sacré-Cœur) provoque davantage de remous. En effet, celle-ci ne partage pas les idées de Délia sur l'importance à donner aux œuvres de soutien au Canada. De plus, Frédérica a des vues bien précises quant à certaines pratiques spirituelles comme la dévotion au Sacré-Cœur. Peu de temps après son élection comme assistante générale, en juillet 1918, les divergences d'opinions entre les deux femmes éclatent au grand jour. Malgré des séjours loin de la Maison Mère (Québec, Vancouver, Joliette), le différend persiste et le malaise au sein de la communauté ne fait que croître. En 1923, Délia et le conseil général demandent aux autorités diocésaines de priver Frédérica de voix passive : elle ne pourra plus être mise en nomination ou être élue supérieure générale. Malgré tout, elle reste au sein de l'Institut.

Doit-on voir dans l'attitude de la jeune femme le désir de réorienter la fondation de Délia dans une autre direction, comme le prétend le jésuite Yves Raguin[40] ? Ou encore la volonté de créer un « embranchement » de l'Institut, plus contemplatif et plus radicalement missionnaire[41] ? À cet égard, Délia adopte pourtant une attitude sans compromis. Elle écrira, après le départ de Frédérica : « Notre communauté n'aura jamais d'embranchement, elle demeurera toujours une. Les sujets qui ne trouvent pas dans notre Institut ce qui leur convient, n'ont qu'à chercher ailleurs ce qu'ils désirent[42]. » Ce qui est certain, c'est que Délia, à tort ou à raison, éprouve une crainte soit pour son autorité, soit pour l'intégrité de la vocation de son Institut. Le 1er mars 1925, les membres du conseil général MIC, à l'insu de Délia, obtiennent un privilège spécial du pape Pie XI qui permet à la fondatrice de demeurer supérieure générale jusqu'à sa révocation par le Saint-Siège. Ce n'est que le 2 juin 1928 que Frédérica Giroux se résoudra enfin à quitter la congrégation pour suivre elle aussi sa propre voie.

La fin d'une longue amitié entre Délia et le père Daignault, conseiller et ami depuis les tout débuts, constitue sans doute la conséquence la plus triste de cet épisode malheureux. En effet, le jésuite ne cache pas son désaccord lorsque Délia prive Frédérica de voix passive, et il se range du côté de cette dernière. D'autres amis de la première heure tournent aussi le dos à la fondatrice. Avaient-ils tous tort ? La méfiance de Délia a-t-elle été excessive ? Les sources disponibles ne permettent pas d'en juger…

Le 1er mars 1925, Rome approuve les Constitutions de l'Institut, faisant de celui-ci un institut de droit pontifical, c'est-à-dire relevant directement de Rome et non plus de l'autorité diocésaine. Forte de cette approbation et confortée dans son poste de supérieure générale, Délia peut dorénavant suivre ses intuitions sans être inquiétée. Certes, depuis quelque temps déjà, elle gouverne avec un conseil général composé de quatre personnes : une assistante, une économe et deux conseillères. Néanmoins, les probabilités sont minces pour que quiconque au conseil s'élève contre les directives de la fondatrice. En outre, ce sont presque toujours les mêmes individus qui occupent les postes-clés : Anna Paquette (sr Marie-de-la-Providence) siège au conseil de 1918 à 1939, soit à titre de conseillère ou comme assistante générale ; Octavie Roberge (sr Marie-Eugénie) s'y trouve de 1921 à 1939, comme économe générale ou conseillère, et Laurence Provost (sr Marie-Joseph-du-Sacré-Cœur), de 1922 à 1939, agit à titre de secrétaire générale ou de conseillère. S'ajoute à ce groupe Albertine Graton (sr Saint-Jean-François-Régis) qui ne siège pas au conseil, mais qui est maîtresse des novices de 1916 à 1939.

Aucune de ces femmes n'a l'expérience des missions. Délia assiste à de nombreux départs pour l'étranger, mais elle-même ne partira jamais. Sa santé ne le lui permet pas :

> On m'a reproché de n'être pas allée en Chine, je voulais bien le faire mais le Docteur Aubry s'y est opposé formellement. Le bon Dieu l'a permis ainsi car les difficultés surgissaient de tous les côtés à la fois et je ne savais où donner de la tête[43].

Quant aux membres du conseil, à l'exception d'Alice Vanchestein (sr Marie-Immaculée) qui occupe brièvement le poste de secrétaire générale de 1928 à 1930 et qui compte à son actif une expérience de près de dix ans en Chine, elles n'ont jamais mis les pieds à l'extérieur du pays. Certaines d'entre elles le feront après leur passage au conseil, mais la plupart ne quitteront jamais le Canada. Il est vrai qu'en 1919, la supérieure générale envoie Johanna-Mary Kelly (sr Marie-du-Rosaire), alors conseillère et économe, en Chine, à titre de visitatrice. Un séjour de 10 mois (avril 1919 – janvier 1920) permet à cette dernière de régler sur place quelques problèmes qui minaient la mission de Canton. Une autre nomination, d'abord à titre de déléguée de la Maison Mère en 1921, puis de supérieure de Canton, de 1921 à 1926, lui offre l'occasion de voir à la bonne marche de la mission et d'offrir ses conseils aux autres supérieures. Il semble toutefois que ce soient les seules fois qu'une visitatrice ait été envoyée en Asie sous la gouverne de Délia.

Les supérieures locales jouissent d'une autonomie très restreinte puisqu'elles doivent constamment se référer à la supérieure générale ou à son conseil. Elles dépendent donc de femmes pour qui la mission demeure une pure abstraction. Délia aurait-elle fait les mêmes choix si elle avait bénéficié d'une expérience missionnaire ? Aurait-elle été plus réceptive aux diverses demandes de ses filles en poste à l'autre bout du monde ? Non pas qu'elle ait été indifférente ou insensible, mais ses réponses laissent croire que, prise par ses propres obligations à Montréal, elle en oublie parfois les difficiles contextes dans lesquels œuvrent ses missionnaires :

> Je souffre plus que je ne saurais vous le dire de ne pas faire pour vous ce que vous me demandez [...] mais mon premier devoir n'est-il pas de travailler sans relâche à fortifier la Maison Mère et à prévenir ainsi l'écroulement de notre petite Société naissante. Que les jeunes Sœurs comprennent qu'assurer l'existence d'une Communauté est chose autrement difficile que de fonder une mission...[44]

Malgré ses rappels occasionnels sur les obligations de la vie religieuse ou les responsabilités de la Maison Mère, la fondatrice fait généralement preuve d'une sollicitude bienveillante envers ses filles. Sans relâche, elle recommande aux supérieures locales de veiller sur leur santé et celles de leurs consœurs, les obligeant au repos lorsque nécessaire et ne lésinant jamais sur les soins à prodiguer ou les médicaments à acheter. Dans ses lettres, les conseils, les encouragements et les bons mots s'avèrent nettement plus nombreux que les reproches et les réprimandes.

Délia, affaiblie par la maladie.
Outremont, 1936.

Le 28 septembre 1933, épuisée par un travail incessant, Délia est victime d'une congestion cérébrale. Le médecin craint pour sa vie. Le 1er octobre, on fait venir le chanoine Roch, supérieur du Séminaire des Missions-Étrangères, pour lui administrer les derniers sacrements. Elle lui fait alors des confidences sur sa vie et son histoire de vocation.

Prières et encouragements affluent de partout. Délia se remet peu à peu, mais non sans conséquences graves : elle est désormais à demi-para-lysée et son élocution reste fort difficile. Elle tombe dans un état de dépen-dance totale, livrée aux bons soins de ses filles transformées pour ses besoins en infirmières. Bien qu'elle conserve toute sa lucidité, elle ne peut plus, bien évidemment, présider à la destinée de son Institut et doit s'en remettre à ses assistantes. Malgré toute cette sollicitude, ses forces décli-nent inexorablement. Il faut à l'Institut une supérieure capable de le diriger convenablement :

> Bien chère Sœurs,
> L'autorité ecclésiastique, trouvant notre vénérée Mère trop malade pour être maintenue dans sa charge, a imposé à notre Communauté l'élection d'une nouvelle Supérieure générale, à l'occasion du Chapitre. Toutes les démarches que le Conseil généralice a faites auprès de la Sacrée Congrégation des Reli-gieux, pour obtenir la conservation du privilège que Sa Sainteté Pie XI avait départi à notre vénérée Mère Fondatrice en 1925, sont restées infructueuses ; si notre Mère n'eût pas été malade, nous a-t-on dit, jamais il n'aurait été ques-tion de la remplacer. Devant la volonté formelle de la Sacrée Congrégation, ne fallait-il pas nous incliner[45] ?

Un nouveau gouvernement

C'est ainsi qu'en janvier 1939, une nouvelle supérieure et un nouveau conseil sont élus pour un mandat de six ans. Pour diriger la destinée de la communauté, les sœurs portent leur choix, sans grande surprise, sur Anna Paquette, assistante générale depuis 1921. À peine plus d'un an après son élection, cette dernière entreprend une première visite des mis-sions en Asie. Sa tournée dure toute une année. Elle revient en avril 1941, juste avant que la guerre n'éclate dans le Pacifique. À son retour, elle

La mort d'une fondatrice

Le 1er octobre 1941, après de longues années de maladie, Délia Tétreault s'éteint avec sérénité, aux dires de celles qui assistent à ses derniers instants. Le lendemain, la fondatrice est exposée en chapelle ardente dans l'un des parloirs de la Maison Mère, au 2900, chemin de la Côte-Sainte-Catherine. Un faire-part tout simple avertit les autorités ecclésiastiques et les communautés religieuses. Les messages de condoléances affluent de partout. «La mort d'une illustre fondatrice», «Une sainte vient de mourir laissant une œuvre immense», peut-on lire dans quelques quotidiens de Montréal.

L'archevêque de Montréal, Mgr Joseph Charbonneau, célèbre le service funèbre dans la chapelle de la Maison Mère où se masse un public nombreux venu rendre hommage à la disparue. Six évêques, plus de 70 prêtres et séminaristes ainsi qu'une soixantaine de religieuses de diverses communautés sont présents. Les représentants des autorités municipales, quelques centaines d'amis et de bienfaiteurs assistent également à la cérémonie. La dépouille de la fondatrice est ensuite transportée à Pont-Viau, pour son dernier repos au cimetière communautaire.

À une époque où l'éveil missionnaire du Québec commence à peine à se manifester, nous devons à Délia Tétreault la première fondation missionnaire québécoise. Pendant plus de trente ans, elle a activement contribué à faire du Canada un des premiers pays missionnaires. Cependant, de toute sa vie, elle n'aura été en mission, ni jamais mis les pieds à l'extérieur de sa province. Elle a été missionnaire de cœur et d'esprit, à l'image de nombreux autres fondateurs d'ordres missionnaires.

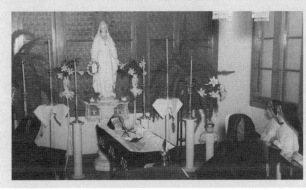

Délia Tétreault, mère Marie-du-Saint-Esprit, reposant en chapelle ardente. Montréal, 1941.

Haïti, aux frontières du catholicisme et du vaudou

En 1941, l'éclatement de la Deuxième Guerre mondiale dans le Pacifique met un frein à l'expansion missionnaire en Asie. Les forces apostoliques chrétiennes doivent se redéployer vers de nouveaux territoires. Pour les MIC, l'occasion se présente dès 1943 alors que le père Anthime Desnoyers, un oblat de Marie Immaculée, demande de l'aide pour le diocèse des Cayes, au sud d'Haïti. Le défi est de taille ; les besoins, immenses. Pour la première république noire, indépendance ne rime pas toujours avec liberté et démocratie. Tensions raciales entre Noirs et mulâtres, guerres civiles, occupation militaire étasunienne (1915-1934) et gouvernements instables sont le lot d'une population formée en majorité de descendants d'esclaves.

Sr Eva Marier avec un groupe d'enfants pour le dîner. Les Cayes, Haïti, 1947.

Aussitôt arrivées dans la « Perle des Antilles », cinq MIC se voient confier la charge d'une petite école, d'un dispensaire et d'un refuge sur la côte sud de l'île, par l'évêque Mgr Jean-Louis Collignon, o.m.i. Les sœurs ne tardent pas à constater l'extrême pauvreté des lieux. Le mot « refuge » y prend tout son sens. En effet, celui de La Charité SVP n'est en fait qu'une simple toiture sous laquelle sont rassemblés près de 200 vieillards et enfants. Sans négliger leur service ecclésial de pastorale, les MIC s'attaquent de front aux problèmes de l'instruction et de la santé : en un quart de siècle, elles fondent une quinzaine d'écoles et un orphelinat ainsi que huit dispensaires aux quatre coins de ce petit pays.

Les sœurs doivent composer avec les particularités de cette île des Antilles. Pour se faire comprendre de la majorité, elles se mettent au créole en plus de conjuguer avec le vaudou, un culte animiste originaire de la côte ouest de l'Afrique où s'entremêlent des éléments empruntés au rituel chrétien. De plus, cyclones, inondations et tremblements de terre viennent périodiquement troubler leurs missions. Sans compter que la situation politique et économique d'Haïti ne s'améliore pas au fil des ans : en 1957, à la suite d'un gouvernement militaire, la dictature des Duvalier, père et fils, s'installe au pouvoir pour les trois prochaines décennies. C'est à cette époque que les MIC ouvrent leur noviciat à Port-au-Prince.

Au tournant des années 1960, les MIC besognent dans seize agglomérations. Dans chacune de leurs maisons, elles font œuvre de service social pour les plus démunis. Elles organisent des cantines scolaires et le partage des dons humanitaires (nourriture, vêtements, etc.), viennent en aide aux victimes d'injustices et agissent même comme écrivain public. En éducation, les religieuses dirigent quelques jardins d'enfants, des écoles primaires et secondaires, et offrent des classes en milieu rural pour lutter contre l'analphabétisme. Côté santé, les dispensaires MIC connaissent une grande popularité. Les locaux s'agrandissent et l'amélioration de la qualité des soins permet d'offrir des services mieux adaptés et plus spécialisés : présence d'un médecin, obstétrique, puériculture, analyses sanguines, etc. Les sœurs forment aussi des sages-femmes et des infirmières auxiliaires pour les régions éloignées, tout en faisant la promotion de mesures d'hygiène et de la vaccination auprès de la population, notamment des femmes.

Les années 1970 marquent une période d'évaluation de l'œuvre missionnaire MIC : Haïti n'y échappe pas. L'Institut priorise alors l'engagement social et pastoral : plusieurs écoles sont confiées à des communautés enseignantes et la plupart des dispensaires sont remis à l'État. À la suite du message d'appui livré par le pape Jean-Paul II à Port-au-Prince, en 1983, les MIC s'impliquent dans les communautés ecclésiales de base (CEB), *Ti-légliz* en créole. Ces petits regroupements populaires de catholiques favorisent un engagement apostolique et social qui les amènera à lutter contre les injustices de la dictature duvaliériste, renversée en 1986.

Aujourd'hui, les MIC assurent toujours une présence dans neufs centres en Haïti. Elles y animent la pastorale, dirigent une demi-douzaine d'écoles et s'impliquent dans des projets d'alphabétisation. À Chantal et à Charpentier, dans le diocèse des Cayes, leurs dispensaires prodiguent sans répit soins médicaux et formation d'auxiliaires de santé.

Sr Gabrielle Duchesne en consultation au dispensaire de Chantal. Haïti, 1978.

retrouve la fondatrice, très affaiblie, qui mourra quelques mois plus tard.

En 1908, la Congrégation de la Propagande offrait aux MIC tous les pays de mission. Or entre 1909 et 1941 les MIC avaient surtout concentré leurs efforts en Asie : la Chine, les Philippines et le Japon représentaient leurs champs d'apostolat. La Seconde Guerre mondiale puis la victoire des troupes communistes en Chine viennent changer la donne. Tout d'abord, les hostilités dans le Pacifique, à partir de 1941, rendent les voyages et les communications avec l'Asie presque impossibles. En outre, à titre d'allié de la Grande-Bretagne et des États-Unis, le Canada est en guerre contre le Japon. Mises en résidence surveillée à partir de 1941, les sœurs du Japon doivent rentrer au pays en 1943 alors que leurs consœurs de Chine et des Philippines subissent l'occupation japonaise. C'est dans ce contexte tumultueux que la supérieure générale accepte d'envoyer quelques missionnaires pour les œuvres du diocèse des Cayes, en Haïti. Freinées dans leur développement en Asie, les MIC se lancent donc dans une nouvelle aventure.

Il faut bien le dire, le temps où les supérieures ne connaissaient rien des réalités missionnaires sur le terrain est bel et bien terminé. L'arrivée d'Anna Paquette à la tête de l'Institut marque un changement important et définitif à cet égard. En effet, non seulement la nouvelle supérieure a-t-elle effectué un long séjour en Asie en 1940-1941 pour visiter les différentes missions, mais en septembre 1943, elle n'hésite pas à accompagner les cinq missionnaires nommées pour Haïti et ainsi voir par elle-même les conditions d'extrême pauvreté et de dénuement de ce nouveau champ d'apostolat. À la fin de l'année 1943, elle se fait optimiste :

> Jetons maintenant les yeux du côté plus réjouissant, vers notre nouvelle Mission des Cayes, en Haïti. Ce vaste champ d'apostolat qui vient de nous être confié, est plein de promesses pour l'avenir ; nous y aurons un bien immense à accomplir, des misères sans nombre à soulager, des petits enfants à instruire : pauvres Noirs qui, quoique baptisés, ne connaissent pas le bon Dieu. L'an 1944 nous dotera d'une nouvelle Mission, non loin de la première, s'il ne survient pas d'obstacles[46].

En 1945, le premier mandat d'Anna Paquette et de son conseil doit prendre fin, mais la guerre rend impossible la venue de nombreuses «capitulantes». Que faire? Tenir un chapitre sans les déléguées des différentes missions d'Asie ou retarder la tenue du chapitre général? Rome, tout comme l'autorité diocésaine, suggèrent d'ajourner le chapitre jusqu'à la fin des hostilités.

De fait, ce n'est pas avant 1948 que les conditions de transport permettront la convocation du chapitre général au cours duquel la supérieure et son conseil sont réélues pour un deuxième mandat. En effet, même si la guerre prend fin en août 1945 avec la reddition du Japon, il faut du temps pour que la vie retrouve son cours normal. Les transports sont largement sollicités, que ce soit pour le retour des troupes et des exilés de guerre ou l'envoi de vivres et de main-d'œuvre nécessaire à la reconstruction. Les MIC qui ont accepté, en 1947, d'œuvrer au Malawi, au cœur du continent africain, doivent retarder leur départ, faute de place sur les bateaux:

> Bien que le groupe de nos futures Africaines ait été complété par les nominations de Sœur Madeleine-Marie supérieure, et de Sœur Joseph-du-Sauveur, il ne pourra s'embarquer immédiatement car tous les billets des bateaux de passagers sont retenus pour un an! Mettant leur confiance en saint Joseph, nos chères compagnes espèrent obtenir des places à bord d'un cargo[47].

Ce n'est finalement qu'en mai 1948 que les sœurs quittent pour leur nouvel apostolat en terre africaine, soit quelques mois à peine avant le départ des premières missionnaires pour Cuba. En effet, les MIC ont également accepté l'invitation des prêtres des Missions-Étrangères qui souhaitent leur confier la direction d'écoles paroissiales dans le diocèse de Matanzas. L'année 1948 se révèle décidément bien chargée…

Le généralat d'Anna Paquette, réélue au chapitre de 1948 pour un nouveau mandat de six ans, s'inscrit dans la continuité. Trop sans doute. «N'avait-elle pas promis à la Fondatrice, écrit sr Anne-Marie Magnan, de garder intact tout ce qui avait été établi dans la Communauté[48]?» Certains membres de l'Institut manifestent de l'insatisfaction. Des critiques contre le gouvernement en place parviennent aux oreilles de Mgr Paul-Émile Léger, archevêque de Montréal. Malgré le rapport plutôt favorable

voir page 102

Malawi, le cœur chaleureux de l'Afrique

À la suite des protestants, l'Église catholique s'implante au Malawi à la fin du 19e siècle. Protectorat depuis 1891, cette colonie britannique est réunie aux deux Rhodésies (Zambie et Zimbabwe actuels) en 1953, à la faveur d'une minorité blanche. Déjà attisé par la Deuxième Guerre mondiale, le mouvement nationaliste malawien s'oppose avec violence à la création de cette fédération, craignant l'imposition d'un régime de ségrégation. C'est dans ce contexte de décolonisation que les MIC posent le pied pour la première fois sur le continent africain, en 1948.

En fait, Mgr Marcel Saint-Denis, père blanc et préfet apostolique au Malawi, les réclame depuis le début de la décennie. Soucieux de diversifier son apostolat, le conseil général de l'Institut envoie quatre sœurs en renfort pour fonder la mission de Katete, au centre du pays. Dès leur arrivée, les MIC prennent la direction d'une école primaire mixte à laquelle elles s'empres-

Sr Jeanne Plante enseigne la couture. Karonga, Malawi, 1960.

sent d'adjoindre un pensionnat pour filles. Les sœurs saisissent rapidement la difficile situation des femmes malawiennes et n'auront de cesse de les aider à améliorer leur condition. Toujours en 1948, elles organisent un dispensaire ainsi qu'une maternité.

Jusqu'au milieu des années 1950, les œuvres MIC se multiplient au nord de Katete, de Mzimba à Karonga, sur les rives du lac Malawi. Éducation, santé, pastorale et promotion de la femme sont au menu. Elles offrent bientôt le cours secondaire aux filles, organisent le guidisme et mettent sur pied des centres d'arts ménagers (hygiène, premiers soins, anglais, comptabilité, couture, cuisine, etc.).

Comme dans leurs missions d'Asie, elles doivent s'adapter aux conditions de vie locale : apprentissage des dialectes locaux, manque d'infrastructures, croyances ancestrales, mœurs polygames, pluies diluviennes et chaleur étouffante. Le Malawi n'est-il pas surnommé le « cœur chaleureux » de l'Afrique ? En 1959, des révoltes nationalistes provoquent de violents incidents. Plusieurs missions sont menacées et l'école des garçons de Karonga est incendiée. Cependant, malgré certains accrochages et la surveillance constante dont fait l'objet leur enseignement, les MIC n'hésiteront pas à se joindre aux fêtes célébrant la naissance de ce nouveau pays d'Afrique, en 1964.

Alors même que les MIC réévaluent leur engagement au Malawi, le gouvernement exprime le désir de voir les institutions publiques dirigées par un personnel africain : petit à petit, les établissements scolaires de même que certains dispensaires MIC sont transmis à l'État ou aux mains de communautés locales comme les Sisters of the Holy Rosary. Malgré tout, l'œuvre de santé des religieuses se consolide. Les succès médicaux des MIC dans les villages de la brousse amènent l'aide de l'État et de fondations

Sr Thérèse Déziel reçoit un gage de reconnaissance de la part d'un enseignant à Mzimba. Malawi, 1990.

privées. Les sœurs dotent leurs locaux d'installations modernes et font appel à leurs missionnaires les plus qualifiées. Elles organisent aussi des cliniques pour les mères et leurs jeunes enfants de zéro à cinq ans afin de lutter contre le taux élevé de mortalité infantile. Au début des années 1990, cependant, confrontées au vieillissement de leurs effectifs, les MIC finissent par remettre la direction de leurs derniers établissements de santé.

À cette même époque, l'Afrique subsaharienne devient le principal foyer de la pandémie de sida. Cette maladie incurable s'ajoute à une longue liste d'infec-tions telles que la malaria, la rougeole et la tuberculose, qui continuent de faire des ravages sur le continent. Les MIC offrent alors leurs soins aux sidéens et aux orphe-lins. Elles s'efforcent encore aujourd'hui de lutter contre ce redoutable fléau. Malgré la réduction draconienne du nombre de leurs missions, les religieuses sont encore très présentes à Mzuzu, à Mzimba et à Lilongwe, la capi-tale. Elles consacrent une large part de leur travail à la jeunesse : pastorale scolaire, formation de leaders, ani-mation de mouvements d'action catholique, lutte contre l'alcoolisme, la drogue et le sida.

Missionner à l'ombre de Fidel

Au tout début du 20ᵉ siècle, les habitants de Cuba accèdent à l'indépendance à l'issue de la guerre hispano-américaine. Après une brève occupation, les États-Unis quittent le territoire mais conservent des bases militaires et se donnent un droit de regard dans les affaires du pays. Dans les faits, les Américains consolident leur mainmise sur l'économie et la démocratie cubaines. Les politiques libérales de la jeune république profitent surtout à l'élite terrienne et au voisin américain, au grand mécontentement des étudiants, des paysans et des travailleurs du sucre, surtout après la crise économique de 1929. Lorsque les MIC débarquent dans l'île en août 1948, le climat est explosif: instabilité politique, corruption, misère et famine.

Les MIC répondent avec enthousiasme à la demande des prêtres des Missions-Étrangères du Québec de prendre la direction d'écoles paroissiales dans le diocèse de Matanzas. En effet, la grande précarité de la mission en Chine pousse plusieurs communautés religieuses vers de nouveaux territoires. Durant leur première décennie, les sœurs fondent sept écoles primaires et secondaires, dispensent une formation commerciale, mettent sur pied des chorales tout en offrant des cours de langue et d'artisanat. Elles font la promotion de mouvements d'Action catholique auprès des adultes et des jeunes, visitent les malades et les familles. On leur doit aussi la création de centres d'enseignement religieux, souvent installés dans des locaux de fortune,

Sr Véronique Bernatchez donne un cours de chant à Manguito. Cuba, 1950.

Sr Simonne Perreault offre un cours de préparation au mariage à un jeune couple de Los Palacios. Cuba, 1995.

et parfois même en plein air, sur un balcon ou sous un arbre. Ces lieux d'animation pastorale rejoindront plus de 3000 participants dans la région.

À la même époque, le jeune avocat Fidel Castro organise la résistance à la dictature du général Fulgencio Batista, arrivé au pouvoir en 1952. Plusieurs catholiques soutiennent le mouvement. Lorsque, le 1er janvier 1959, Castro fait son entrée à La Havane, dans l'euphorie générale, l'Église n'hésite pas à reconnaître la légitimité de la révolution. D'autant plus que le nouveau premier ministre passe pour un modéré. Cependant, Castro prend goût au pouvoir. Il se rapproche du Parti communiste et nationalise d'importants secteurs de l'économie comme l'industrie sucrière. De plus, Castro se méfie du clergé. En 1961, il annonce la nationalisation des écoles privées: l'Église se voit soudainement dépossédée de son principal moyen d'action.

Cette décision provoque le départ massif des missionnaires. À un point tel que le Vatican intervient pour freiner l'exode. Près de 40 en 1959, les MIC ne sont plus que 10 en 1961! Cantonnées dans leurs tâches pastorales, elles se consacrent aussi à l'entretien des sacristies et à l'animation des services religieux compte tenu du nombre insuffisant de prêtres. Elles poursuivent aussi leur œuvre de visite dans les paroisses. Désireuses de recruter en sol cubain, les sœurs inaugurent un noviciat à Colón, dans le diocèse de Matanzas, qu'elles transféreront ensuite dans la capitale, La Havane.

Dans les années 1970, une certaine détente face à l'Église et le manque d'effectifs religieux amènent les MIC à essaimer à travers toute l'île: à La Havane, plus à l'est, dans les diocèses de Camagüey et Holguín, puis à l'extrémité occidentale de l'île, dans le diocèse de Pinar del Río. Aujourd'hui, les sœurs concentrent leurs efforts dans l'ouest du pays.

Suite de 97

d'un visiteur mandaté par Rome, Mgr Léger intervient dans l'affaire en annonçant à la supérieure que la Sacrée Congrégation des Religieux impose la tenue d'un chapitre extraordinaire.

Sans même jamais avoir reçu l'avis des autorités romaines, le conseil général convoque le chapitre. Au cours du mois d'octobre 1952, les déléguées se retrouvent à la Maison Mère. On procède à l'élection d'un nouveau conseil, mais les autorités ecclésiastiques exigent que les bulletins soient dépouillés à Rome. Ce n'est que le 12 novembre que les MIC apprennent enfin le résultat du vote. Un tout nouveau conseil a été élu, avec Madeleine Payette comme supérieure générale.

Dans son allocution précédant l'ouverture du chapitre de 1952, Mgr Léger expose longuement les points à réformer au sein de l'Institut. De façon générale, il reproche à la communauté de s'être quelque peu sclérosée sous la direction de supérieures tournées davantage vers le passé et la tradition que vers l'avenir. Les événements entourant ce chapitre extraordinaire, de même que l'exposé de Mgr Léger ont été consignés par écrit par sr Albertine Graton, ex-assistante générale, dans un petit cahier manuscrit intitulé « Affaire 1952 ». En fait, cette « affaire » n'est pas sans rappeler l'épisode précédant la sortie de Frédérica Giroux. Il semble bien qu'il ne soit jamais facile pour les supérieures de remettre en question leur gestion de l'Institut. La convocation du chapitre fait néanmoins l'effet d'un coup de semonce venu de l'extérieur. Heureusement, il est entendu. Les MIC vont désormais regarder vers l'avant. De toute façon, les changements accélérés de la société d'après-guerre, de même que le renouveau souhaité par Vatican II, ne leur laisseront guère le choix.

Notes

1. AMIC, Lettre de Délia Tétreault aux sœurs de Canton, 22 avril 1927.
2. La Côte-des-Neiges (fondée en 1698) est l'un des plus vieux quartiers de l'île de Montréal. Elle est devenue une municipalité en 1862, puis a été annexée à la ville de Montréal en 1908. Quant à la rue Maplewood, elle a été renommée en 1967 et porte désormais le nom d'Édouard-Montpetit.
3. AMIC, Délia Tétreault, Opportunité et idée sommaire d'une école apostolique de filles au Canada, s.d.

4. AMIC, Délia Tétreault, Opportunité…, s.d.

5. AMIC, Lettre du père A.M. Daignault à Délia Tétreault, 16 octobre 1901.

6. AMIC, Lettre de Mgr Paul Bruchési à Délia Tétreault, 6 novembre 1902.

7. AMIC, Délia Tétreault, Opportunité…, s.d.

8. AMIC, Délia Tétreault, Notes personnelles , 1er mars 1902.

9. AMIC, Lettre du père A.M. Daignault à Délia Tétreault, 18 mars 1902.

10. AMIC, Lettre du père John Forbes à Délia Tétreault, Québec, 2 janvier 1903.

11. AMIC, Lettre du père A.M. Daignault à Délia Tétreault, 22 octobre 1903.

12. AMIC, Délia Tétreault, Notes personnelles, 1913.

13. Confidence de Délia Tétreault à Joséphine Montmarquet (sr Marie-de-Saint-Gustave), vers 1914, rapportée par Anne-Marie Magnan, m.i.c., *Braise et Encens*, Montréal, 1960, p. 58.

14. AMIC, Délia Tétreault, Notes personnelles, 10 juillet 1904.

15. Cité par Albertine Graton (sr Saint-Jean-François-Régis), *Le cycle d'or. Histoire de la Congrégation des Sœurs Missionnaires de l'Immaculée-Conception (1902-1952)*, manuscrit dactylographié, chapitre 5, p. 14.

16. Témoignage de sœur Thérèse-de-Saint-Augustin, r.h.s.j., mars 1941, AED, vol. VI, p. 1604.

17. Allocution de Mgr Bruchési, 8 août 1905, cité dans Anne-Marie Magnan, *Braise et Encens…*, p. 77-79.

18. AMIC, Lettre du père A.M. Daignault à Délia Tétreault, 24 février 1905.

19. AMIC, Lettre du père A.M. Daignault à Délia Tétreault, 6 mai 1901.

20. AMIC, Brouillon de lettre de Délia Tétreault à Mgr Bruchési, s.d. (vers 1905).

21. AMIC, Délia Tétreault, Esquisse, s.d.

22. *Les trente premières années de l'Institut des Sœurs Missionnaires de l'Immaculée-Conception, 1902-1932*, Chroniques de l'Institut, Côte-des-Neiges, 1962, p. 73-74.

23. *Ibid.*, p. 80.

24. AMIC, Les Dames patronnesses, 1905.

25. Cité par Albertine Graton, *Le cycle d'or…*, chapitre 7, p. 2.

26. AMIC, Lettre de Zénaïde Marcoux (sr Marie-de-Lourdes) [Canton] à Délia Tétreault, février 1910.

27. AMIC, Lettre de Délia Tétreault à Mgr Jean-Marie Mérel [Canton], avril 1909.

28. Ces chiffres sont tirés de Guy Laperrière, *Les congrégations religieuses. De la France au Québec, 1880-1914*. Tome 3 : *Vers des eaux plus calmes 1905-1914*. Sainte-Foy, Presses de l'Université Laval, 2005.

29. AMIC, Lettre de Délia Tétreault à Orphise Boulay (sr Marie-de-Loyola) [Canton], 3 mai 1934.

30. AMIC, Lettre de Délia Tétreault à May Moquin (sr Marie-de-l'Épiphanie) [Canton], 13 février 1929.

31. AMIC, Lettre de Délia Tétreault aux sœurs de Canton, 6 février 1910.

32. AMIC, Lettre de Délia Tétreault à Zénaïde Marcoux (sr Marie-de-Lourdes) [Canton], 28 septembre 1911.

33. AMIC, Lettre de Délia Tétreault à Orphise Boulay (sr Marie-de-Loyola) [Québec], 18 décembre 1921.

34. *Ibid.*

35. Une liste des lieux d'implantation, des maisons de formation MIC et des lieux d'enseignement au Québec et au Canada est présentée en annexe de ce livre.

36. AMIC, Lettre de Délia Tétreault à Laura Brodeur (sr Aimée-de-Marie) [Canton], 27 décembre 1920.

37. Cité par Georgette Barrette, m.i.c., *Délia Tétreault et l'Église canadienne*, MIC, 1987, p. 77.

38. AMIC, Lettre de Délia Tétreault à Eugénie Chartrand (sr Marie-des-Neiges) [Canton], 5 novembre 1915.

39. AMIC, Lettre de Délia Tétreault aux sœurs de Québec, 16 avril 1921.

40. Yves Raguin, s.j., *Au-delà de son rêve... Délia Tétreault*, Montréal, Fides, 1991, p. 349.

41. *Ibid.*, p. 375.

42. AMIC, Lettre de Délia Tétreault à Mgr François-Xavier Ross, 17 novembre 1928.

43. Confidence de Délia Tétreault à Imelda Robitaille (sr Saint-Ignace), juillet 1929, AED, vol. IV, p. 913.

44. AMIC, Lettre de Délia Tétreault aux sœurs de Canton, 7 décembre 1911.

45. AMIC, Lettre circulaire d'Anna Paquette (sr Marie-de-la-Providence), 25 janvier 1939.

46. AMIC, Lettre circulaire d'Anna Paquette (sr Marie-de-la-Providence), 28 décembre 1943.

47. AMIC, Chronique de l'Institut, 1947, p. 401.

48. Anne-Marie Magnan, «Lendemain de Jubilé. Second semestre à la Côte-des-Neiges», supplément dans *Le cycle d'or...*, p. 3.

CHAPITRE 3

Continuité et changements
(1952-2004)

Que la Vierge Immaculée soit connue d'un pôle à l'autre!
Devise MIC

L'ANNÉE 1952 représente une date charnière dans l'histoire de l'Institut des Sœurs Missionnaires de l'Immaculée-Conception. La communauté fête cette année-là son cinquantième anniversaire de fondation. À cette époque, on l'a vu, des circonstances difficiles amènent l'archevêque de Montréal à demander la tenue d'un chapitre afin de procéder à l'élection d'un tout nouveau conseil général. En outre, l'année suivante, la Chine, premier champ d'apostolat des MIC, se ferme complètement aux missionnaires, accentuant le redéploiement des effectifs vers d'autres régions du monde : les Antilles, l'Afrique et l'Amérique latine. Et puis, les années 1950, c'est aussi l'après-guerre, synonyme de changements importants dans la société : urbanisation accrue, industrialisation, boom économique, explosion de la consommation, bientôt suivis de la libéralisation des mœurs et de l'émancipation des femmes. Or cette évolution de la société a des répercussions au sein de l'Église et chez ses agents. C'est ainsi que l'Institut MIC amorce sa transformation, qui deviendra une véritable révolution, sous l'impulsion du concile Vatican II.

Cette période, cependant, ne se résume pas à une suite ininterrompue de bouleversements, de changements et de transformations. L'histoire MIC des cinquante dernières années s'inscrit aussi dans la continuité. Sous des dehors nouveaux – que ce soit une terminologie actualisée ou une œuvre rajeunie et rafraîchie –, on ne peut s'empêcher de constater la pérennité des objectifs poursuivis. En fidélité à la conception missionnaire de leur fondatrice, les MIC continuent de travailler sur un double front : l'évangélisation de populations non chrétiennes et le développement d'une conscience missionnaire.

Une même fin, des moyens différents

Dans le chapitre précédent, nous avons pu constater les diverses initiatives mises en place par Délia Tétreault afin de faire connaître son Institut. Que ce soit à Montréal, Joliette, Québec, Rimouski, Chicoutimi, Granby ou encore aux États-Unis, un personnel nombreux est dépêché afin d'organiser l'œuvre des retraites fermées et faire la promotion du *Précurseur*, la revue des Missionnaires de l'Immaculée-Conception. Selon les lieux et les possibilités, d'autres initiatives s'ajoutent parfois : promotion des œuvres pontificales de la Sainte-Enfance et de la Propagation de la Foi ; cours privés (anglais, musique) ; ouverture d'écoles et de jardins d'enfants, ouverture d'écoles apostoliques ; etc. Dans l'esprit de la fondatrice, ces œuvres doivent servir à développer le zèle missionnaire ; autrement dit, elles doivent susciter, ultimement, générosité et engagements divers.

Les retraites fermées

Au début des années 1950, la plupart de ces œuvres prospèrent. Les statistiques fournies par les différentes maisons au sujet des retraites fermées s'avèrent d'ailleurs fort éloquentes. Le nombre de retraitantes entre 1950 et 1960 est bel et bien en hausse partout, sauf à Montréal. Pourtant, les sœurs se plaignent des difficultés à recruter : il leur faut travailler ferme, envoyer lettre sur lettre, faire de nombreux appels téléphoniques, insérer des annonces dans les journaux afin d'arriver à un nombre suffisant de retraitantes. Il faut aussi se renouveler. Ainsi, on assiste à Granby, en 1945, à l'inauguration de retraites de préparation au mariage, puis, en 1955, aux retraites semi-fermées pour fiancés. Ce type d'initiatives est largement repris. Plusieurs maisons forment même des comités afin de donner un nouvel essor à l'œuvre des retraites : «Nous sommes à travailler la réorganisation de nos retraites qui semblent aboutir à un échec», écrit Ida Brochu à la supérieure générale le 28 octobre 1958[1].

Tableau 3.1

Statistiques sur le nombre de retraitantes à Joliette 1950-1965

Année	Nombre de retraitantes
1950-1951	1453
1951-1952	1810
1952-1953	2152
1953-1954	2360
1954-1955	2272
1955-1956	2375
1956-1957	2256
1957-1958	2355
1958-1959	2294
1959-1960	2417
1960-1961	2559
1961-1962	2485
1963	2445
1964	2332
1965	1688

Il est difficile d'expliquer pourquoi plusieurs entrevoient l'échec imminent des retraites fermées alors que les chiffres de la fin des années 1950, comme en témoigne le Tableau 3.1, laissent croire au contraire à un bel engouement. Pour les maisons de Joliette, Québec et Chicoutimi, les meilleures années se situent même entre 1960 et 1963. D'ailleurs, la décision de mettre fin à l'œuvre des retraites fermées à Granby en 1964 surprend. L'année 1963 avait en effet enregistré la plus forte participation

Groupe de retraitantes à Marlborough, Massachusetts, États-Unis, 1962.

depuis les débuts de l'œuvre en 1930. Les sœurs voient sans doute une réalité que les chiffres nous masquent. Reprenons le cas de Granby. La clientèle de 1963, bien que nombreuse, est constituée majoritairement d'élèves de 7e année, âgées de 12 à 14 ans. Donc, pas de dames susceptibles d'offrir un soutien financier, voire du travail bénévole, ou de jeunes femmes prêtes à prendre l'habit. Ces clientèles si importantes semblent de plus en plus difficiles à rejoindre. De plus en plus de jeunes femmes travaillent dans la société québécoise d'après-guerre. Elles ne sont plus disponibles pour des retraites en pleine semaine. Quant aux dames plus âgées, elles recherchent un peu plus de confort : ascenseur et eau chaude, notamment. Or plusieurs établissements MIC ne sont pas en mesure d'offrir ces services sans consentir à de gros efforts financiers. C'est notamment le cas de la maison quasi centenaire de Granby. La communauté y réaménage simplement les locaux afin d'ouvrir une pension pour les étudiantes du nouveau cégep. On espère ainsi attirer quelques vocations, tout en répondant aux besoins de la région.

Ailleurs, lorsque les conditions sont propices, on procède à l'amélioration des édifices. Grâce à de nombreux bienfaiteurs et à un nombre incalculable de parties de cartes, de conférences et de bazars organisés au profit des retraites fermées, les MIC installent un mobilier plus confortable ainsi que de l'équipement plus adéquat. Les directrices des années 1960 et 1970 multiplient les efforts d'adaptation pour répondre aux besoins et aux attentes nouvelles : programme allégé, silence moins rigoureux, moments pour les échanges. Pour répondre aux demandes, elles font bon accueil aux sessions de tous genres. Des groupes suivent des cours avec leur professeur. On accueille des pensionnaires, on loue des locaux. Quelques communautés religieuses viennent pour leur ressourcement annuel et compensent pour la diminution des laïques. Bref, on essaie de survivre, mais le temps des retraites fermées tire à sa fin chez les MIC. Au total, entre 1911 et 1976, les MIC auront accueilli près de 500 000 personnes dans leurs différentes maisons de retraites du Canada.

Les œuvres d'enseignement

Quant aux œuvres d'enseignement, elles subissent, au bout du compte, le même sort que les retraites fermées, et ce, pour des raisons similaires. Au début des années 1950, les MIC ont encore à leur charge plusieurs écoles primaires et secondaires, quelques jardins d'enfants et deux écoles apostoliques, comme l'atteste le tableau suivant :

Tableau 3.2

Lieu d'enseignement des MIC au Québec 1902-1974

Ville	Établissement	Niveau	Années
Outremont	École apostolique		1902-1910
	Académie Immaculée-Conception	Élémentaire	1906-1920
	Jardin Marie-Enfant	Maternelle	1938-1965
Montréal	Jardin Jésus-Enfant	Maternelle	1938-1958
	École Délia-Tétreault	Élémentaire	1958-1972
		Secondaire	1959-1970
		Collégial	1963-1968
Saint-Bruno	École paroissiale	Élémentaire	1915-1918
Rimouski	École apostolique		1921-1967
	École Saint-François-Xavier	Élémentaire	1932-1967
Granby	École Sainte-Famille	Maternelle	1931-1952
		Élémentaire	1931-1974
		Secondaire	1936-1952
	Patronage Immaculée-Conception	Maternelle	1936-1952
Trois-Rivières	École Marie-du-Temple	Élémentaire	1933-1954
	École Saint-Jean-de-Brébeuf	Élémentaire	1954-1972
Sainte-Marie-de-Beauce	École apostolique		1932-1943
Chicoutimi	Juniorat		1955-1967

Le 2900, chemin de la Côte-Sainte-Catherine à Côte-des-Neiges.
En 1938, les MIC quittent la Maison Mère du 314 pour un bâtiment plus grand, mieux adapté à la croissance rapide de la communauté. En 1958, l'École Délia-Tétreault y ouvre ses portes. Elle accueille les jeunes du primaire et du secondaire jusqu'au début des années 1970. En 1972, une grande partie du 2900 est louée à l'Université de Montréal. L'année suivante, le 314 redevient la Maison Mère des Sœurs Missionnaires de l'Immaculée-Conception.

En 1957, le gouvernement étend la juridiction du ministère du Bien-être social et de la Jeunesse à toute l'assistance publique: les garderies, les orphelinats et les agences sociales sont désormais affaire de l'État. Ces changements obligent les instituts religieux à se plier à des normes étatiques strictes (diplômes, conformité des bâtiments, etc.) qu'ils ne sont pas toujours en mesure de respecter, faute de moyens. Dans le domaine scolaire, le gouvernement tarde à légiférer puisque d'âpres batailles ont cours. En 1961, il annonce la création d'une commission royale d'enquête sur l'enseignement, présidée par Mgr Alphonse-Marie Parent. En 1964, dans la foulée du Rapport Parent, le gouvernement crée, non sans résistance, le ministère de l'Éducation. Le système scolaire demeure confessionnel, mais le clergé perd son rôle de gestionnaire du système d'éducation. Encore là, l'étatisation de l'enseignement impose aux instituts religieux de nombreuses mises à niveau. Pour les MIC, qui ne sont pas une congrégation enseignante, ces exigences sont de plus en plus difficiles à satisfaire. C'est notamment une des raisons invoquées par le conseil général, en 1967, pour transformer l'école apostolique et l'école primaire de Rimouski en foyer d'accueil pour étudiantes.

L'Église entreprend une mise à jour

En janvier 1959, le pape Jean XXIII annonce la convocation d'un concile œcuménique, c'est-à-dire d'une assemblée qui réunirait tous les évêques du monde. Le temps semble venu de renouveler la doctrine catholique et d'adapter l'Église aux besoins des sociétés contemporaines. En effet, les changements politiques, économiques, sociaux et technologiques de l'après-guerre adressent aux dirigeants religieux d'importants défis. Un courant de libéralisation passe chez les théologiens alors que certains membres du clergé souhaitent une réforme de la liturgie.

Le 11 octobre 1962, Jean XXIII inaugure le concile dans la basilique Saint-Pierre de Rome. Pendant plus de trois ans, près de 2400 participants, des observateurs issus d'autres Églises chrétiennes ainsi que de nombreux experts à la disposition des pères conciliaires vont échanger, s'affronter et négocier. Ils se rencontrent en sessions plénières, en commissions ou encore lors de réunions informelles. En tout, ce concile produira 16 textes qui redéfinissent l'Église dans le monde moderne.

Pour les fidèles, les retombées les plus manifestes de Vatican II viennent sans doute de la constitution sur la liturgie qui les exhorte à une participation plus active et restaure la langue vernaculaire dans la célébration du culte. Les instituts missionnaires n'échappent pas au renouvellement. Le décret *Perfectæ caritatis* sur la vie religieuse les appelle à se rénover par un retour aux sources, à l'Évangile, comme à l'esprit de leur fondateur. La constitution *Gaudium et spes* les convie à se mettre à l'écoute des besoins du monde qui les entoure. Au menu : libération des peuples, amélioration des conditions ouvrières, promotion des femmes, développement, justice sociale, etc. Enfin, le décret *Ad gentes* insiste sur l'acculturation des missionnaires et la coopération avec d'autres organisations caritatives.

Sr Suzanne Dériger et sa classe de maternelle. École Délia-Tétreault, Montréal, 1968.

Sr Étiennette Guérette, sr Thérèse Gagnon et le représentant des caisses scolaires remettent un prix à un élève de l'école Sainte-Famille. Granby, 1966.

Cela dit, les exigences de l'État ne sont pas les seules en cause. L'aggiornamento, la « mise à jour » déclenchée par le concile Vatican II (1962-1965), force un réexamen des œuvres MIC. Ainsi, la décision prise en 1968 de ne plus assumer la direction de l'école secondaire Immaculée-Conception, à Granby, procède d'une réflexion nouvelle. Sr Jeanne Desclos en exprime les motifs dans le journal *La Voix de l'Est* : d'une part, dans l'esprit de Vatican II, l'administration est une œuvre de suppléance qu'on peut désormais laisser aux laïcs et lui privilégier un travail d'animation auprès des professeurs et des élèves ; d'autre part, le statut de missionnaires des MIC ne leur permet pas d'être retenues au pays indéfiniment.

Si les MIC abandonnent peu à peu leurs œuvres d'enseignement au Québec à partir de la fin des années 1960, il n'en va pas de même en mission, aussi bien dans les champs d'apostolat plus anciens du Japon et des Philippines que dans la plupart des missions nouvelles. L'éducation constitue même la principale œuvre qu'elles entreprennent à leur arrivée à Madagascar en 1952. L'enseignement les sert aussi très bien à Taiwan, de même qu'à Hong Kong où elles mettent sur pied trois des fleurons de l'œuvre éducative MIC : l'académie Tak Sun et les écoles pour filles Tak Mong et Tak Oi.

La promotion missionnaire

Depuis longtemps, les MIC agissent en ardentes propagandistes des œuvres pontificales de la Propagation de la Foi et de la Sainte-Enfance. Dans les années 1950-1960, ces œuvres connaissent des heures glorieuses. Au début des années 1950, les sœurs parcourent une vingtaine de diocèses du Québec et des provinces voisines au profit de la Sainte-Enfance. Elles distribuent images, cartes, tableaux et animent des causeries pour stimuler l'intérêt des jeunes et moins jeunes. Elles reçoivent aussi les aumônes qui assurent le bon fonctionnement de l'œuvre.

Page couverture d'un numéro du *Messager de la Sainte-Enfance*, mai-juin 1958.

Cartes de la Sainte-Enfance. S'inspirant de Pauline-Marie Jaricot, Mᵍʳ Charles-Auguste de Forbin-Janson, évêque de Nancy, met sur pied, en 1843, une œuvre semblable à la Propagation de la Foi pour les enfants des missions : la Société de la Sainte-Enfance. Son but ? Former la conscience missionnaire des enfants catholiques et procurer, par leurs prières et leurs aumônes, l'assistance et l'éducation chrétiennes aux enfants des pays de mission.

Riche moisson sur une île lointaine

Possession française, la grande île de Madagascar est fréquentée par des missionnaires chrétiens de toutes confessions depuis le 19e siècle. Lorsque les Missionnaires de l'Immaculée-Conception débarquent en 1952, la vie bat au rythme parfois violent de la décolonisation, comme dans bien d'autres pays d'Afrique. Répondant à l'appel des pères de la Salette de Morondava, une ville portuaire de la côte ouest, cinq MIC viennent prendre en charge une école européenne, une école malgache, un pensionnat, un orphelinat ainsi qu'un ouvroir. Rien de moins!

Sr Germaine Fréchette avec des enfants malgaches. Tananarive, Madagascar, c. 1965.

Six ans plus tard, les MIC s'implantent à Ambohibary, un village agricole au sud-ouest de la capitale. Mise à part la conduite d'un petit dispensaire pendant quelques années, les sœurs y feront œuvre d'éducation. En 1960, alors que les Malgaches accèdent à l'indépendance, les MIC complètent la construction d'un collège pour jeunes filles à Morondava. Tout au long des années 1960, les projets éducatifs se multiplient à Mahabo, près de Morondava, à Antananarivo (Tananarive) et à Antsirabe où s'ouvre le noviciat en 1967. Les religieuses se consacrent aussi à l'enseignement catéchistique, à l'animation de mouvements d'action catholique et à des œuvres d'assistance sociale.

Les années 1970 sont marquées par l'instauration d'un régime politique et économique de type socialiste à Madagascar. Les autorités aspirent à se distancer du passé colonial français et s'engagent dans une politique de valorisation de l'identité malgache (malgachisation). Dans les écoles, le malgache devient la langue d'enseignement et les postes de direction doivent être confiés à des Malgaches. Le français ne sera réintégré qu'en 1990. Pour les MIC, il devient difficile de recruter des professeurs et certaines écoles ferment leurs portes, faute de personnel. À cette même époque, elles se tournent vers un enseignement mieux adapté à la réalité rurale des jeunes Malgaches. À Ambohibary, elles offrent des cours en agriculture, en élevage ainsi qu'en artisanat et ouvrent un centre de promotion féminine.

Cependant, la situation socioéconomique du pays ne s'améliore guère dans les décennies suivantes. La lutte contre les maladies épidémiques comme le sida ainsi que la malnutrition deviennent des enjeux de santé publique. Les MIC répondent à la situation par un plus grand engagement social. En 1993, elles aménagent un centre de services socioculturels dans un quartier populaire d'Antananarivo. Le Centre social Mahereza regroupe un dispensaire, un service mère-enfant, des formations professionnelles pour les femmes ainsi qu'un volet culturel (musique, lecture, cinéma) et sportif. Préoccupées par la formation inadéquate de leurs enseignants laïques et la piètre qualité de l'enseignement dispensé dans leurs institutions, les MIC collaborent avec d'autres congrégations à la création d'un Institut catholique de pédagogie dans le même quartier.

Madagascar est un terreau fertile pour la relève MIC. Depuis 1980, presque à tous les ans, l'île fournit à elle seule entre 13 % et 60 % des nouvelles postulantes de l'Institut. Avec Haïti, il s'agit du plus haut taux de recrutement. De nos jours, une trentaine de professes MIC œuvrent toujours dans le pays : des Malgaches pour la plupart.

Sr Adeline Bonny en compagnie d'élèves du cours français. Morondava, Madagascar, c. 1999.

Les MIC en Chine : un second départ

Au lendemain de la proclamation de la République populaire de Chine en 1949, le pays compte environ trois millions et demi de catholiques. Le pape Pie XII interdit aussitôt à ses fidèles toute forme de collaboration avec les communistes. Les autorités chinoises répondent par l'expulsion des membres du clergé étranger encore présents sur leur territoire. Cette querelle entre Beijing et Rome mènera à la division de l'Église de Chine en 1957 : d'une part, une branche dite patriotique reconnue par les communistes, et d'autre part, une branche clandestine fidèle à la papauté.

Dans la foulée de la victoire communiste, le gouvernement nationaliste de Tchang Kai-chek (Jiang Jieshi) et plus de deux millions de réfugiés chinois prennent la route de l'exil vers l'île de Taiwan. Au même moment, la fermeture de la Chine force un mouvement de réajustement des efforts missionnaires catholiques. Les MIC se tournent vers l'Afrique et l'Amérique latine tout en poursuivant leurs œuvres d'Asie. D'anciennes missionnaires de Chine s'installent à Hong Kong alors que trois d'entre elles répondent à l'appel des Jésuites canadiens, nouvellement implantés à Taiwan. En 1954, elles se rendent à Kuanhsi (Guanshi), une petite ville du district de Hsinchu (Xinzhu), dans le nord-ouest du pays.

Les années 1950 et 1960 constituent l'âge d'or de la mission catholique dans l'île. Le nombre de fidèles passe de près de 10 000 à plus de 300 000 individus. Les efforts des MIC se concentrent d'abord dans le district de Hsinchu. Elles y offrent différents cours : anglais, dactylographie, musique et économie domestique. Elles enseignent également le catéchisme et dirigent des retraites. Elles ouvrent des jardins d'enfants, un dispensaire et un foyer pour jeunes étudiantes ainsi qu'un noviciat MIC dès 1965 – un an après celui de Hong Kong.

En 1956, les sœurs s'installent dans la capitale, Taipei (Taibei), pour prendre en charge un dispensaire fondé par une infirmière de Montréal. Comme c'était la formule en Chine, la salle d'attente de leur établissement devient un lieu privilégié pour catéchiser les patients. Là encore, les œuvres complémentaires fleurissent : cours variés, petite maternité et école apostolique pour jeunes filles. À la fin des années 1950, les religieuses essaiment à nouveau pour rejoindre les Jésuites sur la côte est de Taiwan : d'abord à Suao, un bourg isolé de pêcheurs, puis à Nan Ao (Nanao), un village fréquenté par les peuples aborigènes des montagnes. Au menu ? Enseignement catéchistique, cours privés, soins de santé et éducation des enfants.

À la même époque, les MIC de Hong Kong ne chôment pas. Tout en procurant de l'aide aux réfugiés chinois, elles développent avec succès l'Académie Tak Sun, désormais ouverte aux garçons. Les religieuses

Sr Alice Larouche avec des Taiwanais. Kuanhsi, Taiwan, 1955.

lancent aussi un nouveau projet d'enseignement. Simple jardin d'enfants à ses débuts, en 1953, l'école primaire Good Hope pour filles est inaugurée en 1955 : les cours sont alors offerts tant en anglais qu'en chinois. Deux ans plus tard, les MIC dispensent le secondaire. Un des fleurons de l'œuvre éducative de l'Institut, Good Hope continue toujours de servir la communauté de Hong Kong.

À Taiwan, bien que les premières MIC taiwanaises prononcent leurs vœux perpétuels en 1976, le recrutement vocationnel et professionnel pour soutenir les missions demeure ardu. Certaines œuvres doivent être interrompues ou remises à d'autres communautés religieuses. Les effectifs MIC glissent de plus de trente en 1970, à moins de vingt, dix ans plus tard. À Taipei, elles dirigent le Centre Délia-Tétreault pour jeunes filles, enseignent l'anglais à l'université et se tournent vers un apostolat à caractère plus social comme l'aide aux lépreux et aux travailleuses immigrantes philippines. Depuis 1999, les MIC visitent régulièrement les aborigènes atayal des montagnes du district de Hsinchu.

On peut difficilement aborder la présence MIC dans ce coin d'Asie sans évoquer la timide reprise de leur mission en Chine continentale. Le retour de sr Lucia Ho à Hong Kong en 1980 – elle était en réclusion à Canton depuis près de 30 ans – marque le début d'une certaine ouverture du régime communiste à la question religieuse. Dès lors, les sœurs effectuent plusieurs voyages afin de visiter les lieux de leurs anciennes maisons. Certes, l'évangélisation directe demeure interdite mais, à partir de 1991, elles mettent en œuvre une stratégie éprouvée : l'enseignement de l'anglais. Jusqu'à tout récemment, elles enseignaient dans différentes universités de Changchun dans la province du Jilin, en Mandchourie.

Sr Marie-Thérèse Beaudette et trois élèves de l'école Good Hope. Hong Kong, 1962.

Sr Lucie Gagné avec des artisans chinois. Zhao Qing, Chine, 1997.

Sr Rhéa Allard, directrice de la revue *Le Précurseur* de 1939 à 1964. Montréal, 1955.

Scène de la vie de Délia. Photo prise lors du tournage du film. Montréal, 1952.

En outre, puisque les Annales, publiées à Paris, ne parviennent plus au pays depuis le début de la Seconde Guerre mondiale, le directeur national de l'œuvre, Mgr Edgar Larochelle, p.m.é., charge l'Institut MIC de rédiger, imprimer et distribuer un modeste bulletin, *Le Messager de la Sainte-Enfance,* qui devient alors l'organe officiel de l'œuvre au Canada français.

Selon un article du *Précurseur* paru en 1960, de nombreuses vocations missionnaires sont suscitées par la visite des MIC dans les écoles, les collèges et les couvents qui rivalisent d'intérêt pour les «petits Chinois». Dans la foulée de Vatican II, toutefois, on juge qu'un renouveau s'impose dans l'animation missionnaire. L'œuvre de la Sainte-Enfance revêt de nouveaux habits: elle devient l'Œuvre Pontificale Missionnaire des Enfants et adapte ses activités à la réalité des jeunes. Au Canada, au début des années 1970, l'OPME fusionne avec le mouvement Jeunesse en Marche, animé par les Jésuites, pour former le service Mond'Ami. Malgré les changements, les MIC continuent de s'impliquer dans cette œuvre. Certes, les propagandistes ne visitent plus les classes comme autrefois, mais plusieurs sœurs apportent leur concours, tant au niveau diocésain que national.

Du bon usage des médias

Les MIC poursuivent sans relâche la promotion missionnaire et celle de leur Institut. En 1952, à l'occasion de leur cinquantième anniversaire, les sœurs se lancent dans un projet audacieux: elles réalisent un long métrage sur l'histoire de leur communauté intitulé *Notre Livre d'or*. La même année, *Le Précurseur* atteint un sommet avec 172 574 abonnés. Au lendemain du Concile, l'Institut s'interroge toutefois sur la pertinence de maintenir la revue dont le tirage, en perte de vitesse, est passé à 75 000 exemplaires en 1966. Mais *Le Précurseur* répond toujours, semble-t-il, au désir du pape et s'inscrit pleinement dans l'esprit de Vatican II: développer l'esprit missionnaire et faire connaître l'œuvre des missions.

En 1980, *Le Précurseur* célèbre son 60e anniversaire. Son tirage remonte à 50 000 exemplaires après avoir chuté à 40 000 en 1972. Les MIC comptent désormais sur la participation de laïcs pour assurer la promotion et

Kiosques de l'exposition « Du soleil dans les bagages ». Pavillon Jérôme-Demers,
Musée de la civilisation, Québec, 2002.

la diffusion de la revue. Entre 1973 et 1993, près de 3000 bénévoles ont
pris cet engagement envers les MIC. En 2004, *Le Précurseur* peut encore
compter sur près de 300 collaborateurs et collaboratrices, animés par sr
Gemma De Grandpré depuis près de 25 ans. Il accueille aussi au sein de
son équipe, pour la première fois de son histoire, une adjointe administrative et une rédactrice en chef laïques. Cependant, avec moins de 14 000
abonnés, le tirage dégringole à son plus bas niveau depuis les premières
années de la revue en 1920 et 1921.

Les MIC continuent d'être de toutes les expositions missionnaires : en
1968, elles participent à Expo-Missi, une exposition roulante conçue par
l'équipe d'animation missionnaire du diocèse de Montréal et réalisée par
17 communautés afin de sensibiliser les communautés chrétiennes à la
dimension apostolique de l'Église. En 1969, elles collaborent à la réalisation
et à l'animation de pavillons à Terre des Hommes, sur le site d'Expo 67, à
Montréal, afin de mettre en évidence la présence canadienne dans les pays

Affiche de l'exposition « Du
soleil dans les bagages » présentée
au Musée de la civilisation,
à Québec, du 19 juin au
10 novembre 2002.

du tiers-monde. Elles créent même l'événement avec leur propre exposition «Du soleil dans les bagages», organisée en partenariat avec le Musée de la civilisation de Québec à l'occasion du centenaire de la fondation de l'Institut, en 2002. Présentée d'abord au Gesù, à Montréal, l'exposition prend ensuite la route (Québec, Nouveau-Brunswick, Manitoba) avant de s'installer de façon permanente à la Maison Mère. Les MIC proposent au visiteur un voyage à travers l'histoire de leur communauté. Par la photographie, notamment, celui-ci peut revivre les défis et les aventures des missionnaires d'hier et d'aujourd'hui aux quatre coins de la planète.

Dans *Ad Gentes*, un des nombreux textes conciliaires, n'est-il pas écrit: «On donnera, en employant les moyens modernes de communications sociales, des nouvelles missionnaires[2]...» À cet égard, les MIC n'ont rien à se reprocher. En dignes filles de Délia, elles n'hésitent pas à mettre tous les médias (photographies, diapositives, films, radio, télé, et même le Web) au service de l'animation missionnaire.

Toutefois, la véritable innovation dans l'animation missionnaire réside non pas dans les moyens et encore moins dans les objectifs, mais bien dans un certain dépassement des rivalités. Autrefois, c'est-à-dire avant que la société ne se désintéresse de l'Église et de ses œuvres, la propagande missionnaire demeurait l'affaire de chaque institut. C'était chacun pour soi. Alors que les vocations étaient légion et les dons considérables, tous jouaient la carte de la concurrence. Aujourd'hui, devant le désintéressement quasi généralisé, le tarissement du recrutement et des finances de plus en plus fragiles, il semble que l'on mette en commun les projets, les initiatives, que ce soit au niveau paroissial ou diocésain. Là où il n'y avait que rivalité, on entretient maintenant la concertation et la collaboration. Mond'Ami et Expo-Missi constituent de bons exemples de cette nouvelle façon de faire.

Les MIC s'internationalisent

Si les œuvres de promotion missionnaire se portent bien, au début des années 1950, il en va de même du recrutement chez les MIC. Bien que les chiffres ne soient plus aussi spectaculaires que dans les années 1920 et 1930 où l'on a vu jusqu'à 80 entrées pour une seule année, un nombre considérable de jeunes filles franchissent encore annuellement les portes de l'Institut : 51 entrées en moyenne, chaque année, entre 1950 et 1960.

Ces récoltes plus qu'honorables contribuent peut-être à convaincre les autorités d'envoyer enfin un plus grand nombre de sœurs en mission. En effet, les MIC doivent faire face à certaines critiques, tant à l'intérieur de la communauté qu'à l'extérieur, qui leur reprochent un personnel trop nombreux au Canada. En 1940, c'est 72 % des professes qui

Quelques jeunes professes réunies pour une photo. De gauche à droite : Primitiva Panesa (Philippines), Suzanne Labelle (Canada), Mathilde Joachim (Haïti), Maria Teresa Trujillo (Cuba) et Azucena De Borja (Philippines). Montréal, 1957.

Dans la brousse des hauts plateaux de Zambie

À la fin du 19ᵉ siècle, la mission des jésuites dans cette région du centre de l'Afrique convoitée par l'Empire britannique ne connaît guère de succès. Les Pères Blancs y travaillent aussi, même s'ils sont aux prises avec la concurrence des œuvres de l'Église anglicane. Il faudra attendre 1931 pour voir l'établissement d'un premier prêtre résident. La Zambie est alors une pos-

session britannique connue sous le nom de «Rhodésie du Nord». Son attrait? Ses lucratifs gisements de cuivre.

L'arrivée des trois pionnières MIC en 1954 se déroule sur fond de tensions anticoloniales qui mèneront à l'indépendance du pays, dix ans plus tard. Instruit de leur travail au Malawi voisin, Mᵍʳ Firmin Courtemanche,

Sr Françoise Pageau et ses élèves en sciences domestiques. Chipata, Zambie, 1956.

p.b., réclame des MIC pour son diocèse de Fort-Jameson, aujourd'hui Chipata. Les religieuses fondent leur première mission dans cette ville à la frontière orientale du pays. Elles sont, entre autres, en charge de l'enseignement catéchistique dans les écoles et de divers travaux pour le diocèse. Pendant près de 50 ans, elles administreront un centre de sciences domestiques financé par des organismes canadiens et zambiens.

Toutes les œuvres MIC sont situées dans la province agricole de l'Est, à la frontière du Malawi et du Mozambique. En 1957, la congrégation s'implante à Kanyanga, en pleine brousse. Les MIC y dirigent un hôpital et un dispensaire ainsi qu'un pensionnat pour jeunes filles fréquenté également par des élèves de confession protestante. Cependant, la coexistence interconfessionnelle n'est pas toujours aussi harmonieuse. Lorsque les Pères Blancs canadiens leur confient l'hôpital de Nyimba, les soeurs doivent affronter l'hostilité d'un milieu très protestant. Au-delà des soins aux malades et de l'éducation, les sœurs s'adonnent aussi à l'animation de la pastorale et du guidisme.

Les années 1960 amènent leur lot de joies et de frousses. À Chikungu, à la frontière mozambicaine, les MIC prennent en charge l'école de brousse et travaillent au tout nouveau Centre domestique, fondé grâce au soutien du Beit Trust, une fondation dédiée au développement en Afrique centrale. Le mouvement de décolonisation se double alors d'un sentiment antieuropéen et antichrétien entretenu par certains groupes religieux indigènes. Des affrontements sanglants touchent même la région de Kanyanga desservie par les MIC. Du côté de Nyimba, la guerre civile mozambicaine conduit des milliers de réfugiés à l'hôpital à partir de 1965. Pour fournir à la demande, un véritable camp de réfugiés, fait de huttes, accueille plus de 1000 familles. Les sœurs

acceptent de les soigner, tâche harassante dont elles s'acquittent jusqu'à leur départ en 1970.

Au fil des ans, la promotion des femmes demeure au cœur de l'apostolat MIC en conjonction avec l'éducation des jeunes, la formation au leadership, ainsi que l'évangélisation (tant à l'échelle des familles que dans les médias). Dans les années 1980, les religieuses inaugurent leur noviciat et s'impliquent dans le mouvement de planning familial naturel. Dès cette époque, l'épidémie de sida frappe de plein fouet la Zambie. Les MIC soignent les victimes et proposent des moyens de prévention en accord avec la doctrine catholique : l'abstinence et la fidélité. Aujourd'hui, elles sont une douzaine toujours en poste à Chipata et à Kanyanga.

Sr Yvette Demers et de jeunes mamans zambiennes venues à la messe le jour de Noël. Chikungu, Zambie, 1983.

Missionner des Andes aux forêts de l'Amazonie

En avril 1957, Pie XII lance un appel aux évêques de soutenir les missions partout dans le monde. Déjà tournées vers l'Afrique et les Antilles, mais privées de leur mission chinoise, les MIC s'embarquent la même année pour l'Amérique du Sud. En fait, elles répondent à l'invitation lancée quelques années auparavant par le nonce apostolique de La Paz, en Bolivie, Mgr Sergio Pignedoli. Lorsque deux sœurs arrivent en éclaireuses dans le diocèse de Cochabamba, au cœur des Andes, la Bolivie traverse des heures difficiles. La révolution de 1952, menée par les travailleurs des mines, n'a pas donné les résultats escomptés. La situation économique est catastrophique et le pays dépend de plus en plus de l'aide financière des États-Unis. Quant à la vie politique, elle bat au rythme d'une succession de coups d'État. Qu'à cela ne tienne, dès 1958, les MIC inaugurent un collège dédié à la formation commerciale – et catholique – de jeunes filles de la classe moyenne.

Au cours des années 1960, l'œuvre des MIC se répand et se diversifie. À Cochabamba même, elles fondent une école primaire pour rejoindre les jeunes d'une banlieue défavorisée. À Irupana, un village blotti dans une vallée de la Cordillère, cinq MIC prennent en charge un hôpital soutenu par l'aide internationale. Malgré la méfiance des habitants, elles assurent aussi la catéchèse dans les écoles, initient des mouvements de jeunesse catholique et travaillent à la promotion des femmes. Les religieuses se font connaître, entre autres, à La Paz où, pendant près de 20 ans, elles dirigeront un centre d'apprentissage professionnel pour jeunes Amérindiennes. L'Institut s'implante aussi dans la région des mines, au sud de Cochabamba. Les MIC se consacrent au service social auprès des mineurs et à l'aide médicale. La mise sur pied, en 1967, d'un dispensaire à Llallagua donnera naissance à une coopérative de soins de santé, une première au pays.

Tout en maintenant les œuvres traditionnelles, le travail des MIC à partir des années 1970 est marqué par l'engagement social plus politisé de quelques religieuses. Certaines s'appliquent à la création de communautés ecclésiales de base, petits regroupements formés au cœur même des paroisses urbaines ou rurales et conduits par des animateurs boliviens, dans une perspective d'évangélisation et d'entraide socio-économique. Avec le soutien d'organismes humanitaires, d'autres implantent une formation de base pour agents et agentes de santé afin de mieux desservir les paysans de la région des mines : c'est le programme

Sr Suzanne Longtin salue une femme quechua et son enfant. Cochabamba, Bolivie, 1952.

des « médecins en sandales ». Toujours dans cette optique d'émanciper les plus démunis, des MIC tablent sur l'amélioration d'une station de radio destinée à la promotion culturelle des communautés quechuas et relancent l'Institut d'éducation rurale (IER) dans la région de Cochabamba.

Au fil des ans, les MIC se sont retirées de leurs missions de La Paz, de la zone tropicale du nord-est et de la région des mines. Les religieuses ont cependant consolidé leur présence à Cochabamba, notamment à l'IER qui dispense aujourd'hui des programmes en techniques infirmières et vétérinaires. Elles s'occupent de pastorale auprès des jeunes et de prisonnières, d'animation vocationnelle, accueillent des missionnaires laïques et se dévouent aux soins de jeunes orphelines.

Sr Colette Belley avec des élèves de l'Institut d'éducation rurale (IER). Cochabamba, Bolivie, c. 1980.

sont en poste au Québec[3]. En 1950, ce pourcentage diminue légèrement à 68 % puis à 53 % en 1960. Non seulement le nombre de sœurs par mission est-il en hausse – les Philippines comptent 44 missionnaires en 1950 et 60 en 1960 – mais les territoires d'apostolat sont de plus en plus nombreux. Les MIC continuent leur implantation en Afrique, cette fois en Zambie, pays voisin du Malawi, où elles débarquent en 1954. Quelques années plus tard, elles abordent un tout nouveau continent et s'installent en Bolivie.

Les bonnes années du recrutement tirent à leur fin. Et contrairement aux retraites fermées, les congrégations religieuses ne semblent pas avoir anticipé, cette fois, le brusque et définitif tarissement de la source canadienne. Après tout, en 1963, ne voit-on pas encore arriver 41 postulantes canadiennes ? En 1969, cependant, il n'y en a plus que trois. La lettre qu'adresse à ce sujet la supérieure générale, en date du 19 mars 1966, montre bien qu'on ne soupçonne guère l'ampleur de l'effondrement pourtant imminent. L'optimisme semble toujours de mise.

> Si le recrutement s'est maintenu chez nous jusqu'à nos jours, on constate tout de même depuis quatre ou cinq ans une baisse sensible dans les entrées au Postulat. Comment expliquer cette diminution des vocations ? Évidemment, il y a à l'appui bien des causes générales dont l'évolution du monde moderne et comme conséquence la baisse de la foi et des traditions familiales, la recherche du confort, la possibilité du plaisir que donnent les inventions. N'y aurait-il pas aussi un manque d'information sérieuse et profonde sur la vocation religieuse ? En parle-t-on suffisamment ?… À ces causes générales, ne pourrions-nous pas en ajouter quelques autres venant de nous ? Notre vie est-elle assez rayonnante, témoignant de notre foi personnelle et profonde en la beauté, la grandeur, l'efficacité de notre consécration ? Donnons-nous toujours l'impression que notre vocation est une réussite même au point de vue humain ? Les jeunes qui nous observent découvrent-elles en nous voyant agir les vertus d'amabilité, de discrétion, d'oubli de soi que notre vénérée Fondatrice jugeait indispensables à l'apôtre[4] ?

Malgré tous les questionnements et tous les efforts de promotion en faveur des vocations, le recrutement canadien ne se relève pas. Depuis 1970, il est pratiquement inexistant. Les MIC doivent donc compter plus que jamais sur le recrutement international. Les sœurs sont-elles prêtes à faire face à cette nouvelle réalité?

L'admission de Lucia Ho, une Chinoise de Canton, au noviciat de Pont-Viau en 1941, marque le début du recrutement international. Il faut toutefois attendre la fin de la guerre et la diversification des territoires d'apostolat, dans les années 1950, pour que celui-ci s'amorce véritablement. De plus, l'ouverture de postulats puis de noviciats sur les lieux de mission contribue à faciliter le recrutement. En effet, l'apprentissage de la vie religieuse n'est pas chose facile en soi. Pour les candidates non canadiennes, le faire dans une langue et dans une culture étrangère, au Québec, ajoutait à la difficulté.

Entre 1941 et 1957, une quinzaine de candidates non canadiennes prononcent leurs vœux dans la communauté. En 1957, une douzaine d'aspirantes, originaires de six pays différents, se présentent dans les établissements MIC. Toutefois, il semble qu'il ne soit pas facile de changer les mentalités des Canadiennes, de faire disparaître les préjugés ou le sentiment de supériorité que laisse entrevoir telle ou telle parole:

Sr Colette Leclerc et sr Laurette Gauvin avec quelques novices. Chipata, Zambie, 2002.

Maison-Mère, 5 décembre 1957

Aux vœux que je vous adresse pour la nouvelle année, j'ajoute quelques remarques que chacune voudra bien prendre en considération. Les Noviciats s'organisent et se développent dans nos différentes Régions et dans un avenir assez rapproché, vous aurez à coudoyer des professes de nationalité différente. Entraînez-vous dès maintenant à ne passer aucune réflexion défavorable sur les gens du pays. Vous les aimez, vous leur voulez du bien, faites-vous donc un devoir d'excuser leurs faiblesses et de ne jamais parler de leurs coutumes d'une manière désobligeante. [...] Qu'on évite de se plaindre de tout: température, dispositions des pièces de la maison, circonstances parfois incontrôlables... Une Religieuse mortifiée saura faire bénéficier les âmes de ces actes de renoncement. La vie missionnaire est remplie de ces détails; sachons leur donner pleine valeur en les acceptant généreusement[5].

Il n'y a que le temps pour faire évoluer ces attitudes et en faire adopter de nouvelles. À cette époque, le poids du nombre n'est pas encore susceptible de faire changer les comportements. Au début de 1970, les MIC

Un groupe de scolastiques dans la neige. Au premier rang : Theresa Chiang (Taiwan), Agnes Mao (Chine), Véronique Rasoanirina (Madagascar), Carmen Tito (Pérou), Marie-Rosette Lafortune (Haïti). Au deuxième rang : Émilie Rasendrasoa (Madagascar), Martha Acosta (Cuba), Ana Alvarado (Pérou) et Martine Désauguste (Haïti). Longueuil, 1999-2000.

comptent environ une centaine de professes non canadiennes. Le fait international commence à soulever certaines questions. Le chapitre général de 1970 aborde notamment le thème de la mobilité : quand les sœurs de Hong Kong, des Philippines, du Japon, d'Haïti et d'ailleurs sont entrées dans l'Institut, s'attendaient-elles à être envoyées dans d'autres pays ? Jusque-là, la vision « canadienne » de la mission correspondait à l'idée que les sœurs philippines, cubaines, ou autres, demeureraient dans leur pays d'origine pendant que les Canadiennes continueraient d'être envoyées vers de nouveaux pays[6]. Petit à petit, pourtant, les sœurs non canadiennes sont elles aussi envoyées en mission *ad extra*.

Les choses évoluent donc, certes, mais pas rapidement. En 1990 les MIC ouvrent, à Longueuil, un scolasticat international, c'est-à-dire un lieu de formation pour les jeunes professes de tous les horizons géographiques. De 1990 à 2000, le scolasticat accueille ainsi 64 jeunes sœurs en provenance de 15 pays et représentant 13 nationalités afin de leur permettre de venir approfondir le charisme de la fondatrice dans un environnement multi-culturel. Dans son rapport de 1994, la supérieure générale, Évangéline Plamondon, fait un constat sur la composition des fraternités MIC. Organisées afin de promouvoir une meilleure interaction communautaire et des relations davantage orientées vers la personne, les fraternités représentent des groupes plus ou moins nombreux de sœurs vivant sous un même toit. Une grande maison comme la Maison Mère, par exemple, peut en compter trois de 15 ou 20 membres. Selon les chiffres du rapport, sur 84 fraternités, 38 rassemblent des sœurs de deux nationalités et une vingtaine regroupent des sœurs d'au moins trois nationalités. Cela veut aussi dire que 30 % des fraternités, au Canada ou ailleurs, n'expérimentent pas l'internationalité, une dimension pourtant fondamentale de la vie MIC.

En revanche, l'accession à des postes d'autorité ou de leadership demeure un bon moyen de juger de l'intégration du fait international dans la communauté. D'importants progrès ont été faits de ce côté. En 2003, 9 supérieures provinciales sur 10 sont originaires du pays ou de la région où elles sont en poste. Quant à l'accession au conseil général, la première MIC non canadienne est élue en 1976. Aujourd'hui, les non-

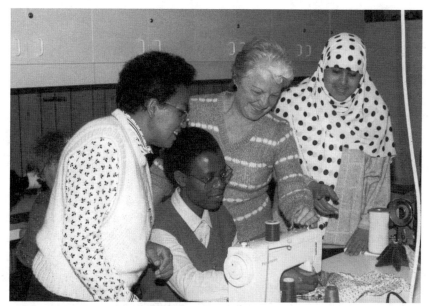

Sr Juliette Rabebiarisoa (1re à gauche) et sr Jacintha Henry (2e à gauche) participent à des travaux de couture dans un centre d'entraide pour les immigrants. Longueuil, c. 1992.

Canadiennes y occupent 3 postes sur 5. Cependant, pour de multiples raisons, les postes qui ont le plus de poids leur échappent toujours : ceux de supérieure et vicaire générale.

Le vivre ensemble dans une communauté qui regroupe autant de nationalités ne va pas toujours de soi. C'est un défi quotidien. De plus, ces femmes d'horizons et de cultures diverses œuvrent aux quatre coins de la planète. Non contentes de faire face à ces difficultés, elles s'intéressent aux personnes qui en vivent de semblables : au Canada comme ailleurs, elles travaillent auprès des populations immigrantes. Dans la société postcoloniale, les brassages et déplacements de populations, engendrés trop souvent par des guerres civiles ou des catastrophes naturelles, sont incessants. Partout, l'immigration est en hausse. Et les MIC ont choisi de travailler auprès de ces expatriés. Ce choix ne date pas d'hier. Délia, à Béthanie, œuvrait déjà auprès des immigrants italiens. Dès 1913, les MIC ont ouvert une école pour les Chinois de Montréal, suivie d'un hôpital

Les MIC aux quatre coins du Pérou

En 1960, dans la foulée de leur engagement en Bolivie, les MIC répondent à l'invitation des Prêtres des Missions-Étrangères du Québec (PMÉ), et acceptent de s'établir à Pucallpa, dans la vaste plaine amazonienne du Pérou. Elles y retrouvent Mgr Gustave Prévost, bien connu des sœurs en Mandchourie. Le pays est alors aux prises avec de sérieuses difficultés. La mainmise de l'élite foncière, les coups d'États militaires, l'échec répété des réformes économiques et sociales ainsi que les tensions territoriales avec l'Équateur font obstacle à la prospérité des Péruviens. Cette situation déplorable ouvre plusieurs champs d'action aux sœurs qui devront toutefois composer avec les réticences de la population envers les étrangers.

Dès leur arrivée à Pucallpa, les MIC enseignent dans une école publique secondaire mixte, conduite par des

Sr Thérèse Langevin, sr Fabienne Bernatchez, sr Madeleine Payette et sr Constance Dubois partagent un repas collectif. Lima, Pérou, 1963.

PMÉ québécois. Deux ans plus tard, elles prennent la direction de la section féminine de l'institution. Elles veillent aussi aux services de pastorale auprès de différents groupes tout en étendant leur mission à des postes plus éloignés qu'elles visitent en bateau lors de tournées apostoliques. Toujours à l'appel des PMÉ, les MIC s'empressent de prendre pied sur la côte pacifique, à Lima. En 1963, elles y ouvrent le collège Maria de la Providencia. Les besoins ne manquent pas dans la capitale et les MIC s'engagent auprès des jeunes travailleuses domestiques, des familles, des femmes, des analphabètes, des malades et des handicapés. Plusieurs activités pastorales font partie de leur emploi du temps : préparation aux sacrements, cours de catéchèse, formation de catéchètes, retraite spirituelle des élèves, etc. La maison provinciale des MIC ouvre ses portes à Lima en 1970 ; le noviciat en 1977.

En 1972, les MIC s'établissent à Yauri, dans la zone montagneuse de la Cordillère où un exode rural massif en direction de la capitale inquiète l'Église péruvienne. Leurs activités se déploient sur un immense territoire où les Péruviens – des Amérindiens pour la plupart – vivent d'agriculture, d'élevage ou des mines. Afin de limiter l'impact de la crise économique et alimentaire qui frappe la région, les MIC de Yauri participent à la mise sur pied de coopératives et de jardins communautaires ainsi qu'à l'organisation des travailleurs miniers. À la toute fin des années 1970, elles ouvrent une maison dans le bidonville de San Juan de Miraflores, un quartier au sud de Lima où s'entassent les habitants des campagnes venus chercher une vie meilleure.

Les MIC n'hésitent pas à joindre leurs voix aux revendications populaires mais leurs prises de position en ce temps de vives tensions politiques ont vite fait

la tasse de chocolat !

Sr Elmire Allary parmi des enfants pauvres qui dégustent une tasse de chocolat. Yauri, Pérou, c. 1985.

d'attiser les soupçons des autorités. En effet, l'élection présidentielle de 1980 n'amène pas les changements socioéconomiques escomptés. La corruption règne et la situation se détériore. On assiste alors à l'intensification de la guérilla maoïste du Sentier lumineux qui annonce deux décennies de violence et d'appauvrissement.

Au fil des ans, les maisons MIC s'implantent dans des agglomérations défavorisées comme Tate, dans le désert au sud de Lima, ou encore Cajabamba, dans la Cordillère tout au nord du pays. Les sœurs participent à l'animation pastorale et missionnaire tout en portant secours aux populations à travers des initiatives de promotion féminine ou de formation en santé. Cependant, le désintérêt des habitants de Tate et le manque de personnel à San Juan de Miraflores mènent à la fermeture de ces maisons. En 2005, 19 MIC œuvrent toujours dans les maisons de Pucallpa, de Lima et de Cajabamba. École des pères de famille, accompagnement des enseignants (pastorale et sciences domestiques) et animation missionnaire figurent parmi leurs champs d'action.

Mission en pays maya

Lorsque les Missionnaires de l'Immaculée-Conception posent le pied au Guatemala en 1962, elles s'y rendent à l'appel de Mgr Luis Manreza Formosa, un évêque jésuite du diocèse de Quezaltenango. La vie guatémaltèque est alors secouée par de nombreux coups d'État, des assassinats politiques et des guerres civiles à répétition. Les populations autochtones, soupçonnées de guérilla, deviennent la cible des forces gouvernementales soutenues par les Étasuniens.

Les premières MIC s'installent dans la ville de Totonicapán, au cœur d'une région montagneuse de l'ouest du Guatemala. À la demande de l'évêque, les religieuses prennent la direction d'un collège qui dessert des élèves du primaire et du secondaire. Par la suite, elles élargissent leur œuvre d'éducation aux adultes en offrant une panoplie de cours : alphabétisation, formation morale, arts ménagers, musique, chant, orientation professionnelle, agriculture et catéchèse. En 1972, l'une d'entre elles prend en charge la direction de l'Institut d'Inculturation qui offre des formations aux missionnaires d'Amérique latine à Guatemala City.

Dans le domaine social, les MIC de Totonicapán collaborent à quelques reprises avec des organisations caritatives. Elles participent de cette façon à des projets d'envergure. Au programme : la mise sur pied d'un réseau de parrainage pour enfants défavorisés, la création d'une clinique médicale et dentaire mobile pour rejoindre les villages éloignés, la construction d'un tronçon du réseau routier et l'érection de près de vingt écoles. Ces réalisations valent d'ailleurs aux MIC d'être remerciées pour leur dévouement et décorées par les autorités locales en 1977. Malgré tout, l'intensité de cette implication sociale ne plaît pas à tout le monde : les sœurs de Totonicapán deviennent suspectes aux yeux des militaires et des rebelles qui les surveillent de près.

En 1969, les MIC ouvrent une deuxième maison au Guatemala dans le petit village côtier de Champerico. À leur arrivée, la compagnie portuaire les embauche pour tenir un dispensaire, en échange de quoi elles administrent les œuvres sociales s'adressant aux travailleurs. L'arrivée d'un médecin l'année suivante change la donne. Les MIC ouvrent leur propre dispensaire pour parer aux besoins les plus urgents et donner des formations en matière d'hygiène et de nutrition. Elles contribuent aussi à l'obtention de réservoirs d'eau, à l'organisation de coopératives ainsi qu'à des expériences de cultures maraîchères. Enfin, elles offrent des cours d'alphabétisation, d'anglais, de dactylographie, de couture et de cuisine. En plus de ces services, les MIC se consacrent à la pastorale paroissiale et à l'animation liturgique.

Sr Juliette Desnoyers visite une prison de Totonicapán. Guatemala, 1967.

En 1976, Mgr Marcel Gérin, p.m.é., celui-là même qui avait sollicité leur présence à Cuba, invite ses sœurs Marie et Blanche Gérin, à venir oeuvrer au Honduras. Avec l'accord du conseil général, les deux MIC répondent à son appel, bientôt rejointes par une troisième compagne. Dans la ville côtière de Choluteca, les soeurs travaillent au secrétariat de l'Union pontificale missionnaire de l'Amérique latine. Un peu plus au nord, en banlieue de Tegucigalpa, elles s'adonnent à des tâches familières de pastorale paroissiale ainsi que d'animation auprès des jeunes. Les MIC offrent aussi des visites aux familles et aux malades. De concert, les sœurs apportent leur soutien à la direction de l'École d'infirmerie. Enfin, les MIC collaborent à la promotion des vocations missionnaires autochtones.

À la fin des années 1970, le Généralat manifeste son désir de fermer les maisons MIC du Guatemala et en 1980 une entente avec une autre communauté religieuse assure la relève des œuvres commencées. Les MIC quittent définitivement le Guatemala et le Honduras en 1981.

Employés du projet de promotion familiale Immaculée-Conception. En avant, sr Georgette Barrette, en visite. Champerico, Guatemala, 1980.

Œuvrer « là où se termine la terre »

Peu de temps après le départ précipité des MIC de Cuba, Mᵍʳ Alejandro Durán, évêque d'Ancud, se présente au généralat d'Outremont afin d'obtenir l'aide des Missionnaires de l'Immaculée-Conception pour son diocèse, situé sur l'île de Chiloé, dans le sud du Chili. Les sœurs acceptent la direction d'une école primaire et secondaire et trois MIC ne tardent pas à s'embarquer pour l'hémisphère sud en janvier 1963. Le pays revendique alors une tradition démocratique et progressiste.

Sr Gilberte Perras et des élèves du Séminaire conciliaire. Ancud, Chili, 1969.

Les MIC s'installent donc à Ancud. Elles prennent en charge la direction du collège de l'Immaculée-Conception et d'un foyer pour étudiantes. Les sœurs prodiguent aussi des cours de langue et de musique. Après quelques années, cependant, les MIC redéfinissent leurs objectifs dans ce pays. La difficulté de recruter un personnel compétent et assidu, les exigences des parents ainsi que certaines difficultés d'adaptation les convainquent d'abandonner le secteur de l'éducation et de fermer le collège dès 1968. Ce choix leur permet de se concentrer sur leurs œuvres sociales et pastorales dans la région. C'est aussi à cette époque qu'elles essaiment dans la capitale, Santiago.

À partir de 1968, les MIC d'Ancud se consacrent surtout à la formation de catéchètes ainsi qu'à la pastorale des couples et des familles. Elles travaillent à l'évêché, enseignent au Séminaire et s'occupent de diverses activités pour les jeunes (scoutisme, JEC, pastorale sacramentelle, etc.). Elles entreprennent à plusieurs reprises de grandes tournées missionnaires dans les campagnes de Chiloé et des îles environnantes. Au cours des années 1960, l'imposante résidence des MIC devient un centre d'accueil pour les ecclésiastiques de passage et un lieu de retraite spirituelle pour plusieurs groupes.

À Santiago, les MIC dispensent un enseignement primaire et secondaire au Collège des Frères du Sacré-Cœur. Elles s'impliquent aussi dans divers projets sociaux (mouvement scout et foyer pour filles-mères) et dans de nombreuses activités de pastorale, tout en offrant l'hospitalité aux religieuses en voyage ou aux études, dans la capitale. En 1974, le conseil général décide de fermer la maison de Santiago en raison, notamment, du besoin croissant de religieuses dans d'autres régions de l'Amérique du Sud.

Le Chili traverse alors une période mouvementée. À l'automne 1973, un coup d'État militaire renverse le gouvernement avec le soutien des États-Unis : le président socialiste Salvador Allende est assassiné. L'année suivante, le général Augusto Pinochet, « chef suprême de la nation », instaure un régime de répression et de

En attente du bateau pour la catéchèse et la pastorale. Sr Véronique Caouette.
Chaiten, Chili, 1985.

terreur qui durera jusqu'en 1989. Pour les MIC du diocèse d'Ancud, les années 1970 et 1980 se déploient aussi sous le signe de la pastorale aux émigrants, notamment des Chiliens rentrés d'Argentine où la situation politique n'est guère plus reluisante. À partir de 1985, les projets socioéconomiques supervisés par les MIC se multiplient: jardins familiaux, culture des algues, élevage d'escargots, apiculture, etc.

En 1981, à la demande de l'évêque, quatre religieuses se rendent dans la région de Chaitén, sur la côte, pour y poursuivre leur travail missionnaire. Leur but? Contribuer à la formation de communautés ecclésiales de base (CEB) en œuvrant à l'animation des jeunes et à la formation de catéchètes. Cependant, le manque de personnel et les difficultés rencontrées, dans cette région dépourvue d'infrastructures de communication, ont raison de cette mission qui prend fin cinq ans après son ouverture.

Depuis 1992, les MIC sont de retour dans la capitale. Elles y assurent des services de pastorale auprès des paroisses, des familles, des écoles et des jeunes (Enfance missionnaire, Jeunes sans frontières, etc.). On leur confie également l'animation liturgique de quelques chapelles et d'une CEB. Aujourd'hui, les MIC poursuivent également leurs œuvres d'évangélisation à Ancud.

en 1918. Au fil des ans, cet apostolat auprès des immigrants asiatiques se diversifie (Québec, Vancouver, Trois-Rivières, Ottawa). S'y ajoutent, à partir des années 1970, des services à la population latino-américaine, tant au Canada qu'aux États-Unis. Ailleurs, mentionnons à titre d'exemple le travail des MIC auprès des *boat-people* du Vietnam et du Cambodge réfugiés aux Philippines dans les années 1975-1985, ou encore le secours apporté aux réfugiés rwandais, au Zaïre et au Burundi, de 1994 à 1996.

Gérer la somme des parties

C'est sans contredit dans la gouvernance de l'Institut que l'impact de Vatican II se révèle le plus visible. C'est aussi dans ce domaine que l'influence de la société moderne est la plus perceptible. Au-delà des conséquences évidentes sur la vie religieuse elle-même, conséquences que nous examinerons en détail dans le chapitre 5, trois mots semblent résumer cette gestion post-conciliaire : responsabilisation, planification et participation.

La gouvernance

Avant même que le souffle de Vatican II ne se fasse sentir, on assiste à une première tentative, plutôt timide, de décentralisation des pouvoirs. Depuis les débuts de l'Institut, toutes les supérieures locales devaient se référer à l'autorité de la supérieure générale et de son conseil. À partir de 1956, le conseil crée une hiérarchie intermédiaire : la supérieure régionale. Le principe est simple. Un pays comme les Philippines est érigé en région et l'on nomme à sa tête une supérieure régionale ainsi qu'un conseil régional. Désormais, les supérieures locales doivent se référer à cette autorité intermédiaire. Les Philippines, Haïti, Cuba, l'Afrique (englobant le Malawi et la Zambie) et le Japon sont ainsi érigés en régions entre 1956 et 1957.

En 1965, moins de deux ans après l'ouverture de la mission de Chiloé au Chili, les missions de la Bolivie, du Pérou et du Chili sont réunies pour former la région d'Amérique du Sud. La même année, le gouvernement MIC élève également Madagascar au rang de région. Dans les faits, cette structure intermédiaire de « région » n'apporte pas de changements importants

Quelques capitulantes à Montréal pour le chapitre général : Ghislaine Parent (Canada), Zenaide Correia (Portugal), Kyoko Takahashi (Japon), Nancy Paz (Bolivie) et Charline Zafisoa (Madagascar). Montréal, 1994.

dans le mode de gestion puisque les supérieures régionales, agissant comme déléguées de la supérieure générale, doivent constamment s'y référer.

La création des provinces MIC, qui a lieu en 1966, s'inscrit cette fois dans un véritable effort de décentralisation. Il s'agit d'un premier pas vers l'obtention d'une autonomie accrue des différentes instances hiérarchiques. Notons l'expression «partage des responsabilités» qu'utilise la supérieure générale dans son communiqué. Là réside toute la nouveauté :

> Vous vous réjouirez certainement de la bonne nouvelle que vous apporte mon message d'aujourd'hui : l'érection en provinces de notre chère communauté que Rome vient de confirmer. Le temps semblait vraiment venu de ce partage des responsabilités : l'expansion de nos œuvres, nos noviciats autochtones, notre présence dans plusieurs pays aux mœurs parfois si différentes, nécessitaient cette création en provinces qui, entre autres bienfaits, nous apportera je l'espère, celui d'une participation plus directe au mouvement de rajeunissement de l'Église suscité par Vatican II[7].

Cette décentralisation des pouvoirs était devenue nécessaire à une gestion humaine et financière plus efficace. Comment ne pas voir l'avantage

Réunion du conseil provincial de l'Amérique du Sud : sr Nancy Paz, sr Évangéline Plamondon, sr Thérèse Lebeau et sr Pierrette Bélainsky. Lima, Pérou, 1986.

de se reposer sur des individus qui possèdent la connaissance du terrain, du personnel en place, et peuvent ainsi mieux mesurer l'impact des décisions à prendre. Cela dit, ce nouveau partage des responsabilités ne remet pas en question l'autorité absolue de la supérieure générale et de son conseil qui ont toujours, en définitive, le dernier mot.

Sous la poussée de Vatican II, les communautés religieuses, dont les MIC, se sentent appelées à revoir le rôle des supérieures, individuellement ou en groupe (au sein du conseil, lors des chapitres, etc.). D'une part, la gouvernance ne saurait plus être qu'une gestion de l'immédiat ; les supérieures ont dorénavant le devoir de regarder vers l'avenir et de planifier le devenir de l'Institut. D'autre part, le champ de compétence des autorités doit s'étendre au-delà des ressources humaines et financières, pour inclure l'épanouissement spirituel de la communauté.

Dès lors, l'histoire MIC est jalonnée de projets plus ou moins ambitieux, mais tous structurés et structurants. Que ce soit par des projets de rénovation spirituelle ou encore des projets de planification pastorale, le devenir MIC est désormais davantage réfléchi. Les chapitres généraux, auxquels il faut ajouter, à partir des années 1970, les chapitres provinciaux et les conseils d'Institut, fixent désormais des priorités et proposent des objectifs à atteindre dans le vécu MIC. Ils contribuent à encadrer la réflexion. Plusieurs de ces rencontres se font sous les auspices d'un thème porteur : « La présence MIC dans le monde » (1976) ; « La spiritualité d'action de grâces, lieu d'intégration de notre identité et mission commune » (1988) ; « Ensemble, choisir notre avenir » (1994) ; « Relevons avec audace les défis de la Communion et de la Mission » (2005).

Cette nouvelle forme de gouvernance au sein de l'Institut entraîne par ailleurs une autre petite révolution post-vaticane : la participation des membres. Jusque-là, les sœurs n'avaient guère la possibilité de s'exprimer librement ou de faire valoir leur point de vue. On privilégiait le respect de l'autorité et les commentaires, les critiques, voire les suggestions étaient reçus avec réserve. Vatican II change tout cela. En effet, les lettres circulaires de l'époque laissent transparaître le désir constant de consulter les sœurs sur les sujets qui les concernent. Les supérieures ne se contentent

Ensemble, choisir notre avenir :
un projet de planification pastorale

Lors du chapitre général MIC de 1988, un consensus émerge : il faut revoir la planification de tous les secteurs de l'Institut. Que ce soit le personnel, les œuvres, les ressources financières, la formation, tout doit être revu et planifié de nouveau. Depuis vingt ans les MIC réfléchissent et approfondissent leur spiritualité, se redéfinissent dans leur identité MIC et réactualisent leur mission. Le chapitre de 1988 affirme qu'il faut aussi regarder vers l'avenir. Que seront les MIC dans 5 ans ? 10 ans ? 15 ans ? Qui seront-elles ? Où seront-elles ? Que feront-elles ? Pourquoi le feront-elles ? Ce sont là les questions que se posent les membres de la communauté et auxquelles elles tentent de répondre grâce au projet de planification pastorale : *Ensemble, choisir notre avenir*.

Guidées par le père Cassian Y. Yuhaus, un passionniste américain spécialiste de ce type de discernement, les MIC se lancent dans un programme exigeant et rigoureux dans le but de choisir, de façon éclairée, un avenir en accord avec leur charisme, leur spiritualité et leur mission. Échelonnés de 1991 à 1994, huit grands projets invitent les membres de la communauté à prendre conscience, de façon honnête, de la réalité MIC. Ainsi, tous les aspects sont scrutés et soupesés : l'histoire, les effectifs, la mission, les ministères, la vie communautaire, les préoccupations des sœurs, leurs valeurs, leurs convictions et leurs attitudes et enfin le gouvernement et le leadership au sein de l'Institut. Ces projets exigent non seulement une implication et une participation maximale des sœurs, mais aussi l'expertise de nombreux intervenants extérieurs.

Cette façon lucide et responsable de planifier et de choisir le futur de l'Institut est un parfait exemple de la nouvelle forme de gouvernement engendré par Vatican II.

donc plus d'annoncer les décisions, elles sollicitent des avis. « Faites-nous connaître vos suggestions », peut-on lire à maintes reprises. « Qu'en pensez-vous ? J'apprécierais recevoir vos réponses ou commentaires et je vous remercie pour votre collaboration », écrit encore la supérieure générale, sr Madeleine Loranger, en 1967. Cette expérience novatrice peut susciter chez les sœurs de fortes attentes. C'est pourquoi la supérieure n'hésite pas à rappeler certaines limites :

> Parmi les nouveautés qui s'introduisent de nos jours dans le style de vie religieuse, il en est une que je voudrais plus spécialement aujourd'hui porter à votre attention : c'est la mise en œuvre des consultations collectives des membres de la communauté. […] Cette innovation offre entre autres avantages, celui du partage des responsabilités et d'une vie communautaire plus intense favorisée par le rapprochement des personnes et l'expression des idées. Mais il faut reconnaître que la consultation a aussi des limites : la Supérieure d'une maison ne peut, sous prétexte d'information, tout communiquer […]. La consultation ne signifie pas non plus l'acceptation d'emblée par la Supérieure de l'opinion générale ; elle est un appel à la collaboration, mais la responsabilité est à prendre par la Supérieure ; c'est à elle seule que revient la décision finale que la consultation aura cependant éclairée[8].

Les finances

Les notions-clés de responsabilisation, planification et participation que l'on a appliquées à la gestion humaine et pastorale de l'Institut s'avèrent tout aussi fondamentales dans la nouvelle façon de gérer les finances de la communauté. Il faut dire qu'il s'agit d'un secteur particulièrement touché à la fois par le souffle de renouveau apporté par le Concile et la transformation rapide de la société d'après-guerre.

Pendant plus de cinquante ans, les sources de revenus et de dépenses de l'Institut sont demeurées à peu près inchangées. À partir des années 1950, toutefois, la provenance des revenus et la nature des dépenses se modifient sensiblement. Dans la colonne des revenus, la pension des postulantes et des novices, tout comme la dot des sœurs, ont toujours constitué un apport négligeable. Trop de candidates étaient incapables d'assumer ces coûts, pourtant modestes, ou de les exiger de leur famille. Aujourd'hui encore, cela représente un apport minime.

Très tôt, par contre, l'enseignement privé (anglais, musique, etc.) a représenté une source de revenus appréciable, nous dit l'économe générale actuelle, sr Gisèle Leduc, et il continue de l'être aujourd'hui. En outre,

Sr Germaine Beauchemin et Jeannette Legaré et sr confectionnent des Enfants-Jésus en cire. Montréal, c. 1952.

les sœurs en mission peuvent compter, depuis un certain nombre d'années, sur des salaires qui constituent parfois une part importante des revenus de la maison locale (par exemple, l'enseignement en Haïti et à Madagascar ou le travail pastoral à Cuba). Les salaires ne sont pas très élevés, du moins si l'on compare avec ceux du Canada ou du Japon. Au Canada, cependant, les salaires ont toujours constitué une portion très congrue des revenus. Toutefois, depuis 1952, les sœurs âgées de 70 ans et plus (puis de 65 ans et plus à partir de 1965) bénéficient de la pension de la sécurité de la vieillesse du gouvernement du Canada.

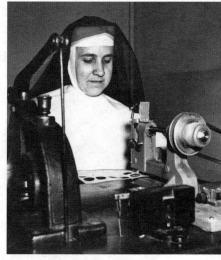

Sr Yvette Desnoyer confectionne des hosties. Montréal, c. 1952.

Les dons (legs, prêts à fonds perdu, dons en argent) contribuaient à la caisse de l'Institut, sans que l'on puisse en déterminer l'apport exact. À partir des années 1960, le désintéressement toujours plus marqué de la société pour les causes religieuses a un impact certain sur ce type de subsides. Les prêts à fonds perdu, de même que les legs testamentaires, sont en voie de disparition. Prêteurs et légataires d'hier et d'aujourd'hui ne seront pas remplacés dans le futur. En revanche, les MIC peuvent désormais compter sur des organismes bienfaiteurs tels que Développement et Paix, la Fondation Jules et Paul-Émile Léger, la Fondation internationale Roncalli, le Beit Trust, Misereor et bien d'autres pour leurs œuvres missionnaires. En outre, des communautés religieuses plus fortunées aident l'Institut à faire face à ses obligations au Canada.

À une certaine époque, les missionnaires pouvaient aussi compter sur l'envoi de nombreuses caisses remplies de fournitures diverses – tissus, livres, ornements liturgiques, denrées, et même des pianos – obtenues grâce aux largesses des bienfaiteurs, comme l'attestent les chroniques de Marlboro (aujourd'hui Marlborough) aux États-Unis, pour l'année 1954 :

> Grâce à la générosité des Dames du Cercle de Couture et autres bienfaiteurs, chaque année de multiples caisses s'entassent au port de Boston, attendant leur tour pour se rendre aux Philippines, à Madagascar ou ailleurs. Sept pianos ont quitté Boston pour les MIC de Cuba le 14 septembre[9].

Le cercle de couture de Marlborough. Massachusetts, États-Unis, c. 1954.

Ces cercles de couture, nommés aussi ouvroirs missionnaires, ont été organisés par Délia dans la plupart des résidences MIC du Québec et

Des novices occupées à la récolte des citrouilles. Pont-Viau, c. 1955.

CLAIRE CARRIER conduit Le TRACTEUR

[...] t les inlassables pour-
[...] ollaborations dans les
[...] e Cercles d'auxiliaires
[...] en matériel des œuvres.
[...] en nature, il est impos-
[...] missionnaire.
[...] inancement de sa com-
[...] ine, elle a dû s'ingénier
[...] ons généreux et l'apport
[...] vente d'objets exotiques
provena[...] e des industries commu-
nautaires : ateliers de vêtements l[...] e lingerie d'autel, studios
d'art (peinture, Enfants-Jésus de cire, fleurs de soie et de papier, chapelets
en pâte de pétales de roses, etc.), service de confection des hosties, et plus
encore.

Sr Berthe Guay, artiste peintre.
Pont-Viau, c. 1982.

Quant aux dépenses, elles n'ont cessé de croître. L'achat ou la construction d'une maison exigeait des investissements considérables, auxquels on
devait ensuite ajouter les frais divers (électricité, gaz, chauffage, téléphone)
plus les frais d'entretien et de réparation. Au fil des ans, des hausses subs-
tantielles ont affecté ces charges qui représentent désormais une portion
non négligeable des dépenses. De plus, des règlements de toutes sortes
imposent de nombreux travaux destinés à assurer la conformité des bâtiments. Pour rationaliser au maximum ces dépenses, les MIC procèdent
depuis déjà plusieurs années à la vente de maisons qui ne sont plus jugées
indispensables à la poursuite des œuvres de la communauté.

La nourriture constituait autrefois une autre dépense importante, mais
celle-ci était en partie atténuée par le dur labeur des sœurs qui cultivaient
et produisaient une grande partie des aliments nécessaires à leur subsistance aussi bien au Canada qu'en mission. Au noviciat de Pont-Viau, par
exemple, on entretenait un immense potager, un champ de maïs ainsi
qu'un verger tout en s'occupant d'un poulailler et de vaches laitières. En
outre, la préparation des repas était entièrement assumée par les sœurs.
Certaines se sont dévouées toute leur vie pour nourrir leurs consœurs.

Marielle Patenaude, novice,
travaille au poulailler. Pont-Viau,
1955.

Pont-Viau, du noviciat à l'infirmerie

En juillet 1924, le tout nouveau noviciat des Sœurs Missionnaires de l'Immaculée-Conception ouvre ses portes à Pont-Viau. En dix ans, trois agrandissements s'avèrent nécessaires pour accueillir les postulantes et novices toujours plus nombreuses.

L'année 1953 marque le début de soins de santé plus organisés. Un étage complet est alors aménagé à Pont-Viau pour recevoir les sœurs malades autrefois logées sans grande intimité au cœur de l'animation de la Maison Mère. Cette section prend le nom d'Ermitage Marie-du-Saint-Esprit. En 1964, les MIC engagent une première aide laïque pour faire le ménage à l'Ermitage. Depuis, des centaines d'employés laïques ont été embauchés pour les travaux d'entretien et le soin des malades.

Au début des années 1970, la baisse rapide des entrées au Canada, de même que le vieillissement des membres de la communauté, entraîne un changement de vocation de la maison. Le noviciat est transféré à la

Des sœurs visitent des consœurs malades au pavillon Délia-Tétreault. Debout : sr Marie-Berthe Beaumont, sr Marie Fugère, sr Germaine Laflamme. Assises : sr Adine Nadeau, sr Jeannette Dufresne, sr Bernadette Dumas, sr Marthe Laporte et sr Lorette Moran. Pont-Viau, 2003.

À gauche, le pavillon Délia-Tétreault inauguré en 1985. Trois étages sont consacrés à l'hébergement et aux soins de longue durée.

Maison Mère en 1971. De nouveaux services tels que la presse mission-naire, la bibliothèque, les archives et l'artisanat sont désormais logés à Pont-Viau. Les services de santé (infirmerie, laboratoire, archives médi-cales, physiothérapie, dentisterie, etc.) accaparent de plus en plus d'es-pace et de personnel. Le Centre de santé communautaire inauguré la même année se bonifie avec la construction d'une aile supplémentaire en 1975. En 1985, un nouveau bâtiment est ajouté : le Pavillon Délia-Tétreault. L'Institut MIC se dote ainsi peu à peu d'un centre de soins de longue durée destiné à accompagner et soigner les sœurs malades.

En 2005, un peu plus de deux cents sœurs résident au Complexe de Pont-Viau. Un grand nombre d'entre elles nécessitent des soins continus. Cependant, toutes celles dont la santé le permet continuent d'apporter leur collaboration à différents services pour le plus grand profit de la communauté.

Sr Lucienne Renaud et sr Janet Delisle classent des timbres oblitérés. Pont-Viau, 1990.

Le personnel MIC de la bibliothèque de Pont-Viau. Assises : sr Teresa Fung et sr Jeanne Guinois. Debout, derrière : sr Jeannine Lavallée, sr Fernande St-Pierre, sr Pâquerette Gauthier. 2002-2003.

Sr Antoinette Lebel fabrique des
chaussures. Pont-Viau, 1955.

La liste des dépenses comprenait bien d'autres éléments : vêtements, produits d'hygiène, frais médicaux (médicaments, honoraires de médecin),
transport (train, bateau), etc. Encore une fois, le travail des sœurs contri-
buait à diminuer ces coûts. D'habiles couturières se chargeaient de confectionner les vêtements (costume religieux, manteaux, etc.) de même que le
linge de maison. Même les chaussures étaient fabriquées par des sœurs formées à ce genre de travail. Les MIC possédaient en outre leurs propres
presses ainsi qu'un atelier de reliure qui leur permettaient d'économiser des
frais importants. À cet égard, les choses ont bien changé. Vatican II, en
invitant les religieux et religieuses à se recentrer sur leur finalité première,
la mission, modifie quelque peu les attentes et les comportements des membres de la communauté MIC. Ainsi, au lendemain du Concile, les sœurs
– et tout particulièrement les jeunes sœurs – ont plus que jamais le désir de
partir pour la mission *ad extra*. Le travail d'évangélisation pèse désormais
plus lourd dans la balance que l'apprentissage de tâches ménagères ou de
« petites industries ». Au fur et à mesure que les sœurs habilitées à ces travaux avancent en âge, plusieurs sont donc abandonnés faute de relève.

Désormais, tout doit être acheté. La communauté fait également appel
à des traiteurs ou à des employés pour faire la cuisine et assurer le gros de
l'entretien ménager. Résultat ? Des coûts beaucoup plus élevés. La fin des
« petites industries », comme aiment à les appeler les MIC, accentue la
dépendance au monde extérieur, surtout en termes de main-d'œuvre. L'augmentation des salaires, en particulier au Canada, cause bien des soucis à la
communauté qui doit assumer les hausses de sa masse salariale sans que ses
revenus augmentent. Le vieillissement des membres de l'Institut se traduit
aussi par des dépenses accrues. Entre 1965 et 2005, la moyenne d'âge de ses
membres passe de 44 à 69 ans. Bien sûr, les sœurs canadiennes sont cou-
vertes par le système de santé publique des différentes provinces depuis leur
introduction au début des années 1970. Cependant, les MIC assument tous
les coûts des soins de longue durée – qui se chiffrent à plusieurs millions
de dollars annuellement – pour les sœurs en perte d'autonomie.

Cet inventaire des dépenses est loin d'être exhaustif. Dans la foulée du
Concile, les MIC retournent sur les bancs d'école. Le décret *Ad Gentes* incite

les missionnaires à ne pas négliger leur formation en théologie et en missiologie, mais aussi toute autre étude utile à leur ministère. Tous ces frais d'éducation constituent donc une nouvelle dépense non négligeable à partir de la fin des années 1960. En outre, l'assouplissement du cadre de vie religieuse permet aux missionnaires des retours plus fréquents au pays. La facture pour les frais de voyage augmente au rythme de ces allers-retours.

La gestion financière de l'Institut évolue elle aussi vers une plus grande responsabilisation et une meilleure planification. Au début des années 1990, l'étude actuarielle lancée lors du projet de planification pastorale *Ensemble, choisir notre avenir*, permet aux membres de l'Institut – et en particulier aux gestionnaires financiers – de prendre connaissance des perspectives d'avenir en matière de recrutement, de vieillissement des effectifs, d'essor des coûts et des possibilités de revenus. Cette analyse approfondie donne lieu à une gestion plus cohérente. Elle facilite notamment la prise de décision (vente de maisons, embauche, augmentation salariale, investissements, etc.) puisqu'elle explique les effets à long terme des différents choix projetés.

D'un point de vue individuel, l'implantation d'un budget personnel entraîne une responsabilité financière accrue. Avant Vatican II, les sœurs dépendaient de la communauté pour tout. Elles demandaient une «permission d'usage» pour les objets nécessaires à leur toilette, par exemple, et faisaient une demande plus formelle pour l'obtention d'autres choses (sous-vêtements, souliers, manteau, bottes, etc.). Lorsque les sœurs commencent à fréquenter l'université, il s'avère évident qu'elles ont besoin d'un peu d'argent de poche pour le transport, les repas et les livres de classe. C'est le début d'un grand changement. Le chapitre général de 1970 décide l'essai d'un budget personnel pour chacune des sœurs. Celles-ci doivent ainsi apprendre à évaluer leurs dépenses personnelles pour l'année, du manteau d'hiver au tube de dentifrice en passant par les lunettes et les prothèses dentaires, en plus des dépenses de transport, de vacances, etc. Ce budget personnel est ensuite approuvé par la supérieure locale, puis tous ces budgets personnels sont ajoutés au budget de la maison (qui comprend déjà les frais fixes, les frais de nourriture, les salaires des employés, etc.). Dès lors que son budget est approuvé, une sœur a la permission d'agir dans les limites de ses prévoyances.

Ce n'est toutefois qu'à partir de 1994, à la suite de la planification pastorale et de l'étude actuarielle qui en découle, que la communauté devient plus au fait des finances de l'Institut, grâce aux rapports périodiques de l'économe générale. Cette ouverture est une invitation certaine à la responsabilisation de toutes au devenir financier des MIC.

Retour aux sources

Les orientations et décisions de Vatican II, nous l'avons vu, ont eu et continuent d'avoir une incidence décisive sur la gestion humaine, pastorale et financière des communautés religieuses. Le décret *Perfectæ Caritatis*, pour sa part, en invitant les instituts à un retour aux sources, les entraîne dans une véritable introspection spirituelle et identitaire :

> Le bien même de l'Église demande que les instituts aient leur caractère et leur fonction propres. C'est pourquoi on mettra en pleine lumière et on maintiendra fidèlement l'esprit des fondateurs et leurs intentions spécifiques de même que les saines traditions, l'ensemble constituant le patrimoine de chaque institut[10].

Les MIC n'ont pas attendu l'invitation du Concile pour entreprendre certaines démarches en ce sens. Lors du Chapitre général de 1958, il est déjà question de l'« Esprit de la communauté ». Une lettre circulaire énumère les divers moyens accessibles aux sœurs pour « intensifier l'esprit de reconnaissance » qui doit les caractériser[11]. À la même époque, l'Institut adresse une première demande à l'archevêché pour introduire la cause de la fondatrice en vue d'un procès de béatification. Celle-ci est refusée par le cardinal Léger qui exprime des réticences. Qu'importe, la supérieure générale exhorte tout de même les sœurs qui ont connu la fondatrice à mettre par écrit leurs souvenirs :

> C'est un devoir pour nous, et devoir filial bien doux, de préparer de longue main ce qui pourra aider à faire ressortir l'héroïcité des vertus de notre

Vénérée Mère Fondatrice. Pour atteindre ce but, je demande à toutes les Sœurs qui ont connu cette Mère Vénérée et ont vécu avec elle, de mettre par écrit tout ce qu'elles connaissent de sa vie intime, de son esprit, des vertus principales qu'elle s'efforça d'inculquer dès le début à ses filles, en un mot, tout ce qui pourrait apporter lumière au travail préliminaire exigé dans ces circonstances[12].

Toutefois, ce n'est que sous l'impulsion de Vatican II qu'une véritable réflexion sur la spiritualité MIC s'amorce. Pour alimenter cette réflexion, dans le plus pur esprit du décret conciliaire, les sœurs se penchent sur les écrits de leur fondatrice, Délia Tétreault. Celle-ci, par contre, n'a rédigé aucun traité de spiritualité, aucune autobiographie spirituelle. « Rien d'équivalent dans les écrits de Marie du Saint-Esprit à ce que Thérèse d'Avila nous a laissé. Marie du Saint-Esprit a fait peu de confidences, soit oralement soit par écrit », note Yves Raguin dans sa biographie[13]. Elle laisse cependant derrière elle une ample correspondance, plus de 2000 lettres, que ses filles spirituelles s'empressent de redécouvrir.

Que recherchent les sœurs? Tous les éléments, tous les indices susceptibles d'éclairer la spiritualité de la fondatrice et, du coup, d'établir les fondements de l'identité MIC. Or ces lettres sont avant tout d'ordre pratique. Elles prodiguent les conseils d'une supérieure générale à ses missionnaires en poste à l'autre bout du monde et dictent les instructions d'une fondatrice aux membres de sa communauté. C'est donc à travers les avis de Délia sur les plans de maisons à construire, l'achat de terrains, la répartition des tâches et les finances de l'Institut que les MIC doivent repérer ses réflexions sur la vie spirituelle[14].

En janvier 1965, sr Rhéa Allard publie dans *Le Précurseur* une lettre de la fondatrice dans laquelle celle-ci expose clairement la finalité de son œuvre et la spiritualité qui la sous-tend :

Saisissez toutes les occasions de cultiver les vertus, celles surtout qui doivent caractériser notre Institut : l'humilité, la charité, l'obéissance, la joie, le silence et la reconnaissance. Quant à cette dernière, chaque moment nous apporte de la pratiquer. Ah! Que je voudrais vous en dire long sur cet important et délicieux devoir de l'action de grâces! Plus Notre-Seigneur me fait pénétrer

Le tombeau où repose depuis 1983 les restes de Délia Tétreault, fondatrice des Sœurs Missionnaires de l'Immaculée-Conception. Pont-Viau, 1983.

La Cause Délia-Tétreault

En 1981, le conseil général des Sœurs Missionnaires de l'Immaculée-Conception adresse une demande officielle à l'archevêque de Montréal afin de commencer les démarches visant à introduire à Rome la cause de béatification de la fondatrice, Délia Tétreault. Deux ans plus tard, le corps de Délia est exhumé et ses restes sont transférés dans la maison de Pont-Viau, dans une pièce spécialement aménagée attenante à la chapelle.

La requête officielle est acceptée, et le 19 mai 1985 marque l'ouverture des procédures canoniques. Débutent alors les multiples et complexes étapes de l'enquête diocésaine qui durera plus de deux ans, la 61e et dernière session ayant lieu le 30 novembre 1987. Cette procédure s'apparente à une véritable enquête judiciaire : l'audition des témoins et un examen scrupuleux des écrits permettent au tribunal de déterminer la réputation de sainteté de la candidate. Au terme du procès diocésain, un volumineux dossier de 13 000 pages, soit l'ensemble des actes de l'enquête, est acheminé à Rome. La Congrégation pour la Cause des Saints reçoit ce dossier. Un comité de cardinaux et d'évêques est alors chargé de l'évaluer et de se prononcer : la vie et l'œuvre de Délia Tétreault méritent-elles d'être présentées comme modèles aux fidèles ? C'est en effet là le sens d'un procès de canonisation.

Après 10 ans d'attente, la Congrégation remet enfin son verdict : en décembre 1997, Délia Tétreault est déclarée vénérable. Il s'agit du premier degré dans la procédure de canonisation. Une étape importante est donc franchie. Le cardinal Jean-Claude Turcotte, archevêque de Montréal, célèbre, le 24 mai 1998, une messe à la mémoire de la vénérable fondatrice.

Le travail n'est pas terminé. Il reste d'autres échelons à gravir. À Pont-Viau, le Bureau de la Cause Délia-Tétreault continue de recenser les témoignages de gens attestant du secours reçu de la fondatrice, dans telle ou telle circonstance : une maladie, un accident, un problème financier, etc. Pour l'instant, la cause de Délia est pendante. Les MIC attendent la confirmation d'un miracle attribuable à cette dernière afin de donner suite à la procédure de béatification.

dans l'esprit de notre vocation, et plus il me semble que la principale raison d'être de notre société, c'est vraiment l'action de grâces, en union avec notre Immaculée Mère et tous les bienheureux du ciel…[15]

Que peut bien vouloir dire Délia lorsqu'elle affirme : notre raison d'être, c'est l'action de grâces ? Comment réconcilier cette finalité avec la vocation missionnaire des MIC ? Délia donne à ses filles une explication somme toute assez limpide :

> L'apostolat auprès des infidèles nous a été donné, me semble-t-il, par la Ste Vierge comme moyen extérieur de manifester notre reconnaissance. Dieu nous a tout donné, même son propre Fils : quel meilleur moyen de le payer de retour que de lui donner des enfants, des élus, qui, eux aussi, chanteront ses bontés dans les siècles des siècles. Que notre vie à toutes soit donc, par la prière, le sacrifice et le travail, un chant perpétuel de reconnaissance pour nous-mêmes et pour tous ceux qui oublient de remercier Celui auquel ils doivent tout[16].

Dans la foulée de cette démarche, le Chapitre de 1970 préconise la réappropriation du charisme et de la spiritualité MIC par le lancement d'un projet de ressourcement spirituel : toutes les sœurs vivront la « Grande Mission ». Cette expérience d'un nouveau genre repose sur des sessions de formation de dix jours, vécues en petits groupes. Axée à la fois sur le texte biblique et l'action de grâces, elle constitue une véritable prise de conscience de l'identité MIC à partir des écrits de la fondatrice. Comme il s'agit du premier grand projet post-Vatican II, le défi est de taille. La preuve ? Afin de les aider à faire de ce projet un succès, les MIC sollicitent des prières auprès de 34 monastères contemplatifs.

Selon sr Madeleine Loranger, supérieure générale de 1964 à 1976, la Grande Mission est l'occasion, pour plusieurs, de découvrir ou redécouvrir Délia Tétreault. Cette heureuse initiative stimule d'ailleurs les sœurs à mettre en valeur leur fondatrice, et ce, tant au sein de la communauté qu'auprès du grand public.

Le long et patient travail de classement des archives communautaires se poursuit. La mise au jour de lettres inédites révèle des aspects nouveaux de la personnalité de la fondatrice. Le temps d'une nouvelle biographie

Délia Tétreault à l'âge de 64 ans. Montréal, 1929.

« vraiment historique » n'est pas encore venu, comme l'écrit la supérieure générale dans son rapport de 1976, mais plusieurs fascicules mettant en évidence certains aspects de sa pensée paraissent sous le titre de *À l'écoute de notre fondatrice*. Des traductions de certains textes, ainsi que l'impression de citations choisies, sur du papier à lettres, favorisent une plus grande familiarité avec les écrits de Délia.

En janvier 1979, sr Pauline Longtin publie les conclusions de sa thèse : une copie de *Fondement de l'esprit missionnaire chez Délia Tétreault* est offerte à toutes les fraternités afin que chaque sœur puisse y puiser des ressources pour revitaliser son identité MIC. Après avoir présenté le résultat de ses recherches au conseil d'Institut de 1979, sr Pauline et quelques consœurs sont invitées à mettre sur pied des sessions « Être MIC ». Ces périodes de ressourcement, de cinq à six jours, convient chaque membre de la communauté à découvrir les fondements de l'identité MIC chez la fondatrice et, par le fait même, à prendre conscience de sa propre identité pour la situer, l'animer, la faire grandir…

Dans la foulée de cette recherche et des découvertes faites aux archives, une série de petites publications voit le jour dans les années 1980 : *Qui est Délia Tétreault ?*(1983) ; *Délia Tétreault et la Vierge Marie* (1984) ; *Délia Tétreault et l'Église canadienne* (1987) ; *Délia Tétreault et l'Action de grâces* (1987). Destinés aux membres de la communauté, ces ouvrages présentent l'avantage d'utiliser avec profit les textes mêmes de la fondatrice. Ils ont également le mérite de replacer la vie de Délia ainsi que son projet de fondation dans l'histoire et la mouvance spirituelle d'une certaine époque.

Le chapitre général de 1988, qui donne lieu au projet de planification pastorale, souhaite l'élaboration d'une pédagogie de la spiritualité d'action de grâces. Depuis près de 20 ans déjà, les sœurs réfléchissent sur leur charisme MIC : être missionnaire en action de grâces à la manière de Marie. Les lettres de la fondatrice, tout comme les textes bibliques et quelques ouvrages spirituels, ont alimenté cette réflexion au fil des ans. La nécessité de mettre en œuvre un outil didactique pour mieux intégrer les trois aspects de leur identité s'impose d'elle-même après une si longue période d'introspection. De 1990 à 1994, un comité mandaté par le conseil général

élabore, avec l'aide de consultants extérieurs, une véritable trousse pédagogique. Intitulé *Un long Magnificat*, ce cheminement structuré se déroule
en trois volets : un bref retour sur les notions de base, un itinéraire divisé
en scénarios d'apprentissage ainsi qu'une démarche d'intégration dans le
quotidien. Des textes choisis, une bibliographie et quelques suggestions
pratiques complètent le programme. Depuis 1994, ce guide pédagogique
est devenu un outil essentiel dans l'approfondissement de la vocation
MIC.

Invitées à un « retour aux sources », lancé par Vatican II, les MIC n'ont
eu de cesse d'explorer, de réfléchir, d'approfondir les assises de leur identité MIC en s'inspirant des écrits et du vécu de leur fondatrice. Celle-ci
représente bel et bien un ancrage sûr :

> Notre identité de MIC ? Une réalité à vivre en continuité et créativité !
> Un long regard sur le vécu de notre Fondatrice nous apprendra toujours à
> être, devenir et demeurer d'authentiques Missionnaires de l'Immaculée-
> Conception[17].

Notes

1. AMIC, Lettre d'Ida Brochu [Joliette] à Madeleine Payette, sup. générale, 28 octobre
   1958.
2. *Ad Gentes*, chap. 8, n. 38.
3. Un tableau sur la répartition géographique des effectifs MIC à tous les 10 ans (1910-2000)
   est présenté en annexe de ce livre.
4. AMIC, Lettre circulaire de Madeleine Loranger, sup. générale, 19 mars 1966.
5. AMIC, Lettre circulaire de Madeleine Payette, sup. générale, 5 décembre 1957.
6. France Royer-Martel, m.i.c., *L'interculturalité chez les M.I.C. : lieu d'émergence de l'universel*, Mémoire présenté à la Faculté de théologie de l'Université Saint-Paul, Ottawa,
   2003, p. 32.
7. AMIC, Lettre circulaire de Madeleine Loranger, sup. générale, 31 décembre 1965.
8. AMIC, Lettre circulaire de Madeleine Loranger, sup. générale, 27 juillet 1967.
9. AMIC, Chronologie de Marlboro, p. 6. Voir les chroniques de la maison pour l'année
   1954.
10. *Perfectæ Caritatis*, 2b, 28 octobre 1965.
11. Voir la chronologie d'*Un long Magnificat*.
12. AMIC, Lettre circulaire de Madeleine Payette, sup. générale, 11 décembre 1958.
13. Yves Raguin, s.j., *Au-delà de son rêve... Délia Tétreault*, Montréal, Fides, 1991, p. 8.

14. Nicole Ouellet, m.i.c., *Un hymne de perpétuelle action de grâces : axe central de la spiritualité de Délia Tétreault. Étude d'après les lettres manuscrites de 1902 à 1922.* Mémoire présenté à la Faculté de théologie de l'Université Saint-Paul, Ottawa, 2001, p. 31.

15. AMIC, Lettre de Délia Tétreault à Alice Vanchestein (sr Marie-Immaculée), 4 septembre 1916.

16. *Ibid.*

17. AMIC, Georgette Barrette, m.i.c., Causerie, 20 juin 1979.

CHAPITRE 4

D'où venez-vous ma sœur?

*Enfin, ô Mère bien-aimée, envoyez-nous de bonnes
postulantes instruites, simples, généreuses…*

Délia Tétreault[1]

L'institut des sœurs Missionnaires de l'Immaculée-Conception est approuvé le 30 novembre 1904: «Fondez, fondez… déclare Pie X à Mgr Bruchési, et toutes les bénédictions du ciel descendront sur ce nouvel Institut.» À la suite de cette directive, plusieurs décisions doivent être prises: choisir un costume, définir les règlements et les constitutions de la nouvelle communauté, trouver les fonds pour subsister. En bref, il s'agit de mettre sur pied la congrégation et ses œuvres. Et l'un des besoins les plus pressants demeure le recrutement de jeunes filles. Sans nouvelles recrues, point d'Institut.

Or, comme Délia le laisse entendre elle-même à plusieurs reprises, il n'a pas toujours été facile de trouver de bons sujets. Les premières années de l'Institut se révèlent, à ce titre, une véritable épreuve pour la fondatrice. Et lorsque l'on se bousculera au portillon, car à partir des années 1920 le problème de recrutement ne se posera plus guère, des difficultés d'un autre ordre surgiront: nourrir, loger et former adéquatement tout ce monde!

Marie-Claire Labelle juste avant son entrée au postulat de Pont-Viau en 1956. Courtoisie de sr Marie-Claire Labelle.

Ce chapitre s'intéresse d'abord et avant tout aux jeunes femmes qui ont un jour franchi les portes de l'Institut des Sœurs Missionnaires de l'Immaculée-Conception. Pourquoi l'ont-elles fait? Ont-elles été nombreuses à le faire? D'où viennent-elles? De la ville? De la campagne? Et que faisait leur père? Était-il agriculteur, commerçant, menuisier ou avocat? À partir de données compilées par le secrétariat général, de listes, carnets et registres trouvés aux archives, ainsi qu'un questionnaire adressé aux sœurs, un portrait sociologique émerge: celui des femmes tentées par l'aventure MIC.

Recrutement et persévérance

Des débuts difficiles?

Aucune communauté religieuse ne peut survivre sans un recrutement minimal. Or les besoins en main-d'œuvre d'un nouvel institut dont le principal objectif est d'œuvrer en pays lointains sont plutôt considérables. Il faut non seulement du personnel pour travailler en mission, mais aussi des ouvrières pour assurer les bases de la communauté au pays. Dans ce contexte, on comprend mieux les angoisses et les craintes de la fondatrice qui considère que son établissement n'attire pas – et ne retient pas – autant de jeunes filles qu'il le devrait. À plusieurs reprises, elle demande, par des prières à la Sainte Vierge, l'obtention de bons sujets:

> Chère et bien-aimée Mère,
> De vous, j'attends de bons et de nombreux sujets. Au moins 30 professions par année. Et comme marque de reconnaissance, nous ferons la garde d'honneur la nuit comme le jour et commencerons dès que nous aurons 15 postulantes[2].

Les années passent et Délia s'inquiète toujours autant du peu d'entrées. En 1920, elle écrit aux sœurs de la maison de Rimouski, ouverte depuis peu:

> Il me tarde de savoir combien vous aurez de postulantes. À quoi cela tient-il que nos entrées soient si peu nombreuses? Prions, faisons des promesses à la

Ste Vierge, à St Antoine, aux saintes Âmes du Purgatoire. J'aurais voulu que vous en ayez au moins dix. Enfin que la volonté de Dieu soit faite[3].

Qu'en est-il du recrutement dans les premières années de l'Institut? Les choses vont-elles aussi mal que l'affirme la fondatrice? Pour connaître le rythme des entrées, entre 1905 et 1918, il faut s'en remettre aux chroniques de la Maison Mère. En effet, nous ne possédons aucune liste, aucun registre pour cette période. Ceux-ci ont probablement été perdus.

Délia et ses compagnes de l'École apostolique forment, bien sûr, le noyau initial. Les premiers vœux sont prononcés en août 1905. L'Institut compte dès lors une professe perpétuelle (Délia elle-même), une professe temporaire (Joséphine Montmarquet) et trois novices. En septembre, cinq postulantes frappent aux portes de la nouvelle communauté. Cela fait donc 10 recrues pour l'année 1905[4]. Entre 1905 et 1918, 82 jeunes filles font profession. En tenant compte de certaines informations contenues dans les chroniques, nous pouvons ajouter à ces 82 candidates une vingtaine d'aspirantes. Le jeune Institut aurait donc attiré 102 postulantes, pour une moyenne de 7 à 8 entrées par année, entre 1905 et 1918.

Figure 4.1
Recrutement MIC 1905-1918

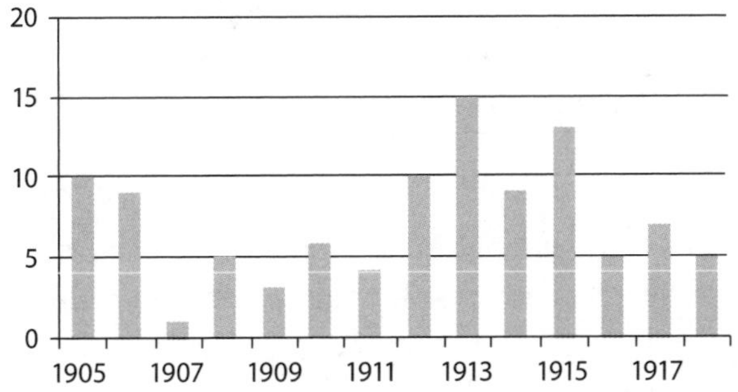

Ces chiffres se situent sans doute en deçà de la réalité. Sur les 15 postulantes de 1913, nous dit la chronique, il n'en resta que 6 pour la vêture, c'est-à-dire l'entrée au noviciat. Dans la mesure où toutes les postulantes ne persévèrent pas jusqu'à la profession, les 82 professes avérées supposent donc un nombre plus élevé de candidates. Si nous appliquons le taux de rétention que nous indique le récit MIC, soit 6 sur 15, nous obtenons un peu plus de 200 postulantes, pour une moyenne de 14 entrées par année. La moyenne réelle se trouve donc quelque part entre ces deux pôles.

S'agit-il d'un taux de recrutement si inquiétant pour un nouvel institut? Pour le savoir, observons les entrées chez d'autres communautés religieuses. Chez les Sœurs de Miséricorde, on constate qu'entre 1848, année de leur fondation, et 1860, elles ont reçu 70 postulantes, soit une moyenne de 5 à 6 par année[5]. Bien sûr, les décennies 1901-1920 donnent une moyenne beaucoup plus élevée (24 entrées/année), mais la communauté est alors établie depuis longtemps.

Tableau 4.1
Recrutement chez les Sœurs de Miséricorde

Années	Postulantes
1841-1850	20
1851-1860	50
1861-1870	80
1871-1880	51
1881-1890	73
1891-1900	136
1901-1910	233
1911-1920	249
Moyenne annuelle	5,8

Chez les Sœurs Missionnaires de Notre-Dame des Anges, fondées à Sherbrooke en 1919, les entrées se font aussi à un bon rythme: soit 11, en moyenne, pour les 9 premières années de l'Institut[6]. Par ailleurs, ces années s'avèrent remarquablement fécondes pour le recrutement dans la plupart des instituts religieux au Québec.

Évidemment, ces comparaisons ne sont pas parfaites. Elles permettent néanmoins de constater que le recrutement MIC des premières années se compare à celui d'autres congrégations et ne se porte donc pas si mal.

Tableau 4.2

Recrutement chez les Sœurs Missionnaires de Notre-Dame des Anges

	Postulantes
1923	15
1924	16
1925	18
1926	11
1927	11
1928	11
1929	4
1930	4
Moyenne annuelle	11,25

Une période faste

Si, entre 1905 et 1920, le nombre annuel de postulantes ne dépasse guère la quinzaine, à partir de 1921, le recrutement s'accroît de façon phénoménale. Celui-ci atteint un sommet en 1933 avec 88 nouvelles candidates pour une seule année! Cette moisson abondante se maintient jusqu'à la guerre. En fait, de 1925 à 1940, les MIC n'ont jamais accueilli moins de 50 candidates par année pour une moyenne annuelle de 69 postulantes. Il s'agit bel et bien d'une période faste qui a certainement apaisé quelques-unes des inquiétudes de la fondatrice. Il est indéniable que les initiatives mises de l'avant par les MIC pour faire la promotion de l'Institut ont porté fruit.

D'autres congrégations connaissent une hausse marquée de leur recrutement. Le nombre de postulantes chez les Franciscaines Missionnaires de Marie est de 96 en 1920, et de 179 en 1930, alors que chez les Sœurs Blanches, on dénombre 33 et 68 candidates pour les mêmes années. Une vaste enquête de la Conférence Religieuse Canadienne (CRC), lancée en janvier 1965 auprès des instituts religieux féminins du Canada, confirme d'ailleurs que les bonnes années de recrutement se situent entre 1925 et 1939, avec un sommet au début des années 1930[7].

Le noviciat de Pont-Viau. 1924.

Le noviciat de Pont-Viau. 1934.
Afin de pouvoir accueillir les postulantes, sans cesse plus nombreuses, le noviciat de
Pont-Viau connaît quelques agrandissements. Un premier ajout est construit en 1930,
puis un deuxième en 1933.

Comment expliquer ce phénomène ? Les auteurs de l'étude avancent
qu'une partie de la réponse réside dans la conjoncture socio-économique :
il existerait un lien entre le phénomène observé et les effets de la crise
économique des années 1930. Pour un certain nombre de jeunes filles,
l'entrée en religion aurait pu signifier une sécurité matérielle, voire un
fardeau de moins pour les parents[8]. Toutefois, comment expliquer que
l'augmentation du nombre d'entrées se fait sentir bien avant la crise
(Fig. 4.2) ? D'autres chercheurs, sans écarter cette première piste, évoquent
également les facteurs démographiques[9]. En effet, l'augmentation très
rapide du nombre de naissances entre 1901 et 1922 aurait eu des effets sur
la nuptialité des femmes nées au cours de ces années. Les femmes épou-
sant généralement des hommes plus âgés qu'elles, les cohortes nées à partir
de 1901 se seraient constamment retrouvées en surnombre par rapport aux

Figure 4.2
Recrutement MIC 1919-1940

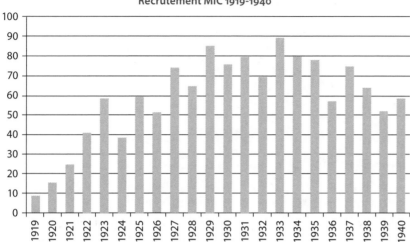

hommes nés quatre ou cinq ans avant elles. Or devant les possibilités res-
treintes de mariage, il semblerait qu'un bon nombre de célibataires aient
choisi d'entrer en communauté.

Restera, restera pas

Après le recrutement, l'absence de persévérance constitue sans doute la
source d'inquiétude numéro deux chez les supérieures de congrégations:
«Ce n'est pas le nombre des aspirantes qui est à déplorer, mais le manque
de courage et d'énergie pour persévérer», écrit Délia en 1920[10]. Or la question est cruciale. La formation d'une sœur jusqu'à la profession perpétuelle
constitue un investissement de temps et d'argent considérable: il faut
nourrir, loger, vêtir et former tout ce monde. Jusqu'ici, il a été question
du nombre de jeunes filles qui ont été admises chez les MIC, mais combien parmi elles ont effectivement fait profession?

Entre 1919 et 1940, les MIC ont accepté 1294 postulantes. De ce
nombre, 906 (70%) ont persévéré jusqu'au noviciat. Sur les 906 novices,
561 (62%) ont fait profession. Enfin, sur les 561 professes temporaires, 490
(87%) ont prononcé des vœux perpétuels. Ces chiffres peuvent paraître

Tableau 4.3

Taux de persévérance chez les MIC 1919-2004[11]

	Postulantes	Novices	Vœux temporaires	Vœux perpétuels	N/P	V.T. / P	V.P. / P
1919-1940	1294	906	561	490	70 %	43 %	38 %
1941-1965	1208	870	618	517	72 %	51 %	43 %
1966-1992	365	261	193	151	72 %	53 %	41 %
1993-2004	163	n/d	n/d	n/d	n/d	n/d	n/d

impressionnants. Après tout, près des deux tiers des effectifs de chaque catégorie passent à l'étape suivante. En revanche, sur les 1294 postulantes, seulement 38 % persévèrent jusqu'au bout.

Qu'en est-il de la fameuse cohorte de 1933 où 88 postulantes franchissent la porte de l'Institut ? Elles accèdent au noviciat dans une proportion de 60 %. Toutefois, il n'y a plus que 31 % du groupe initial qui prononcent leurs vœux temporaires, ce qui est bien en deçà de la moyenne pour cette période. Cela veut donc dire, concrètement, que 61 des 88 jeunes filles entrées en 1933 sont retournées dans le monde avant la fin de 1936. En 1935 et 1936, la situation économique n'était pourtant guère plus reluisante qu'au début de la crise.

Autre fait à noter, entre 1941 et 1965, le noviciat MIC a vu passer moins de candidates que lors de la période précédente (1919-1940), mais se retrouve néanmoins avec 27 professes perpétuelles de plus. Les taux de persévérance à cette époque affichent une nette supériorité sur ceux observés précédemment. Les années 1957-1961 se démarquent avec des taux oscillant entre 48 et 63 %. Bien qu'utilisant des repères différents, l'enquête menée par la CRC confirme encore une fois la tendance observée chez les MIC[12]. L'étude démontre aussi que ce sont les instituts missionnaires qui affichent le plus haut taux de persévérance à cette époque.

À partir de 1966, le nombre de postulantes chute de plus de la moitié. Cette baisse importante survient dans un contexte difficile : au Québec, comme ailleurs en Amérique du Nord, on assiste à l'effondrement de la pratique religieuse ainsi qu'à la sécularisation grandissante des institutions.

Sr Albertine Graton, responsable des postulantes, avec un groupe de nouvelles candidates. Pont-Viau, 1932.

La société québécoise se transforme rapidement sous les effets de la Révolution tranquille et l'Église catholique perd une grande part de son prestige auprès de la population. La place de plus en plus grande qu'occupent les femmes sur le marché du travail contribue aussi à expliquer la baisse du recrutement dans les communautés religieuses. Si les vocations se font plus rares, les taux de persévérance jusqu'à la profession perpétuelle restent cependant encore élevés. D'ailleurs, compte tenu des possibilités nouvelles qui s'ouvrent aux femmes après la Deuxième Guerre mondiale, on peut se demander si les jeunes filles qui choisissent la vie religieuse ne font pas un choix plus éclairé et plus personnel qui expliquerait les forts taux de persévérance. Il reste à savoir si les recrues des années 1990 et 2000 afficheront des taux similaires. Il est encore trop tôt pour tirer des conclusions, la plupart des candidates n'ayant pas complété leur cycle de formation.

Un recrutement d'abord canadien

Jusqu'en 1940, le recrutement MIC se révèle presque exclusivement nord-américain, voire canadien-français. En effet, sur les 1398 postulantes qui franchissent les portes de l'Institut pendant cette période, le Québec en fournit 1260, soit 90 % du recrutement total[13]. Le reste se compose essentiellement de jeunes filles nées au Canada anglais ou aux États-Unis.

Cette situation n'est pas le fruit du hasard. Elle s'explique largement par le refus de la fondatrice d'accepter dans l'Institut des sujets «indigènes», c'est-à-dire en provenance des pays de mission. Or les MIC ne sont pas en Chine depuis un an que déjà des demandes d'admission de la part de jeunes Chinoises parviennent à la Maison Mère. Appuyée par les conseils de Mgr Paul Bruchési, Délia répond sans équivoque:

> Reste encore à parler de l'affiliation des Vierges à notre Société. Voici ce qu'en dit Mgr Bruchési: il ne conviendrait pas de les admettre comme sœurs converses ou coadjutrices pour plus d'une raison, entre autres que leur nombre sera toujours plus considérable que le nôtre. Il lui semble qu'elles pourraient être adjointes comme Oblates ayant un règlement spécial et un logement séparé du vôtre[14].

Prise d'habit de Cecilia Tchan. Au centre de la photo, Mgr de Guébriant, vicaire apostolique de Canton, en visite à Montréal. À sa droite, on reconnaît la fondatrice, Délia Tétreault, et à sa gauche, Cecilia Tchan. Montréal, 1920.

Œuvrant au service du diocèse, les Vierges chinoises sont des femmes ayant fait vœu de chasteté. Elles secondent notamment les missionnaires dans leur travail : catéchisme, enseignement, etc.

Cependant, des demandes en provenance des missions continuent d'être acheminées régulièrement au Canada. La question ne fait pas l'unanimité chez les MIC : « Plusieurs sœurs ne verraient pas d'un bon œil qu'on acceptât des Chinoises dans notre Société ; d'autres se demandent si nous ne pourrions pas faire l'essai », écrit la fondatrice en 1919[15]. Elle accepte pourtant de faire une tentative : une Vierge chinoise, Cecilia Tchan, qu'on avait fait venir pour enseigner quelques rudiments de catholicisme aux Chinois de Montréal, entre au noviciat d'Outremont en 1920. Cette expérience se solde par un échec, car la jeune femme choisit de retourner en Chine. Les raisons exactes qui la poussèrent à quitter les

MIC ne sont pas connues. Selon certaines sources, elle aurait été incitée par le père Antoine Fourquet, prêtre de la Société des Missions Étrangères de Paris et futur évêque de Canton, à retourner dans son pays natal pour fonder une communauté autochtone[16]. Ce dernier, alors responsable de la mission de Canton, lui aurait écrit à l'insu de la supérieure et de la maîtresse des novices.

Quoi qu'il en soit, ce premier essai manqué refroidit encore davantage les ardeurs de la fondatrice des MIC qui refusera par la suite de faire une nouvelle tentative. Ses diverses interventions sur ce sujet, même si elles ne varient guère sur le fond, montrent tout de même un souci d'expliquer ses refus. Évoquant tantôt l'expérience passée de supérieures de congrégations plus anciennes, tantôt le désir du pape qui préfère que l'on fonde des communautés nouvelles pour les «indigènes», Délia reste sur ses positions. Des motifs très concrets sont également avancés : «Chacune a une mentalité et une langue différente. Que ferait notre pauvre sœur St-Jean-François-Régis [maîtresse des novices]? Ce serait la tour de Babel et le désarroi à brève échéance[17].»

La fondatrice n'aura jamais l'occasion de voir une «indigène» prononcer ses vœux dans l'Institut. Admise en 1942, la première sœur chinoise, Lucia Ho, ne deviendra professe qu'en 1945. Délia, rappelons-le, est décédée le 1er octobre 1941. Par contre, elle a fortement encouragé et soutenu le développement de congrégations indigènes. C'est ainsi que les MIC se sont vu confier la direction de quelques noviciats autochtones.

Puisque les MIC ne recrutent pas en pays de mission et qu'elles ne possèdent pas de maisons aux États-Unis ou en Europe, à l'exception d'une maison à Rome, le pourcentage très élevé de sujets canadiens-français jusqu'en 1940 ne surprend guère. D'ailleurs, compte tenu d'un bassin de recrutement somme toute restreint, l'essor considérable des effectifs force l'admiration. N'oublions pas que les MIC ne possèdent pas l'exclusivité du recrutement sur le territoire québécois. Elles doivent, en effet, affronter la compétition de nombreuses communautés religieuses, dont plusieurs instituts missionnaires. Or elles s'en tirent avec brio. Les effectifs canadiens chez les MIC font plus que tripler entre 1920 et 1930. Ils doublent à

Sr Lucia Ho et Helena Foung. Canton, Chine, 1947. Lucia Ho est admise au noviciat de Pont-Viau en 1942, à l'âge de 34 ans. Cette photo a été prise à son retour à Canton peu après sa profession religieuse. Elle est accompagnée d'Helena Foung qui entrera chez les MIC quelques années plus tard.

Tableau 4.4

Effectifs canadiens dans les instituts missionnaires féminins[18]

Professes canadiennes dans les instituts missionnaires												
	1900	1910	1920	1930	1940	1950	1960	1970	1980	1990	2000	2004
FMM	60	179	305	462	568	619	648	554	446	352	238	211
SMNDA	4	17	54	83	137	212	312	324	271	236	195	170
MNDA				50	91	125	172	174	151	129	101	85
MCR				2	42	60	116	132	111	98	84	73
MIC		15	68	219	468	625	786	851	751	626	478	401
Total	64	211	427	816	1306	1641	2034	2035	1730	1441	1096	940

nouveau lors de la décennie suivante. Plus significative encore : la part importante que se taillent les MIC dans la croissance totale.

Que signifie le bilan décennal du Tableau 4.5 ? En soustrayant le nombre de professes en 1920 de celui de 1930, nous obtenons un résultat qui tient compte des professions, mais aussi des sorties et des décès survenus pendant cette période. Si le nombre de professions est supérieur aux sorties (incluant les décès), le bilan est positif. Si, au contraire, sorties et décès dépassent les professions, le bilan est négatif. Alors que tous les instituts missionnaires connaissent une croissance (bilan positif) de leurs effectifs entre 1920 et 1960, les MIC confirment une avance considérable à partir de 1930. Elles représentent alors 51 % de la hausse totale des effectifs.

Tableau 4.5

Bilan des effectifs canadiens dans les instituts missionnaires féminins

Bilan décennal des effectifs canadiens							
	1920-1930		1930-1940		1940-1950		1950-1960	
FMM	157	40 %	106	22 %	51	15 %	29	7 %
SMNDA	29	7 %	54	11 %	75	22 %	100	25 %
MNDA	50	13 %	41	8 %	34	10 %	47	12 %
MCR	2	1 %	40	8 %	18	5 %	56	14 %
MIC	151	39 %	249	51 %	157	47 %	161	41 %
Total	389		490		335		393	

Exercice comptable fastidieux, ces tableaux ont néanmoins le mérite de démontrer à quel point les MIC se sont taillé la part du lion dans le recrutement canadien. Lorsqu'il est question d'attirer les jeunes filles du Québec à la vie missionnaire, l'Institut de Délia Tétreault l'emporte haut la main.

Avec 1034 membres au début de 1965, les Sœurs Missionnaires de l'Immaculée-Conception occupent, selon les données fournies par l'enquête de la CRC, le 17ᵉ rang des instituts religieux féminins au Canada. Sur les 197 communautés établies au Canada à ce moment, seules 18 d'entre elles – dont 9 congrégations enseignantes – comptent plus de 1000 membres. En outre, il s'agit du seul institut exclusivement missionnaire à figurer dans les 25 premiers rangs. Les effectifs MIC constituent alors 40 % des effectifs missionnaires féminins au Canada[19].

Malgré ces chiffres exceptionnels, les effectifs MIC ne se compareront jamais aux effectifs de certaines congrégations enseignantes : en 1965, les Sœurs des Saints Noms de Jésus et de Marie comptent 4286 membres et les Sœurs de la Congrégation de Notre-Dame, 3915. L'engagement missionnaire *ad extra*, il est vrai, implique non seulement de renoncer au monde mais de renoncer aussi à sa patrie.

Des jeunes filles venues d'ailleurs

L'admission de la Chinoise Lucia Ho en 1942, après des années d'attente et de demandes répétées, inaugure une ère nouvelle. Cette ouverture se fait toutefois lentement. Seul le temps finira par avoir raison des craintes et des préjugés. Le chapitre général de 1948 ratifie, avec certaines réserves, l'acceptation de sujets autochtones par l'ajout d'un article dans les Constitutions :

> Que des jeunes filles indigènes, en petit nombre et bien choisies, soient acceptées dans notre communauté et qu'elles viennent faire leur noviciat au Canada, après avoir été éprouvées sur place. Ce choix comme d'ailleurs celui de toutes les autres aspirantes, sera laissé au jugement de la supérieure générale[20].

En 1949, une Chinoise originaire de Canton fait son entrée chez les MIC. L'année suivante une deuxième postulante de Hong Kong et une autre des Philippines se joignent à l'Institut. En 1951, les MIC accueillent leur première Japonaise. Ainsi, à un rythme plutôt lent, puis de façon un peu plus soutenue, l'Institut s'ouvre à l'internationalité.

La Figure 4.3 illustre très bien la période plutôt creuse qui suit l'entrée de Lucia Ho en 1942. En effet, les seuls sujets non canadiens à se joindre au MIC entre 1943 et 1949 sont des sujets d'origine étasunienne. Il faut

Figure 4.3
Recrutement MIC 1941-2004

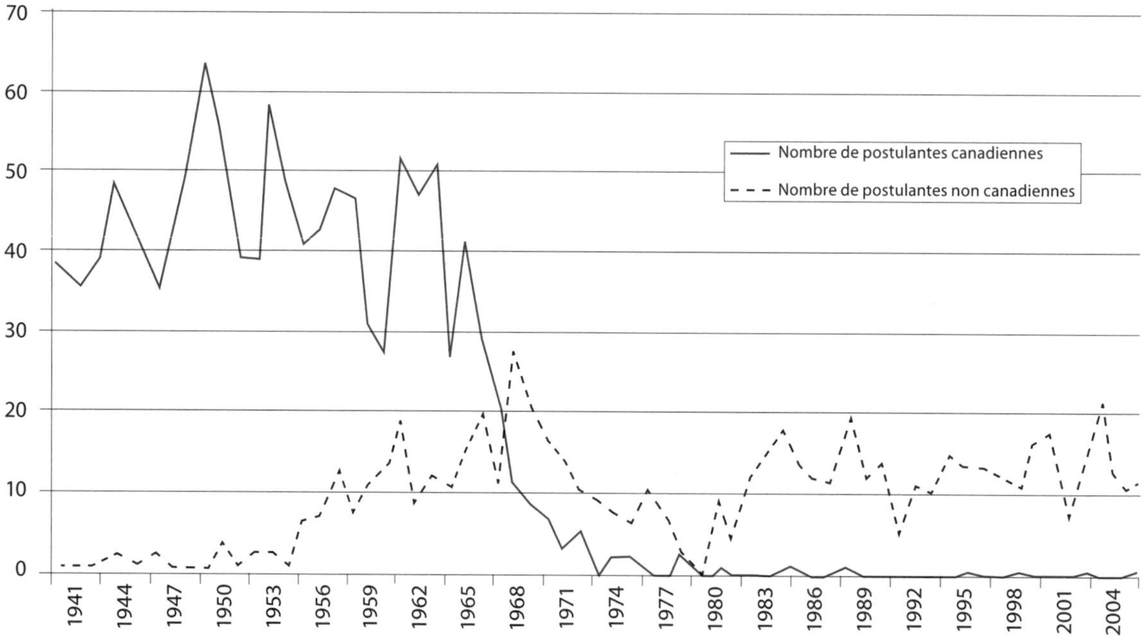

attendre 1953 avant de voir une hausse significative du nombre d'entrées chez les non-Canadiennes. Celle-ci correspond à la fondation de postulats et de noviciats dans les pays de mission, désormais beaucoup plus nombreux. N'oublions pas qu'à partir de 1943, les MIC sortent du cadre asiatique et élargissent leur champ d'action aux Antilles, à l'Afrique et à l'Amérique latine.

L'accroissement du nombre d'entrées chez les non-Canadiennes se poursuit jusqu'en 1966 où il atteint un sommet avec 27 entrées. La période 1967-1979 en est une difficile pour le recrutement, tant canadien que non canadien. Avec cinq postulantes au total en 1976, les MIC renouent avec des chiffres qui ne s'étaient plus vus depuis les toutes premières années de l'Institut. Nous avons vu qu'au Canada, le faible recrutement s'expliquait en partie par une sécularisation grandissante au sein de la société et une présence accrue des femmes sur le marché du travail. Qu'en est-il de la baisse du recrutement international ?

Jeunes professes de plusieurs nationalités répétant un chant. Montréal, 1965.

Tableau 4.6
Recrutement de sujets non canadiens chez les MIC 1941-2004

	Hong Kong	Philippines	Japon	Taiwan	Haïti	Cuba	Madagascar	Zambie et Malawi	Bolivie, Pérou, Chili	États-Unis /Europe	Total
1941-1950	3	1	0	0	0	0	0	0	0	13	17
1951-1960	7	27	17	0	12	1	1	0	0	23	88
1961-1970	16	58	12	7	24	13	6	1	5	11	153
1971-1980	6	25	5	5	11	11	10	0	1	2	76
1981-1990	1	27	0	7	21	5	31	15	25	1	133
1991-2000	3	42	0	3	21	7	25	12	15	0	128
2001-2004	1	2	1	1	15	0	16	12	7	0	55
Total	37	182	35	23	104	37	89	40	53	50	650

Ces deux facteurs ont sans doute aussi joué ailleurs, notamment aux États-Unis. Toutefois, on ne saurait leur attribuer le même poids qu'au Québec. Chacun des pays où recrutent les MIC traverse une conjoncture qui lui est propre. Par conséquent, il devient difficile d'avancer des explications sans des études plus approfondies. De plus, il faut préciser que la baisse observée dans les années 1970 se révèle temporaire. À partir de 1980, le recrutement international connaît une reprise. Il change de visage aussi.

Entre 1961 et 1970, 61 % des effectifs non canadiens viennent d'Extrême-Orient (Hong Kong, Philippines, Japon, Taiwan). Dans la décennie suivante, le nombre de sujets asiatiques passe de 93 à 41, une baisse de 56 %. Le faible recrutement de non-Canadiennes dans les années 1970 s'explique donc en partie par une baisse importante du recrutement en provenance d'Asie. Cela dit, tous les pays, sauf Madagascar, recrutent un nombre moindre de postulantes.

La reprise des années 1980 repose sur l'essor des entrées en Afrique, soit en Zambie et au Malawi, mais surtout à Madagascar qui génère à elle seule 22 % du recrutement international entre 1981 et 2000. Les 25 postulantes originaires d'Amérique du Sud (Bolivie, Pérou, Chili) contribuent également à la relance avec près de 20 % du recrutement dans les années 1980. Le sursaut observé aux Philippines dans les années 1990 constitue aussi un apport considérable avec 33 % du recrutement total, mais cette tendance ne semble pas vouloir se maintenir. Quant au recrutement en Haïti, il s'avère plutôt stable avec une vingtaine de candidates par décennie, soit deux par année.

Tableau 4.7

Recrutement canadien et non canadien chez les MIC 1951-2004

	Postulantes non canadiennes	Postulantes canadiennes
1951-1960	88	435
1961-1970	153	199
1971-1980	76	7
1981-1990	133	5
1991-2000	128	3
2001-2004	55	2

Pour comprendre l'importance du recrutement international, mieux vaut le mettre en parallèle avec le recrutement canadien. À cet égard, le

Tableau 4.7 parle de lui-même. Entre 1961 et 1970, le recrutement étranger talonne le recrutement canadien. La tendance s'inverse à partir de 1966 et, dès lors, le nombre de postulantes non canadiennes dépassera constamment le nombre de postulantes canadiennes. Malgré cet apport, les effectifs demeurent majoritairement canadiens : encore aujourd'hui les Canadiennes forment 62 % des effectifs MIC. Leur moyenne d'âge est toutefois très élevée : 77 ans au début de 2005. Tandis que celle des non-Canadiennes se situe à 53 ans. Le renouvellement est désormais assuré par des jeunes filles venues d'ailleurs.

À gauche : sr Cécile Ménard. Au centre, les scolastiques Noëlline Rasoafara, Maria Arroyo, Pierrette Rasoamampianina, Maria Cristina Pulido, Nancy Campos, Zenaide Correia et Silfane Joseph. À droite : sr Monique Préfontaine, sr Pauline Boilard et sr Michelle Payette. Longueuil, 1995.

Une communauté en péril ?

Les tableaux et graphiques proposés jusqu'ici ne laissent aucun doute sur le déclin dramatique – du moins par son caractère soudain – du recrutement canadien. Il peut être alors réconfortant de penser que le recrutement étranger vient sauver la mise. Avant de crier victoire, il faut toutefois tenir compte de deux éléments importants. D'une part, le nombre annuel de jeunes postulantes depuis 1966, toutes nationalités confondues, n'a guère dépassé la vingtaine. En fait, la moyenne se situe plutôt entre 12 et 13.

D'autre part, depuis les années 1950, le taux de persévérance des non-Canadiennes s'avère à la fois stable et plutôt élevé, comme le montre le Tableau 4.8. Les Canadiennes, même dans les périodes les plus prospères, n'ont jamais affiché de telles moyennes : 43 % entre 1941 et 1965 constitue la moyenne maximale. Les candidates des années 1990 et 2000 se montreront-elles aussi persévérantes que leurs aînées ?

Tableau 4.8

Taux de persévérance des postulantes non canadiennes

	% de postulantes aux vœux perpétuels
1951-1960	53 %
1961-1970	53 %
1971-1980	51 %
1981-1990	51 %

Avec un recrutement réduit et un taux de persévérance qui avoisine les 50 %, la survie de l'Institut est-elle assurée ? Sans doute. Néanmoins, dans les années à venir, les MIC devront faire des choix déchirants quant aux œuvres à privilégier. En effet, maintenir une présence significative dans de nombreux pays constituera un véritable défi.

Les candidates

Si les statistiques ont été fort utiles pour dresser un tableau exact du recrutement MIC au fil des ans, elles révèlent néanmoins peu de chose sur les jeunes filles qui franchissent les portes de l'Institut. Grâce aux informations recueillies dans les registres d'entrées, les dossiers des candidates et les bases de données du secrétariat général, il est possible d'en établir le profil sociologique. D'où viennent-elles ? Quel âge ont-elles au moment de l'admission ? Quel niveau d'instruction possèdent-elles ? Que fait leur père ? Combien d'enfants y a-t-il dans leur famille ? Avant de redonner une certaine identité à toutes ces candidates anonymes, voyons toutefois ce qui constitue une recrue acceptable pour la fondatrice des Sœurs Missionnaires de l'Immaculée-Conception.

La candidate idéale

Dans une première version des Constitutions de l'Institut, Délia énumère les qualités exigées des aspirantes : piété solide, jugement sain, largeur d'esprit, droiture et force de caractère[21]. Là ne s'arrêtent pas ses exigences. La fondatrice, nous l'avons vu, ne manque jamais d'interpeller ses protecteurs divins afin d'obtenir de bons sujets : « Qu'elles aient beaucoup de bon sens, une grande générosité et de l'instruction », demande Délia à la Vierge, sa bien-aimée Mère[22]. Elle renouvelle aussi sa requête auprès de divers saints :

> Cher et bien-aimé protecteur Saint Jean, je viens vous recommander le soin de nous fournir de bonnes vocations. Je vous en demande une pour le moment, ne me la refusez pas, choisissez-la-moi vraiment pure, comme vous, généreuse, instruite et saine de corps et d'esprit. Je sais que vous ne me refuserez pas.

Ô bienheureux Saint Pierre [...]. Pour le moment, je vous demande entre autres choses un bon sujet généreux, énergique, instruit, capable de rendre vraiment service à la maison[23].

De fait, l'instruction et la générosité constituent les critères le plus souvent réitérés par la fondatrice. Une dose de bon sens, une bonne santé et un peu de simplicité ne sont pas non plus pour lui déplaire. L'insistance sur l'éducation ne doit pas nous étonner outre mesure. Après avoir pris conseil des pères Daignault et Forbes, Délia avait d'abord accepté d'établir deux catégories de sœurs : ainsi, certaines sœurs – dites sœurs converses – souvent moins instruites, étaient exclusivement chargées des divers travaux manuels (cuisine, lavage, jardinage, etc.)[24]. Toutefois, dès 1908, l'Institut ne compte plus qu'une seule catégorie de sœurs :

Je me figurais que les bonnes vieilles, les Vierges et les orphelines remplaceraient avantageusement les sœurs converses. Est-ce qu'il n'en est pas ainsi ? J'ai refusé dernièrement plusieurs jeunes filles pour la seule raison qu'elles avaient trop peu d'instruction pour avoir la direction d'un emploi quelconque, et je comptais sur les femmes indigènes pour les offices intérieurs[25].

Au fur et à mesure que des besoins pressants en mission se font sentir, les sœurs écrivent à la Maison Mère pour demander des renforts. Elles ont, elles aussi, des exigences bien précises : «Des sœurs, il nous faut des sœurs! Et des sœurs bien formées, courageuses, ayant de l'initiative et sachant l'anglais[26]. »

La réponse de Délia, à cette occasion comme en bien d'autres, montre que les candidates ne se révèlent pas toujours à la hauteur des attentes :

Il faut d'abord vous dire que nous ne choisissons pas nos sujets ; nous prenons ceux que le bon Dieu nous envoie... et c'est l'exception qui possède les qualités que vous mentionnez. Vous me direz : faites-les leur acquérir ; je le veux de toute mon âme, mais ce n'est pas l'affaire d'un jour[27]...

Ce n'est pas un manque de bonne volonté, écrit-elle, mais un manque de formation dans les familles. De plus, Délia considère que l'on travaille bien peu et bien mal dans le monde où les jeunes filles font parfois leur première expérience de travail :

Véronique Caouette, Gisèle Vachon et Anita Perron, novices, font la vaisselle. Pont-Viau, 1957.

Séance de repassage. Pont-Viau, c. 1950.

Chère Enfant, vous me demandez des sœurs sérieuses et sachant travailler, je ne saurais vous dire combien je souffre de ne pouvoir vous servir comme vous le souhaitez. Les jeunes filles nous arrivent à 19, 20, 23 et 24 ans, plusieurs n'ayant jamais travaillé, d'autres ne connaissant que le travail des magasins et des bureaux. Il faut commencer à leur montrer à laver la vaisselle, à raccommoder les bas, etc. Franchement, ma Fille, plusieurs travaillent plus maladroitement qu'autrefois des enfants de cinq ans[28].

Bien sûr, nous ne pouvons déterminer si les attentes de Délia sont trop élevées – ou son jugement trop sévère – ou si les jeunes filles ne sont vraiment pas à la hauteur. Ces jugements justifient sans doute le nombre parfois élevé de candidates refusées par les MIC. Les motifs de refus invoqués sont révélateurs des critères privilégiés par la fondatrice et ses assistantes. Ils contribuent à cerner encore un peu mieux la candidate idéale.

Ne devient pas MIC qui veut

Un petit calepin noir ayant appartenu à la maîtresse des novices, responsable entre autres de l'admission des sujets, nous renseigne sur les candidates qui n'ont pas été admises chez les MIC entre 1936 et 1968[29]. Ce carnet contient non seulement une liste alphabétique des jeunes filles refusées, mais il fait aussi état des raisons alléguées pour rejeter leur candidature, mettant en lumière certains préjugés de l'époque.

Dans cet intervalle d'un peu plus de 30 ans, les MIC refusent 651 candidates alors qu'elles en acceptent 1355. Cela veut dire qu'elles refusent presque un tiers des 2006 jeunes filles qui demandent à entrer dans la communauté. Les nombreux cas de figure observés font croire que les MIC n'ont pas usé de stratégie particulière : elles n'ont pas abaissé leurs critères de sélection afin d'obtenir un nombre minimal d'entrées, pas plus qu'elles n'ont refusé de candidates pour la seule raison qu'un quota aurait été atteint. Les refus semblent réellement basés sur l'appréciation des candidates, la qualité de ces dernières expliquant les variations. Pas de stratégie apparente, donc, à une exception près : les années de guerre 1939-1946.

Ces années affichent les taux de refus parmi les plus élevés : jusqu'à 55 % des candidates ne sont pas admises. En 1945, les MIC refusent plus d'aspirantes qu'elles n'en acceptent. Voyant la guerre se prolonger, et surtout la situation difficile en Asie, les MIC ont-elles volontairement refusé un plus grand nombre de jeunes filles ? Avec des entrées nettement sous la moyenne, mais des taux de refus bien au-dessus de celle-ci, on peut le penser.

Les motifs de refus

La maîtresse des novices inscrit les motifs de refus dans son calepin, à la suite d'un examen attentif des divers documents soumis par la candidate. Afin de découvrir les raisons les plus souvent avancées, ces motifs de refus ont été compilés en fonction de leur occurrence, soit le nombre de fois qu'ils sont invoqués. Un refus étant souvent légitimé par plus d'un motif, il ne faut donc pas chercher à faire l'adéquation entre le nombre de candidates refusées et le nombre d'occurrences des divers motifs : une jeune fille peut, par exemple, être considérée trop âgée, avoir occupé un emploi comme servante et posséder trop peu d'instruction. Trois motifs pour un seul refus.

Sr Louise Vanasse, maîtresse des novices de 1940 à 1956, accueille Juliette Ouellet à titre de postulante. Pont-Viau, 1955.

Avant de prendre le voile…

N'allez pas croire qu'il suffit de se présenter à la porte d'un institut religieux pour qu'on vous admette aussitôt comme postulante. On ne vous retiendra pas sur votre seule bonne mine. D'une part, il y a les exigences du droit canon : les supérieures veilleront avec soin à n'admettre que des candidates ayant, en plus de l'âge requis, la santé, le tempérament adapté et les qualités de maturité suffisantes pour assumer la vie propre de l'Institut (can. 642).

D'autre part, si vous êtes dans l'une des situations suivantes, vous êtes automatiquement disqualifiée : vous êtes mariée, vous avez prononcé des vœux dans un autre institut et n'en avez pas été libérée, vous entrez par crainte de représailles ou vous dissimulez une admission antérieure dans un institut religieux. Ce sont là des empêchements canoniques, c'est-à-dire décrétés par l'Église.

Au fil des ans, ces exigences ont peu changé. Seul l'âge minimum requis de 15 ans passe à 18 ans en 1983, à la suite d'une révision du droit canon. Dans les Constitutions MIC de 1909, on peut lire : « On ne pourra pas sans de motifs sérieux et la permission de l'autorité ecclésiastique recevoir [...] les personnes âgées de moins de quinze ans ou de plus de trente. » En 1964, on peut encore y lire : « Seule la Supérieure générale peut avec le vote délibératif du Conseil généralice recevoir les veuves, les personnes âgées de plus de trente ans et celles qui sont de naissance illégitime. »

Il ne suffit toutefois pas de satisfaire aux exigences du droit canon. Avant d'être admise chez les MIC, vous devrez fournir plusieurs renseignements sur votre milieu familial, votre état de santé physique et mental ainsi que celui de votre famille, votre niveau d'instruction, voire votre situation financière. Ces informations, ajoutées aux certificats exigés pour attester de votre moralité (délivré par un prêtre) et de votre bonne santé (rempli par un médecin), serviront à déterminer si vous êtes une candidate acceptable.

Sans grande surprise, le motif le plus souvent allégué est le manque d'instruction. En fait, la maîtresse des novices invoque cette raison une fois sur deux pour justifier le refus d'une aspirante. Les plus forts taux d'occurrence surviennent avant les années 1950 : en 1938 et 1942, le manque d'instruction est mentionné dans 76 % des cas. Les sœurs exigent un minimum d'intelligence, de scolarité, de culture générale et d'ouverture de la part des candidates.

La mauvaise santé, physique et mentale, représente le deuxième motif de refus le plus souvent mis de l'avant. S'y ajoutent les problèmes de vision, d'ouïe et les infirmités. En fait, même si la candidate peut mener une vie normale, une différence visible suffit à rejeter son dossier :

> A subi un accident : fracture du crâne, frontale. Elle est restée défigurée, mais son spécialiste assure qu'elle peut faire sa vie, cependant il serait difficile de l'envoyer en pays lointains à cause de son infirmité visible.

Une telle affirmation nous choque aujourd'hui. Notre sensibilité est différente. Cependant, à cette époque, il s'agit d'une attitude compréhensible : puisque dans certains pays de mission les handicaps physiques font l'objet de tabous, il faut s'abstenir de recruter des individus qui pourraient offenser les gens. En outre, il y a toujours la crainte que cette personne s'avère plus fragile devant les rigueurs de la vie missionnaire. Dans le même ordre d'idées, les candidates dont le dossier démontre un historique de maladie mentale dans leur famille (ou de certaines maladies comme la tuberculose) sont aussi rejetées : comme cette jeune fille en 1953 dont le père et la tante paternelle ont été emportés par la tuberculose et dont les deux frères ont séjourné en sanatorium. À l'époque, on croyait ces maladies héréditaires et on ne prenait aucune chance.

Le fait d'avoir appartenu à une autre communauté religieuse semble garantir aussi l'exclusion. Bien que leur séjour semble avoir été bref, certaines ont tout de même « essayé » jusqu'à quatre communautés avant de postuler chez les MIC. S'agit-il ici d'un jugement sur le caractère indécis de la candidate ou le désir de choisir des individus qui n'ont pas subi d'influence communautaire ou spirituelle préalable ? Rappelons que la fondatrice des

MIC a elle-même cherché sa voie dans des communautés aussi différentes que le Carmel et les Sœurs Grises.

Les candidates de plus de 30 ans essuient également un refus. La règle ne semble pas absolue puisque quelques candidates dans la trentaine ont été admises au postulat. Plus rarement, les aspirantes sont écartées en raison de leur jeune âge. De la même façon, on ne retient généralement pas celles qui ont fréquenté le milieu du travail à titre de domestique, de commis ou de vendeuse. À cet égard, nous savons que certaines expériences ont été faites, expériences qui se sont avérées décevantes à en juger par la réaction de Délia : « Je crois qu'il va falloir en revenir à notre façon de faire des commencements : ne point accepter de servantes non plus que de filles de boutiques[30]. »

Enfin, le « mauvais exemple » des parents condamne aussi la candidate : séparation des parents et problèmes familiaux, naissance illégitime, enfant orpheline ou adoptée sont autant de motifs de refus.

Si certains des motifs invoqués heurtent notre sensibilité du 21e siècle et d'autres paraissent plutôt futiles, il en est un qui aurait pu être un facteur de discrimination déterminant et qui pourtant n'est jamais soulevé : l'argent. Les Constitutions de 1909 fixent la dot à 800 $: « Néanmoins, on pourra la réduire ou même la supprimer si on le juge opportun, avec la permission de l'autorité ecclésiastique. » Elle est établie à 1000 $ en 1920, et ce, jusqu'en 1968, moment où elle n'est plus exigée. Quant à la pension, censée être payée par les postulantes et les novices, elle était de 15 $ par mois jusqu'en 1933 puis de 10 $ par mois.

Pourtant, un coup d'œil sur le livre de comptes des postulantes et des novices montre qu'une majorité de candidates ne peut payer soit la pension, soit la dot, et le plus souvent ni l'une ni l'autre. En effet, pour chacune des jeunes filles reçues, les conditions d'admission sont notées : sans dot ; dot payable dans un an, dans trois ans, avec ou sans intérêt ; avec ou sans pension ; pension de 5, 10, 15 $. Ce registre détaille en outre tous les montants versés en argent ou en trousseau par la postulante ou la novice. De plus, il tient compte des montants dépensés par la communauté pour les vêtements, chaussures, couvertures, tabliers, literie, missel, dentiste, médicaments, médecins, frais de transport… Les entrées comptables s'arrêtent au moment où la jeune fille fait profession ou choisit de quitter l'Institut. Rares sont les jeunes filles qui peuvent acquitter la totalité des dépenses encourues.

Extrait du registre des comptes montrant les conditions d'admission et de pension. Pont-Viau, 1931.

Sans être riche, la candidate idéale prend donc les traits d'une jeune fille à la moralité parfaite, en santé tant émotionnellement que physiquement, assez instruite, avec un certain bagage de culture et d'éducation et née d'une famille au-dessus de tout soupçon. Les critères recherchés par la fondatrice et ses assistantes peuvent sembler exigeants, mais il ne faut pas croire qu'ils ont toujours été rencontrés. Les doléances de Délia, rappelons-le, montrent qu'il y a parfois loin de la coupe aux lèvres. Les critiques de la fondatrice, somme toute, ne font que rendre ces jeunes filles plus sympathiques et plus humaines.

Où êtes-vous née?

Plus de 3000 jeunes filles franchissent les portes de l'Institut entre 1905 et 2004. Plus des trois quarts d'entre elles, soit 2258, sont nées au Québec[31]. D'où viennent-elles? De la ville ou de la campagne? Des quatre coins du Québec ou d'un même coin de pays?

Une première constatation s'impose : la dispersion des postulantes sur le territoire québécois. En effet, en regroupant les lieux de naissance selon les régions administratives actuelles nous constatons que, mis à part le Nord-du-Québec, toutes les régions ont fourni des candidates.

Tableau 4.9

Répartition géographique des postulantes entrées entre 1919 et 2004 selon les régions administratives du Québec

Régions	Nombre de postulantes	%
Montréal	417	18,47 %
Montérégie	292	12,93 %
Bas-Saint-Laurent	248	10,98 %
Capitale-Nationale	246	10,89 %
Chaudière-Appalaches	240	10,63 %
Lanaudière	175	7,75 %
Mauricie	135	5,98 %
Centre-du-Québec	135	5,98 %
Saguenay-Lac-Saint-Jean	134	5,93 %
Laurentides	52	2,30 %
Estrie	49	2,17 %
Abitibi-Témiscamingue	32	1,42 %
Outaouais	26	1,15 %
Gaspésie–Îles-de-la-Madeleine	23	1,02 %
Laval	16	0,71 %
Côte-Nord	6	0,27 %
Nord-du-Québec	0	n/a
Indéterminé	32	1,42 %
Total	2258	100 %

Seule la région de Montréal se détache du lot avec 18 % des postulantes, suivie de la Montérégie – d'où est originaire la fondatrice – avec près de 13 %. La lutte est serrée pour la troisième position : la région du Bas-Saint-Laurent, la région de la Capitale-Nationale (soit la grande région de Québec) et la région de Chaudière-Appalaches sont pratiquement au coude-à-coude avec 11 % chacune. Dans la mesure où ces trois régions s'avoisinent, nous avons là le terreau le plus fertile en vocations MIC.

Dès 1918, Délia estime que Montréal ne fournit plus assez de candidates : « Les sujets se font de plus en plus rares à Montréal, si bien que nous avisons à ouvrir des postulats dans des endroits plus féconds en vocations religieuses[32]. »

Qu'en est-il vraiment ? Alors que la région de la Capitale-Nationale, qui ne représente que 14 % de la population du Québec en 1931, fournit 14 % des effectifs MIC entre 1931 et 1940, la population de Montréal, qui constitue 35,5 % de la population de la province à la même époque, ne fournit que 20 % des candidates MIC. Délia n'a peut-être pas tort : Montréal ne génère pas suffisamment de sujets compte tenu de sa population.

Les postulantes MIC, cela est clair, viennent de tous les coins de la province. De la ville ou de la campagne ? De la campagne, bien sûr. Car mis à part Montréal et Québec qui sont des agglomérations d'importance depuis longtemps, il n'en va pas de même de toutes les villes actuelles. En 1920, en 1930 et même en 1950, des villes qui se classent aujourd'hui parmi les dix plus grandes du Québec, comme Sherbrooke, Trois-Rivières et Laval, formaient alors des villes de taille moyenne de quelques dizaines de milliers d'habitants en lien étroit avec les zones rurales qui les bordaient.

Établir une liste des villes ayant fourni le plus grand nombre de sujets représente un exercice inutile : les chiffres deviennent rapidement marginaux. Trop marginaux, même, pour tenter d'établir des parallèles avec les postulats, les écoles apostoliques et les établissements d'enseignement MIC[33]. Les 12 candidates de Rimouski entrées entre 1927 et 1964, par exemple, ne permettent pas de mesurer l'impact de la maison de retraites ou de l'école apostolique inaugurées en 1919 et 1921. Cependant, l'analyse du recrutement, par région et par décennie, tend à confirmer que l'augmentation du nombre de candidates coïncide avec l'ouverture des maisons MIC dans ce secteur.

Photo de classe du juniorat Notre-Dame-des-Missions de Chicoutimi. Quelques-unes de ces jeunes filles ont par la suite fait leur entrée chez les MIC. 1958.

Quel âge avez-vous ?

Quel âge ont ces jeunes filles qui font leur entrée chez les MIC ? L'âge minimum pour être admise, on l'a vu, était fixé à 15 ans. La maîtresse des postulantes à Pont-Viau accueille-t-elle des adolescentes ou des jeunes femmes un peu plus mûres ?

Nous ne possédons pas la date de naissance de toutes les postulantes. Seul l'âge de celles qui ont prononcé leurs vœux temporaires, depuis 1905, nous est connu. La moyenne d'âge pour ces 1520 professes, au moment où elles entrent au postulat, est de 22,5 ans. Les candidates MIC ne sont donc pas de jeunes adolescentes. En fait, les sujets de moins de 18 ans ne sont pas si nombreux : une seule entre à 15 ans, 17 s'engagent à l'âge de 16 ans et 57 à l'âge de 17 ans pour un total de 75 candidates de moins de 18 ans. Les sujets de plus de 30 ans ne sont pas légion non plus : 50 candidates sont admises au postulat entre 31 et 35 ans, 11 entre 36 et 40 ans et 5 entre 41 et 50 ans pour un total de 66.

Dans l'enquête de la CRC de 1965, les auteurs établissent à 20 ans la moyenne d'âge à l'entrée au noviciat. Pour les MIC, celle-ci se situait plutôt à 22, un écart notable pour une moyenne. Les MIC semblent avoir recruté des sujets un peu plus matures que la majorité des instituts religieux canadiens. Cette moyenne d'âge a peu changé au cours des décennies, comme le démontre le Tableau 4.10. Ce n'est qu'à partir des années 1970 qu'elle augmentera considérablement. Cela s'explique, d'une part, par l'âge beaucoup plus élevé des rares candidates canadiennes et, d'autre part, par l'âge plus élevé des postulantes non canadiennes, majoritaires à partir du milieu des années 1960.

Tableau 4.10

Moyenne d'âge des postulantes MIC

	Moyenne d'âge à l'entrée au postulat	Canadiennes	Non-Canadiennes
1905-1910	25	25	22
1911-1920	22	22	n/a
1921-1930	21	21	20
1931-1940	22	22	20
1941-1950	22	22	26
1951-1960	22	21	25
1961-1970	23	20	25
1971-1980	26	30	26
1981-1990	25	42	25
1991-2001	27	38	26
Moyenne 1905-2004	22,5	21,6	25,2

Votre niveau d'instruction ?

Les informations colligées dans le registre des entrées de 1936 à 1965 autorisent quelques constats préliminaires sur le niveau d'éducation des postulantes canadiennes. Un premier coup d'œil attentif permet d'y repérer 94 postulantes ayant moins d'une 7ᵉ année (niveau primaire). Elles ne représentent que 7,2 % des Canadiennes admises pendant cette période. Parmi ces candidates moins scolarisées, 10 ont tout de même un niveau de 6ᵉ année en plus de détenir une expérience (ou courte formation) dans des domaines comme la musique, la sténodactylo, la couture ou la cuisine. La plupart de ces 94 jeunes femmes (70 d'entre elles) sont entrées avant 1946. Le niveau de scolarité semble plus relevé dans l'après-guerre. Entre 1945 et 1965, plus de 80 % des candidates ont une scolarité supérieure à une 9ᵉ année. De plus, à partir de 1960, celles qui ne possèdent pas une 9ᵉ font figure d'exception.

Ce rapide repérage confirme ce que nous soupçonnions déjà. L'instruction est un critère d'admission avec lequel on ne badine pas chez les MIC. Seules les jeunes filles qui détiennent un certain niveau de formation et de culture accèdent au postulat. Par ailleurs, chez les postulantes les moins instruites on retrouve habituellement des compétences avantageuses pour le travail missionnaire (couture, cuisine, etc.) qui ont sans doute séduit les responsables du recrutement.

Que fait votre père ?

Les données concernant l'emploi du père ne sont disponibles que pour les 1147 professes canadiennes entrées entre 1905 et 1970. Sans grande surprise, le Tableau 4.11 indique que plus du tiers des pères étaient agriculteurs. Dans une proportion de 38 %, les MIC canadiennes proviennent ainsi d'un milieu agricole. Ce taux corrobore celui de l'enquête de la CRC réalisée en 1965 : 35,5 % des emplois déclarés sont liés à l'agriculture[34].

Préparation de la laitue pour le marché sur la terre de Pierre Guinois, père de sr Jeanne Guinois. Saint-Michel, 1920. Courtoisie de M. Guy Laffitte, petit-fils de Pierre Guinois.

Tableau 4.11

Tableau de l'emploi des pères des MIC canadiennes entrées de 1905 à 1970[35]

Emploi des pères des MIC canadiennes par décennie et par catégories (1905-1970)																
	Agriculture		Commerce		Bureau, gestion, services		Main-d'œuvre qualifiée		Profes-sions libérales		Main-d'œuvre non qualifiée		Autres		N/D		Total
1905-1910	6	23,1 %	2	7,7 %	1	3,8 %	6	23,1 %	0	---	3	11,5 %	0	---	8	30,8 %	26
1911-1920	22	36,1 %	12	19,7 %	2	3,3 %	10	16,4 %	3	4,9 %	1	1,6 %	0	---	11	18,0 %	61
1921-1930	75	44,4 %	33	19,5 %	8	4,7 %	21	12,4 %	11	6,5 %	10	5,9 %	3	1,8 %	8	4,7 %	169
1931-1940	123	39,2 %	61	19,4 %	23	7,3 %	48	15,3 %	27	8,6 %	20	6,4 %	4	1,3 %	8	2,5 %	314
1941-1950	69	33,0 %	40	19,1 %	24	11,5 %	35	16,7 %	23	11,0 %	9	4,3 %	3	1,4 %	6	2,9 %	209
1951-1960	84	41,2 %	26	12,7 %	18	8,8 %	35	17,2 %	15	7,4 %	16	7,8 %	2	1,0 %	8	3,9 %	204
1961-1970	57	34,8 %	16	9,8 %	19	11,6 %	34	20,7 %	8	4,9 %	21	12,8 %	1	0,6 %	8	4,9 %	164
Total	436	38,0 %	190	16,6 %	95	8,3 %	189	16,5 %	87	7,6 %	80	7,0 %	13	1,1 %	57	5,0 %	1147

Il s'agit d'un pourcentage important et, fait étonnant, qui varie assez peu (de 33 % à 45 %) entre 1911 et 1970 malgré la diminution constante de la main-d'œuvre agricole au Québec. Alors que les emplois dans ce secteur représentent plus de 45 % de la main-d'œuvre totale en 1891, ils n'en représentent plus que 22,5 % en 1931 et 13,3 % en 1951[36]. Or le taux de pères agriculteurs chez les MIC dans les années 1950 est encore à 41 %. Cela signifie qu'un nombre toujours plus restreint de familles agricoles continue pourtant de fournir un pourcentage stable de candidates MIC. Doit-on y voir le signe d'un plus grand attachement à l'Église en milieu rural qu'en milieu urbain ? Sans doute. D'autant plus qu'il s'agit d'un bassin de recrutement privilégié pour les MIC.

Cela dit, la gamme des emplois occupés par les pères demeure assez variée. Un peu plus de 16 % d'entre eux œuvrent dans le secteur du commerce : une proportion comparable à celle des artisans et ouvriers qualifiés. « Commerce » et « Main-d'œuvre qualifiée » constituent en fait les deux plus importantes catégories d'emploi après l'agriculture. La part des travailleurs du secteur « Bureau, gestion et services » augmente légèrement à partir des années 1940.

Moins nombreux que les professionnels jusque dans les années 1950, la part des pères occupant un emploi sans qualification atteint près de 13 % dans les années 1960. En fait, plus du tiers des nouvelles venues proviennent à cette époque d'un milieu ouvrier, alors qu'à l'inverse, la main-d'œuvre professionnelle ne donne plus que 5 % de postulantes entre 1961 et 1970. Comme le milieu rural, le monde ouvrier serait-il demeuré plus attaché à l'Église dans les années 1960 ?

Combien de frères et sœurs ?

Issues majoritairement de familles agricoles ou ouvrières, une forte majorité de jeunes recrues MIC comptent de nombreux frères et sœurs. En effet, les religieuses pour lesquelles nous avons cette information proviennent de familles nombreuses – six enfants et plus – dans une proportion de 84 %[37]. En outre, 50 % d'entre elles vivent dans des familles de 10 enfants et plus lorsqu'elles entrent au postulat. Un chiffre légèrement plus élevé

Les sœurs Hétu, religieuses chez les Missionnaires de l'Immaculée-Conception : Hélène, Irène, Annette et Jeannette. Outremont, 1968.

Tableau 4.12

Taille de la famille des postulantes canadiennes chez les MIC

	1-5 enfants		6-9 enfants		10 enfants et +		Nombre de postulantes
1905-1910	3	42,9 %	4	57,1 %	0	-	7
1911-1920	5	16,7 %	17	56,7 %	8	26,7 %	30
1921-1930	30	15,5 %	49	27,5 %	114	57,0 %	193
1931-1940	28	12,4 %	73	32,3 %	125	55,3 %	226
1941-1950	27	16,6 %	58	35,6 %	78	47,9 %	163
1951-1960	30	20,3 %	55	35,3 %	68	44,4 %	153
1961-1970	8	18,2 %	16	36,4 %	20	45,5 %	44
Total	132	16,2 %	275	33,7 %	409	50,1 %	816

que l'enquête de la CRC qui donne une proportion de 41,9 % pour l'ensemble des communautés religieuses du Québec[38].

Chez les MIC, la proportion des familles de 10 enfants et plus demeure élevée jusqu'à la fin des années 1970, où elle se chiffre encore à 45 %. Toutefois, les familles de plus de 20 enfants disparaissent complètement du paysage après les années 1940. Le nombre d'enfants se rapproche davantage de la dizaine au fil des ans, faisant des familles de plus de 12, l'exception plutôt que la règle. Si l'on se fie aux taux de fécondité observés au Québec dans les années 1940 et 1950, on constate une surreprésentation des familles nombreuses au sein des Missionnaires de l'Immaculée-Conception[39].

En résumé, ce sont les familles agricoles et ouvrières de 10 enfants et plus qui ont le plus contribué au recrutement MIC. Soixante-huit d'entre elles ont même offert à l'Institut plus d'une de leurs filles. Parmi les cas les plus remarquables, citons la famille Gérin qui a donné six religieuses à la communauté, ou encore la famille Hétu avec quatre filles professes et une cinquième qui a été novice au début des années 1940.

Les sœurs Gérin: Yvonne, Berthe (en arrière), Orphise Boulay, tante des sœurs Gérin, Louise, Blanche, Marie et Rachel. 1934-1940.

Prise d'habit à la chapelle de Pont-Viau. 1962.

Être ou ne pas être MIC ?

Elles sont plus de 3000 à franchir les portes de l'Institut des Sœurs Missionnaires de l'Immaculée-Conception. Dans une large mesure, ces jeunes filles au début de la vingtaine et originaires de milieu rural quittent une famille nombreuse. Mais pourquoi le font-elles ? Qu'est-ce qui les pousse à se faire religieuses ? Ont-elles déjà envisagé une autre vie ? Et pourquoi les MIC ?

Les réponses à ces questions « indiscrètes » ne se trouvent pas dans les documents d'archives. Pour les obtenir, nous devions interroger les sœurs. Or, en 2004, il y avait 651 professes dans l'Institut, dont un nombre considérable à l'extérieur du pays. Pour rejoindre le maximum d'entre elles, un questionnaire a été élaboré puis envoyé à toutes celles en mesure de répondre. Il comportait une cinquantaine de questions réparties en trois thématiques : le vécu religieux, communautaire et missionnaire. Chacune était entièrement libre d'y répondre ou non. Les sœurs ont répondu en grand nombre[40] avec enthousiasme et générosité. En outre, des représentantes de tous les groupes d'âge et de toutes les nationalités ont participé à cet exercice de réflexion. Il convient de souligner la confiance témoignée par les religieuses : 360 des 362 questionnaires reçus, sur les 550 envoyés, ont été dûment signés, alors que les sœurs avaient la possibilité de répondre de façon anonyme.

Pourquoi êtes-vous entrée en religion ?

L'appel de Dieu ou du Christ constitue de loin le motif le plus fréquent pour expliquer l'entrée en religion : 42 % des sœurs (153) l'ont donné comme élément de réponse. Le « don de soi » est invoqué par 51 religieuses alors qu'une quarantaine d'entre elles ont indiqué être entrées pour « devenir missionnaires » ou « aller en mission ». Trente-sept répondantes ont précisé être devenues religieuses afin de « faire connaître la Bonne Nouvelle », ce qui peut être une autre façon de décrire l'appel missionnaire. Celui-ci s'exprime d'ailleurs de façon bien précise parfois : « Pour plaire à Dieu et sauver des petits Chinois », répond succinctement une sœur âgée de 87 ans. « Pour aller en Afrique » et « pour aller en mission chez les lépreux », affirment tout aussi laconiquement deux autres sœurs pour expliquer leur vocation. Un certain nombre de répondantes (17) mentionnent avoir eu le désir de servir les autres et particulièrement les plus démunis. « Servir Dieu » et « suivre le Christ ou Jésus » reviennent respectivement 18 et 17 fois alors qu'une quinzaine de sœurs disent simplement avoir eu le désir de cette vie depuis qu'elles sont toutes jeunes. Bien d'autres motifs, impossibles à regrouper, sont évoqués pour expliquer l'entrée en religion.

Dans le registre des motifs spirituels et religieux, des MIC y ont vu une occasion d'approfondir leur foi catholique ou d'assurer leur salut. L'entrée dans une communauté religieuse semble parfois perçue comme l'entrée dans un endroit privilégié, idéal, un espace de liberté : d'une part,

Réception de l'habit des mains du cardinal Paul-Émile Léger. Pont-Viau, 1952.

pour prier, servir Dieu ou ceux dans le besoin ; d'autre part, pour mieux connaître Dieu (ou «vivre une plus grande intimité avec Jésus») et vivre sa Parole «en profondeur, à la manière des Premiers Chrétiens». Pour quelques-unes, l'entrée en communauté est une façon de remercier Dieu, de lui rendre grâce, notamment pour l'une d'entre elles qui se dit miraculée. D'autres motifs concernent l'Église et la vie religieuse : la possibilité de collaborer avec les prêtres et l'influence d'écrits religieux comme le Nouveau Testament ou les *Annales de la Propagation de la Foi*. Pour une MIC chinoise, le choc d'avoir été témoin de persécutions dans une église de Shanghai a été un événement décisif.

Certaines religieuses invoquent des motifs plus personnels. Elles ont perçu leur entrée chez les MIC comme la réponse à une quête d'absolu, de vérité, de paix. Elles voulaient donner un sens à leur vie, suivre leur voie, combler une insatisfaction, un vide, voire réparer les injustices (esclavage, apartheid, etc.). Une répondante déclare avoir voulu réaliser un rêve. Une autre estime que la vie religieuse convenait bien à sa nature solitaire. Pour quelques-unes, l'influence de la famille a été déterminante : «pour répondre au désir de ma mère», écrit une sœur. «J'ai été poussée à être religieuse», affirme une autre. Quelques motifs inédits pour justifier la prise d'habit attirent l'attention : l'absence de missionnariat laïque à la fin des années 1940 ; la possibilité de terminer ses études au collège ; la possibilité de «vivre moralement loin du mal» ou encore la volonté de racheter la «faiblesse» de sa propre famille. Une MIC, enfin, affirme qu'elle ne savait pas encore ce qu'était un ordre religieux au moment de son entrée en 1970 !

Les raisons et motifs allégués par les répondantes n'ont pas été classés selon leur âge ou leur nationalité. Bien que cela ait été l'objectif initial, il n'y a pas, dans les faits, de différences significatives en fonction de ces deux facteurs, sauf exceptions : ce ne sont évidemment pas de jeunes sœurs qui évoquent le désir d'aller sauver les «petits Chinois» ou soigner les lépreux.

Aviez-vous envisagé d'autres avenues possibles pour votre avenir?

Tous les laïcs se posent la question à un moment ou un autre à propos des religieux et religieuses qu'ils rencontrent. Ont-ils déjà eu l'idée de se marier? D'avoir des enfants? Ont-ils toujours voulu prendre l'habit religieux ou ont-ils un jour rêvé d'être pompier ou infirmière comme tant d'autres enfants? Curiosité, quand tu nous tiens... La question a donc été posée aux MIC: avant de prendre le voile, aviez-vous envisagé d'autres avenues possibles pour votre avenir?

Une majorité de sœurs (314 sur 362) ont répondu à cette question. Plus de 65 % d'entre elles, soit 205, ont répondu « oui », une quinzaine, « pas sérieusement », et 95, « non ». Parmi celles qui ont songé à une autre alter-

Mariage de Jeanne d'Arc Savignac et Viateur Drouin, 1956.
« Ayant enseigné trois ans avant d'entrer, j'avais des amis et une vie normale de jeune fille qui aime à plaire », confie sr Flore Savignac qui prend toutefois le chemin du postulat MIC en 1951, quelques années avant le mariage de sa sœur aînée.

Nicole Rochon, missionnaire laïque, avec ses élèves de l'école primaire Good Hope. Hong Kong, 2001.

native, 114 ont eu soit seulement l'idée de se marier, soit de se marier et d'avoir des enfants : « J'ai aimé et j'ai été aimée, mais l'appel de Dieu était trop clair et fort. Il a triomphé », écrit une religieuse âgée de 90 ans. Moins nombreuses, 46 de ces jeunes femmes ont pensé faire carrière, notamment dans les soins infirmiers. L'une d'elles a songé à être journaliste ou hôtesse de l'air alors qu'une autre a même envisagé de s'enrôler dans l'armée (un autre type de communauté…). Certaines voulaient même à la fois fonder un foyer et poursuivre une carrière professionnelle. Une sœur a aussi considéré rester célibataire et adopter des orphelins « illégitimes ». Enfin, quelques-unes ont projeté de terminer leurs études, d'entrer dans une autre communauté ou de s'engager dans le missionnariat laïque.

Bien sûr, on ne peut tirer de conclusions à partir d'un échantillon aussi restreint. Ces quelques exemples n'ont aucune prétention à la représentativité. Ils ne font que satisfaire une part de notre curiosité et illustrer l'humanité du cheminement intérieur qui sous-tend la vocation religieuse. Encore une fois, l'âge et la nationalité n'induisent aucune distinction significative dans les réponses.

Pourquoi avoir choisi un institut missionnaire?

Une autre question posée visait à comprendre pourquoi, parmi toutes les congrégations existantes, ces jeunes femmes avaient choisi un institut missionnaire?

La réponse la plus souvent donnée et la plus évidente: «Pour aller en mission». «Pour faire connaître Dieu», «répandre la Bonne Nouvelle» et «sauver les autres» reviennent également assez fréquemment. L'influence des missions en Chine et en Afrique (l'influence des Pères Blancs notamment) ainsi que des revues telles que *Le Précurseur*, le *Messager de la Sainte-Enfance* et les *Annales de la Propagation de la Foi* est aussi visible chez les professes canadiennes.

Certains résultats s'avèrent néanmoins surprenants. Pour certaines, l'entrée chez les MIC représente un pis-aller. En effet, six des professes interrogées ont indiqué que l'institut missionnaire constituait un deuxième choix. Au moins cinq autres affirment n'avoir pas vraiment *choisi* un institut missionnaire: elles souhaitaient avant toute chose devenir religieuses, le type de congrégation étant secondaire. Quelques-unes expliquent leur choix par la négative: aucun attrait pour l'enseignement ou le travail infirmier, écrivent-elles. Enfin, une vingtaine de répondantes affirment qu'elles ne connaissaient pas la différence entre les communautés religieuses au moment de leur entrée, ou encore qu'elles ne savaient pas que les MIC étaient des sœurs missionnaires!

Pourquoi les MIC?

En combinant les réponses aux deux questions, «Pourquoi les MIC?» et «Qui ou quoi a influencé votre choix?», il appert que les motifs spirituels ont pesé lourd dans le choix des candidates. En effet, plus de 150 sœurs ont évoqué le charisme MIC, la joie, l'esprit d'action de grâces ou la spiritualité mariale, voire une combinaison de ces éléments qui forment les traits distinctifs de l'Institut des Sœurs Missionnaires de l'Immaculée-Conception. Ces jeunes filles ont appris à connaître la communauté par la visite ou le contact d'une religieuse MIC (96 occurrences), l'influence d'un membre de la famille ou d'un membre du clergé (60) alors que 57 professes ont spécifiquement mentionné *Le Précurseur* comme source d'influence dans le choix de leur congrégation.

Encore une fois, certains motifs se distinguent. Un peu plus d'une vingtaine de religieuses indiquent avoir choisi les MIC parce qu'il s'agissait du seul (ou du premier) institut religieux connu, alors qu'une dizaine affirment avoir été attirées par le costume de la congrégation : « le plus beau costume, à l'époque », écrit une sœur. Deux religieuses évoquent l'absence de catégorie au sein de la communauté (sœurs converses). Enfin, le caractère canadien-français de l'Institut a été un facteur non négligeable dans le choix d'une vingtaine de candidates : « Entre 2 ou 3 communautés, mon choix s'est fait pour les MIC parce qu'il s'agissait d'une congrégation de fondation canadienne », mentionne l'une d'elles. D'autres avancent l'argument d'une formation (noviciat) au Canada.

À la lecture des réponses, il ressort ainsi que, peu importe leur âge ou leur nationalité, ces candidates à la vie religieuse ont principalement répondu à un appel qui s'est avéré plus fort que les alternatives de la vie séculière qu'elles ont tout de même envisagées à un certain moment. Elles ont opté pour un institut missionnaire afin de faire connaître Dieu et de porter la Bonne Nouvelle. Elles ont choisi les MIC pour leur charisme d'action de grâces et leur spiritualité mariale.

Le chapitre suivant donnera de nouveau la parole aux Sœurs Missionnaires de l'Immaculée-Conception. Il y sera notamment question du passage de la vie séculière à la vie religieuse et de la préparation à la vie missionnaire. À l'aide du questionnaire et de nombreux témoignages consignés par les sœurs, nous serons en mesure de jeter un éclairage inédit sur le vécu religieux MIC.

Les Sœurs Missionnaires de l'Immaculée-Conception réunies dans la chapelle de la Maison Mère du 2900, chemin de la Côte-Sainte-Catherine lors d'un envoi missionnaire. Montréal, 1961.

Notes

1. AMIC, Délia Tétreault, Notes personnelles, s.d.
2. AMIC, Délia Tétreault, Notes personnelles, 5 août 1912.
3. AMIC, Lettre de Délia Tétreault à May Moquin (sr Marie-de-l'Épiphanie) et Marie-Angèle Forest (sr Saint-Antoine-de-Padoue) [Rimouski], s.d. 1920.
4. Dans les statistiques MIC on considère que Délia Tétreault et Joséphine Montmarquet sont entrées comme postulantes en 1902 et que les trois novices de 1905 sont entrées comme postulantes en 1904. Dans la mesure où l'idée même de l'Institut MIC n'existe pas encore en 1902, cette datation n'est pas appropriée.
5. Ces données sont tirées de Marta Danylewycz, *Profession: religieuse. Un choix pour les Québécoises 1840-1920*, Montréal, Boréal, 1988, p. 95.
6. Le nombre de postulantes annuelles est tiré de René Bacon, *Se faire Chinoises avec les Chinois (1922-1932)*, MNDA, Lennoxville, 1999, passim.
7. Marc-A. Lessard et Jean-Paul Montminy, « Recensement des religieuses du Canada », *Donum Dei*, vol. 11 (1966), p. 302.
8. *Ibid.*
9. Voir Nicole Laurin, Danielle Juteau et Lorraine Duchesne, *À la recherche d'un monde oublié. Les communautés religieuses de femmes au Québec de 1900 à 1970*, Montréal, Les Éditions du Jour, 1991, p. 247.
10. AMIC, Lettre de Délia Tétreault à Laura Brodeur (sr Aimée-de-Marie) [Canton], 27 décembre 1920.
11. Les intervalles du tableau correspondent aux différentes phases de recrutement chez les MIC: un recrutement très élevé jusqu'en 1940, un recrutement encore très bon jusqu'en 1965, puis une baisse dramatique à partir de 1966. Quant à la période 1993-2004, elle regroupe les postulantes et novices dont la formation n'est pas encore complétée.
12. Lessard et Montminy, « Recensement… », p. 309.
13. Ce chiffre tient compte de 42 postulantes dont le lieu de naissance n'est pas déterminé avec certitude mais dont la présomption d'une naissance au Québec est très grande.
14. AMIC, Lettre de Délia Tétreault à Zénaïde Marcoux (sr Marie-de-Lourdes) [Canton], 11 avril 1910.
15. AMIC, Lettre de Délia Tétreault à la supérieure de Canton, 1er septembre 1919.
16. AMIC, Lettre de Délia Tétreault à Johanna-Mary Kelly (sr Marie-du-Rosaire) [Canton], 25 novembre, 1921.
17. AMIC, Lettre de Délia Tétreault aux sœurs de Tsungming, 21 mars 1931.
18. La répartition des professes par nationalité (1900-2004) a permis de compiler les données du présent tableau. Ces statistiques ont été aimablement fournies par les communautés concernées.
19. Lessard et Montminy, « Recensement… », p. 280-281.
20. Résolutions adoptées par l'assemblée capitulaire de 1948, p. 4, n° 4, cité par France Royer-Martel, m.i.c., *L'interculturalité chez les MIC: lieu d'émergence de l'universel, signe prophétique d'une humanité nouvelle*, Mémoire de maîtrise, Université St-Paul (Ottawa), 2003, p. 32.

21. AMIC, Délia Tétreault, Esquisse, s.d.

22. AMIC, Délia Tétreault, Notes personnelles, s.d. (vers 1905).

23. AMIC, Délia Tétreault, Notes personnelles, s.d.

24. AMIC, Lettre (brouillon) de Délia Tétreault à Mgr Paul Bruchési, s.d. (vers 1905).

25. AMIC, Lettre de Délia Tétreault à Zénaïde Marcoux (sr Marie-de-Lourdes) [Canton], 11 avril 1910.

26. AMIC, Lettre de Délia Tétreault à Zénaïde Marcoux (sr Marie-de-Lourdes) [Canton], 26 octobre 1911.

27. *Ibid.*

28. AMIC, Lettre de Délia Tétreault à May Moquin (sr Marie-de-l'Épiphanie) [Tsungming], 13 février 1929.

29. AMIC, Demandes d'entrée refusées par la communauté. Liste alphabétique 1936-1968. Document manuscrit.

30. AMIC, Lettre de Délia Tétreault à Albertine Graton (sr St-Jean-François-Régis) [Nomi-ningue], septembre 1918.

31. En fait, parce qu'il y a davantage d'informations pour cette période, l'analyse se limite aux postulantes québécoises entrées entre 1919 et 2004, soit un grand total de 2258.

32. AMIC, Lettre de Délia Tétreault à Orphise Boulay (sr Marie-de-Loyola) [Canton], 11 mai 1918.

33. Une liste des lieux d'implantation, des maisons de formation MIC et des lieux d'enseignement au Québec est donnée en annexe de ce livre.

34. Lessard et Montminy, « Recensement… », p. 324.

35. Afin d'être en mesure de tirer certaines conclusions utiles, les données sur l'occupation du père ont été regroupées selon les catégories d'emploi suivantes, d'après le modèle de Statistique Canada :

AGRICULTURE, FORÊTS ET MINES : cette catégorie regroupe principalement des cultivateurs. On y retrouve aussi quelques mineurs, maraîchers, éleveurs de renards, colons, ainsi qu'un draveur, un opérateur de coopérative agricole et un garde forestier.

COMMERCE : ce groupe plutôt large rassemble des individus de richesse et de statut social variés. On y retrouve toutes sortes de commerçants : épicier, barbier, beurrier, laitier, bijoutier, boucher, garagiste, marchand de bois, meunier, etc. S'y trouvent aussi les commis-voyageurs, les industriels, les manufacturiers, les contracteurs et les entrepreneurs.

BUREAU, GESTION, SERVICES : y sont réunis tous ceux qui, sans posséder un commerce, accomplissent un travail de bureau, de gestion de ressources humaines ou œuvrent dans la fonction publique : agent d'assurance, gérant et commis de banque ou de caisse, commis et gérant divers, « employé civil », téléphoniste, employé des tramway, du train, des postes, pompier, policier, etc.

MAIN-D'ŒUVRE QUALIFIÉE : cet ensemble regroupe les gens de métier (artisans et techniciens variés) susceptibles d'œuvrer à la transformation des biens. Si le garagiste a été inclus dans la catégorie « Commerce », le mécanicien, lui, se retrouve ici, avec le charpentier, le cheminot, le contremaître, l'électricien, le cordonnier, le forgeron, le machiniste, le tailleur, le tanneur, etc.

PROFESSIONS LIBÉRALES : cette catégorie englobe principalement les avocats, les juges, les notaires, les médecins, les enseignants, les comptables et les ingénieurs.

MAIN-D'ŒUVRE NON QUALIFIÉE : c'est le groupe des journaliers. On y compte aussi quelques livreurs, chauffeurs, gardiens et concierges.

AUTRES : cette maigre catégorie « indéterminée » rassemble une dizaine d'individus : rentiers, marins, invalides et un musicien.

N/D : Tous les pères de MIC pour lesquels aucune information n'était disponible.

36. P.-A. Linteau, R. Durocher et J.-C. Robert, *Histoire du Québec contemporain*, tome I : *De la Confédération à la crise (1867-1929)*, Montréal, Boréal, 1989, p. 489, et tome II : *Le Québec depuis 1930*, Montréal, Boréal, 1989, p. 33.

37. Selon une étude réalisée en 1961 auprès de Canadiennes françaises résidant sur l'île de Montréal, on considérait alors qu'une famille de 2 enfants ou moins était une petite famille et qu'une famille de 6 enfants ou plus était une famille nombreuse. Voir Évelyne Lapierre-Adamcyk et Marie-Hélène Lussier, « De la forte fécondité à la fécondité désirée », dans Victor Piché et Céline Le Bourdais, dir., *La démographie québécoise. Enjeux du XXIᵉ siècle*, Montréal, Les Presses de l'Université de Montréal, 2003, p. 76-82 ; et Colette Carisse, *Planification des naissances en milieu canadien-français,* Montréal, Les Presses de l'Université de Montréal, 1964, p. 56-57.

38. Lessard et Montminy, « Recensement… », p. 320-321.

39. Jacques Henripin, *Naître ou ne pas être*, IQRC, 1989, p. 26.

40. Sur les 651 professes, on compte un peu plus d'une centaine de sœurs dont l'état de santé ne permettait pas de répondre à un tel questionnaire. Par conséquent, les 362 questionnaires reçus, sur un total possible de 550, représente un taux de participation de 66 %.

CHAPITRE 5

Religieuses et missionnaires

Si vous êtes des femmes de devoir,
vous serez de saintes religieuses, de vraies missionnaires.

Délia TÉTREAULT[1]

LA PLUPART DES GENS se font de la vie religieuse une image d'une autre époque. Celle d'avant Vatican II, d'avant la Révolution tranquille. Des sœurs en costumes avec voiles et cornettes, voilà, pour l'essentiel, notre représentation de vies consacrées à Dieu. D'autres y grefferont quelques souvenirs de la petite école ou du pensionnat. C'est donc dire que nous savons fort peu de chose de ce genre de vie, que ce soit avant ou même depuis les années 1960. Quant à la vie missionnaire, plusieurs ne gardent en souvenir que quelques vagues images très médiatisées de mère Teresa en Inde, auxquelles se mêle une certaine idée du travail humanitaire orchestré par des organismes comme la Croix-Rouge ou Médecins sans frontières.

Les archives livrent peu de renseignements sur le vécu au sein d'un institut de vie consacrée. Nous trouvons bien, parfois, disséminés dans des lettres, des conseils de la supérieure générale à la maîtresse des novices, voire quelques rappels concernant l'obéissance et le respect de la règle. Les Constitutions et le Coutumier nous éclairent sur les devoirs et les obligations quotidiennes des sœurs. Les nombreux desiderata, ces souhaits exprimés par les religieuses au moment des chapitres généraux, constituent des pistes fort intéressantes pour apprécier le mode de vie et les insatisfactions ressenties. À ce titre, les desiderata du chapitre spécial de 1968 représentent une source inestimable.

Néanmoins, la principale source d'informations que nous possédons – et la plus éloquente –, ce sont les sœurs elles-mêmes. Leur témoignage s'avère des plus précieux pour mieux comprendre la vie religieuse et la vie missionnaire. Comment ont-elles vécu le passage de la vie séculière à la vie religieuse? Ont-elles été bien préparées à être religieuses missionnaires? Comment le renouveau apporté par Vatican II a-t-il été perçu? Quels sont les sentiments des sœurs au moment de leur départ pour l'étranger? Quels défis et quelles joies leur réserve la vie missionnaire?

Apprentissage de la vie religieuse

Tout laisser derrière soi – parents, amis, indépendance, liberté – pour suivre un idéal spirituel et religieux relève du défi, même lorsque ce choix est clair et ne saurait être remis en question. Pour atteindre cet absolu de vie chrétienne, il faut parfois affronter quelques dures contingences humaines et matérielles.

Renoncer à la vie séculière

Le renoncement à la vie séculière constitue le premier pas d'un long cheminement vers une existence consacrée. Le plus décisif aussi. Nous avons donc demandé aux MIC ce qu'il en avait été pour elles. Sur 317 répondantes, 134 considèrent que ce renoncement fut difficile, 128 affirment le contraire, et 25 sont ambivalentes, répondant «oui et non», «un peu» ou encore «pas beaucoup». À nouveau, l'âge et la nationalité des répondantes ne semblent pas des facteurs déterminants.

Pour certaines, cette renonciation n'a pas semblé ardue puisqu'il s'agissait d'un choix personnel ou encore de la réalisation d'un rêve. À l'opposé, celles qui ont plus difficilement supporté ce passage invoquent la séparation d'avec la famille ou les amis. Certaines se sentaient coupables de ne pas être en mesure d'aider leurs proches par leur travail : « Un peu parce que je n'ai rien fait pour mes parents et quand parfois je les voyais souffrir de manque ou de maladie et que je ne pouvais les secourir, je souffrais horriblement », écrit une sœur haïtienne. D'autres font plutôt référence à la perte de liberté, de responsabilité et d'indépendance financière. Plusieurs, enfin, allèguent le renoncement au mariage et à la famille pour expliquer à quel point leur choix constituait une décision difficile : « Choisir la vie religieuse et renoncer à l'amour d'un ami paraissait me priver des joies humaines. »

Pour plusieurs, l'entrée en religion ne s'est pas faite sans larmes : « Quand j'ai dit mon oui du fond du cœur, avant d'entrer, j'ai pleuré en sentant tout le poids de ce oui », se souvient une sœur. Mais cette tristesse se résorbait parfois rapidement. Au hasard d'une rencontre dans un corridor de la maison de Pont-Viau, une sœur âgée confie combien elle avait le cœur triste lors de son entrée comme postulante en 1934. Elle était affligée de quitter – « abandonner » est le mot qu'elle utilise – sa famille. Mais, continue-t-elle, les éclats de rire des novices qui lui parvinrent par les fenêtres ouvertes du noviciat lui firent comprendre qu'elle avait fait le bon choix.

Jeunes femmes devant le noviciat de Pont-Viau, juste avant leur entrée comme postulante. Pont-Viau, 1955.

En formation initiale

Les jeunes filles commencent leur parcours initiatique au sein de l'Institut par un postulat de six mois au cours duquel elles sont appelées à se familiariser avec la vie religieuse tout en réfléchissant sincèrement à leur vocation. Une fois cette étape franchie, les nouvelles venues se soumettent à une période de formation de deux ans avant de pouvoir prononcer les premiers vœux. Ce sont les années de noviciat. Comment les sœurs ont-elles vécu ou perçu ces années de formation, cruciales pour la poursuite de leur engagement ? Un peu plus de 300 sœurs ont répondu à cette question. Toutefois, il faut préciser que si la formation offerte aux jeunes novices ne change guère entre le début du siècle et la fin des années 1960, elle bénéficie, après cette date, du renouveau souhaité par Vatican II. C'est pourquoi la date d'entrée chez les MIC constitue cette fois un facteur dont il faut tenir compte[2].

Sr Jeannette Bouchard (à droite) fait connaître à une novice et une postulante l'héritage de la fondatrice. Pont-Viau, 1955.

Deux cent trente-deux répondantes ont franchi les portes de l'Institut entre 1929 et 1969. Il y a bien sûr une majorité de Canadiennes, mais des sœurs originaires de presque tous les pays ont répondu (Américaines, Chinoises, Cubaines, Haïtiennes, Japonaises, Malgaches, Philippines et Zambiennes). Seulement une quarantaine de répondantes avouent d'emblée avoir vécu difficilement cette période : « J'ai demandé à trois reprises à mes supérieures de me laisser repartir chez moi », reconnaît l'une d'elles. Trop de règlements, pas assez d'encouragements, laissent entendre un bon nombre de ces sœurs. Plusieurs dénoncent aussi la volonté des responsables de « dompter les caractères » en faisant faire des actes d'humilité : « J'avais l'impression de régresser de l'âge adulte à l'adolescence », rapporte une MIC. Alors qu'elle avait été institutrice avant d'entrer, une autre encore « avait l'impression de redevenir une enfant d'école ».

Dans les faits, les sœurs sont nombreuses à avoir éprouvé des difficultés. En effet, bien qu'une majorité de sœurs commencent par répondre qu'elles ont vécu « facilement », « bien », voire « très bien » leurs années de formation initiale, elles modèrent presque systématiquement leur propos. Alors qu'un petit contingent affirme avoir vécu le noviciat dans la sérénité, le bonheur et la ferveur, une majorité nuance sa réponse en exprimant les difficultés et l'ennui ressenti. Quelques MIC ont parfois des mots très durs pour qualifier cette période : « Je me disais, on dirait une prison de femmes, et pourtant, nous sommes toutes de bonnes filles », écrit une religieuse entrée en 1944. Plusieurs décrient l'état de déresponsabilisation dans lequel elles se trouvaient maintenues : « À la fin de mon noviciat, cependant, j'avais l'impression d'avoir régressé à un certain niveau, c'est-à-dire de ne plus savoir assumer des responsabilités et encore moins prendre des décisions », confesse une sœur qui affirme pourtant avoir traversé ces années avec facilité.

Fait intéressant, quelques sœurs entrées en 1963 et 1964 affirment qu'elles savaient que Vatican II changerait bien des choses dans un avenir rapproché. Par ailleurs, plusieurs MIC prennent le temps de justifier ces pratiques restrictives : c'étaient les façons de faire de l'époque. Elles ont tout à fait raison. Humilité, rigueur, sévérité, silence et obéissance aveugle

Groupe de postulantes. Pont-Viau, 1957.

caractérisaient la formation d'antan. Les droits et les besoins (intimité, liberté, responsabilité) de l'individu n'y étaient pas à l'honneur.

Questionnées à savoir si leur période de formation initiale les avait bien préparées à la vie religieuse, les sœurs donnent encore une fois des réponses ambivalentes. Elles sont 226 répondantes entrées avant 1970 sur un total de 295 à témoigner. Or si le nombre de « oui » excède de beaucoup le nombre de « non » (130 oui contre 48 non), il ne s'agit pas d'une affirmation très nette. En effet, plusieurs d'entre elles répondent « oui, pour l'époque » ou encore « oui, sauf... ». Une sœur insiste même sur des aspects négatifs tout en expliquant leur effet bénéfique : « Oui », répond une sœur, « la sévérité a formé mon caractère et les humiliations m'ont aguerrie et aidée à mettre de côté mes petits caprices et ma sensibilité ».

En définitive, la majorité d'entre elles considèrent que cette formation les a bien préparées : « Bonne formation à la vie contemplative (qui est la

Sr Gisèle Picard (à gauche) et sr Monique Larouche (à droite) avec trois jeunes en formation. Lima, Pérou, 1985.

Former des saintes

Depuis la fondation, Délia s'occupait elle-même de la formation des jeunes recrues. À partir de l'automne 1916, elle confie cette lourde responsabilité à sr Albertine Graton (Saint-Jean-François-Régis) qui demeurera maîtresse des novices jusqu'en 1940[3]. Que savons-nous de la formation que souhaitait offrir la fondatrice aux nouvelles candidates ?

D'après les lettres qu'elle adresse notamment à la maîtresse des novices, Délia croit fermement, comme beaucoup à cette époque, aux vertus d'une formation sévère, voire éprouvante, afin de former des religieuses exemplaires :

> Les bonnes nouvelles des novices m'ont fait du bien, car c'est toujours avec anxiété que je vois arriver les professions. Éprouvez les pauvres enfants de toutes manières, faites-leur faire même des choses ridicules…[4]

En réalité, les écrits de Délia insistent davantage sur les vertus que doivent chercher à développer les maîtresses des novices que sur la formation à dispenser aux jeunes filles :

> Allez donc résolument, sans regarder ni à droite ni à gauche, vous occupant uniquement à faire grandir les novices confiées à vos soins. Travaillez à leur inspirer cet esprit de foi que Notre Seigneur vous communique pour leur profit comme pour le vôtre. Rendez-les fortes, courageuses, oublieuses d'elles-mêmes. Faites-leur estimer la vaillance. Dites-leur bien qu'on ne peut faire des religieuses qu'avec de vaillantes chrétiennes… Je vous en prie, ma chère enfant, ne laissez point arriver à la profession des novices qui s'écoutent et se comptent pour quelque chose… Les sujets les plus médiocres feront de grandes choses s'ils ont du courage et de la bonne volonté, tandis que les grands talents donnent de grandes peines, s'ils ont un esprit orgueilleux et indépendant, et souvent ils finissent par engendrer les plus grands maux à leur Communauté. Tâchez de rendre ces chères enfants toutes simples dans leurs pensées, dans leurs paroles et leurs actions[5].

Les jeunes filles qui se présentent chez les MIC, répète souvent Délia, ne savent rien faire. Il faut les former en tout. Il est vrai que la formation des postulantes et des novices comprend un apprentissage de divers tra-

Lise Robert, novice, époussette les chaises du parloir. Pont-Viau, 1955.

vaux manuels : cuisine, couture et entretien ménager. Sous la super-vision des officières – les responsables de certains secteurs d'activi-tés –, les jeunes filles apprennent à se débrouiller : un petit tour au potager, à la cuisine, au lavoir, à la salle de couture, etc. Elles assimilent aussi cer-taines techniques, comme la reliure, l'imprimerie et le ressemelage de chaussures. L'étude des disciplines artistiques est encouragée, surtout chez celles qui présentent des aptitudes. Ainsi, quelques novices pratiquent la musique (piano et violon, notamment), le chant, le dessin, la peinture et autres formes d'art ou d'artisanat tel que le cuir repoussé. Celles qui affi-chent des dispositions pour l'enseignement complètent leur brevet, acquièrent un diplôme plus élevé ou suivent des cours d'anglais.

Délia souhaitait les former en tout, c'est-à-dire en faire des femmes polyvalentes et débrouillardes en vue de leur apostolat missionnaire. Paradoxalement, on prenait soin de tuer dans l'œuf tout esprit d'initia-tive et toute forme de créativité. Comme s'il n'y avait qu'un seul chemin vers la perfection :

> Exigez beaucoup des novices, soyez certaine que vous ne demanderez jamais trop. Moulez-les et remoulez-les… l'expérience vous fera voir que j'ai raison. Courage. Aidez le bon Dieu à faire des saintes[6].

Germaine Pérusse et Henriette Sylvestre, postulantes, occupées à des travaux d'aiguille. Pont-Viau, 1952.

base de la vie missionnaire) », écrit l'une. « Bien préparée à l'abandon à la volonté de Dieu », insiste une autre. « Solide base pour la vie religieuse sans laquelle je n'aurais pas persévéré en mission », peut-on encore lire. Toutefois, l'argument souverain a été fourni par une MIC qui déclare sans ambages : « Oui, parce que je suis encore en religion » !

Les demandes formulées lors du chapitre de 1968 confirment ce sentiment d'ambiguïté. Quelques sœurs expriment le souhait que l'âge d'admission soit de 20 ou 21 ans afin de garantir l'équilibre affectif des candidates. D'autres aimeraient que l'on exige un diplôme et une plus grande maturité de la part des postulantes. Or, nous l'avons vu, l'âge moyen des postulantes MIC dans les années 1950-1960 se situe entre 22 et 23 ans. Il est vrai que les candidates canadiennes étaient légèrement plus jeunes avec une moyenne de 21 ans pour les mêmes années[7]. Cela dit, à peine 8 % des candidates entrées à Pont-Viau entre 1950 et 1964 ont moins de 18 ans. La perception des sœurs concernant l'âge et la maturité ne repose donc pas sur les faits, mais plutôt sur une impression, puisque 64 % des jeunes filles sont âgées d'au moins 20 ans. Dans un même ordre d'idées, alors que certaines souhaitent que l'atmosphère des postulats en soit une de confiance, de liberté, de femmes adultes, d'autres demandent qu'il n'y ait pas de visites dans les familles pour les postulantes.

Le souffle de Vatican II a-t-il été suffisant pour changer la perception des sœurs entrées après 1970 ? Sur 73 répondantes, une quinzaine affirment avoir vécu difficilement cette période, ce qui représente un pourcentage plus élevé que pour la cohorte précédente. Ainsi, malgré des conditions de vie en communauté beaucoup plus aisées, le passage au noviciat reste pour certaines une épreuve, un difficile ajustement, même encore aujourd'hui. Par contre, l'ambivalence des réponses s'estompe. Celles qui répondent avoir bien vécu ces années de formation le font sans nuance. Alors que les postulantes d'avant 1970 mentionnent souvent l'ennui provoqué par la séparation familiale ou les tâches routinières, ce désagrément disparaît tout à fait par la suite. Quant à la pertinence de la formation, les réponses démontrent peu d'équivoque. Plus de 75 % des sœurs affirment qu'elle fut adéquate ou suffisante, sans ajouter de remarques négatives, bien au contraire. Finis les commentaires sur la sévérité et les humiliations vécues. Une MIC parle même de la confiance qu'on lui a témoignée.

En quoi consistait, pour les jeunes novices qu'elles étaient alors, le plus grand défi de la vie religieuse? Plusieurs répondent la persévérance ou la fidélité envers leur engagement. D'autres évoquent le vœu d'obéissance et la soumission aux supérieures. Faire la volonté de Dieu semble avoir aussi été considéré comme un défi par certaines, tout comme le départ pour les missions. Un bon nombre encore fait allusion au renoncement (famille, petit ami, liberté, indépendance). Fait à noter, la vie commune se révèle le défi le plus souvent invoqué. Selon les religieuses, vivre avec des femmes en provenance de différents milieux (social, culturel, familial, etc.) apparaît comme le plus grand défi qui les attendait. La plupart considèrent qu'il s'agit toujours, aujourd'hui, du plus grand défi de leur vie religieuse.

Vivre en communauté

La vie religieuse d'avant Vatican II est réglée comme du papier à musique. Entre les prières et autres formes d'oraison, les emplois et les divers travaux manuels nécessaires à la bonne marche de la communauté et les repas en commun, les moments de détente véritable se révèlent fort rares, pour ne pas dire inexistants. Or l'aspect le plus singulier de cette vie ne se trouve pas dans la somme de travail – le lot des mères de famille n'est alors pas plus enviable – mais bien dans le cadre rigide, quasi militaire, au sein duquel toutes ces activités se déroulent. Les sœurs sont-elles de cet avis? Quelle facette de cette vie laborieuse a bien pu les séduire? Quels aspects ont été les plus difficiles à vivre? Quels changements se sont opérés depuis?

Au son de la cloche

Levées tous les jours «aux aurores», c'est-à-dire dès 5 h 15, les sœurs procèdent à une toilette rapide. Une cuvette placée à côté du lit sert aux ablutions matinales. Pas question de bains et encore moins de douches. Le costume est ensuite enfilé derrière les rideaux ou les paravents qui entourent l'ameublement mis à la disposition de chacune : un lit de fer simple, une petite commode ainsi qu'une chaise droite. C'est là le maximum d'intimité à laquelle peuvent aspirer les religieuses puisqu'elles dorment dans des dortoirs. À 5 h 40, la cloche sonne à nouveau pour rappeler à toutes qu'elles n'ont plus que cinq minutes pour finir de faire leur lit et se rendre à la chapelle d'une démarche mesurée. Prière et méditation précèdent la messe célébrée soit au couvent, si celui-ci bénéficie des services d'un aumônier, soit à l'église paroissiale. Après la célébration, les sœurs doivent se changer à la course et revêtir robe, tablier et voile de travail. Le déjeuner, comme tous les repas, est pris en silence. Il débute à 7 h 15. À tour de rôle, les religieuses assurent la lecture de l'*Imitation de Jésus-Christ*, un des ouvrages de dévotion chrétienne les plus répandus.

À partir de 8 h, chacune des sœurs s'occupe selon les tâches qui lui ont été confiées par la supérieure de la maison : certaines veillent aux offices (cuisine, couture, buanderie), d'autres vaquent à l'enseignement, aux soins de santé, à la propagande du *Précurseur*, etc. Le dîner, pris à 11 h 30, est précédé ou suivi (selon les possibilités) d'une visite au Saint Sacrement et d'un examen de conscience. Toujours en silence, ce repas s'accompagne de la lecture d'une biographie édifiante. À 12 h 30, un temps de récréation est accordé. Contrairement à ce que l'on pourrait croire, il ne s'agit pas d'un temps de liberté. Les sœurs doivent plutôt se regrouper, dehors si le temps le permet ou dans une pièce commune, et bavarder de sujets sans conséquence tout en s'attaquant à l'énorme pile de raccommodage commun. À 13 h 20, une lecture spirituelle est offerte au groupe qui l'écoute tout en continuant de repriser. On récite ensuite le premier chapelet de la journée. À 13 h 55, la cloche se fait entendre à nouveau, annonçant la reprise imminente des emplois, effectués en silence ou avec un minimum d'échanges, si nécessaire.

À 16 h 40, la cloche annonce cette fois la fin des emplois et, à 16 h 45, les sœurs doivent être rendues à la chapelle pour une lecture méditée, après avoir troqué en vitesse leur robe de travail pour le costume blanc. À 17 h, salut du Saint Sacrement et deuxième chapelet en commun. Au

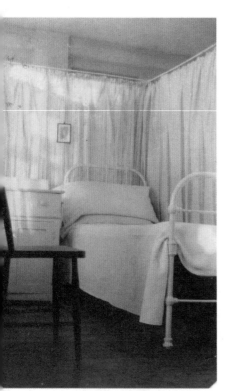

Une cellule du noviciat de Pont-Viau, c. 1959.

souper de 17 h 30, les sœurs assurent à nouveau la lecture, en alternance. Une fois la vaisselle faite, une deuxième récréation, avec reprisage, est accordée. À 19 h 30, on récite un troisième chapelet, en arpentant les longs corridors ou en se promenant à l'extérieur durant les beaux jours d'été. À partir de 19 h 45, les sœurs bénéficient d'un peu de temps pour préparer leurs classes du lendemain ou encore faire les exercices spirituels qu'elles n'ont pu faire dans la journée. À 20 h 30, elles récitent la prière du soir à

Novices en prière à la chapelle. Pont-Viau, 1924.

Dans la joie

Certes, les sœurs évoluent dans un cadre de vie très strict. Néanmoins, à la question «quels aspects de cette vie en communauté vous ont immédiatement séduits ?», elles n'ont eu aucune difficulté à multiplier les réponses. Bien sûr, les religieuses mettent de l'avant les éléments fondamentaux de la vie religieuse et de la spiritualité MIC : une existence de prière, le silence, l'esprit et le zèle missionnaires, l'action de grâce. En revanche, dans ce cadre de vie à première vue austère, voilà les sœurs qui affirment avoir été conquises par la solidarité, les chants, les fêtes et les célébrations, bref par la joie des MIC! Ainsi, les témoignages des répondantes nous offrent une perspective positive sur la vie religieuse.

Les sœurs répètent en vue d'un concert. Pont-Viau, 1965.

Noël dans la cuisine. Pont-Viau, 1965.

la chapelle et regagnent leur cellule à 20 h 50 pour faire leur toilette. Le coucher a lieu invariablement à 21 h 20.

Difficile d'imaginer vie plus structurée. Seuls les dimanches et les jours de fête étaient un peu allégés : à part la cuisine, la vaisselle et un petit ménage, les sœurs se livraient alors à la correspondance, à l'étude, à la pratique du piano ou du chant ainsi qu'à la prière. En fait, il était très rare que les sœurs profitent d'un véritable congé. Lorsqu'une telle occasion survenait, elles pouvaient faire quelques petites choses personnelles : lire, pratiquer un sport, jouer, se promener en causant avec des compagnes, etc.

Cet horaire s'appliquait partout, autant au Canada qu'en pays de mission, dans la mesure du possible. Bien sûr, quelques ajustements s'avéraient parfois nécessaires. En mission, par exemple, les sœurs ne bénéficiaient pas toujours de la présence d'un prêtre pour célébrer la messe ou exposer le Saint Sacrement. La cloche qui, dans les grandes maisons, sonnait cinq minutes avant tous les exercices, puis au début et à la fin de ceux-ci, ne retentissait pas aussi souvent, voire pas du tout, dans les établissements plus modestes.

À cet emploi du temps déjà fort exigeant s'ajoutaient la confession hebdomadaire, le chemin de croix du vendredi, de même que la récollection mensuelle d'une journée et la retraite annuelle de huit jours. Ces deux derniers exercices consistaient à méditer, à réfléchir sur un sujet spirituel afin de se faire attentive à la présence de Dieu. L'exercice de la coulpe, où les sœurs reconnaissent divers accrocs à la règle (bavardage excessif, par exemple, ou encore un manque de patience envers une consœur), avait lieu au moins une fois par mois. Les fautes les plus souvent reconnues ? Un manquement au silence ou à la ponctualité. S'il arrivait aux sœurs de faire du bruit en laissant tomber un objet ou en fermant une porte par exemple, elles devaient s'agenouiller et baiser la terre. De même si elles arrivaient en retard à la chapelle ou à un exercice quelconque : « J'ai baisé à peu près tous les coins du couvent, raconte sr Étiennette Guérette, la ponctualité étant ma faiblesse caractéristique. Me voilà maintenant d'une exactitude à toute épreuve[8]. »

Anna Paquette (sr Marie-de-la-Providence) à sa correspondance. Elle sera la deuxième supérieure générale, de 1939 à 1952.

Coupées du monde

Bien que les Missionnaires de l'Immaculée-Conception ne soient pas une communauté soumise à la clôture stricte comme les Carmélites, plusieurs règles en vigueur avant les changements de Vatican II les coupent littéralement du monde extérieur. Les sorties des sœurs font l'objet d'un contrôle étroit. Seuls des besoins impératifs justifient une sortie : un rendez-vous chez le dentiste ou un examen médical, par exemple. Dans ce cas, les sœurs doivent se faire accompagner d'une consœur. Les visites à la famille n'ont lieu qu'en cas de décès du père ou de la mère ou juste avant le départ en mission. La religieuse obtient alors de passer quatre jours auprès de sa famille, mais elle ne peut échapper à la présence d'une compagne. Par ailleurs, les sœurs ont droit à une heure de parloir tous les trois mois (éventuellement une heure par mois). La correspondance est limitée et lue par les supérieures. Les conversations téléphoniques ? Inimaginables, à l'époque.

Non seulement les rapports avec la famille sont-ils restreints, mais le rapport au monde extérieur en général n'est pas encouragé. « Il faut voir les personnes du dehors le moins possible, écrit Délia. Ces relations sont difficiles : on ne sait jamais ce qu'il faut dire, ce qu'il faut taire[9]. » Les MIC n'ont aucun accès à la bibliothèque et donc un accès réduit à la lecture personnelle, pieuse ou profane. La lecture des journaux n'était pas permise ou encouragée de façon régulière, pas plus que l'écoute de la radio – et plus tard de la télévision –, sauf lors de grandes occasions spéciales avec des appareils prêtés par des amis de la communauté.

Ces horaires réglés au quart de tour et ces restrictions que l'on pourrait croire d'un autre siècle ont été mis en place par Délia selon les modèles religieux de l'époque. Elle ne ménage d'ailleurs pas ses conseils aux supérieures en mission, afin de les convaincre de l'importance d'observer règles et devoirs de la vie religieuse :

> Que votre autorité se fasse sentir le moins possible. Il faut, sans cesse, s'ingénier à faire trouver doux le joug de n. Seigneur et son fardeau léger. Mais soyez inflexible quand il s'agit de l'observation des vœux, des règles et cou-

Réunion de MIC à La Havane.
Cuba, 1991.

tumes, des emplois, du devoir, en un mot… Ces conseils que j'adressais à S. St-Paul, ces jours derniers, je les voudrais faire entendre à toutes les supérieures qui dans la suite dirigeront notre institut[10]…

Vivre avec les autres

Dans les années 1960, les effectifs MIC dépassent le millier. En 2005, elles sont plus de 700 en comptant les postulantes et les novices. Un bon nombre d'entre elles se répartissent aux quatre coins du monde, à l'œuvre dans les différentes missions. Au Québec, les MIC possèdent encore une quinzaine de maisons. De nos jours, quelques sœurs habitent seules, pour des motifs personnels ou encore des raisons liées à leur travail, mais ces cas constituent l'exception. Autrefois, ils auraient été tout simplement impensables. Règle générale, les sœurs vivent en communauté, organisées en fraternités, des groupes allant de quelques sœurs à quelques dizaines, selon les maisons.

Au fil des ans, peu importe la taille de la fraternité, il ressort qu'un des aspects les plus difficiles de cette existence communautaire réside dans la vie de groupe elle-même. Une cohabitation volontaire, soit, mais une cohabitation de femmes dont les habitudes, les personnalités, les mentalités, l'éducation et la culture peuvent être radicalement différentes. Aussi, les concepts d'acceptation, d'adaptation, de compréhension et de respect reviennent souvent dans les réponses offertes par les MIC. Que l'autre soit différente par sa langue et sa culture ou par ses opinions et sa personnalité, attestent les sœurs, le vivre ensemble nécessite toujours un certain effort.

Désir de changements

Délia ne pouvait deviner, cependant, jusqu'à quel point l'on suivrait ses conseils à la lettre, au détriment, parfois, d'une saine évolution des mœurs et coutumes dans la communauté. C'est pourtant ce qui s'est passé et ce qui explique, en partie, le chapitre spécial de 1952 dont nous avons déjà parlé. Dans un cahier manuscrit intitulé l'«Affaire 1952», sr Albertine Graton, alors assistante générale, dresse la liste des points à réformer, tels qu'exposés par Mgr Paul-Émile Léger. Elle explique et justifie du même coup pourquoi telle ou telle modification n'a pas été apportée[11]. Que nous apprend cette liste? Que les supérieures, par respect, par habitude, par manque de vision peut-être, ont négligé d'adapter certains aspects de la vie communautaire aux besoins du temps. Ainsi y retrouve-t-on les recommandations suivantes : diminuer le nombre de prières vocales, donner aux sœurs plus de détente et de récréation, favoriser les études et le développement des aptitudes, surveiller l'hygiène et l'alimentation et, enfin, permettre l'usage du bain ou de la douche à toutes les sœurs au moins une fois par semaine.

En 1952, il a fallu une intervention de l'extérieur pour sortir la communauté du carcan dans lequel elle s'était enfermée. Une dizaine d'années plus tard, c'est toute l'Église qui affirmera le besoin de se réajuster aux réalités nouvelles. Là encore, c'est d'en haut – avec les décrets conciliaires – que viendra l'ordre d'adapter les Constitutions aux besoins du temps présent.

Dès mai 1967, en préparation du chapitre prévu pour l'année suivante, débute au niveau de la Congrégation tout entière une phase de recherches, de réflexions personnelles et collectives sur la vie religieuse apostolique et sur les exigences qu'elle comporte[12]. Le nombre exceptionnel de desiderata exprimés lors du chapitre spécial de 1968 atteste de la nécessité d'un chan-

Novices à la patinoire. À droite, Jeannine Forcier et Germaine Pérusse. Pont-Viau, 1952.

Postulantes et novices jouant au volley-ball. Pont-Viau, c. 1960.

gement profond au sein de la communauté[13]. Libérées par l'exhortation papale qui appelle à une mise à jour, les sœurs s'expriment. Ce faisant, elles révèlent aussi toutes les ambivalences d'un groupe hétérogène dont les membres ne sont pas toujours sur la même longueur d'onde.

Sur les 3447 souhaits formulés par les professes MIC à cette occasion, 2144, soit 62,2 %, touchent la vie communautaire. Voici leur répartition par catégories :

Tableau 5.1

Desiderata du chapitre de 1968 concernant la vie communautaire

	Desiderata			Desiderata
579	Vie de prière		67	Ascèse
209	Loisirs		66	Silence
174	Vie fraternelle		63	Récréations
153	Costume religieux		48	Santé
130	Relations avec des familles		47	Maisons et personnel
117	Repas		43	Emplois et officières
91	Horaire		31	Port de la montre
87	Correspondance		27	Retour des missions
81	Lingerie		19	Finances familiales
77	Relations sociales		34	Divers

Concernant la vie de prière, un assez large consensus se dégage. Deux constats résument bien les diverses opinions exprimées sur l'oraison, le rosaire, les sacrements, la messe ou les retraites. D'une part, les sœurs ne suggèrent en rien une diminution des exercices spirituels mais, d'autre part, elles souhaitent les pratiquer avec une plus grande liberté. « Que chacune prenne ses responsabilités et n'ait pas à rendre compte à sa Supérieure lorsque le temps a été occupé par d'autres exigences à l'heure des exercices spirituels », réclame une religieuse ; ou encore : « Que les sœurs soient libres de s'acquitter de leurs exercices spirituels un jour où elles sont plus libres, plus reposées. » Ces suggestions ont été entendues. Aujourd'hui, prières, oraisons et autres exercices spirituels, toujours à l'honneur chez les Sœurs Missionnaires de l'Immaculée-Conception, se pratiquent avec une bien plus grande autonomie : « Notre projet personnel de prière deviendra ainsi un moyen de prendre en main notre vie spirituelle et de personnaliser notre relation d'amour avec le Seigneur », peut-on lire dans la dernière version des Constitutions[14].

Les opinions émises au sujet de l'ascèse et du silence sont plutôt divergentes. Certaines sœurs, par exemple, suggèrent que la coulpe commune soit remplacée par une réparation personnelle, ou alors qu'elle soit transformée, revalorisée. D'autres requièrent qu'elle soit maintenue et qu'il n'y ait pas d'exception pour les supérieures. Si quelques MIC proposent le remplacement des pénitences en usage, d'autres insistent pour les maintenir, voire les augmenter : « Que l'abstinence du vendredi soit gardée », « Qu'il y ait une journée de pénitence », « Que l'on fasse des pénitences tout au long de l'année ». Même chose pour le silence. Un certain nombre de suggestions visent un adoucissement de la règle alors que d'autres revendiquent son maintien dans toute sa rigueur pour une vie intérieure plus intense. Les modifications retenues vont, encore une fois, dans le sens d'un plus grand respect des besoins de chacune. Grâce à un libellé non directif, les Constitutions offrent davantage d'accommodements :

> Pour assurer la dimension contemplative et le témoignage de notre vie religieuse apostolique, nous établirons dans nos communautés locales des temps et des lieux de silence, des modalités de l'ascèse qui répondent au besoin de recueillement de tout notre être et aux exigences du radicalisme évangélique[15].

Quant au costume, élément si distinctif de la vie religieuse, les suggestions exprimées vont dans tous les sens. Une centaine de sœurs souhaitent que l'on maintienne le costume religieux, ce qui montre bien la résistance au changement. D'autres opinions font sourire tant elles sont hétéroclites : une robe plus courte, plus longue, blanche, noire, beige, grise, bleue… plus simple, avec ou sans jupon, avec une ceinture bleue, blanche, pas de

Sr Jeanne Piché avec le costume blanc. Montréal, 1942.

Sr Marie-Louise Labonté arborant le costume simplifié. Vancouver, 1969.

Sr Ida Brochu portant un tailleur deux pièces de couleur marine, revêtu par une majorité de sœurs lors d'occasions formelles. Outremont, 1996.

Délia adopte pour son institut un costume noir, sur le modèle des Sœurs de la Congrégation de Notre-Dame. En 1909, en l'honneur de la Vierge de Lourdes, une ceinture bleue est ajoutée. Lors de l'approbation des constitutions, en 1925, la communauté troque le costume noir pour un costume blanc et conserve la ceinture bleue. Au début des années 1950, cet habit subit quelques retouches. Les manches très larges font place à une manche plus étroite et plus pratique. Enfin, sous l'impulsion de Vatican II, plusieurs modifications sont proposées pour simplifier le costume avant que celui-ci ne soit complètement abandonné au début des années 1970.

ceinture… des bas blancs, des bas beiges, que l'on ait la liberté de porter ou non des bas! La question du costume, d'ailleurs, n'allait pas se régler facilement. Plusieurs consultations et de nombreux essais de costume furent nécessaires avant d'arriver à un compromis acceptable. Aujourd'hui, les MIC privilégient la simplicité et la sobriété, de même que les couleurs discrètes telles que le blanc, le bleu, le beige, le brun, le gris et le noir. Le libellé du Code général, cependant, n'est pas directif. Chacune, à partir de son budget personnel, voit à ses propres vêtements.

Les professes se sont entendues plus facilement sur la réforme des relations avec les gens de l'extérieur. Pas moins de 108 sœurs ont demandé à ce que les lettres soient remises non décachetées! Plusieurs suggèrent que les sœurs prennent leur responsabilité personnelle quant au temps alloué à leur correspondance alors que d'autres réclament des timbres pour leur usage personnel. On souhaite l'augmentation du nombre de visites dans les familles ainsi que leur durée. On réclame que les sorties se fassent sans compagne et qu'il n'y ait pas de limite de temps ou de fréquence pour les parloirs.

Horaires, repas et moments de détente font aussi l'objet de revendications. En voici quelques exemples. D'abord, un grand nombre de religieuses demandent le maintien de la récréation, mais l'abolition des travaux manuels pendant celle-ci. Plusieurs proposent aussi que les sœurs bénéficient d'une journée ou une demi-journée libre par semaine. D'autres aimeraient que les vacances puissent se prendre en dehors de la maison. Certaines suggèrent que la congrégation ait un chalet alors que d'autres s'y opposent. Les plaisirs de l'eau suscitent des opinions passionnées. Alors que plusieurs sœurs préféreraient «que nous n'ayons pas de piscine», d'autres proposent que les sœurs soient libres de se baigner dans les places privées, mais jamais avec des prêtres ou des frères. Vers la fin des années 1960, de bonnes bibliothèques sont organisées dans les maisons MIC et un journal quotidien est mis à la disposition des sœurs. La radio s'ouvrait depuis déjà quelques années pour le chapelet du soir avec le cardinal Léger. Quant à la télévision, elle a fait son entrée graduellement: d'abord des événements marquants de l'actualité, comme l'assassinat du président américain J.-F. Kennedy en 1963, puis des émissions dominicales sur le Concile, des cours de Bible, le bulletin de nouvelles, etc. Dans leurs desiderata, quelques sœurs demandent qu'il y ait davantage de liberté pour lire les journaux et pour écouter la radio alors que les avis sur la télévision sont partagés. Une sœur suggère néanmoins que toutes les sœurs sachent et puissent faire fonctionner cet appareil.

Sr Rhéa Bigras au centre audiovisuel. Outremont, 1982.

Sclérose et ouverture : l'impact de Vatican II

Nous pouvons sourire aujourd'hui devant certaines des suggestions émises par les sœurs à la veille du chapitre de 1968. Pourtant, ces opinions contradictoires montrent à quel point toutes n'étaient pas prêtes pour les changements qui s'annonçaient de façon inéluctable. Au-delà de l'anecdote, chacune des nouveautés, si banale soit-elle, entraînait les sœurs vers une plus grande autonomie, une plus grande responsabilisation. Or si une majorité de sœurs aspiraient à ce statut plus « adulte », plusieurs, faute de préparation adéquate ou par conservatisme, ont trouvé malaisé cet aggiornamento, comme le constate dans son rapport de 1976 la supérieure générale, Madeleine Loranger :

> Enfin, nous ressentons les soubresauts de la période post-conciliaire, période d'ajustements, de flottements, de recherche, de remises en question, de prises de conscience […]. Aujourd'hui l'accent est mis fortement sur l'autonomie, la responsabilité, le respect des personnes, le discernement communautaire, la prise en charge personnelle de la vie de prière et des activités professionnelles […]. La formation des sœurs qui ne préparait pas à ces nouvelles orientations de la vie religieuse […] est partiellement responsable de la confusion ressentie par plusieurs[16].

Le Concile a-t-il été vécu comme un événement positif ou négatif ? Dans le questionnaire, les sœurs entrées chez les MIC avant le début de celui-ci (1962) devaient inscrire le premier mot qui leur venait à l'esprit lorsqu'elles songeaient à cette période. Celui qui revient le plus souvent ? *ouverture*, suivi de près par *changement*, *libération* et *renouveau*. La majorité (87 %) des répondantes soulignent donc l'aspect positif de cette période. *Bouffée d'air frais*, *délivrance*, *joie*, *nouveau souffle* et *soulagement* comptent également parmi les mots utilisés pour décrire ces années. Moins d'une vingtaine de sœurs ont perçu au contraire ces années de façon plutôt négative. Elles estiment que les changements ont été trop rapides, trop précipités. Elles utilisent des mots comme *débâcle*, *dégringolade*, *panique* et *tristesse*.

Cette période post-conciliaire, alimentée par une sécularisation grandissante et un effondrement de l'Église au Québec, est également témoin d'un grand nombre de sorties de la part des professes, ce qui porte un rude coup aux communautés religieuses et contribue à accroître le sentiment d'instabilité, comme en témoigne le rapport de la supérieure générale :

> Des valeurs aussi fondamentales que celles des vœux, de l'engagement perpétuel, de l'opportunité des missions, sont contestées aujourd'hui. La grande majorité des communautés religieuses a vu diminuer les entrées et augmenter les sorties. Et certaines de leurs membres ont parfois versé dans des abus regrettables. C'est le jeu du pendule[17]…

L'engagement perpétuel, définitif en principe, ne l'est pas toujours en réalité. Les religieuses peuvent demander à Rome un indult de sortie, accompagné d'une dispense des vœux et des obligations issues de la profession religieuse. Elles quittent alors la communauté et retournent vivre dans le monde laïque. Chez les MIC, comme chez d'autres congrégations religieuses, cette démarche n'a jamais été aussi fréquente que dans les années 1960 et 1970.

En effet, non seulement le recrutement canadien s'effondre-t-il complètement après 1965, mais les rares sujets recrutés ne persévèrent pas longtemps. De plus, des religieuses dûment établies quittent l'Institut. Alors qu'entre 1905 et 1960 seulement 13 professes perpétuelles étaient sorties de la communauté, entre 1961 et 1980, donc en 20 ans à peine, elles sont 79 à quitter définitivement la congrégation. La presque totalité (90 %) d'entre elles sont canadiennes. L'autre 10 % regroupe quatre Américaines, deux Européennes, une Chinoise et une Bolivienne. L'engagement des sœurs non canadiennes se révèle donc plus définitif que celui des Canadiennes. Même dans la période subséquente (1981-2004), les Canadiennes représentent encore 57 % des effectifs qui se désistent.

L'élément le plus troublant, et le plus difficile à interpréter, demeure le nombre d'années de vie religieuse que comptent les sœurs qui sortent de l'Institut. Peu de MIC s'en vont après seulement quelques années de vœux perpétuels. Si l'on tient compte des sorties depuis 1905, on constate que celles-ci sortent en moyenne après 13 ans de vœux perpétuels et 20 ans de vie religieuse au total.

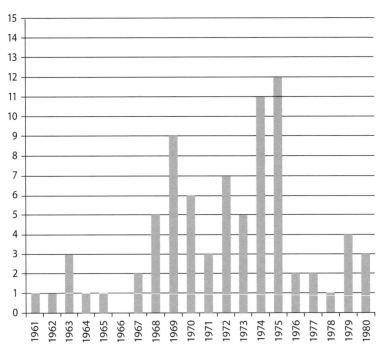

Figure 5.1

Sorties des professes perpétuelles chez les MIC 1961-1980

Devenir missionnaire

Chez les MIC, le mode de vie religieux se double d'une autre dimension fondamentale, celle de la réalité missionnaire. Dans les prochains chapitres, nous suivrons les sœurs dans leurs diverses missions et découvrirons les nombreuses œuvres mises en place au fil des ans. Avant ce long survol qui nous mènera aux quatre coins de la planète, il convient de replacer dans leur contexte certains paramètres de la vie apostolique.

Préparation à la mission

Lorsque Délia fonde l'École apostolique puis l'Institut des Sœurs Missionnaires de l'Immaculée-Conception, l'expérience des missions *ad extra* est encore limitée pour les Canadiens. Certes, le père Daignault, lui-même missionnaire en Afrique, ou le père Forbes, peuvent témoigner de leur vécu à la fondatrice, mais on compte bien peu de femmes pour la renseigner sur la réalité missionnaire féminine.

Au début de 1905, Délia fait un court séjour chez les Sœurs Blanches, à Québec. Possédant elle-même peu d'expérience de vie religieuse en communauté et peu de connaissance de la réalité missionnaire, nous pouvons y voir le souci de se familiariser avec la formation offerte à de futures missionnaires. Quels enseignements Délia tire-t-elle de cette démarche ? Selon ses lettres, de même que des témoignages de sœurs missionnaires, nous pouvons déduire que Délia et les supérieures subséquentes recherchent avant tout un juste équilibre entre les besoins des missions et ceux d'un Institut en développement, puis en pleine croissance. Cet équilibre, difficile à atteindre, exige des compromis et des ajustements de tous les instants.

Avant les changements apportés par Vatican II, la préparation des missionnaires est souvent incomplète et même plutôt rudimentaire. Pourtant, plusieurs textes officiels, dont l'encyclique *Maximum Illud*, rédigée en 1919, soulignaient déjà l'importance d'une préparation soignée :

> Avant de s'engager dans l'apostolat, que le futur missionnaire reçoive une préparation soignée : nous ne saurions suivre sur ce point ceux qui prétendent que pour prêcher le Christ aux peuples les moins civilisés, il n'est point besoin d'un tel bagage de connaissances[18].

Les exhortations papales ne pèsent probablement pas bien lourd face aux impératifs de la réalité, c'est-à-dire des besoins pressants de personnel, partout, aussi bien dans les missions qu'ici même au pays. La formation souffre de telles exigences. Ainsi, dans les premières années, alors que le recrutement piétine, les besoins de la mission de Chine bousculent la formation des novices :

> Il m'est impossible, ma pauvre amie, de vous envoyer une musicienne cette année. Nous n'avons que S. Marie de la Providence et deux novices dans leur première année. Je n'épargne rien pour les bien préparer : M. Letondal, un des

...chel Lalumière enseigne
...no à deux enfants chinois.
...on, Chine, 1910.

meilleurs professeurs, vient leur donner des leçons moyennant 8,00$ par mois chacune. Elles pratiquent deux heures par jour. C'est beaucoup pendant le noviciat, mais si nous voulons qu'elles soient en état de rendre service à leur profession il faut faire ces sacrifices. Ce n'est pas selon les règles canoniques de s'occuper d'études profanes pendant le noviciat; elles les tolèrent cependant et nous avons la permission de Mgr l'Archevêque, mais dès que nous serons moins pauvres en sujets nous remettrons ces études après les premiers vœux, afin de donner toute la durée du noviciat à la formation religieuse[19].

En mission, l'apport des sœurs musiciennes assure souvent la viabilité des œuvres apostoliques. Il faut savoir qu'une mission doit, dans la mesure du possible, être autosuffisante. Elle reçoit parfois de l'argent des autorités civiles ou religieuses pour les différentes œuvres mises sur pied, mais la plupart du temps, ces sommes s'avèrent insuffisantes pour couvrir tous les frais. Les sœurs complètent alors leurs ressources financières en offrant à des élèves plus fortunés des cours privés d'anglais ou de musique, et même de dessin et de peinture. Les jeunes MIC ayant un talent marqué dans un de ces domaines sont donc encouragées à le développer.

Les professes temporaires, autrefois appelées juvénistes et aujourd'hui scolastiques, forment un groupe distinct des professes perpétuelles. En principe, elles continuent de recevoir une formation, différente de celle du noviciat. Une préparation plus immédiate pour les missions, affirme-t-on chez les MIC. En réalité, les juvénistes partent souvent pour l'étranger quelques mois à peine après avoir prononcé leurs premiers vœux. Ces départs hâtifs perdurent jusque dans les années 1940. À partir de ces années-là, un départ retardé de quelques années permet aux jeunes sœurs de parfaire leur apprentissage, tant sur le plan pratique (enseignement, soins hospitaliers, travaux manuels) que spirituel.

Le caractère improvisé de la formation des futures missionnaires peut surprendre. Devant le désarroi des pionnières de Chine qui viennent de prendre en charge la crèche et l'orphelinat, Délia propose une solution toute simple pour l'avenir:

Que pensez-vous d'envoyer S.S.P. quelques mois (deux ou trois mois) chez les Sœurs Grises, pour voir comment on s'y prend à la crèche? Ce que je puis vous dire, pour votre consolation, c'est que la plupart des enfants quittent la crèche pour le Paradis; et ce n'est pas faute de soins, je vous assure[20].

De nombreux témoignages attestent que ce n'est qu'une fois les nominations annoncées que les sœurs reçoivent quelques notions susceptibles de les aider dans leurs tâches. Compte tenu de l'importance des œuvres dans le domaine de la santé (soins aux lépreux, dispensaires, direction d'un hôpital, etc.) nous pourrions croire que Délia aurait encouragé l'acquisition d'une solide formation en soins hospitaliers. Pourtant, sa lettre de 1921 laisse entrevoir qu'elle préfère miser sur d'éventuelles candidates déjà formées plutôt que d'envisager une préparation adéquate:

> Si la retraite des gardes-malades pouvait en donner quelques-unes: je tremble à la pensée que les Sœurs de Manille sont sur le point de me demander de l'aide, nous n'avons pas une seule Sœur préparée pour le soin des malades[21]…

Ainsi, en 1913, à quelques mois du départ, les sœurs nommées pour la mission auprès des lépreux se rendent chez les Sœurs de la Providence pour apprendre comment panser les plaies, couper les chairs et soulager les victimes atteintes de la gangrène. De la même façon, dans les années 1930, à défaut de gardes-malades diplômées, certaines sœurs reçoivent une rapide formation en soins hospitaliers juste avant de partir pour les dispensaires de la Mandchourie. Sr Irma de la Durantaye, qui a prononcé ses premiers vœux en 1934 et quitté pour la Chine quelques mois plus tard, s'exprime en ces mots:

> Préparation avant de partir? Non, pas vraiment mais on aurait dû. C'est seulement avec le temps qu'on comprend. Mais moi, j'ai suivi un cours à l'Hôtel-Dieu pour tenir un dispensaire. Les médecins et tout le personnel s'ingéniaient à montrer tous les cas possibles «aux petites missionnaires de Chine». On faisait la pratique le jour, et le soir, on avait des matières à étudier: anatomie, physiologie, etc. C'est notre Mère elle-même qui m'avait proposé de faire ce cours quand elle a su, en réponse à sa question, que je ne désirais pas faire la classe[22].

Sr Blanche Clément soigne une élève de l'École du Saint-Esprit, assistée de sr Marie Damien, Vierge chinoise au service du diocèse. Canton, Chine, c. 1917.

Sr Alice Larouche, qui a œuvré 17 ans en Mandchourie, témoigne dans le même sens :

> Préparation ? Oui, depuis ma profession en février jusqu'à mon départ au début nov. (8-9 mois) j'ai suivi un cours de dispensaire à l'Hôtel-Dieu de Montréal : accueil des patients, injections, pansements, extractions de dents, etc. Notre Mère m'avait donné des conseils : Dites un Ave avant chaque pansement ou avant d'extraire une dent. Je l'ai toujours fait[23].

Avec le temps et le nombre de professes en forte hausse, les choses changent peu à peu. Les statistiques compilées par les MIC attestent que de 1929 à 1977, 132 sœurs ont suivi leur cours d'infirmière. Professe depuis 1933, sr Éva Tessier termine le sien à Montréal en juin 1936 et quitte pour la Chine en septembre de la même année. Elle suivra même des cours en technique de laboratoire à l'Université Aurore (Shanghai), tenue par les Jésuites, pendant six mois[24].

De cette absence de formation spécifique, et surtout systématique, résulte une préparation inégale des missionnaires. Très souvent le bagage initial de chacune constitue leur seule ressource. Ainsi, certaines, comme sr Ida Carrière, s'avèrent bien préparées :

> C'est de ma famille que j'ai reçu une bonne préparation pour exercer mes talents auprès des Philippins, écrit-elle. Dans ma famille on a favorisé le bilinguisme. Donc je n'ai pas eu d'effort à faire pour m'exprimer soit en français soit en anglais. En plus, j'ai étudié le piano. Mon diplôme m'a servi auprès des Philippins. Une troisième préparation qui m'a aidée grandement en mission, fut mon travail comme gérante du magasin général de mon village. Donc j'ai acquis l'expérience des affaires, de la comptabilité, de la maintenance[25].

De plus, celles dont le départ est reporté finissent par acquérir une expérience professionnelle au Canada et, surtout, de la maturité, comme en fait foi le témoignage de sr Adélaïde Tremblay. Nommée pour un poste à Madagascar en 1952, elle compte alors plus de 20 ans de vie religieuse :

À cette époque les études professionnelles ne prenaient pas tellement d'importance. Mais je peux dire que toutes mes activités depuis ma profession me préparaient à ma future mission. En sortant du noviciat, l'œuvre des retraites fermées à Joliette fut mon premier champ d'apostolat. Puis à Granby comme professeur ; à Trois-Rivières où les MIC tenaient une école primaire et une imprimerie ; à Nominingue j'ai développé mes talents de maintenance et de travaux ménagers ; finalement à la Maison-Mère comme dactylographe, comptable et supérieure. Donc toute ma vie religieuse, jusqu'à mon départ à l'âge de 45 ans, m'a orientée vers la fonction de première supérieure dans un nouveau pays[26].

L'apprentissage de la langue représente un des principaux obstacles rencontrés par les sœurs en mission. Les MIC doivent en effet se débrouiller en chinois (mandarin ou cantonais), en malgache, en japonais ou en espagnol, pour ne nommer que quelques-unes des langues utilisées dans leurs différentes missions, sans compter l'anglais et le français. Pourtant, rien n'indique qu'elles prennent des cours de langues avant leur départ. Voici ce que raconte sr Gertrude Laforest lorsqu'on lui demande si elle se sentait préparée lors de son arrivée en Chine, en 1948 :

> Non. On m'envoyait faire les commissions en anglais et en chinois alors que je ne parlais ni l'un ni l'autre ! À Hong Kong et Canton, peu de sœurs parlaient le chinois. Elles utilisaient l'anglais. Cela a changé… Dans les premiers temps, l'étude était considérée comme une perte de temps par les supérieures de Canton, contrairement à celles de Mandchourie qui étudiaient longtemps encouragées par les supérieures[27].

Comment expliquer ce manque de préparation linguistique ? Sans doute cette dernière n'apparaît-elle pas comme une priorité dans l'instruction des femmes d'Église. Compte tenu de la multiplicité des langues et des dialectes, peut-être leur apprentissage a-t-il aussi été perçu comme une affaire de terrain. Sr Armandine Gauthier, nommée pour Mercedes à Cuba en 1951, n'apprend-t-elle pas l'espagnol auprès des jeunes qu'elle prépare pour le Conservatoire de musique :

Nous voici en route pour Cuba. Rendue à destination, comme je n'avais reçu que quelques notions d'espagnol avant de partir du Canada, je me débrouillais par moi-même, entre les cours de piano ; puis consultant des livres sur place et entretenant les conversations avec des élèves, très attentifs afin de nous aider à apprendre leur langue. Mon minime dictionnaire de poche était mon meilleur ami pour me dépanner à l'occasion[28].

Des changements au programme…

Lors du chapitre de 1952, une des critiques formulées par Mgr Léger concerne la formation. Il reproche en fait aux MIC de ne pas assez favoriser les études et de ne pas développer les aptitudes des sœurs. Toutefois, si l'on se fie au témoignage de sr Albertine Graton, le commentaire de Mgr Léger à cette occasion se révèle plutôt sévère et inutilement blessant :

> Monseigneur ajoute un peu ironiquement que nous semblons vouloir nous spécialiser en « Jardin de l'Enfance », peut-être sous prétexte que notre fondatrice ne désirait que des œuvres humbles, mais que les temps ont évolué et qu'il faut se mettre en mesure de répondre aux besoins actuels ; il fait allusion à une communauté plus jeune que la nôtre et qui a déjà un médecin[29].

Si, de façon générale, l'éducation supérieure pour les femmes demeure encore une exception au Québec au début des années 1950, il n'en va pas de même pour les religieuses. Les scolasticats, des écoles normales pour sœurs, font leur apparition à partir de 1939. Sans déprécier leurs œuvres auprès des jeunes enfants, il était sans doute devenu nécessaire, en 1952, de rappeler aux MIC qu'elles devraient dorénavant consentir à des efforts supplémentaires pour s'assurer que toutes obtiennent une formation adéquate.

Pour faire suite au chapitre de 1952 et répondre aux attentes de plus en plus grandes du Québec et de quelques États en matière d'éducation et de diplomation, les MIC mettent sur pied, en 1953, le Scolasticat Saint-Pie X. Installé dans un ancien dortoir de la Maison Mère, au 2900, chemin de la Côte-Sainte-Catherine, le scolasticat acquiert auprès du Conseil de l'Instruction publique le statut d'école normale et peut décerner, de 1955 à 1967, des brevets d'enseignement dûment reconnus. De plus, le scolasticat permet aux sœurs de parfaire leur formation initiale en suivant des cours d'été : de 1955 à 1964, plusieurs sœurs viennent chaque année mettre à jour leurs connaissances pendant la période estivale. Jusqu'en 1970, il offre des cours et divers services aux MIC étudiantes.

De toute évidence, ce retour aux études n'est pas facile pour toutes. La rigueur de l'horaire du scolasticat y compte pour beaucoup. Les études à temps plein n'exemptent pas les sœurs des règles de vie communautaire : exercices spirituels, prières, repas en silence, récréations avec travaux manuels, etc. Pour sr Réjane Gaudet, ce fut une véritable épreuve :

> Mes années d'étude au Scolasticat St-Pie X ont été les années les plus difficiles. J'ai toujours aimé l'étude et la recherche intellectuelle. Mais recommencer à suivre des cours réguliers à trente-neuf ans (en 1955), et cela dans le climat de grande austérité qui prévalait alors, pendant cinq longues années, fut pour moi un second et rude noviciat[30].

Dans la foulée de la Révolution tranquille, la réforme scolaire du Québec transforme tout le paysage de l'enseignement et de l'éducation. Désormais, ce sont les universités qui formeront les futurs enseignants. Le scolasticat Saint-Pie-X ne survit donc pas longtemps à cette ère de changements. En 1970, le chapitre général en annonce la fermeture.

Les données concernant la formation professionnelle des MIC sont plutôt fragmentaires. Ainsi, aux côtés des sœurs qui bonifient leur formation en éducation au scolasticat Saint-Pie-X, il y en a d'autres, moins nombreuses, qui acquièrent des compétences dans le domaine de la santé ou encore dans le domaine des arts. Avant 1964, il est toutefois impossible d'en établir un compte rigoureux. Pour les années 1964-1968, le rapport de la supérieure générale, au moment du chapitre de 1970, fait état de quelques statistiques concernant l'ensemble des provinces et régions MIC[31]. Ainsi, nous pouvons observer que sur 235 diplômes obtenus pendant cette période, une majorité le sont dans le secteur de l'éducation (60 %), suivi par le secteur des soins hospitaliers (17 %) et celui du travail de bureau et de l'administration (9 %). Les sciences ménagères, les arts (musique et dessin), la formation sociale et la théologie pastorale complètent les secteurs privilégiés par les sœurs.

Au-delà des critiques de l'archevêque et des nouvelles possibilités offertes aux femmes en matière d'éducation, c'est toutefois le concile Vatican II qui se révèle le véritable instigateur du profond renouvellement de la formation missionnaire chez les MIC. Non seulement libère-t-il les sœurs d'un régime de vie austère, mais, comme le souligne sr Huguette Turcotte, il réitère d'une manière claire et pressante la nécessité de la préparation des missionnaires[32]. En effet, le décret post-conciliaire *Ad Gentes* est on ne peut plus éloquent :

> C'est pourquoi tous les missionnaires [...] doivent être préparés et formés chacun selon sa situation, afin de n'être pas trouvés inférieurs aux exigences de leur future tâche. [...] Cela vaut pour toutes les disciplines [...] afin qu'ils aient une connaissance générale des peuples, des cultures, des religions, tournée non seulement vers le passé, mais aussi vers le présent. Quiconque en effet doit aborder un autre peuple doit faire grand cas de son patrimoine, de ses langues, de ses mœurs. Il est donc absolument nécessaire au futur missionnaire de s'adonner aux études missiologiques, c'est-à-dire de connaître la doctrine et les règles de l'Église sur l'activité missionnaire, de savoir quels chemins les messagers de l'Évangile ont parcourus au cours des siècles, ainsi que la situation actuelle des missions, en même temps que les méthodes jugées actuellement plus efficaces[33].

Quelques chiffres, glanés à nouveau dans le rapport de 1970 de la supérieure générale, permettent de donner un aperçu des disciplines privilégiées pour l'année scolaire 1969-1970. À ce moment, ce sont 46 % des étudiantes MIC, tous pays confondus, qui optent pour le secteur des sciences religieuses et de la catéchèse, 21 % pour le secteur de la santé, 14 % pour celui de l'éducation, 1 % pour l'administration alors que 18 % choisissent d'enrichir leur culture de base. Ces statistiques montrent un changement de cap important d'avec les cinq années précédentes où l'éducation était le domaine de prédilection dans une proportion de 60 % et la théologie pastorale n'occupait que 3 % des étudiantes. Il est difficile de ne pas voir l'impact de Vatican II dans cet engouement nouveau pour les sciences religieuses. En effet, ce revirement se produit tout juste après le chapitre spécial de 1968 qui a pour but d'intégrer les exigences et orientations du

Le doyen de la Faculté de psychologie de l'Université jésuite Rafael-Landívar, à Quetzaltenango au Guatemala, remet à sr Jeannine Boily les insignes de sa profession. 1976.

Concile dans la réalité MIC. De plus, les informations colligées dans les chroniques de l'Institut entre 1970 et 1977, bien que parcellaires, montrent que la tendance se maintient. En effet, les sciences religieuses, la théologie, la pastorale, la catéchèse et la missiologie gardent une certaine avance sur les autres domaines d'études, bien que de nombreuses MIC, de tous les horizons, continuent de se former en éducation, en santé, en administration, en arts, etc. Elles décrochent des diplômes universitaires pour des études de plus en plus poussées : doctorat en théologie, en médecine, en gestion, ainsi que de nombreuses maîtrises et baccalauréats en sciences religieuses, en éducation et autres matières.

Parallèlement à cette formation universitaire, les MIC répondent aux attentes en inaugurant elles-mêmes diverses initiatives de formation ou encore en participant à des projets mis sur pied à l'extérieur de la communauté par d'autres groupes religieux. Ces sessions de formation continue s'adressent aux sœurs du Canada tout comme aux missionnaires en séjour au pays.

En 1968, par exemple, les MIC font appel au père Jean Bouchard, un jésuite, afin qu'il dispense à toutes les sœurs quelques notions de missiologie. Ces cours réguliers, étalés sur une période d'un an, ont lieu dans la grande salle de la Maison Mère et permettent aux sœurs d'appréhender pour la première fois leur principale activité, la mission, dans un contexte théologique et historique. En effet, la missiologie, ou science des missions, constitue une réflexion pluridisciplinaire sur tous les aspects de la propagation de la foi chrétienne : son histoire, son message, ses méthodes. Elle fait appel à plusieurs disciplines dont la théologie, l'anthropologie, l'histoire et la géographie. Ce n'est pas une préparation pratique à la mission, mais bien une réflexion sur l'activité missionnaire. Pendant quelques années, les partantes profitent d'une formation d'appoint, soit un mois de missiologie à l'Université Saint-Paul à Ottawa. Ces cours d'été abordent chaque année une thématique différente, l'évangélisation des pauvres, par exemple, ou un thème biblique.

Outre ces formations ponctuelles en missiologie, les sœurs profitent de ressourcement spirituel et théologique. De 1964 à 1970, les jeunes professes

Le père Jean Bouchard, s.j. (1919-1999), obtient son doctorat en missiologie à l'Université Grégorienne de Rome, en 1958. De retour au Québec, il fonde et dirige, de 1958 à 1974, le Centre d'études missionnaires (CEM), organisme montréalais qui prendra le nom de Centre d'étude et de coopération internationale (CECI) en 1967.

bénéficient à Pont-Viau d'une année de formation en sciences religieuses. Le Centre intercommunautaire de formation doctrinale (CIFD), à Québec, permet à plus d'une centaine de sœurs d'y vivre une «année doctrinale» entre 1969 et 1979. Le CIFD poursuit ses activités jusqu'en 2003. Au total, plus de 300 MIC ont profité de cette formation continue (théologie, psychologie, spiritualité). Un autre centre de ressourcement est mis sur pied chez les Sœurs de la Providence, rue Grenet à Montréal, en 1969. Cette année de ressourcement comprend une expérience de vie communautaire ainsi que des enseignements en théologie et en psychologie. Elle est offerte aux religieuses de 35 ans, d'où son nom de «R-35». Un peu plus d'une vingtaine de MIC y ont participé. Face aux demandes exprimées par les sœurs, des sessions de ressourcements sont également mises sur pied au sein de la communauté même. D'une durée de six mois, une vingtaine de sessions sont ainsi offertes à la maison de Joliette ainsi qu'à la Solitude Délia-Tétreault, entre 1974 et 1982. Entre autres sujets au programme, il y a l'apprentissage du discernement spirituel personnel et communautaire. Par ailleurs, plusieurs sœurs suivent les Exercices spirituels, selon la méthode d'Ignace de Loyola, pendant des retraites de 8 ou 30 jours. D'autres optent pour ces mêmes exercices non pas en se retirant, mais à leur rythme, dans le quotidien. Quelques sœurs deviendront des accompagnatrices des EVC (Exercices dans la vie courante) pour des consœurs ou des laïcs intéressés.

Depuis le début des années 1980, la question de la formation relève de chacune des provinces MIC. Celles-ci doivent s'assurer que les sœurs bénéficient des ressources indispensables à leur formation continue (théologie, spiritualité, etc.). De plus, avec le temps, des pays où les infrastructures nécessaires à une formation adéquate faisaient défaut peuvent aujourd'hui offrir aux jeunes MIC la possibilité d'acquérir sur place des compétences professionnelles.

Partira, partira pas

Prêtes ou non, les Sœurs Missionnaires de l'Immaculée-Conception ont toujours répondu à l'appel des missions. Cependant, toutes ne partent pas. C'est là une délicate question qui suscite son lot de critiques, au sein de l'Institut comme à l'extérieur de celui-ci.

Les toutes premières nominations surviennent au début de l'année 1909. Six sœurs sont ainsi désignées par Mgr Bruchési pour répondre à Mgr Mérel qui demande des auxiliaires pour la Chine. À cette époque, l'Institut compte une seule professe perpétuelle, la fondatrice, quatre professes temporaires, une quinzaine de novices et quelques postulantes. Il ne saurait être question, pour l'Institut, de se départir de ses rares professes d'expérience. Qui se chargerait alors de l'éducation des postulantes et des novices ainsi que des autres tâches nécessaires au développement de la communauté? La profession de plusieurs novices, dans le courant de l'année, permet de résoudre le dilemme. Toutefois, ce sont de jeunes professes avec bien peu d'expérience qui quittent le pays. En 1910, un nouveau groupe de trois sœurs part pour la Chine, mais aucun départ n'a lieu en 1911. Les besoins augmentent aussi à la Maison Mère où les effectifs ne sont pas plus nombreux qu'en mission. Les sœurs de Chine ne sont pas moins occupées, comme en font foi les extraits d'une lettre à la fondatrice, au début d'août 1910 :

> Le nombre des enfants reçus et baptisés par nous s'élève déjà à dix-huit cents. […] On nous dit que l'ouverture de nos classes a été un succès. C'est un véritable plaisir d'enseigner à des enfants aussi avides de s'instruire que le sont ces bonnes petites Chinoises. Nos orphelines ont commencé aujourd'hui à tisser leurs vêtements ; je vous envoie des échantillons de leur toile et de leur coton. On leur apprendra aussi la cordonnerie. Plusieurs d'entre elles font très bien la dentelle au fuseau et les broderies. J'ai écrit récemment à une maison de commerce pour obtenir d'y mettre en vente le produit de leur travail. Il faut nécessairement nous créer quelques industries. Comme vous le savez, ma Mère, en fait de revenu fixe, nous n'avons que deux cents piastres par mois, provenant de l'Œuvre de la Sainte-Enfance. Comment avec une somme aussi modique subvenir aux besoins de plus de cent cinquante personnes que nous devons loger, nourrir, vêtir[34].

Un troisième contingent de quatre MIC se prépare au départ à l'automne 1912. Trois autres sœurs, destinées à la nouvelle œuvre des lépreux, quittent à l'été 1913. Une seule nouvelle recrue, toutefois, en 1915. Les départs, à l'évidence, continuent de se faire au compte-gouttes, au grand désespoir des missionnaires en place qui réclament en vain des renforts. Au début de 1916, l'Institut compte une quarantaine de professes : 12 sont en Chine alors que 28 demeurent à Montréal. Pourquoi ne pas envoyer davantage de sœurs en Chine ? Parce que le développement de l'Institut à Montréal, rappelle la fondatrice, exige aussi un personnel considérable.

Les années passent et les missionnaires continuent d'exiger davantage d'effectifs. Délia répond toujours qu'elle ne peut faire plus, compte tenu des besoins au Québec :

> Si vous saviez, ma pauvre Fille, écrit-elle en 1922, la besogne accablante qu'il y a actuellement à Outremont ! Notre noviciat est avec nous – 55 personnes de plus dans la maison – mais il ne faut pas croire que c'est une aide, c'est plutôt une augmentation de soucis… Nous n'épargnons ni temps ni peine pour les former comme il faut… en plus du train ordinaire de la maison c'est le travail de la Ste-Enfance, celui du Précurseur – nous voilà rendues à 16000 exemplaires – et puis, l'œuvre des Tabernacles prend maintenant un gros tiers du personnel, et on ne peut la négliger, c'est notre gagne-pain. Nous avons eu au moins trois sœurs au lit dont l'état exige des soins continuels. S. Marie Eugénie, S. St-Mathias et S. Marie-de-la-Présentation, les trois infirmières, sont exclusivement absorbées par le travail de leur emploi[35].

Pourtant, le nombre de professes dans l'Institut augmente sans cesse[36]. En 1922, elles sont 73, et 66 d'entre elles comptent plus de deux ans de profession. Elles se répartissent comme suit : 53 au Québec, 10 en Chine, 7 aux Philippines et 3 à Vancouver. Moins de 30 % des effectifs totaux travaillent en mission à l'étranger. L'ouverture de nouvelles missions et la prise en charge d'un nombre toujours plus important d'œuvres exigeantes (crèches, écoles, hospices, léproserie, dispensaires), malgré un personnel restreint, accroissent l'exaspération des missionnaires. Cet extrait d'une lettre de Délia, à la supérieure de Canton, témoigne de l'incompréhension qui s'installe :

Vous semblez croire que c'est par mauvaise volonté que nous ne vous envoyons pas autant de sœurs que vous en désirez, et que nous en avons de prêtes à foison… La vérité c'est que nous sommes aussi à court que nous ne l'avons jamais été à cause du grand nombre de malades [...]. Vous ajouterez peut-être, puisque vous êtes si à court de sujets, pourquoi ouvrez-vous de nouvelles Missions? – N'est-il pas plus avantageux pour la Communauté que nous nous privions toutes ensemble que de refuser de belles Missions, qui passeront en d'autres mains si nous ne les acceptons pas quand elles nous sont offertes. Plus tard, nous le regretterions sûrement. Si le bon Dieu continue à bénir notre Noviciat, j'espère que dans trois ou quatre ans, nous pourrons répondre aux besoins de toutes nos Missions[37].

Les chiffres donnent raison aux MIC sur le terrain. Entre 1920 et 1930, les effectifs connaissent une hausse vertigineuse qui se poursuivra pendant encore une bonne décennie. Or en 1930 70% des sœurs œuvrent au Québec et non pas à l'extérieur du pays. En fait, elles sont moins de 60 missionnaires en Asie pour s'occuper des nombreuses œuvres de Canton, de la léproserie de Shek Lung, des dispensaires de Mandchourie, des œuvres des Philippines et du Japon. Selon le *Bulletin de l'Union Missionnaire du Clergé* de 1931[38], les MIC se classent au troisième rang pour l'envoi d'effectifs dans les pays de missions, derrière les Sœurs de la Providence qui ne sont pourtant pas essentiellement missionnaires.

Mises en parallèle avec l'ouverture de nombreuses maisons au Québec et la multiplication des œuvres telles que les retraites fermées et le lancement d'une revue missionnaire, les statistiques de 1930-1931 confirment la double stratégie de Délia: développer l'intérêt pour les missions au Canada, tout en œuvrant à la propagation de la foi dans les pays «infidèles». Ce double objectif est-il toutefois trop ambitieux? La fondatrice sacrifie-t-elle la mission *ad extra* au profit du développement des œuvres au Québec? C'est le sens de la critique formulée par Mgr Léger lors du chapitre de 1952. En effet, dans son rapport, sr Albertine Graton souligne que Mgr Léger reproche aux MIC de ne point répondre comme elles le devraient à la fin spécifique de l'Institut. En d'autres mots, il leur reproche de ne pas être suffisamment missionnaires. «Pourtant, écrit sr Albertine, nous envoyons chaque année

Tableau 5.2

**Missionnaires de la province de Québec
dans les territoires de la Propagande (1931)**

Franciscaines Missionnaires de Marie	129
Sœurs de la Providence	78
Missionnaires de l'Immaculée-Conception	77
Sœurs Missionnaires de Notre-Dame d'Afrique (Sœurs Blanches)	69
Sœurs Grises	64
Sœurs de Sainte-Anne	35
Missionnaires de Notre-Dame des Anges	26
Sœurs de Sainte-Croix	26

Source : *Bulletin de l'Union Missionnaire du Clergé*, II, 5 avril 1931, p. 150-151.

25 à 30 sujets dans les missions, et depuis le dernier chapitre, c'est-à-dire depuis 4 ans, nous avons ouvert 6 nouveaux postes[39]. » Il n'en demeure pas moins que les MIC continuent d'envoyer moins de 50 % de leurs effectifs en mission.

En 1950, 68 % des effectifs MIC œuvrent au Québec. Cela laisse le tiers des effectifs pour les pays de mission. Jetons un coup d'œil sur les chiffres compilés par d'autres congrégations missionnaires pour la même année. Fondées en 1928, les Missionnaires du Christ-Roi possèdent trois missions au Japon en 1950, et 30 % de leurs effectifs s'y consacrent. Les Missionnaires de Notre-Dame des Anges, pourtant durement frappées par la guerre et l'arrivée des communistes en Chine, maintiennent 44 % de leur personnel en pays de mission. Les Sœurs Blanches comptent plus de 1650 professes en 1950. Si l'on exclut celles qui œuvrent au généralat à Alger, en Europe et en Amérique du Nord, il reste 72 % des sœurs dans les différentes missions d'Afrique. Enfin, les Franciscaines Missionnaires de Marie, avec 6326 professes, sont alors la communauté missionnaire la plus nombreuse : 51 % d'entre elles se répartissent entre l'Asie, l'Afrique et l'Amérique latine.

Cette avalanche de chiffres démontre que les MIC envoient bel et bien en mission une proportion restreinte de leurs membres. Faut-il en conclure, à l'instar de Mgr Léger, qu'elles ne répondent pas à la fin spécifique de leur Institut ? Les filles de Délia, elles, invoquent plutôt des motifs

Départ d'un groupe de sœurs en route vers les missions d'Asie. Vancouver, 1928.

d'un autre ordre : la maladie, la bonne marche des maisons, la formation des nouvelles recrues et la conjoncture internationale. Mais ceux-ci sont valables pour toutes les communautés missionnaires. Ne faudrait-il pas y voir plutôt, de la part de la fondatrice, une conception originale de la vocation missionnaire ? De toute évidence, Délia croit que celle-ci doit s'exprimer aussi bien au pays qu'à l'étranger. Les œuvres qu'elle met sur pied, de même que les objectifs qu'elle poursuit, montrent à quel point la fondatrice des MIC est convaincue d'une chose : travailler à développer le zèle missionnaire d'une nation est pour elle tout aussi valable que d'œuvrer à la conversion en pays « infidèle ». Les œuvres du Canada répondent tout autant à la fin spécifique de l'Institut que les missions *ad extra*.

À partir des années 1950, le pourcentage de professes MIC en missions *ad extra* s'accroît. En 1970, plus de 50 % des effectifs vivent en pays de mission. Toutefois, avec l'arrivée de candidates non canadiennes, la présence de professes en pays de mission prend une nouvelle signification.

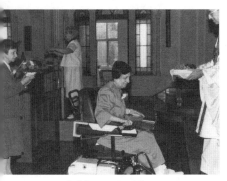

Sr Marguerite Champoux, victime de la polio en 1947, a toujours œuvré au Québec. En 1987, elle célèbre ses noces d'or à la maison de Pont-Viau.

Sr Thérèse Alarie au téléphone, Pont-Viau, c. 2000.
Délia confie à sr Thérèse Alarie (1900-2002) la réception de la Maison Mère en 1929, alors qu'elle vient à peine de prononcer ses premiers vœux. Elle s'est acquittée de cette tâche pendant 47 ans!

Missionner chez soi

Si certaines MIC comptent plus de 50 ans de vie missionnaire *ad extra*, d'autres n'ont jamais mis les pieds à l'extérieur de leur pays natal, que ce soit le Québec, Haïti, Madagascar ou encore les Philippines. Jeunes filles, elles ont pourtant opté pour un institut missionnaire afin d'« aller en mission ». Ont-elles trouvé difficile de ne pas partir ? La plupart des répondantes assurent que non, ajoutant qu'elles se sentent tout aussi missionnaires dans leurs pays d'origine. Toutefois, moins de 70 sœurs ont répondu à cette question. Certaines avouent néanmoins avoir pleuré en voyant les autres partir. Une autre affirme s'être sentie trahie, jusqu'à ce qu'elle soit finalement envoyée en mission.

Moment de grande joie pour quelques-unes, l'annonce des nominations se transforme parfois en moment déchirant pour celles qui voient l'apostolat en pays lointain leur échapper. Pour certaines, ce n'est que partie remise, pour d'autres, un « non » définitif. Pourquoi ne partent-elles pas toutes ? Le plus souvent pour des raisons médicales : une constitution trop fragile pour supporter les rigueurs des missions ou encore les séquelles des maladies contagieuses comme la polio ou la tuberculose.

Pour d'autres, leur contribution aux services d'autorité retarde d'autant leur envoi en mission. L'enseignement, la propagande missionnaire ou encore les retraites fermées ont également monopolisé de nombreuses sœurs qui ont parfois donné les meilleures années de leur vie à ces œuvres. En outre, la bonne marche d'un institut nécessite toujours des tâches non pas ingrates, mais moins valorisées peut-être. Les sœurs qui les ont assumées et les assument encore, pour le bien commun, forcent l'admiration. Ainsi, en 1979, à l'occasion de ses noces d'or, l'abbé G.E. Adam conforte sr Marie-Ange Lavallée qui a travaillé de nombreuses années à la préparation et l'envoi des caisses et colis pour les missions : « Si vous n'êtes jamais allée en mission lointaine, consolez-vous ! Car par votre dévouement inlassable et vos pas précipités, vous avez fait le tour du monde, peut-être deux fois à la ronde. »

En effet, pour plusieurs, il ne s'agit pas d'un départ ou d'une mission à l'extérieur. Il s'agit plutôt d'œuvrer chez soi. Un nombre considérable de sœurs non canadiennes n'ont jamais quitté leur pays à des fins d'apostolat. La question de la mobilité pour ces femmes se pose donc à nouveau.

Aux missionnaires européens des 16e et 17e siècles qui demandaient à partir pour les «Indes» – c'est-à-dire pour l'Asie ou pour le Canada –, les supérieurs rétorquaient souvent: «Vos Indes sont ici», leur signifiant par là qu'il y avait beaucoup de travail à faire en Europe même. Il semble que Délia avait une vision très similaire du travail missionnaire et qu'elle aurait pu tenir les mêmes propos. Aujourd'hui encore, cette recherche d'un équilibre permettant de répondre aux besoins locaux tout en se portant volontaires pour d'autres pays constitue un des traits distinctifs des Sœurs Missionnaires de l'Immaculée-Conception.

Quitter sa famille et son pays...

En 2005, les MIC ont le monde au bout des doigts. Grâce à la radio, à la télé et à Internet, elles peuvent s'informer au sujet de n'importe quel coin de la planète. En outre, les séjours en mission sont, depuis 1968, entrecoupés de retours périodiques au pays et chacune peut contribuer aux connaissances de ses compagnes par sa propre expérience. Il n'en a pas toujours été ainsi, comme en témoigne sr Armandine Gauthier:

> Nous voici en février 1951. À l'occasion de mes vœux perpétuels, Mère St-Jean-François-Régis me demande à sa chambre; c'était l'heure des «Nominations». À la suite d'une courte conversation elle me dit: «On a pensé de vous nommer pour Cuba.» Mon unique réponse fut: «Merci» bien que un peu déçue en moi-même puisque mon rêve était l'Afrique. Cette courte visite terminée je me suis dirigée à la chapelle pour dire mon «Fiat» et puis être heureuse de partir pour Cuba, mon premier champ d'apostolat, où j'ai eu bien du bonheur. À cette époque de la Congrégation l'on ne faisait pas le choix du pays où nous désirions aller, de plus, nous partions pour la vie. C'était donc un adieu à nos chers parents et amis, à notre pays[40].

Plusieurs partent alors avec une idée très vague, voire inexistante, du pays qui les attend. «Je n'avais pas idée du pays ni de la population», écrit sr Ida Carrière, nommée pour les Philippines en 1939. «Comme je voulais faire la volonté de Dieu, je m'abandonnais aux supérieures sans me pré-occuper de ce qui m'attendait à l'autre bout du monde[41]. » D'autres se laissent impressionner par les récits de sœurs déjà en poste : «On entendait parler des Chinois et des Japonais, ainsi que des difficultés comme une invitation au martyre ; ce qui n'était pas mon fort. Je rêvais d'une vie ordinaire dans la paix, d'un peuple calme, accueillant, humble[42]. »

La perspective d'un départ sans espoir de retour en afflige plus d'une. Sr Diana Chaîné raconte : «Nous partions pour la vie. Ce fut extrême-ment dur pour moi avant le départ. Je me souviens que la veille, j'en criais dans mon lit[43]. » Le départ, événement heureux, se couvre parfois d'une certaine aura de tristesse : «En 1951, grand bonheur de voir mon rêve se réaliser », explique sr Marguerite Legault. «Mon père, alors âgé de 71 ans, parce qu'à cette époque on partait pour la vie, m'a dit : "Au revoir, au ciel[44]." » Faire accepter cette séparation à ses parents peut aussi causer quelques soucis, comme en témoigne sr Marguerite Hétu :

> Il fallait préparer la visite dans ma famille. Et maman ne voulait pas que je parte. «Qu'elle attende. » Elle était gravement malade. Elle avait bien accepté mon départ comme Missionnaire de l'Immaculée-Conception, mais pour les missions lointaines, non, «qu'elle attende» étaient ses seules paroles. À Joliette, je souffrais. L'Obéissance me commandait et ma mère voulait me retenir. Ce n'est qu'après la visite du curé de la paroisse, venu lui porter la communion, qu'elle fit son sacrifice. À ma visite à ma famille, maman malade en robe de chambre, me reçoit les bras ouverts en me disant : «Va, Margue-rite, va enseigner toutes les nations[45]. »

Aujourd'hui, les MIC effectuent leurs déplacements en avion. Cela n'a bien sûr pas toujours été le cas. Jusque dans les années 1960, les moyens de transport les plus abordables demeurent le train, le paquebot ou encore le cargo, comme l'explique sr Huguette Turcotte :

> Avant la guerre de 1939-45, les Sœurs partaient pour la Chine du port de Vancouver sur les paquebots *Empress* du Canadien Pacifique. Après la guerre, ce furent des cargos mixtes de la compagnie *American Mail Line* qui nous amenaient vers l'Asie à partir du port de Seattle, dans l'État de Washington.

Départ en bateau vers Madagascar et le Malawi via Rome. De gauche à droite : sr Rita Desaulniers, sr Fernande Gouge, sr Thérèse Blais, sr Rose Blanche Noël, sr Rose-Hélène Turgeon et sr Mariette Provencher. Québec, 1958.

Le transport aérien coûtait beaucoup plus cher. Mais douze ans plus tard, c'était le contraire et je suis rentrée au Canada par avion en 1965[46].

Ces périples au long cours durent souvent plus d'un mois, parfois dans des conditions éprouvantes, particulièrement pour celles qui n'ont pas le pied marin :

> […] le 30 septembre, nous montions à bord du *China Mail* à Seattle, et le lendemain vers 10 heures, nous quittions le quai et l'Amérique. Nous étions onze passagers répartis dans six cabines très confortables, avec lits jumeaux, salle de bain complète, armoires, pupitres et deux gros fauteuils bien ancrés au plancher par de solides chaînes, ce qui ne manqua pas de faire apparaître un signe d'inquiétude chez sœur Cécile. Le bateau va-t-il tanguer au point de déplacer ces énormes fauteuils ? […] Malade dès le premier jour en mer, [sr Cécile] fit d'abord des efforts méritoires pour se rendre aux repas mais ce fut peine perdue. Elle s'est vite résignée à rester dans son lit ou dans le gros fauteuil bien ancré avec des chaînes et je me chargeais de la ravitailler ; mais un régime de craquelin sec ne fit que changer le mal de place ! Dès que le bateau

levait l'ancre elle tombait dans un véritable «état second». Pauvre sœur Cécile était si amorphe qu'il est arrivé qu'elle me demande, au cours de la journée, si nous avions eu la messe le matin, alors qu'elle y avait communié[47].

Ces traversées sont aussi l'occasion pour les sœurs de véritables excursions touristiques. Lors du premier départ pour l'Afrique, en 1948, les sœurs font un long trajet qui les mène de Montréal à New York, puis à Londres avant de prendre enfin un navire pour l'Afrique. Occasion unique de jouer les touristes, comme le raconte sr Bérangère Cadieux à sa famille:

Mardi, 30 – visite de Londres. Quel souvenir j'en garderai! Mais le clou de la visite fut certainement le pèlerinage à la Tour de Londres. [...] Maintenant, étant déjà au 1er avril - poisson d'avril - et devant m'embarquer demain à 2h, je me vois forcée de finir ici, ce petit journal. Nous avons grand hâte à demain car nous commencerons la dernière étape marine de notre grand voyage. J'espère que le mal de mer ne frappera pas à ma porte car nous en avons pour 4 ou 5 semaines à naviguer[48].

À leur arrivée en mission, les sœurs ont-elles éprouvé des difficultés à s'adapter à de nouvelles cultures, de nouveaux modes de vie? Oui, un peu, avouent-elles honnêtement dans le questionnaire. La langue, à coup sûr, constitue un facteur aggravant. Le manque d'eau ou de nourriture, le climat, le manque d'hygiène, les odeurs nauséabondes ainsi que les puces ne facilitent pas la transition. Leur amour pour les gens, témoignent plusieurs d'entre elles, leur permet de passer outre ces irritants. Au-delà des défis et difficultés du quotidien, se dressent aussi les dangers. En effet, la mission n'est pas toujours un havre de paix, loin de là. Les MIC ont traversé deux guerres mondiales et deux révolutions: en Chine d'abord puis à Cuba. Aux Philippines, en Bolivie, au Guatemala et en Haïti, elles ont vécu sous la dictature. En Zambie, au Malawi et à Madagascar elles ont assisté aux revendications d'indépendance et subi les contrecoups de la décolonisation. Et qui sait ce que réserve l'avenir...

Sr Maria Teresa Trujillo, une Cubaine, raconte des moments difficiles pendant la révolution menée par Fidel Castro:

Départ pour l'Afrique en avion. De bas en haut : sr Ruth Bégin, sr Gladyes Mc Lean, sr Henriette Sylvestre et sr Jeanne Piché. Montréal, 1959.

À Manguito [...] un jour que je revenais à la maison avec Armandine Gauthier nous avons affronté 17 chars d'assauts, qui pointaient leurs mitraillettes sur nous... il faut dire que les militaires étaient soupçonneux... des révolutionnaires s'habillaient en prêtres et religieuses... La situation devenait de plus en plus dangereuse pour moi[49].

En fait, chaque mission recèle son potentiel de périls. « Au Pérou, écrit sr Michelle Payette, nous vivions une période où le Sentier lumineux [mouvement de guérilla communiste] faisait des ravages. Souvent le soir nous entendions des coups de feu. Il fallait être plus prudentes dans nos déplacements et apprendre à gérer une certaine tension[50]. »

Rire... même en temps de guerre

En 1941, sr Diana Chaîné travaille en Mandchourie lorsque la guerre civile éclate pour de bon entre les communistes et les nationalistes. À l'occasion d'un retrait provisoire des communistes, les missionnaires, hommes et femmes, regroupés à Szepingkai, songent à retourner dans leurs missions respectives :

> Trois jours de marche, deux nuits dans de bonnes familles chinoises ; nous faisons honneur au « kang chinois » (lit en briques chauffées)... Le troisième jour en voyage encore, une petite rivière est à traverser, attention aux paquets ! Pour les préserver, je m'installe sur le dessus de la voiture pour éviter un renversement... mais catastrophe... la voiture bute sur une roche, la voiture est renversée, je tombe à l'eau avec mon précieux pot de mélasse fracassé... j'en sors toute couverte, bien sucrée... j'attire les rires des voyageurs... Le lendemain, installées dans nos postes, Mgr Prévost et tous les PMÉ de Leao viennent visiter les Sœurs et au cours de la conversation Mgr Prévost de dire en forme de taquinerie : « Je ne connais pas beaucoup votre communauté, mais ce que je sais c'est que vous avez une Sœur converse » (qu'on verse)... les rires fusent encore... Pas si mal d'égayer des missionnaires durant tant de controverses[51].

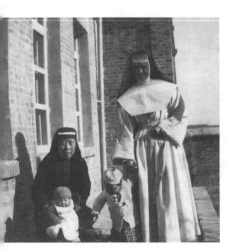

Sr Diana Chaîné et Lou Maliya, une sœur de Notre-Dame-du-Rosaire, avec de jeunes enfants à Taonan. Mandchourie, Chine, 1936.

Nous pourrions multiplier les témoignages des unes et des autres. Chacune possède une anecdote, un souvenir précieux à partager. Malgré les difficultés, malgré les dangers, toutes conservent de leur vécu missionnaire un heureux sentiment : elles n'hésitent pas à y associer joie et bonheur. Nous en apprendrons encore davantage sur les différents contextes missionnaires dans les prochains chapitres. Nous continuerons de nous abreuver au récit des sœurs afin de relater le plus fidèlement possible la réalité missionnaire. En suivant les différentes œuvres MIC sur le long terme, nous serons également à même de constater sur le terrain l'impact réel de Vatican II sur la mission.

Notes

1. AMIC, Lettre de Délia Tétreault aux sœurs de Mandchourie, 24 novembre 1928.
2. La fin des années 1950 et les années 1960 représentent des années de transition pour les communautés religieuses. Aussi, les sœurs entrées pendant cette période peuvent associer leur formation davantage à l'époque d'avant Vatican II ou, au contraire, à celle, plus souple, qui lui succède. Comme il faut bien trancher, l'année 1970 a été choisie comme point de repère servant à marquer l'avant et l'après Vatican II.
3. C'est Délia elle-même qui qualifie ainsi le poste de maîtresse des novices : « N'épargnez rien afin de pouvoir faire face à votre énorme et difficile besogne. Il faut bien le dire, après celle de la supérieure générale, c'est bien votre charge qui est la plus lourde, et, si vous ne prenez pas toutes les précautions que je vous suggère, vous succomberez bientôt sous le fardeau. » AMIC, Lettre de Délia Tétreault à Albertine Graton (sr Saint-Jean-François-Régis) [Nominingue], 10 juillet 1920.
4. AMIC, Lettre de Délia Tétreault à Albertine Graton (sr Saint-Jean-François-Régis) [Nominingue], 23 janvier 1918.
5. AMIC, Lettre de Délia Tétreault à May Moquin (sr Marie-de-l'Épiphanie) [Outremont], 2 septembre 1916.
6. AMIC, Lettre de Délia Tétreault à Albertine Graton (sr Saint-Jean-François-Régis) [Nominingue], 20 janvier 1921.
7. Ces statistiques sont obtenues à partir du registre des entrées pour les années 1950-1964. Elles concernent l'ensemble des candidates canadiennes (et non seulement celles qui feront profession).
8. AMIC, Étiennette Guérette, Témoignage, octobre 2007.
9. AMIC, Lettre de Délia Tétreault à May Moquin (sr Marie-de-l'Épiphanie) [Canton], 31 octobre 1927.
10. AMIC, Lettre de Délia Tétreault à la supérieure de Canton et à son assistante, 4 mars 1916.
11. AMIC, Chapitre général de 1952 – Rapport de la supérieure générale.
12. AMIC, Chapitre général de 1970 – Compte rendu de la supérieure générale.
13. AMIC, Chapitre général de 1968 – Rapport de la Commission d'étude des Desiderata.

14. Constitutions des Sœurs Missionnaires de l'Immaculée-Conception (1984), art. 24.9.

15. Constitutions des Sœurs Missionnaires de l'Immaculée-Conception (1984), art. 26.

16. AMIC, Chapitre général de 1976 – Rapport de la supérieure générale.

17. *Ibid.*

18. Lettre apostolique Maximum Illud, 11, 53.

19. AMIC, Lettre de Délia Tétreault à Zénaïde Marcoux (sr Marie-de-Lourdes) [Canton] 26 octobre 1911.

20. AMIC, Lettre de Délia Tétreault à Zénaïde Marcoux (sr Marie-de-Lourdes) [Canton], 11 avril 1910.

21. AMIC, Lettre de Délia Tétreault à Orphise Boulay (sr Marie-de-Loyola) [Québec], 13 janvier 1923.

22. AMIC, Irma de la Durantaye, Interview Mandchourie, 14 septembre 1988.

23. AMIC, Alice Larouche, Interview Mandchourie, 20 septembre 1989.

24. AMIC, Èva Tessier, Interview Mandchourie, 8 avril 1991.

25. AMIC, Ida Carrière, Mémoires vivantes, mars 2002.

26. AMIC, Adélaïde Tremblay, Mémoires vivantes, décembre 2001.

27. AMIC, Gertrude Laforest, Interview Chine, 5 septembre 1989.

28. AMIC, Armandine Gauthier, Mémoires vivantes, décembre 2004.

29. AMIC, Chapitre général de 1952 – Rapport de la supérieure générale.

30. AMIC, Réjane Gaudet, Mémoires vivantes, septembre 2003.

31. AMIC, Chapitre général de 1970 – Rapport de la supérieure générale.

32. Huguette Turcotte, m.i.c., *Réflexions sur la formation de la religieuse missionnaire selon les orientations du Vatican II*, (*Ad Gentes*, 25-26), Ottawa, Université Saint-Paul, 1968, p. 40.

33. *Ad Gentes*, Chapitre IV, n° 26.

34. AMIC, Lettre des sœurs de Canton à Délia Tétreault, 10 août 1910.

35. AMIC, Lettre de Délia Tétreault à Johanna-Mary Kelly (sr Marie-du-Rosaire) [Canton], 25 novembre 1922.

36. Un tableau sur la répartition géographique des effectifs MIC à tous les dix ans (1910-2000) est donné en annexe de ce livre.

37. AMIC, Lettre de Délia Tétreault à Marguerite Latour (sr Marguerite-Marie) [Canton], 21 février 1930.

38. Nive Voisine, dir., *Histoire du catholicisme québécois*, vol. 3, Jean Hamelin et Nicole Gagnon, *Le xxe siècle*, tome 1, *1898-1940*, Montréal, Boréal, 1984, p. 157.

39. AMIC, Chapitre générale de 1952 – Rapport de la supérieure générale.

40. AMIC, Armandine Gauthier, Mémoires vivantes, décembre 2004.

41. AMIC, Ida Carrière, Mémoires vivantes, mars 2002.

42. AMIC, Marie-Jeanne Fortin, Mémoires vivantes, décembre 2003.

43. AMIC, Diana Chaîné, Interview Mandchourie, 30 septembre 1989.

44. AMIC, Marguerite Legault, Mémoires vivantes, septembre 2003.

45. AMIC, Marguerite Hétu, Mémoires vivantes, janvier 2002.

46. Récit de sr Huguette Turcotte, « Sœur Cécile-des-Anges, m.i.c. Une Kirouac mission-naire aux Philippines », *Le Trésor des Kirouac*, n° 86, décembre 2006, p. 13.
47. *Ibid.*, p. 15.
48. AMIC, Lettre de Bérangère Cadieux [sr Saint-Jospeh-du-Sauveur] à sa famille, 26 mars 1948.
49. AMIC, Maria Teresa Trujillo, Mémoires vivantes, mai 2000.
50. AMIC, Michelle Payette, Mémoires vivantes, octobre 2003.
51. AMIC, Diana Chaîné, Mémoires vivantes, juillet 2002.

CHAPITRE 6

L'éducation, un levier de développement social

Tournez donc plutôt vos vues du côté des écoles…
par les enfants on atteint les populations entières.

Délia TÉTREAULT[1]

DEPUIS LA NUIT DES TEMPS, les croyances, la foi et les valeurs qui s'y rattachent sont transmises par l'éducation. Par la mère et la famille, bien sûr, mais aussi par le milieu scolaire. Il n'est donc pas étonnant que l'éducation constitue aussi, et depuis fort longtemps, un moyen privilégié d'évangélisation et de conversion. Les autorités catholiques ont en effet rapidement compris les effets positifs qu'elles pouvaient espérer en offrant aux populations non chrétiennes une formation de qualité dans un cadre religieux approprié. Les œuvres d'enseignement mises sur pied par les Sœurs Missionnaires de l'Immaculée-Conception en Asie, dans la première moitié du 20ᵉ siècle, s'inscrivent tout à fait dans cette stratégie.

Alors que la Chine se ferme aux missionnaires et que celles-ci s'aventurent vers d'autres territoires d'apostolat, l'éducation continue d'être un outil de choix pour les MIC. Au début des années 1960, elles œuvrent dans une quinzaine de pays et dirigent ou enseignent dans plus d'une soixantaine d'établissements. À leur arrivée dans de nouveaux pays de mission, aux Antilles (Haïti, Cuba), en Afrique (Malawi, Zambie, Madagascar) ou en Amérique latine (Bolivie, Chili, Pérou), elles se voient systématiquement confier la formation des jeunes filles et parfois aussi des jeunes garçons. Éduquer, instruire pour mieux évangéliser, tel est le mandat de centaines de MIC à l'époque.

Sous l'influence de Vatican II puis d'un certain courant politique et religieux prônant la libération des peuples et la solidarité avec les opprimés, soit la théologie de la libération née en Amérique latine au début des années 1970, l'évangélisation devient de plus en plus étroitement liée au développement social. En Asie, en Afrique ou en Amérique latine, l'évangélisation va désormais de pair avec la construction de routes, de puits et d'hôpitaux. Bien entendu, les écoles occupent encore une place de choix dans cet effort d'émancipation des peuples. Les MIC se révèlent sensibles aux discours politico-religieux des années 1960 et 1970 et, toujours dans le cadre d'œuvres éducatives, accentuent leurs initiatives de promotion féminine et d'alphabétisation tout en s'investissant dans la formation de leaders en milieux ruraux. Le message chrétien ne saurait se dissocier de la dignité humaine.

La mouvance politique, religieuse et sociale depuis les années 1960 est telle, toutefois, que de nombreux instituts missionnaires en viennent à se questionner sur leur fin spécifique : quel doit être leur rôle, en définitive, dans les pays de mission ? Fer de lance de l'implantation missionnaire MIC pendant près de soixante-dix ans, l'œuvre éducative est ainsi peu à peu remise en question dans les années 1980. Les effectifs de plus en plus restreints, les exigences étatiques toujours plus grandes en matière d'enseignement, la présence accrue de l'État et, surtout, une interprétation plus stricte de leur mission première, amènent les MIC à se retirer graduellement de certains postes et à transférer bon nombre d'établissements à d'autres congrégations au profit d'un travail pastoral plus direct.

Les projets éducatifs de la communauté représentent au fil des ans une vaste gamme d'initiatives : cours privés, jardins d'enfants, direction de gigantesques complexes scolaires, écoles rurales, formation technique, alphabétisation… Les conditions d'enseignement et de direction des établissements changent évidemment du tout au tout selon les époques et les pays. La diversité des besoins, des ressources et des moyens nécessite de remarquables aptitudes d'adaptation et c'est tout à l'honneur des sœurs d'avoir réussi à chapeauter autant d'entreprises dans des contextes si différents.

C'est donc à la fois la diversité de l'œuvre éducative MIC de même que son évolution dans le temps qui forment la trame principale des prochaines pages. Il s'agit en effet de voir en quoi certaines des initiatives de formation sont uniques, compte tenu de leur contexte, de leurs objectifs et de leurs résultats, mais aussi en quoi elles participent d'une même vision MIC de l'éducation.

Du jardin d'enfants à l'université : le cursus traditionnel

Dans tous les pays où elles s'établissent, les MIC, par l'enseignement ou la direction d'institutions scolaires, apportent leur contribution à la connaissance des matières essentielles que sont la lecture, l'écriture, les mathématiques, l'histoire, la géographie, les sciences, la littérature et les arts. Certaines de ces initiatives s'avèrent ponctuelles ou de courte durée. D'autres fonctionnent depuis plus de 60 ans. C'est aux niveaux préscolaire (jardins d'enfants), primaire et secondaire que les sœurs se révèlent les plus actives, bien qu'elles offrent aussi, de façon sporadique, des cours aux niveaux collégial et universitaire.

De l'école de brousse aux importants complexes éducatifs, elles œuvrent dans les conditions les plus variées. Elles assument trop souvent leurs tâches d'éducatrices dans des bâtiments rudimentaires, propriétés de la paroisse ou du diocèse. Des murs blanchis à la chaux, des toits de chaume ou de tôle, de même que l'absence d'électricité et d'éclairage caractérisent plus d'une école MIC en Haïti, au Malawi ou en Zambie. À l'autre bout du spectre, elles ont aussi la chance d'offrir leurs services dans d'importants complexes éducatifs où rien ne manque : bibliothèque, gymnase, piscine, laboratoire de langues et équipement informatique. Ces écoles de Hong Kong, des Philippines et du Japon, dont les MIC sont en grande partie propriétaires, bien que modestes au départ, ont bénéficié au fil des ans d'investissements considérables de la part de bienfaiteurs.

Sr Thérèse Lavoie dans sa classe de français à l'école Délia-Tétreault. Montréal, 1961-1962.

Les sœurs assurent elles-mêmes une grande partie de l'enseignement, du moins dans les premiers temps d'une œuvre. Toutefois, le succès que remportent leurs écoles les oblige à recourir à un corps professoral laïque de plus en plus important. Ces hommes et ces femmes constituent des collaborateurs de premier plan, d'autant plus précieux qu'avec des effectifs en constante diminution, les MIC ne sont aujourd'hui plus assez nombreuses pour travailler sur tous les fronts. Elles délaissent peu à peu l'enseignement proprement dit, se réservant la direction des établissements. Malgré l'augmentation d'enseignants laïques, une participation accrue des États dans le système éducatif – ceux-ci assument très souvent les salaires des professeurs – permet néanmoins aux sœurs de continuer d'offrir aux enfants, dans la plupart des cas, une instruction à coût modique.

Les écoles d'Asie : une œuvre de patience

Les complexes éducatifs ultramodernes que l'on retrouve aujourd'hui en Asie sont le fruit d'une longue et patiente implantation. Les MIC connaissent en Chine des années difficiles (guerre civile, occupation japonaise, arrivée des communistes) peu propices à l'établissement d'œuvres imposantes ou durables. Au Japon, la méfiance envers les Occidentaux et la religion chrétienne, tout comme la montée du nationalisme et les conflits armés constituent aussi des obstacles de taille. Quant aux Philippines, bien que le contexte soit plus favorable, les initiatives en éducation tardent à se mettre en place. L'essor de leur première école sera d'ailleurs freiné de façon abrupte par le déclenchement de la Deuxième Guerre mondiale dans le Pacifique.

En fait, que ce soit en Chine, aux Philippines ou au Japon, le processus d'installation de l'œuvre éducative s'avère assez similaire. Les sœurs, tout en étudiant la langue du pays, offrent généralement dès leur arrivée des cours privés (anglais, français, musique) à une clientèle privilégiée. Puis, elles acceptent de prendre en charge un jardin d'enfants, de même qu'une école primaire. Éventuellement, si tout va bien, elles offrent aussi le cours secondaire. En somme, les MIC favorisent un établissement graduel et évitent le piège de voir trop grand trop tôt. Cette façon de faire, visiblement, constitue une des clés de leur succès en Asie.

UNE PRÉSENCE ÉCOURTÉE EN CHINE CONTINENTALE

La Chine constitue le premier territoire de mission du jeune institut fondé par Délia Tétreault. Lorsque six MIC débarquent à Canton (Guangzhou), dans le sud de la Chine, en octobre 1909, elles sont priées par l'évêque de prendre en charge diverses œuvres sociales (crèche, orphelinat, refuge). Sans perdre de temps, toutefois, elles font aussi quelques incursions dans le domaine de l'éducation. Moins de six mois après leur arrivée, en février 1910, elles ouvrent l'externat du Saint-Esprit. D'abord logée à même la maison des sœurs qui comprend également la crèche et l'orphelinat, cette première école catholique pour filles répond à un besoin d'autant plus pressant qu'il existe déjà des écoles protestantes à Canton. L'époque n'étant pas encore à l'œcuménisme et à la collaboration, il convient donc de contrer au plus vite ces initiatives, comme l'écrit clairement la supérieure de la nouvelle mission :

> Actuellement, nous essayons d'aménager la maison pour l'ouverture de nos classes, qui aura lieu en février prochain. Nous commencerons par un externat pour les jeunes filles païennes. Il faut vous dire qu'il n'y a pas à Canton une seule école catholique pour les filles, mais bien des écoles protestantes avec lesquelles nous aurons à lutter dès le début[2].

Le succès de l'école exige bientôt la recherche de nouveaux locaux, plus grands. L'école du Saint-Esprit déménage rue du « Riz Blanc » (Pak Mai Hong), tout près de la cathédrale de Canton. Un prospectus promotionnel de 1920 fait état de ses classes, grandes et aérées, et de ses vastes cours de récréation qui en font une institution idéale sous le rapport du bien-être physique des élèves. L'école regroupe un jardin d'enfants, pour les enfants d'âge préscolaire, ainsi qu'une école primaire pour filles, accréditée par le gouvernement chinois.

Le curriculum offert par les MIC, en chinois et en anglais, s'avère très complet. Pas moins de 23 matières sont inscrites au programme. À côté des disciplines de base telles que la grammaire, l'algèbre, l'histoire, la géographie et la chimie, on retrouve des classes de comptabilité, d'hygiène, d'économie domestique, de travaux manuels, de dessin, de calligraphie, de déclamation et, bien sûr, d'instruction religieuse. Les sœurs

L'école du Saint-Esprit, située rue du « Riz Blanc », vers 1922-1924. Canton, Chine.

proposent également en option des cours de musique (piano, orgue, violon et mandoline), de peinture et de pyrogravure.

L'école se tire plutôt bien d'affaire malgré les troubles politiques qui sévissent à cette époque en Chine. Elle ferme néanmoins ses portes à quelques reprises entre 1913 et 1930 devant les menaces des communistes ou des grévistes – les sœurs se réfugient alors à Hong Kong –, puis brièvement en 1938 alors que Canton est bombardé par les Japonais. Quelques années avant la fermeture définitive (1951), causée par la prise de pouvoir de Mao Zedong en 1949, le rapport de la visitatrice fait état du succès remporté par l'établissement des MIC :

> Mais voici que l'École du Saint-Esprit a reçu une belle note de louanges de la part de la ville tout dernièrement. Tous désirent que nous ajoutions au cours primaire, les cours secondaire et supérieur […]. Les classes sont recommencées ; il y avait 660 élèves d'enregistrés hier, pour les cours chinois, et environ 70 pour les cours d'anglais. Sœur Marguerite-Marie a 25 musiciennes pour les leçons de musique et Sœur Marie-des-Victoires plusieurs élèves pour les cours privés d'anglais[3].

Quelques années après l'ouverture de l'école du Saint-Esprit, une nouvelle occasion en matière d'éducation se présente. Les sœurs acceptent de donner des cours privés aux enfants du quartier européen de Shameen (Shamian), un district de Canton cédé aux intérêts français et britanniques. Le nombre d'élèves intéressés par ces leçons (français, anglais, catéchisme et piano) finit par justifier l'organisation d'un cours primaire régulier. En 1917, l'école Sainte-Thérèse-de-l'Enfant-Jésus ouvre donc ses portes aux enfants de consuls, de banquiers et d'industriels européens ou chinois. Jusqu'en 1927, chaque rentrée scolaire amène une vingtaine d'enfants, bien que ce nombre varie souvent en fonction des arrivées et des départs des familles européennes.

Entre 1927 et 1931, les cours sont interrompus. L'école redémarre en 1931 dans de nouveaux locaux. Elle accueille alors en moyenne 70 enfants chaque année jusqu'au déclenchement de la guerre. Par la suite, les Européens étant presque tous partis, l'école marche plutôt au ralenti. En 1948, malgré le climat politique incertain, quelques MIC s'installent de façon

Sr Mary Donovan enseigne l'anglais à quelques élèves. Canton, Chine, 1912-1916.

permanente à Shameen – avant, elles voyageaient chaque jour depuis l'École du Saint-Esprit – et la maison devient autonome. Les sœurs profitent peu de ce nouvel arrangement puisque la période troublée qui suit la victoire des communistes en 1949 provoque la fermeture progressive de l'école et le départ des sœurs pour Hong Kong. Parce qu'elles se trouvent dans une petite enclave étrangère, les deux dernières MIC en poste à Shameen sont les dernières à quitter Canton librement, en février 1952, non sans avoir subi les tracasseries du nouveau gouvernement (interrogatoires, pillages, etc.).

À cette époque, l'école de Shameen et l'école du Saint-Esprit constituent les œuvres éducatives MIC les plus notables en Chine. Les sœurs offrent aussi, il est vrai, des cours privés dans la ville de Süchow (Xuzhou) pendant de nombreuses années (1934-1948), mais n'y ouvrent pas de jardins d'enfants ou d'écoles. Quant au vaste champ d'apostolat de Mandchourie, dans le nord-est de la Chine, il n'y est pas non plus question d'enseignement puisqu'on y privilégie une autre stratégie d'évangélisation fort efficace : les dispensaires.

Au terme d'une présence de plus de 40 ans en Chine, les MIC peuvent revendiquer deux écoles, dont l'une destinée principalement aux enfants européens, et quelques milliers d'heures de cours privés. Maigre bilan, diront certains. De fait, il est évident que l'éducation ne représente ici qu'une portion congrue des efforts d'évangélisation déployés par les MIC. Les œuvres caritatives (crèches, orphelinats, léproserie et dispensaires) ont été les principaux projets des sœurs. Néanmoins, il ne faut pas sous-estimer l'impact de ces milliers d'heures passées à enseigner l'anglais, la musique ou le catéchisme. Pour sr Janet Delisle, qui a consacré 13 ans de sa vie à donner des cours privés d'anglais à Canton, les amitiés nouées à l'occasion de ces rencontres comptent parmi ses expériences les plus enrichissantes[4]. On peut dès lors supposer que la réciproque a aussi été vraie et que plus d'une jeune Chinoise, convertie ou non, a tiré profit de ses contacts quotidiens ou hebdomadaires avec les Missionnaires de l'Immaculée-Conception. Ainsi, Jeannine (Sou Louo Ping avant son baptême), une jeune adolescente de Süchow forcée de quitter son pays à l'arrivée des communistes, resta toujours en communication – malgré une vie bien remplie aux États-Unis – avec sr Simone Boisclair qui l'avait alors accompagnée dans son cheminement spirituel et professionnel. Son fils, qui habite en Alaska, vint même plusieurs fois à Pont-Viau pour rencontrer la missionnaire qui avait autrefois aidé sa mère[5].

Quarante ans après leur départ, à la faveur d'une certaine détente, les MIC sont de retour en Chine continentale. De 1991 à 2002, sans tambour

Sr Luisa Tan, sr Nicole Beaulieu, sr Fleurette Lagacé et sr Lucie Gagné ont consacré chacune quelques années à l'enseignement de l'anglais en Chine à partir des années 1990. Ici, sr Lucie est photographiée avec les membres du club d'anglais de l'Université de Xi Jiang. Chine, 1996.

ni trompette, une poignée de sœurs enseignent l'anglais dans différents établissements collégiaux et universitaires assurant une discrète présence chrétienne auprès des étudiants. Ces initiatives personnelles les mènent dans les provinces côtières du Fujian et du Guangdong, mais aussi beaucoup plus au nord, à Changchun, dans la province du Jilin (Mandchourie).

FOI, ESPÉRANCE ET CHARITÉ À HONG KONG

En 1927, compte tenu de l'agitation politique et des troubles qui sévissent à Canton, les sœurs doivent à nouveau fuir leur mission et se réfugier à Hong Kong. La fondatrice estime qu'il serait pratique pour la communauté de disposer d'un établissement permanent dans cette ville, ce qu'elle demande à l'évêque, Mgr Enrico Valtorta. Celui-ci accepte la présence des sœurs, mais seulement en tant qu'invitées et non comme congrégation religieuse autorisée à effectuer du travail apostolique. Les MIC doivent donc se contenter d'ouvrir une procure et d'offrir quelques leçons privées. L'année suivante, cependant, l'évêque se voit dans l'obligation d'ouvrir de nouvelles écoles afin de répondre aux besoins d'immigrants, tous les jours plus nombreux à quitter la Chine. Il demande aux sœurs de s'occuper de l'une de ces écoles mais, prudentes, celles-ci refusent de s'engager d'emblée dans la construction d'un grand collège de filles. Elles proposent plutôt d'ouvrir d'abord un modeste jardin d'enfants auquel s'ajoutent bien vite quelques classes primaires. C'est le début d'une œuvre éducative florissante.

Ce premier établissement devient, en 1930, la Tak Sun Anglo-Chinese Academy. L'école ne comprend alors que 39 élèves, mais ce nombre augmente très rapidement, pour atteindre 400 en 1939. Le déclenchement de la guerre oblige les sœurs à fermer les portes de l'école, mais elles ne quittent pas Hong Kong pour autant, ayant proposé leurs services comme infirmières au bureau médical de la ville.

Après un peu plus de trois ans d'absence, les MIC se réinstallent à Hong Kong. Elles emménagent dans de nouveaux locaux en avril 1947, l'ancienne école ayant été détruite par les bombardements. Tak Sun, dont le nom signifie « Foi », renaît avec cette fois pour principale mission l'éducation des garçons. À la rentrée de septembre, ils sont 262 répartis entre le jardin d'enfants et les classes du primaire. Les demandes d'inscription sont telles que des agrandissements s'avèrent nécessaires dès 1948. Au tournant des années 1950, l'école accueille 800 élèves et 21 enseignants laïques :

> Il se faisait un merveilleux travail d'éducation pour tous ces gosses. [...] Les élèves étant nombreux et l'espace limité, il fallait recevoir un groupe l'avant-midi et un autre groupe l'après-midi. Il y avait aussi des cours privés de langue et de musique. Bien entendu, des cours de catéchèse se donnaient dans toutes les classes[6].

Outre les cours d'anglais et de musique, les sœurs se réservent évidemment l'instruction religieuse qui, de fait, commence avec les tout-petits

Prisonnières de guerre

En décembre 1941, peu après l'attaque de Pearl Harbor, le Japon bombarde Hong Kong. La colonie britannique oppose peu de résistance et capitule rapidement. Au même titre que tous les sujets britanniques et américains, les neuf MIC en poste à Hong Kong sont considérées comme des prisonnières de guerre. D'abord mises sous surveillance dans un hôpital d'urgence, où elles peuvent continuer à soigner les blessés, elles sont ensuite transférées dans un camp d'internement, le camp Stanley.

Loin de se laisser abattre, les sœurs profitent de l'occasion pour faire de l'apostolat auprès des diverses familles, en soignant les malades et catéchisant les enfants. Elles offrent aussi des cours de langues et de dessin. En décembre 1942, cinq d'entre elles sont autorisées à rejoindre leurs consœurs de Canton. Les autres sont rapatriées au Canada en septembre 1943, en échange de prisonniers de guerre, avec d'autres ressortissants étrangers, dont dix MIC du Japon qui avaient connu un sort semblable. Quant aux sœurs des Philippines, après avoir été en résidence surveillée pendant deux ans, neuf d'entre elles sont internées à Los Baños, à quelque 50 km de Manille, alors que deux autres subissent le même sort dans la capitale. Elles sont délivrées par les Américains en février 1945.

Sr Germaine Gravel et sr Antoinette Couvrette recréent une situation vécue lors de leur séjour en prison. On les voit, avec leur habit de prisonnière, allant chercher leur ration d'eau quotidienne. Scène reconstituée après leur libération, au couvent de Kowloon. Hong Kong, Chine, 1951.

Sr Jeanne Brassard avec des petits de Tak Sun. Hong Kong, 1956.

du jardin d'enfants. Sr Jeanne Brassard se souvient qu'un jour, alors qu'elle racontait la naissance de Jésus et l'adoration des bergers, un des petits, apprenant que les bergers n'étaient pas instruits, demanda naïvement : « Mais pourquoi ne sont-ils pas venus à Tak Sun[7] ? »

Agrandie à plusieurs reprises, l'école connaît un succès incontestable. En 1993, toutefois, la diminution des effectifs oblige à des choix doulou-reux. Fières de leur réalisation et satisfaites du travail accompli, les MIC cèdent leur école à l'East Asia Educational Association, dirigée par l'Opus Dei, qui poursuit encore aujourd'hui l'œuvre commencée par les sœurs.

Avec la victoire des troupes communistes en 1949, le nombre de réfugiés augmente de façon notable à Hong Kong. Très vite, les écoles existantes s'avèrent insuffisantes pour répondre à la demande. Fortes du succès de Tak Sun, les sœurs ne craignent pas de récidiver. Elles le font avec une certaine prudence, ouvrant d'abord un jardin d'enfants, puis une école primaire. Baptisé Tak Mong, c'est-à-dire « Espérance », cet établissement est toutefois mieux connu sous son appellation anglaise de Good Hope. Le nouvel établissement MIC connaît tout autant de succès que le précédent. Les effectifs étudiants augmentant rapidement, une nouvelle construction doit être envisagée. En 1955, une toute nouvelle école primaire, érigée à flanc de montagne, accueille près de 500 fillettes.

Grâce à la contribution du gouvernement, les MIC bonifient leur complexe scolaire d'une école secondaire qui ouvre ses portes en septembre 1963. En 1974, elles ajoutent à leur programme les deux années du cours collégial. L'ensemble des bâtiments de Good Hope occupe aujourd'hui une zone de 4650 mètres carrés sur les pentes verdoyantes de Fei Ngo Shan dans Kowloon, au nord de Hong Kong. En 2005, un corps professoral de 140 enseignants offre un curriculum complet à plus de 2600 élèves, incluant l'enseignement religieux, ainsi qu'une pléiade d'activités parascolaires dans le domaine des sports et des arts. À ce titre, mentionnons notamment la réputation enviable de la chorale de l'école et ses nombreux prix remportés sur la scène internationale.

En 1970, les MIC ajoutent à leur fleuron éducatif de Hong Kong une troisième école. Dérogeant à leur habitude, les sœurs acceptent de prendre d'emblée la responsabilité d'une école secondaire. L'école secondaire pour filles Tak Oi ouvre donc ses portes non loin de Good Hope, dans un quartier habité par des familles à revenu modeste. Comme chez sa voisine, toutes les matières y sont enseignées en anglais sauf le chinois, la littérature chinoise et l'histoire de Chine. Soutenues financièrement par le gouvernement, les MIC acceptent de procéder à des agrandissements importants en 1999-2000. L'école de la « Charité » peut ainsi poursuivre sa mission éducative.

Complexe de Good Hope, au pied du mont Fei Ngo Shan. Hong Kong, Chine, 1999.

Sr Magdalena Leung, directrice de l'école primaire de Good Hope. Hong Kong, Chine, 1975.

DES DÉBUTS MODESTES POUR UNE ŒUVRE MAJEURE AUX PHILIPPINES

Lorsqu'elles se lancent dans l'éducation aux Philippines, les Sœurs Missionnaires de l'Immaculée-Conception procèdent de la même façon qu'à Hong Kong ou Canton, avec prudence et modestie. Autrement dit, elles commencent par ouvrir un jardin d'enfants. Nous pouvons sourire devant ce *modus operandi* somme toute un peu timide. La façon de faire des MIC ne dénote-t-elle pas un manque d'ambition ? Ne devraient-elles pas voir plus grand ? Aspirer d'emblée à des œuvres d'envergure ? C'est le reproche, rappelons-le, que leur fait Mᵍʳ P.-É. Léger en 1952. Mais pourquoi changer une recette gagnante ? Jusqu'à maintenant, cette stratégie des petits pas leur a été profitable.

Devant le succès de leur jardin d'enfants, mis sur pied au profit de la communauté chinoise de Binondo, à Manille, les sœurs ouvrent sans trop attendre une école primaire. Les premiers cours ont lieu en 1935, au deuxième étage d'une quincaillerie. La « Little School » est bientôt connue sous le nom d'Immaculate Conception Anglo-Chinese Academy ou ICACA. Le nombre d'élèves augmente rapidement et les déménagements se succèdent jusqu'à son installation rue Tayuman, en 1939. L'école primaire compte alors plus de 450 élèves. La guerre, cependant, met un frein à cette lancée et entraîne la fermeture de l'école en 1941.

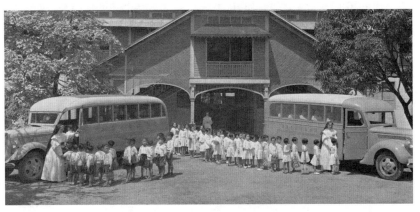

L'Immaculate Conception Anglo-Chinese Academy (ICACA), rue Tayuman.
Manille, Philippines, 1935-1941.

Le retour à la paix marque une nouvelle ère pour l'œuvre d'éducation des MIC aux Philippines. Entre 1946 et 1967, les sœurs prennent la direction d'une dizaine d'écoles. Si certains de ces établissements fonctionnent toujours aujourd'hui, d'autres initiatives ont été de plus courte durée. De plus, ayant travaillé davantage jusque-là auprès de la communauté chinoise, les sœurs décident d'œuvrer aussi auprès des Philippins. Ainsi, avant même de rouvrir les portes de l'école anglo-chinoise, en 1947, les sœurs répondent à l'appel du curé de Las Piñas, petite ville de banlieue, à quelques dizaines de kilomètres de Manille, qui leur confie la charge de l'école paroissiale, la Saint Joseph's Academy. L'école compte déjà plus de 450 élèves. Il s'agit d'une décision audacieuse, ou du moins inhabituelle, pour la communauté qui marque ainsi son désir de s'investir dans la formation des jeunes Philippins.

L'ouverture de l'Immaculate Conception Academy of Manila (ICAM), en 1946, ainsi que celle de l'Immaculate Heart of Mary Academy (IHMA) dans le sud du pays, à Mati, en 1947, se veulent également des incursions auprès des enfants philippins. D'abord ouverte dans une ancienne manufacture de cigarettes, l'ICAM s'installe sur un nouveau terrain acheté par les MIC en 1947 et accueille bientôt plus de 800 élèves, de la maternelle à la fin du secondaire. Outre une formation académique complète, de nombreuses activités sensibilisent les jeunes, au fil des ans, aux enjeux de société : soins de santé pour les démunis, campagne de dons pour les réfugiés vietnamiens, etc. L'enseignement de la musique et du chant y occupe aussi une large part, alors que le théâtre, le journalisme et le sport font partie des activités parascolaires offertes. Avec 1756 élèves en 2005, l'ICAM occupe une place enviable au sein des institutions scolaires de Manille.

Quant à l'IHMA, elle débute comme une simple maternelle avec une douzaine d'enfants, mais rapidement on y propose aussi le cours primaire puis le *high school*. Comme Mati est éloigné des grands centres, il est difficile de recruter des professeurs. Au début des années 1960, afin de remédier quelque peu à cette situation, les MIC entreprennent la construction de petites maisons, sorte de dortoirs, pour les enseignants et quelques élèves. Fait rare, les sœurs ajoutent au curriculum de l'IHMA, pendant

Sr Blanche Gérin supervise les travaux manuels des garçons à l'Immaculate Conception Academy of Manila (ICAM). Philippines, 1949.

L'Immaculate Heart of Mary Academy (IHMA). L'école, à droite, est pourvue d'un deuxième étage en 1963. À gauche, on peut voir la résidence des sœurs.

une dizaine d'années, un cours collégial où l'on peut suivre une formation générale (arts libéraux) ou professionnelle (commerce, pré-nursing, secrétariat). Malgré sa situation géographique défavorable, l'IHMA continue de bien faire : elle accueille plus de 1700 élèves en 2005.

Après avoir trouvé un nouveau bâtiment pour héberger l'Anglo-Chinese Academy (ICACA), les MIC peuvent à nouveau offrir leurs services à la communauté chinoise de Manille. Malgré des locaux peu salubres (rats, inondations) et des déménagements fréquents, l'école continue de prendre de l'expansion et ajoute même le cours secondaire. À partir de 1952, cependant, on n'y retrouve plus que des filles, les garçons fréquentant désormais une école ouverte par les Jésuites. En 1953, le nouvel archevêque de Manille, Mᵍʳ Rufino Santos, procure aux MIC un terrain adjacent à l'école des Jésuites dans Intramuros, l'ancien quartier fortifié espagnol. La nouvelle ICACA d'Intramuros est inaugurée en décembre 1956. Elle possède déjà à l'époque la réputation d'être une école pour l'élite chinoise. Quelques années plus tard, en 1960, les Jésuites décident de déménager et invitent les MIC à les rejoindre à San Juan (Greenhills), une banlieue de Manille qui deviendra avec le temps un quartier chic, habité par de riches familles de la communauté chinoise.

En 1964, par souci d'intégration – l'époque voit se développer un fort sentiment de nationalisme philippin –, l'ICACA change de nom pour devenir simplement l'Immaculate Conception Academy ou ICA (on abandonne le « Anglo-Chinese ») : le curriculum principal est désormais purement philippin avec enrichissement de culture chinoise (langue, littérature, histoire). L'école devient ainsi une école philippine à part entière. L'ICA continue de croître grâce à la générosité de bienfaiteurs : de nouveaux bâtiments sont inaugurés, dont le Delia Tetreault Hall, un centre sportif, amorcé en 1996. Aujourd'hui, l'école jouit toujours d'une grande réputation et plus de 3500 jeunes filles, majoritairement issues de la communauté chinoise, la fréquentent.

S.O.S. à nos parents et amis du Canada

Le déménagement de l'ICACA à San Juan en 1960 cause bien des soucis à la communauté MIC. Afin d'accommoder les familles, il est en effet préférable de suivre les Jésuites afin que les deux écoles (celles des filles et des garçons) soient tout près l'une de l'autre. Mais où trouver les fonds nécessaires ? De nombreux bienfaiteurs, issus de la communauté chinoise, apportent d'importantes contributions. De même, les sœurs n'hésitent pas à faire appel à d'autres bienfaiteurs, des « missionnaires de l'arrière-garde » :

Bien cher frère,

Ma présente lettre peut te surprendre un peu, parce que c'est un cas d'urgence. Nous venons de recevoir un mot de notre Mère régionale de Manille […] nous demandant de lancer un S.O.S. à nos parents et amis du Canada, qui sont nos missionnaires de l'arrière-garde. Comme il n'y a pas de collège catholique pour les Chinoises de Manille, cette construction s'impose. Des circonstances incontrôlables sont venues contrecarrer les plans de nos Sœurs. C'est pourquoi elles ont pensé à recourir à la générosité des apôtres des missions. Pour certains matériaux importés, le prix est très élevé ici. En voici quelques détails :

Sr Dina Ang, directrice, avec une jeune élève de l'Immaculate Conception Academy (ICA). Manille, Philippines, 1999.

.20 cents pour 1 bloc de ciment	50.00 pour 1 fontaine
.50 cents pour 1 tuile d'asphalte	90.00 pour 1 fenêtre
1.50 pour un sac de ciment	500.00 pour une salle de musique
10.00 pour une poignée de porte	4,800.00 pour une salle de classe

Nous aider à payer quelques-uns de ces items ci-haut mentionnés produira double fruit. […] Vous procurerez l'éducation chrétienne à des milliers de jeunes filles chinoises. Quel merveilleux placement ! Votre récompense est tout assurée…

Ta sœur aimante et reconnaissante en M.I.
Sr Bernadette Soubirous, m.i.c.[8]

Au début des années 1950, l'Institut MIC continue de répondre aux demandes d'établissements scolaires qui lui sont acheminées. En 1954, les sœurs se rendent à Padada, à la requête du père Paul Gravel, p.m.é., qui souhaite une école secondaire pour cette petite ville côtière au sud de Davao (sur l'île de Mindanao). Peu de temps après leur arrivée, elles inaugurent la Saint Michael's Academy. En 1957, les sœurs s'engagent à nouveau auprès de la communauté chinoise des Philippines, mais cette fois dans le sud du pays, à Davao. Lorsque Thecla Tchao, une réfugiée chinoise, décide d'entrer au postulat MIC, l'Institut hérite du jardin d'enfants que la jeune fille avait fondé quelques années plus tôt: le Chinese Catholic Kindergarten of Davao. Les sœurs procèdent à l'ouverture de classes primaires pour garçons et filles l'année suivante et en 1960, l'école acquiert son nom actuel, la Stella Maris Academy of Davao. En 1965 et 1967, elles acceptent également de prendre la direction de deux petites écoles, toujours dans le sud de l'île.

Au début des années 1970, les sœurs dirigent huit établissements scolaires aux Philippines. Entre 1971 et 1980, elles se retirent de cinq de leurs écoles, ne gardant que l'ICA, l'ICAM et l'IHMA. Les autres institutions sont remises à la paroisse ou à d'autres communautés religieuses. Pourquoi ce revirement? Pourquoi avoir multiplié les initiatives jusqu'en 1967 pour les abandonner quelques années plus tard? Si les sœurs remettent en cause certains de leurs engagements en éducation, c'est parce qu'elles ont le désir de se lancer dans un apostolat différent, un apostolat plus direct, auprès de ceux qui ne connaissent pas la Bonne Nouvelle. Le désir, aussi, de travailler auprès des plus démunis. Il faut donc voir dans ce changement de cap le résultat d'une réflexion approfondie sur la mission première des MIC.

Sr Carmen Castonguay donne une leçon à un élève de Stella Maris. Davao, Philippines, c. 1958.

LE JAPON, UNE ŒUVRE EN DEUX TEMPS

Le processus d'implantation au Japon ne diffère guère de ce que nous avons vu jusqu'ici. Débarquées à Naze, dans le sud du Japon, en 1926, les MIC s'occupent d'abord d'étudier la langue japonaise afin de se préparer à prendre en charge l'administration de l'école pour laquelle elles ont été appelées. En 1928, elles ouvrent une seconde mission, toujours dans le sud, à Kagoshima. Bientôt, avec leurs faibles connaissances linguistiques, elles commencent à enseigner l'anglais, la musique et la couture. Toutefois, l'hostilité de la population face aux étrangers et à la religion catholique, ainsi que la prohibition de l'enseignement religieux, rend l'apostolat difficile. Incapable de s'entendre avec les autorités ecclésiastiques, qui posent des conditions impossibles pour la communauté, le conseil général décide d'abandonner les missions de Naze (1933) et de Kagoshima (1934) afin de se concentrer sur leurs missions de Koriyama et Aizu-Wakamatsu, au nord de Tokyo, inaugurées depuis peu.

À Koriyama depuis 1930, les sœurs réussissent donc à ouvrir deux ans plus tard un jardin d'enfants. Malgré la concurrence d'institutions similaires dans la ville, l'accueil n'est pas trop mauvais et les religieuses peuvent compter sur une cinquantaine d'enfants. Elles continuent d'offrir des cours d'anglais et des leçons de piano. À Wakamatsu, les sœurs ouvrent une maternelle appelée Tenshi Ai (Ange-Amour). Des cours privés de français, d'anglais, de piano, de broderie, d'art culinaire et de catéchèse complètent leurs occupations. En décembre 1941, le déclenchement de la guerre met cependant fin à ces premiers espoirs.

Il faut donc attendre le retour des MIC en terre nippone en 1946 pour observer des résultats plus tangibles. Les sœurs reprennent leur jardin d'enfants de Koriyama (qui comptera bientôt plus de 180 élèves) et offrent à nouveau des cours privés. Les conditions de travail se révèlent cependant beaucoup plus faciles qu'avant la guerre : le gouvernement a en effet déclaré depuis une liberté religieuse totale. En 1958, respectant un *modus operandi* familier, les sœurs ajoutent à leur jardin d'enfants une école primaire, l'école Saint-François-Xavier (ou Xaverio) puis proposent également, quelques années plus tard, le cours secondaire. Elles offrent aux élèves un curriculum japonais traditionnel, augmenté de cours de religion. En 1987, le complexe scolaire est transféré en banlieue de Koriyama. Le campus, reconnu comme une belle réalisation architecturale, obtient même en 1989 le premier prix d'architecture pour le nord du Japon.

Sr Madeleine Coursol et sa classe de musique à l'école de Koriyama. Japon, 1969.

Une leçon culinaire mémorable !

Jeune professe, sr Diana Chaîné, est nommée pour la mission de Naze où elle débarque en décembre 1932. Selon les désirs de sa supérieure, elle donne des leçons d'art culinaire à quelques jeunes filles employées au presbytère des pères Franciscains. Elle raconte l'une de ces leçons :

Dans mon zèle de jeunesse, je crus bon de leur enseigner aussi comment tuer une poule de manière à ce que les plumes se dégagent très, très facilement. Ayant vu comment mon père s'y prenait, je croyais y réussir moi aussi facilement !!! […] Le concierge apporte la poule et devant lui et mes trois élèves, je m'exécute pointant le couteau au palais de la poule qui tombe abasourdie, morte selon moi… les plumes s'enlèvent facilement… l'ouvrage fini, je congédie les assistantes et je monte seule apportant ma poule nue, fière de moi. Je dépose ce squelette dans l'évier et m'occupe à autre chose. Je me tourne et surprise, étonnée, la poule nue court autour de la table… effrayée, je crie d'effroi : «La poule n'est pas morte, la poule n'est pas morte !!!» Sr Marie-des-Archanges va avertir Sr Du-Saint-Cœur-de-Marie qui était en prière, à genoux devant le Saint Sacrement […]. Cette dernière de répondre : «Qu'elle la tue une deuxième fois !» Heureusement que mes élèves n'étaient plus là[9]…

Quelques années après avoir retrouvé leur jardin d'enfants de Wakamatsu, les MIC y ajoutent également une école primaire, bientôt suivie d'une école secondaire et d'un cours supérieur. Le complexe scolaire, qui prend aussi le nom de Saint-François-Xavier, s'installe en 1951 dans de nouveaux bâtiments qui ne cessent de prendre de l'essor : gymnase, piscine et agrandissements successifs. Comme à Xaverio, les sœurs offrent une éducation chrétienne jusqu'à la fin du cours intermédiaire.

Outre ces deux importants complexes scolaires, les MIC s'occupent également d'un jardin d'enfants à Kitakata, au nord de Wakamatsu, qu'elles dirigent durant une quinzaine d'années (1965-1981), et en inaugure un autre à Tokyo en 1949. Cette maternelle, qui accueille près de 300 enfants de 3 à 6 ans, se distingue notamment par sa méthode d'enseignement (méthode Montessori) introduite en 1977.

Sr Thérèse Laliberté supervise une leçon de science à l'école de Wakamatsu. Japon, 1949.

En 1970, une nouvelle opportunité se présente. Sr Noëlla Brisson et sr Suzanne Morneau sont invitées par les Jésuites à venir enseigner l'anglais et la littérature à l'Université Sophia de Tokyo. Cet engagement se poursuit jusqu'en 1978 :

> On désirait un professeur féminin. Au début des années 70 encore trop peu de femmes tenaient des postes de professeurs dans les universités japonaises. De plus dans chaque faculté, notamment dans les facultés de langues et de littératures, le nombre des jeunes filles augmentait d'année en année. [...] Comme c'était l'époque de la révolution étudiante, on m'a demandé au début

Sr Catarina Hongo avec sa classe de maternelle de l'école Setagaya Seiko Yochien. Tokyo, Japon, 1964.

non de cacher mon identité religieuse missionnaire mais de me faire appeler « Mademoiselle Morneau » et non « Sœur Morneau ». Un détail, mais qui en dit long sur le milieu où mon être d'éducatrice aurait désormais à évoluer. J'ai compris qu'on attendait de moi un témoignage discret qui collait à la situation et à ma couleur de mission. D'autre part on trouvait bon que pour les nombreuses étudiantes que je rencontrais chaque jour il y ait la présence d'une étrangère, femme, religieuse et missionnaire[10].

LES JARDINS D'ENFANTS DE TAIWAN

En 1953, les Jésuites canadiens expulsés de Chine débarquent à Taiwan et s'installent à Kuanhsi, à une cinquantaine de kilomètres de la capitale, Taipei. Ils offrent alors aux MIC de venir s'y installer aussi. Les trois premières sœurs qui répondent à l'appel, en août 1954, sont d'anciennes missionnaires de Mandchourie, dont le travail est facilité par la connaissance du mandarin, langue officielle à Taiwan. Dès leur arrivée, les sœurs offrent des cours d'anglais et de catéchisme. Elles acceptent également la direction du jardin d'enfants ouvert par les Jésuites. En 1956, elles construisent leur propre établissement qui fourmille toujours d'activité en 2005. Les MIC y accueillent chaque année une centaine d'enfants âgés de 4 à 6 ans. Quoique la plupart des enfants soient non chrétiens, ils reçoivent les cours de catéchèse et participent aux activités religieuses.

Entre 1955 et 1966, les MIC ouvrent cinq autres postes de mission à Taiwan. Dans chacun d'eux, elles vont offrir des cours privés d'anglais, de piano et de chant mais aussi, ponctuellement, de dactylo, de couture et d'économie domestique. À Shih Kuang Tse, Suao, Nan Ao et Hsinchu, soit toutes les missions à l'exception de Taipei, elles s'occupent également de jardins d'enfants. Entre 1970 et 1980, cependant, ceux-ci sont fermés ou remis à d'autres communautés, les sœurs préférant se consacrer au travail pastoral.

L'œuvre d'éducation à Taiwan n'est pas aussi imposante que celle de Hong Kong, des Philippines ou du Japon. On n'y retrouve aucun gros complexe scolaire. Mais tout comme dans les écoles primaires et secondaires, les sœurs, par leur présence auprès des tout-petits, favorisent un éveil aux valeurs évangéliques et à la foi chrétienne, même si celui-ci se révèle parfois un peu naïf, comme le petit garçon de Kuanhsi qui demanda un jour à sr Jeannette Legaré : « Pourriez-vous me donner le numéro de téléphone du bon Dieu[11] ? »

Sr Gabrielle Drouin enseigne la catéchèse dans sa classe de maternelle. Kuanhsi, Taiwan, 1984.

Dans les îles des Antilles

Le déclenchement de la guerre dans le Pacifique, en 1941, force tous les instituts missionnaires à revoir leur stratégie. Non seulement n'est-il plus possible d'envoyer en Asie de nouveaux effectifs, mais ceux déjà en place sont peu à peu rapatriés. À ce moment, nul ne sait combien de temps durera le conflit. Il devient dès lors impératif de trouver de nouveaux débouchés pour les missionnaires en chômage. Aussi, en janvier 1943, lorsque le père Anthime Desnoyers, assistant général des Oblats de Marie Immaculée, demande à la supérieure générale des MIC quelques sœurs pour le diocèse des Cayes, en Haïti, celle-ci accepte avec enthousiasme ce nouveau champ d'apostolat.

En 1948, malgré la fin de la guerre et le retour dans leurs différentes missions d'Asie, les MIC répondent aussi favorablement à l'invitation de Marcel Gérin, un prêtre de la Société des Missions-Étrangères de Québec, qui œuvre à Cuba, dans le diocèse de Matanzas. Il est vrai que l'accroissement constant du nombre de professes perpétuelles dans la communauté – celui-ci fait plus que doubler entre 1935 et 1950 – permet de multiplier les territoires d'apostolat. La fermeture définitive de la Chine, en 1952, ne fera qu'augmenter le personnel disponible pour de nouveaux engagements.

Tant en Haïti qu'à Cuba, l'éducation s'avère cette fois encore une porte d'entrée privilégiée pour les MIC. En moins d'une vingtaine d'années, les sœurs essaiment sur tout le territoire haïtien et prennent en charge une quinzaine d'écoles primaires. À Cuba, elles ouvrent 10 établissements scolaires en 10 ans. Dans une région du monde où le rythme de vie et de travail est beaucoup plus lent qu'en Asie, la rapidité de l'implantation MIC semble paradoxale. *Twò prese pa fè jou louvri*, dit le proverbe haïtien. Si la hâte ne fait pas lever le jour plus vite, la célérité avec laquelle les sœurs suppléent ici à la mission éducative de l'État peut néanmoins changer le sort de plus d'un, dans ces pays où la pauvreté et l'analphabétisme détiennent de tristes records.

EN HAÏTI, TOUJOURS ON RECOMMENCE

Lors de leur arrivée aux Cayes, en septembre 1943, les sœurs se voient confier l'œuvre de «La Charité S.V.P.» qui comprend un refuge pour vieillards et handicapés, un dispensaire et une petite école. Celle-ci, comme tout le reste, est alors en bien piètre état. Destinée aux enfants pauvres, cette école gratuite n'est en réalité qu'une pièce unique, dépourvue du nécessaire. Aux Coteaux, paroisse de la Côte Sud où s'installent les sœurs dès 1944, la situation se répète : «Nous n'avons pas de pupitres [...] nos élèves s'assoient et écrivent sur le plancher[12]. » Mais pas plus le manque

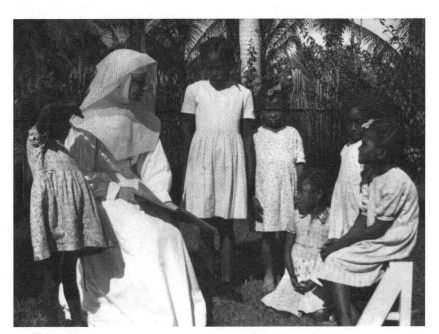

Sr Jeanne Guinois avec un groupe d'élèves de l'école des Cayes. Haïti, 1950.

Établissements scolaires MIC en Haïti	
Les Cayes	1943-1995
Les Coteaux	1944-1994
Roche-à-Bateau	1947-1987
Port-Salut	1947-…
Camp-Perrin	1949-1977
Mirebalais	1949-1970
Charpentier	1950-…
Limbé	1950-1987
Chantal	1953-…
Trou-du-Nord	1955-…
Port-au-Prince (Delmas)	1956-…
La Boule	1956-1982
Croix-des-Bouquets	1958-1973
Cap-Haïtien	1952-1979
Hinche	1962-…
Port-au-Prince (IMD)	2002-…

de mobilier scolaire que l'absence d'électricité ou d'eau potable ne découragent les missionnaires. Avec patience, elles organisent chacun de leurs établissements qui poussent comme des champignons. Grâce à des dons, des subventions et des requêtes auprès de l'État, l'aménagement des classes devient moins rudimentaire. À chaque nouvelle mission, cependant, il faut tout reprendre du début. Ainsi, lorsque les sœurs ouvrent les portes de l'école de Hinche, en 1962, celle-ci n'est guère mieux pourvue que celle des Cayes ou des Coteaux, vingt ans plus tôt : « Chacun aura son banc, le professeur une petite table mais pas de tableau », explique une sœur[13].

Les locaux mis à la disposition des MIC s'avèrent invariablement trop petits pour satisfaire à la demande des parents. Lors de la journée d'inscription, au Trou-du-Nord, où les sœurs ont accepté la direction d'une école en 1955, les gens affluent de partout. On se bouscule, on essaie de se frayer un chemin et les sœurs n'ont d'autre choix que de recourir à la garde

À la merci des intempéries

Haïti compte parmi les pays les plus pauvres du monde. Selon le Rapport mondial sur le développement humain de 2005, le pays se classe 153ᵉ sur 177. Les troubles politiques et la situation économique désastreuse contribuent largement à cette position peu enviable. Mais comme si cela ne suffisait pas, le pays subit régulièrement de plein fouet des catastrophes naturelles de grande ampleur. Depuis leur arrivée dans l'île, les Sœurs Missionnaires de l'Immaculée-Conception ont affronté plus d'une douzaine de cataclysmes météorologiques. Les cyclones Hazel (1954) et Flora (1963) sont encore bien présents à la mémoire même si, depuis, une bonne demi-douzaine d'ouragans ont aussi laissé dans leur sillage de lourdes pertes humaines et matérielles. Les chroniques de Port-Salut, une des missions les plus touchées par les tempêtes, racontent l'arrivée d'Hazel :

> Le 11 octobre, l'averse a tenu la terre éveillée durant toute la nuit. Le vent gronde, la mer est en furie et nous constatons que la tourmente a couché par terre le citronnier et la vigne. Les vents sont déchaînés, les palmistes se tordent, le toit de notre vieille école s'envole dans la rue ; nous assistons impuissantes à ces colères, notre maison neuve tremble et, en un instant, une partie du toit fut projetée violemment dans la cour. Le matin du 12 nous trouve bien pauvres[14].

Il faut nettoyer, reconstruire. Grâce au soutien de la communauté MIC, ainsi qu'à des bienfaiteurs, la reconstruction s'avère possible. Des orga-

nismes internationaux viennent aussi au secours de la population en faisant parvenir denrées et eau potable. Comme tous les Haïtiens, impuissants devant ces tragédies, les sœurs ne peuvent que dire merci d'être toujours en vie : « Mèsi Bon Dié, nou pa mouri. »

Voyage en camion sur des routes inondées. Chantal, Haïti, 1944.

nationale pour maintenir l'ordre. Avec le temps, toutes les écoles connaissent donc des agrandissements notables et la générosité du peuple haïtien, en ces occasions, doit être soulignée. À La Boule, par exemple, 40 maçons et ouvriers viennent bénévolement, avec pelles et pics, travailler à la construction des nouveaux locaux. Plus de 800 blocs de ciment, des camions de sable et même de la peinture sont donnés gratuitement par des gens plus fortunés… En trois semaines, tout est terminé et prêt pour la rentrée des classes.

L'école Notre-Dame-de-Lourdes, aux Coteaux, est la première sur la Côte Sud à offrir, après le primaire, les trois années du brevet simple. Cinq autres établissements acquièrent ce privilège au cours des ans : les écoles de Camp-Perrin, Mirebalais, Limbé, Trou-du-Nord et La Boule offrent ainsi aux jeunes filles les premières années du cours secondaire. Pour toutes sortes de raisons, certaines économiques et d'autres culturelles, les jardins d'enfants s'avèrent moins populaires en Haïti qu'en Asie. La vogue des maternelles ne débute qu'autour des années 1990 avec le remaniement des programmes du ministère de l'Éducation. Les écoles MIC les intègrent alors l'une après l'autre à leur parcours scolaire.

Dans toutes leurs écoles, tant primaires que secondaires, les sœurs offrent bien sûr un solide encadrement religieux. Elles proposent également à leurs jeunes élèves de nombreuses activités parascolaires qui s'intègrent bien à la vie paroissiale : chorales, pièces de théâtre, poésies et danses animent ainsi les jours de fête. Des bibliothèques, de même que des activités sportives permettent aussi aux jeunes et moins jeunes d'occuper leurs loisirs.

Malgré des frais de scolarité minimaux, malgré le soutien financier des sœurs qui pigent régulièrement dans la caisse commune pour défrayer, discrètement, les coûts d'inscription, les frais d'uniformes ou encore les fournitures scolaires des plus pauvres, il y a en Haïti de trop nombreuses familles qui ne peuvent envoyer leurs enfants en classe. Conséquence ? Le pays affiche un taux d'analphabétisme parmi les plus élevés au monde : difficile à chiffrer avec justesse, il oscille autour de 85 % sous la présidence de Duvalier père (1957-1971). Il y a aussi le cas des enfants en service, ces

Sr Micheline Joseph, directrice, avec quelques professeures de l'école de Hinche. Haïti, 2001.

enfants – majoritairement des filles – vendus ou donnés par leurs parents à des familles plus aisées. Corvéables à merci, ces jeunes «restavèk» entrent en service parfois dès l'âge de six ans. Mal nourris, souvent battus, ils sont plus de 250 000 en 1990, selon les chiffres de l'ONU, à vivre en état de quasi-esclavage. Sans éducation, quelles chances ont-ils d'accéder à un sort meilleur? Or leur travail de domestique ne leur permet pas de fréquenter l'école, dont l'horaire ne convient évidemment pas à leurs rares moments de liberté.

Préoccupées par ces tristes réalités, les sœurs lancent différentes initiatives dans le but de faire changer les choses. En 1965, à l'instigation de sr Henriette Lapierre, des écoles rurales sont mises sur pied autour du Limbé. De telles écoles ont également été créées à Chantal et à Port-Salut. En quoi consistent-elles? Il s'agit de classes organisées autour de chapelles, situées en dehors du bourg, dans les zones rurales. «Ce sont des endroits magnifiques, raconte sr Mésina Paulémon, peuplés de gens à 98 % analphabètes et le plus souvent assez pauvres, mais très laborieux[15].» Certains enfants font chaque jour cinq ou six kilomètres à pied pour se rendre à leur école, souvent le ventre vide, tant ils veulent s'instruire. De multiples démarches et d'incessantes requêtes permettent par la suite d'assurer des locaux convenables, ainsi que des professeurs rémunérés. On offre aux élèves des notions de base (écriture, lecture, mathématiques), ainsi qu'un enseignement manuel grâce auquel ils réalisent de menus travaux d'artisanat.

Très tôt, les MIC ouvrent, dans certaines de leurs écoles, des classes spéciales pour les enfants en service et autres enfants démunis. Ces classes d'après-midi, où le cours primaire est donné de façon adaptée, se multiplient au fil des ans. À partir de 1983, c'est toute l'Église d'Haïti qui fait de l'alphabétisation un projet prioritaire, avec sa «Mysion Alfa» et un programme spécifique pour adultes. De 1985 à 1989, sr Lise Doucet travaille activement à cette œuvre aux Coteaux et dans six autres localités de la Côte Sud. En 1994, sr Étiennette Guérette relance le projet de scolarisation de sr Catarina Hongo à Port-Salut. Un programme adapté, sur deux ans, est ainsi établi pour des jeunes de 10 à 18 ans. Du lundi au vendredi, de 13 h 30 à 16 h 30, ils se familiarisent avec la catéchèse, la lecture

Josette Augustin, postulante m.i.c., et une classe d'alphabétisation au Trou-du-Nord. Haïti, 1988.

et l'écriture du créole, le français oral, les mathématiques et les sciences sociales (géographie, histoire et civisme), sans oublier la culture physique, le chant et le dessin.

Au début des années 1970, les MIC dirigent une quinzaine d'écoles. Peu à peu, cependant, elles réévaluent, tout comme aux Philippines, la pertinence de leur mission éducative. Soucieuses d'offrir au peuple haïtien un engagement social et pastoral accru, elles confient la direction de plusieurs de leurs établissements scolaires à d'autres communautés enseignantes. Leur présence dans le domaine de l'éducation continue néanmoins de se faire sentir puisqu'elles ont toujours, en 2005, la charge de sept écoles primaires dont l'Institution Mère Délia, à Port-au-Prince, qui accueille aussi des classes secondaires. En outre, leur implication dans les projets d'alphabétisation n'a fait que croître au fil des ans. Éducation traditionnelle et évangélisation continuent donc de former un tandem solide en Haïti.

DES DÉBUTS PROMETTEURS À CUBA

L'évêque de Matanzas, Mgr Alberto Villaverde, se déclare ravi de l'arrivée des Missionnaires de l'Immaculée-Conception dans son diocèse à l'été 1948. Depuis longtemps, il souhaitait la venue d'une communauté qui assumerait la direction d'écoles dans les zones rurales, tout en se faisant apôtre de la Bonne Nouvelle : « des religieuses, écrit-il à la supérieure des MIC, qui n'auraient pas scrupule de sortir de leur couvent pour porter la connaissance de Dieu là où il y aurait le plus de nécessité[16] ». D'emblée, l'œuvre éducative des MIC à Cuba se trouve donc intimement liée à leur œuvre d'évangélisation.

À l'époque où les sœurs débarquent à Cuba, le pays connaît de grandes inégalités sociales et vit au rythme des coups d'État. L'extrême ouest de l'île, et particulièrement l'agglomération de La Havane, connaît un niveau de vie comparable à celui des États-Unis, alors que le centre et l'est du pays se révèlent beaucoup plus pauvres. Sous la dictature de Fulgencio Batista (1952-1959), la corruption, la répression et le pillage atteignent un paroxysme. La population des campagnes s'avère une des plus touchées. Bon nombre de familles peinent à se nourrir convenablement, les meilleures terres agricoles étant sous contrôle étranger. En outre, l'analphabétisme frappe plus de 45 % de cette population qui n'a par ailleurs qu'un accès limité aux écoles et aux hôpitaux.

Les MIC sont les premières à tenir des écoles catholiques en milieu rural. Or la nouvelle que des religieuses se consacrent à l'éducation des enfants dans les campagnes fait son chemin et les sœurs, faute de personnel suffisant, doivent bientôt refuser une vingtaine de fondations. Entre 1948 et 1958, elles ouvrent néanmoins une dizaine d'écoles dans la province de Matanzas, à l'est de La Havane.

Que ce soit dans de petits villages, tel celui de Mercedes (1100 habitants), ou des agglomérations plus importantes telles que Manguito ou Colón (25 000 habitants), les sœurs proposent à peu de chose près les mêmes services. Ainsi, en janvier 1949, le collège Nuestra Señora de las Mercedes, qui ouvre ses portes dans un ancien bâtiment administratif d'une centrale sucrière américaine, accueille les tout-petits (préscolaire) et les élèves du cours primaire. Les sœurs y offrent également des cours de piano à quelques jeunes que l'on prépare pour le Conservatoire. Même scénario dans le village de San José de los Ramos, où s'installent les MIC en 1958. Elles prennent en charge l'école primaire et accueillent quelques enfants d'âge préscolaire. C'est également ce qu'elles peuvent offrir dans les écoles d'Amarillas et Calimete, près de Manguito, de même qu'à Fatima, située à quelques kilomètres de Colón. Il est vrai que les sœurs sont moins d'une cinquantaine à ce moment, à Cuba, pour assurer la direction, la supervision et l'enseignement dans une dizaine d'établissements, sans compter les nombreuses activités de pastorale qui exigent temps et énergie :

> Nous sommes maintenant en 1957. S. Marguerite Dionne, sup. régionale, me demande de prendre la direction de deux écoles, commencées par les P.M.É., eux ne pouvant plus s'en occuper, le travail des paroisses augmentant toujours. La première située à 7 km, Calimete où je travaillais le matin. L'après-midi, je devais me rendre à 8 km plus loin, à Amarillas, après mon dîner à l'école. En plus j'assumais la tâche comme professeur de mathématique en 6ᵉ et 7ᵉ année dans les deux écoles. De Manguito, je voyageais matin et soir, profitant du taxi qui amenait des élèves de notre collège[17].

Dans les agglomérations plus importantes, les MIC offrent un curriculum plus complet. Outre le cours secondaire, elles proposent également le cours commercial, des leçons d'anglais, de musique et d'art. La jeunesse cubaine peut aussi bénéficier d'activités parascolaires et d'un encadrement catholique dynamique. C'est notamment le cas au collège Santa Maria, à Marti, où les sœurs offrent dès 1948 le cours primaire, le secondaire 1ᵉʳ cycle ainsi qu'un cours commercial avec apprentissage de l'anglais. Une chorale y est organisée et les élèves peuvent se joindre à des mouvements catholiques tels que la Croisade eucharistique des jeunes. Les collèges San José (Manguito), San Juan Bosco (Los Arabos) et San Francisco Javier (Maximo Gomez), qui ouvrent leurs portes entre 1949 et 1952, proposent des curriculums similaires. Quant au collège Inmaculada Concepción (Colón), il offre à partir de 1954 un parcours allant jusqu'au baccalauréat en plus de loger de nombreux pensionnaires.

Sr Jeannine Proulx supervise la leçon de catéchèse. Mercedes, Cuba, 1954.

Sr Amelia Mejides, sr Claire Carrier et sr Simonne Perreault devant l'ancien collège Inmaculada Concepción. Colon, Cuba, 1995.

L'œuvre d'éducation MIC se porte donc plutôt bien à la veille de la révolution. Depuis l'arrivée des sœurs dans la région, le nombre d'élèves a augmenté de façon régulière. Au collège de Manguito, par exemple, elles accueillaient 65 élèves en 1949. Ils sont déjà plus de 150 à la rentrée de 1953. Avec l'entrée de Fidel Castro à La Havane, le 1er janvier 1959, l'atmosphère de Cuba devient de plus en plus tendue pour les religieux et religieuses étrangers au pays. L'Église avait pourtant accueilli favorablement le soulèvement qui amène Castro au pouvoir. Toutefois, l'instabilité politique des premières années du régime puis le rapprochement avec les communistes inquiètent les autorités catholiques.

Le pire survient lors d'un discours prononcé par Fidel Castro, le 1er mai 1961. Celui-ci, irrité par la récente tentative de débarquement de la Baie des Cochons, y annonce entre autres la nationalisation des écoles et collèges privés. C'en est fini de l'œuvre éducative mise en place depuis plus de 10 ans. Forcées de céder au nouveau régime leurs biens meubles et immeubles, les sœurs brûlent papiers, lettres ou photos qui pourraient prêter flanc aux critiques avant de quitter leurs maisons. Dès le 2 mai, elles se regroupent à la maison centrale de Colón, prêtes à partir à tout moment. Le 16 mai, ayant finalement reçu l'autorisation, 27 sœurs sont rapatriées au Canada. Seules 10 volontaires choisissent de demeurer au pays. Elles deviennent soudainement l'unique communauté religieuse féminine du diocèse de Matanzas. L'enseignement, toutefois, ne sera plus leur outil privilégié. Celui-ci sera désormais assuré par l'État. Les sœurs de Cuba se consacreront dorénavant au service ecclésial et au travail pastoral.

Dans les pays d'Afrique subsaharienne

L'acceptation d'une mission en Afrique par le conseil général, en 1948, s'inscrit dans la continuité d'une diversification des territoires d'apostolat. Ainsi, après Haïti, les MIC acceptent d'ouvrir une mission au Malawi (anciennement Nyassaland) à la demande de Mgr Marcel St-Denis, préfet apostolique du Nyassa-Nord. Les sœurs nommées pour cette mission y débarquent quelques mois à peine avant leurs consœurs désignées pour Cuba. Quelques années plus tard, soit en 1952, c'est sur l'île de Madagascar, au sud-est du continent africain, qu'elles acceptent de se rendre, avant de dire oui aux Pères Blancs, en Zambie (ancienne Rhodésie du Nord), en 1954.

Esquissées à gros traits, les conditions politiques, économiques et sociales de ces trois pays révèlent bon nombre de similitudes. Anciennes colonies européennes, ils accèdent tous trois à l'indépendance entre 1960 et 1964. Depuis, des régimes présidentiels ou militaires plus ou moins corrompus dirigent ces États où la démocratie et le respect des droits et libertés demeurent une utopie. Leur situation n'est pas sans rappeler celle d'Haïti : tout comme lui, ils se classent aujourd'hui parmi les pays les plus pauvres du monde. Malgré quelques centres urbains développés, ils regroupent des populations majoritairement rurales. Or, dans les zones rurales – la brousse africaine, par exemple – les infrastructures (routes, eau potable, électricité) et les services (écoles et hôpitaux) font souvent cruellement défaut. Il s'agit de pays jeunes – près de 50 % de la population est âgée de moins de 15 ans –, mais dont l'espérance de vie ne dépasse pas 40 ans pour le Malawi et la Zambie, durement touchés par l'épidémie de sida, et 55 ans pour Madagascar. La sous-scolarisation des enfants s'avère considérable : au début des années 2000, de 40 à 65 % des jeunes de 12 à 17 ans ne fréquentent pas l'école.

Dans ces pays défavorisés, la direction et l'enseignement au primaire et au secondaire constituent encore une fois une voie d'accès privilégiée par les MIC dans leur mission d'évangélisation. D'emblée, elles perçoivent la nécessité, l'urgence même, de favoriser l'instruction des filles, longtemps négligée pour ne pas dire méprisée. Elles en feront l'une de leurs priorités. Toutefois, tant au Malawi qu'en Zambie – Madagascar constitue ici une exception –, l'éducation traditionnelle ne représente pas leur engagement le plus notable. Sur le plan éducatif, d'autres formes d'enseignement, pratique, manuel ou technique, auront davantage de succès, comme nous le verrons un peu plus loin dans ce chapitre.

FAIRE L'ÉCOLE DANS LA BROUSSE DU MALAWI ET DE LA ZAMBIE

Les quatre premières MIC nommées pour l'Afrique débarquent à Katete, dans le nord du Malawi, le 19 mai 1948 après un long voyage en bateau. Dès l'automne, elles prennent en charge l'école primaire de la paroisse Saint Teresa. On y compte alors 106 élèves, mais seulement une quinzaine de filles. Bien décidées à renverser cette tendance, les sœurs organisent sans tarder un pensionnat destiné aux jeunes filles de villages éloignés. Rien de compliqué ni de luxueux pour débuter… quatre huttes entourées d'une clôture de paille. Elles y accueillent alors huit petites. Lentement, mais régulièrement, les effectifs féminins augmentent. Dès 1953, ils sont suffisamment nombreux pour justifier la construction d'une nouvelle école et d'un nouveau pensionnat: l'Immaculate Conception

Souvenirs d'Afrique

Enseignante à Katete, au Malawi, de 1964 à 1971, sr Claudette Bouchard n'oublie pas ses anciennes élèves, malgré le temps qui passe. Elle partage avec nous quelques réminiscences de son expérience africaine:

Lorsque je pense à mes anciennes élèves, je me souviens plus particulièrement de Grace Phiri qui était une étudiante brillante. Mariée, elle a vécu dans la grande pauvreté. Récemment, elle est décédée du sida, laissant six enfants, tous séropositifs. Son mari est aussi mort du sida. Je vois les visages de ces étudiantes intelligentes qui travaillaient assidûment pour réussir et je me demande maintenant où elles sont, et comment la vie se déroule pour chacune. Je vois aussi les visages de ces enfants qui tôt le matin, sans avoir pris aucune nourriture, marchaient des milles chaque jour pour venir à l'école. Pendant la saison des pluies, ils arrivaient grelottants et mouillés. Nous prenions le temps de les couvrir avec des couvertures et de leur servir un bol de gruau chaud. L'enseignement commençait lorsque chaque élève était réchauffé et se sentait confortable… le temps n'était pas important. Je me souviens aussi de ces jeunes filles qui, en revenant de leur village, après une courte période de vacances, n'étaient plus pareilles. Pendant leur absence, elles avaient été introduites aux rites d'initiation. Traumatisées, elles se concentraient difficilement, le regard vague et l'esprit absent[18]…

Une classe élémentaire avec sa titulaire, sr Agnes Towera Ng'ona, une Sister of the Holy Rosary. Katete, Malawi, 1983.

Girl's School. À l'automne 1954, on y accueille 325 élèves dont une centaine de pensionnaires et, en 1956, 87 s'inscrivent au cours secondaire. Une étape est franchie. Les jeunes Africaines accèdent aux études supérieures.

Un an après leur arrivée à Katete, les MIC acceptent un deuxième poste, à Mzambazi. Puis, tout aussi rapidement, suivent Rumphi, Karonga, Kaseye, Vua, Nkata Bay et finalement Mzuzu en 1956. Dans tous ces endroits, les sœurs acceptent de prendre la direction d'une école primaire ou encore d'y enseigner. Partout, elles notent des hausses considérables dans les effectifs féminins. Ainsi, à Nkata Bay, lors de l'ouverture des classes en 1953, il n'y a que deux filles sur les 150 élèves inscrits. Moins de 10 ans plus tard, en 1962, la même mission possède une école de filles, l'école Maria Goretti, qui totalise 320 élèves de la 1ʳᵉ à la 8ᵉ année.

Les jeunes filles qui désirent poursuivre des études supérieures sont de plus en plus nombreuses. En 1961, le Malawi comptait 25 écoles secondaires. En 1968, il y en a presque trois fois plus. Les MIC participent aussi

Sr Denise Duhamel fait répéter des élèves du Merry Band de Marymount. Les instruments ont été donnés par des bienfaiteurs canadiens et allemands. Mzuzu, Malawi, 1974.

à cet effort, tout particulièrement dans leur mission de Mzuzu. En effet, le Marymount Secondary Girl's School ouvre ses portes en 1963. Jusqu'en 1976, il s'agit de la seule école secondaire exclusivement féminine dans la région du Nord. Les sœurs en assument la direction, y enseignent quelques matières, dont la musique et la religion, en plus de superviser le pensionnat. Comme dans bon nombre de leurs écoles plus importantes, les jeunes filles se voient offrir un éventail d'activités parascolaires (théâtre, musique, chant, compétitions sportives, etc.) où elles s'illustrent en remportant de nombreux prix tant au niveau local que national. Le Merry Band, une fanfare de filles mise sur pied par sr Denise Duhamel en 1965, participe en outre à toutes les célébrations de la région jusqu'en 1980.

En Zambie, où elles acceptent l'invitation de Mᵍʳ Firmin Courtemanche, qui souhaite les voir établir une mission dans son diocèse, les MIC inaugurent quatre postes entre 1954 et 1962 – Chipata, Kanyanga, Nyimba et Chikungu – tous situés dans la province de l'Est près de la frontière du Malawi. Dès leur arrivée, tout comme au Malawi, elles acceptent d'enseigner et d'assumer la direction d'écoles primaires. À Chipata, elles commencent toutefois par offrir des cours de catéchèse dans les différentes écoles : celle réservée aux Anglais ou aux Européens, celle destinée aux Africains et celle des métis. En effet, les politiques ségrégationnistes ne sont pas rares, à cette époque, dans les colonies britanniques. Les MIC n'acceptent la direction de l'école primaire africaine que pour quelques années seulement, tout en continuant d'offrir des cours de catéchèse dans les autres établissements.

À Kanyanga et Chikungu, les sœurs s'occupent de l'éducation des filles en mettant sur pied des écoles-pensionnats, presque aussi rudimentaires, à leur début, que le pensionnat de Katete, comme en témoigne la chronique de Kanyanga en date du 30-31 juillet 1957 :

C'est l'entrée en classe. Les élèves arrivent de très loin par des moyens rudimentaires : la marche pendant plusieurs heures, un camion de passage, à bicyclette conduite par un parent, etc. Le dortoir et le réfectoire des élèves ne sont pas terminés. Nous les installerons dans les deux classes libres et à la salle de couture… Une cuisinière cuit dehors et les élèves mangent aussi

Enseignement des sciences par sr Hélène Labelle. Chipata, Zambie, c. 1965.

dehors. Elles ont de belles classes avec des pupitres solides, de beaux tableaux verts. Les classiques sont fournis par le Gouvernement ainsi que deux plats et une tasse en granit. Lorsque le dortoir sera terminé, elles auront chacune leur lit. Actuellement, elles couchent sur une sorte de natte et s'enroulent dans leur couverture aussi donnée par le Gouvernement. Cette année, elles devront aller chercher de l'eau à la rivière trois fois par jour à 5 minutes de marche. Elles entreprendront d'enlever les herbes sur le terrain de l'école car nous sommes dans la brousse[19].

À partir de 1960, la marche vers l'indépendance occasionne divers troubles et tracas pour les sœurs de Zambie et du Malawi, dont une surveillance constante de l'enseignement proposé dans leurs établissements, sous la forme de visites, nombreuses, de la part d'inspecteurs du gouvernement: «Nous ne sommes plus libres de faire ce que nous voulons avec nos écoles et nos élèves. Le District Council a maintenant tout en mains et nous n'avons qu'à faire ce qu'on nous commande», écrit la supérieure de Katete en 1962[20]. Petit à petit, le désir, de la part des gouvernements, de voir passer les institutions d'enseignement aux mains des Africains fait en sorte que les MIC remettent la direction d'un bon nombre de leurs écoles à des communautés locales, telles les Sisters of the Holy Rosary, au diocèse ou encore à l'État.

Les années 1970 marquent donc encore une fois un tournant pour l'œuvre éducative des MIC. Seule leur reste l'école secondaire de Marymount, dont elles assument la direction jusqu'en 1991, avant de confier l'établissement à une directrice laïque. Elles continuent d'y enseigner jusqu'en 2004. Comme dans bien d'autres pays, délestées de cette charge d'enseignement et de gestion, elles réinvestissent temps et énergie vers de nouveaux engagements sociaux et pastoraux. En novembre 1974, une équipe formée de quatre MIC de Katete, d'une jeune Africaine laïque et d'un étudiant canadien en stage chez les Pères Blancs, fournissent du matériel et rendent visite une fois par semaine à une école de brousse, à Chilawo. Une centaine d'enfants y reçoivent les premiers rudiments d'instruction sous la tutelle d'un seul professeur. L'expérience se répète en décembre, à Chimtembo, une autre petite bourgade en pleine brousse, à 25 km de Katete. Moins formel, l'engagement en faveur de l'éducation se poursuit donc sur d'autres modes.

MADAGASCAR, UN TERREAU FERTILE POUR L'ÉDUCATION

En 1952, les MIC, qui ont accepté l'invitation des Pères de la Salette, débarquent à Morondava, petite ville de la côte est de Madagascar, afin de prendre la relève d'une communauté religieuse française. Dès leur arrivée, elles prennent en charge les œuvres déjà existantes : deux écoles, l'une malgache et l'autre européenne, un pensionnat, un orphelinat et un ouvroir. Madagascar étant une colonie française, l'enseignement se fait en français dans tous les établissements scolaires, facilitant ainsi le travail des sœurs. Néanmoins, le travail d'apostolat exigeant la maîtrise de la langue populaire, les sœurs se mettent rapidement à l'étude du malgache.

Quatre ans après leur arrivée, les MIC acceptent un nouveau poste à Madagascar. Elles s'installent alors à Ambohibary, gros village situé à environ 40 km de la ville d'Antsirabe, dans la région centrale des hauts plateaux. Elles y assument notamment la direction de l'école paroissiale. Lors de l'accession du pays à l'indépendance en 1960, l'avènement d'un nouveau gouvernement malgache ne remet pas en question les œuvres commencées, au contraire. En 1963, les sœurs consentent à s'occuper de l'école Sainte-Thérèse de Mahazoarivo à Antsirabe. L'année suivante, elles s'établissent à Tsaramasay, quartier populaire d'Antananarivo (Tananarive), la capitale, où elles dirigent aussi une école paroissiale. Enfin, une mission est ouverte à Mahabo, village d'une certaine importance de la côte ouest. L'école qu'elles prennent en charge est le cinquième établissement scolaire qui leur est confié en 12 ans de présence sur l'île.

La prise du pouvoir par le général Ramanantsoa, en 1972, qui impose une dictature militaire à saveur socialiste, annonce des changements importants. Après avoir exigé temporairement la fermeture de toutes les écoles, le nouveau régime impose une malgachisation progressive : programmes d'enseignement adaptés aux réalités locales et abandon du français comme langue d'enseignement au profit de la langue malgache. Ce virage politique n'a cependant pas que des effets positifs. La nationalisation de nombreux secteurs de l'économie, l'imposition d'un parti unique et de fréquentes répressions politiques découragent peu à peu les investisseurs et plongent le pays dans la pauvreté. Le taux d'analphabétisme, de 26 % qu'il était en 1960, passe à 55 % en 1998.

Les MIC doivent composer avec les événements politiques qui secouent Madagascar et s'adapter pour répondre aux exigences nationales en éducation. Si l'on se fie aux effectifs, toujours en hausse, leurs écoles remportent un grand succès et ce, malgré l'appauvrissement de la population qui peine à défrayer les frais de scolarité. Les sœurs, il est vrai, offrent de nombreuses places subventionnées. À l'école Saint-Joseph d'Ambohibary, par exemple, le rapport trimestriel de la mission indique qu'en 1965 un élève sur trois est entièrement ou partiellement subventionné. L'établissement accueille alors 600 enfants. L'engagement des sœurs auprès des plus pauvres est d'ailleurs multiple. De 1967 à 1972, sr Thérèse Gendron accepte notamment de s'occuper d'une école publique, destinée aux enfants défavorisés, dans une nouvelle paroisse de Tsaramasay. Toujours à Tsaramasay,

Sr Lucienne Ferland avec de jeunes élèves de l'école Sacré-Cœur de Tsaramasay. Tananarive. Madagascar, 1964.

sr Lucienne Ferland ouvre, en 1970, une classe de 60 places pour les enfants pauvres de la paroisse. La communauté se charge alors du salaire du professeur et du matériel scolaire des élèves.

Dans leurs principales institutions scolaires, les MIC offrent un cursus assez similaire. À Ambohibary et Tsaramasay, elles proposent un encadrement scolaire qui va de la maternelle au secondaire. Idem à l'école de filles de Morondava, où les sœurs assument également la charge d'un pensionnat pendant plus de 30 ans. À l'école Sainte-Thérèse, à Antsirabe, on retrouve aussi le cours primaire et secondaire, mais pas de maternelle, alors qu'à Mahabo, il n'y a que le préscolaire et le primaire. L'accroissement des effectifs dans ces établissements, au fil des ans, est significatif. À la rentrée de 1952, les sœurs accueillaient au collège de Morondava 150 externes et une quarantaine de pensionnaires. Les chroniques de la mission nous apprennent qu'à la rentrée de 1993, les classes du collège débordent avec plus de 1100 inscriptions. Même situation à Ambohibary : 450 élèves en 1958 et plus de 1000, à la rentrée de 2002. Les indispensables agrandissements, ajouts et rénovations engendrés par une telle augmentation de clientèle ont été réalisés grâce aux dons de nombreux partenaires.

Arrivée des pensionnaires, avec matelas et effets personnels, au collège de Morondava. Madagascar, c. 1975.

Comme partout ailleurs, les sœurs veillent à ce que leurs écoles de Madagascar offrent un solide encadrement religieux. Elles supervisent des mouvements et regroupements de jeunes tels que les Enfants de Marie, et organisent des retraites et des pèlerinages. Enfin, les MIC ne lésinent pas non plus sur les activités parascolaires : théâtre, musique, chorale et basket-ball constituent quelques-unes des activités proposées aux jeunes Malgaches au fil des ans.

Dans les années 1970, les MIC de Madagascar ne voient pas la nécessité de remettre en question leur œuvre d'éducation encore bien jeune. Néanmoins, la diminution des effectifs les oblige à concentrer leurs forces. C'est la principale raison qui les amène à remettre la charge de leur école de Mahabo, puis celle de l'école Sainte-Thérèse de Mahazoarivo, à Antsirabe, à d'autres communautés religieuses.

Quelques initiatives en Amérique latine

Les pays d'Amérique latine, où s'installent petit à petit les MIC entre 1957 et 1963, sont ceux où elles développent le moins d'institutions scolaires traditionnelles. En effet, malgré quelques initiatives lancées au tout début des années 1960, ce secteur reste pour elles plutôt marginal. En Bolivie, par exemple, où elles ont ouvert une dizaine de postes de mission, elles n'ont pris en charge qu'une seule école primaire. Au Chili, elles ne font qu'un bref essai de quelques années. Une seule école, également, au Guatemala. Aujourd'hui, les sœurs ne possèdent dans cette région du monde qu'un seul établissement d'enseignement classique, le collège Maria de la Providencia, à Lima, au Pérou. Par contre, les centres de formation rurale, les centres de sciences domestiques et les écoles commerciales, dont nous parlerons sous peu, ont connu davantage de succès.

Il est difficile de déterminer pourquoi une stratégie d'implantation pourtant si efficace partout ailleurs ne réussit pas à s'imposer en Amérique latine. Il est vrai qu'à partir des années 1960 et 1970, l'évangélisation s'associe de plus en plus étroitement au développement social. En conséquence, les œuvres éducatives traditionnelles perdent un peu de leur prestige au profit de projets sociaux plus mobilisateurs. En outre, les contextes de pauvreté, de ruralité et parfois de violence de certains pays, comme la Bolivie et le Pérou, ne sont sans doute pas étrangers à la situation.

Évidemment, tous les pays d'Amérique latine où œuvrent les MIC ne connaissent pas la même réalité socio-économique. Si le Chili s'en tire plutôt bien sur le plan économique – malgré de fortes inégalités sociales et la dictature d'Augusto Pinochet (1973-1990) – la situation est passablement différente en Bolivie. La population de ce pays des Andes, où l'on retrouve une majorité d'Indiens (Quechuas, Aymaras), est surtout rurale et paysanne. À la suite de la fermeture des mines dans les années 1980, la culture du coca, avec son cortège de violence, devient pour plusieurs la principale source de subsistance. L'espérance de vie des Boliviens n'est alors que de 54 ans. En outre, malgré de substantiels progrès depuis 1980, l'analphabétisme demeure un réel problème en région rurale, particulièrement chez les femmes. Le Pérou, autre pays andin à forte population indienne, connaît aussi sa part de malheurs. La situation économique désastreuse au début des années 1980, après des années de dictature militaire, touche aussi bien les zones rurales que les bidonvilles de Lima qui s'avèrent des terreaux fertiles pour la guérilla du Sentier lumineux. La lutte opposant ce mouvement terroriste aux militaires péruviens fait des dizaines de milliers de victimes. De nombreuses victimes également au Guatemala où les régimes militaires qui se succèdent jusqu'en 1986 pratiquent une répression violente contre toute forme de dissidence. On estime à plus de 200 000 morts les victimes de la guerre civile qui plonge par ailleurs le pays dans la plus grande pauvreté.

Le premier engagement des MIC dans l'éducation traditionnelle commence donc à Pucallpa, au Pérou, en 1960. Elles arrivent dans ce pays à l'invitation de Mgr Gustave Prévost, un prêtre de la Société des Missions-Étrangères du Québec, qu'elles ont bien connu en Mandchourie. Les sœurs enseignent alors à l'école secondaire mixte Faustino Maldonado, école gouvernementale dirigée par les PMÉ. Deux ans plus tard, elles ouvrent un internat pour les étudiantes des villages voisins. En 1964, l'école mixte est divisée de manière à former une section féminine, La Inmaculada, comptant 615 élèves et dont la direction est confiée aux MIC par le ministère de l'Éducation. Le manque de personnel ainsi que le manque de discipline des internes incitent les sœurs à fermer l'internat en 1971. Elles conservent alors la responsabilité de La Inmaculada, mais décident, quelques années plus tard, de remettre cette charge à une directrice laïque.

En 1962, toujours à l'invitation des PMÉ, quelques sœurs s'installent à Lima, la capitale du Pérou. L'année suivante, elles ouvrent les portes du collège Maria de la Providencia dans le quartier d'Azcona. Plus de 300 fillettes s'y inscrivent. En 1964, l'institution offre aussi un jardin d'enfants. À chaque rentrée scolaire subséquente, une année supplémentaire est ajoutée aux quatre années de primaire déjà proposées. En 1970, le collège est ainsi en mesure d'offrir un cursus complet, de la maternelle à la fin du secondaire, à plus de 500 élèves. De nouveaux bâtiments sont construits en 1994, afin d'accueillir la clientèle toujours plus nombreuse, et les anciens locaux sont transformés en résidence MIC. Comme toujours, les sœurs et le personnel enseignant de Maria de la Providencia proposent une vaste gamme d'activités récréatives et chrétiennes aux jeunes Péruviennes.

Bien qu'elles soient en Bolivie depuis 1957, ce n'est qu'en 1962 que les sœurs s'engagent dans une œuvre d'éducation traditionnelle. Elles acceptent alors de prendre en charge une école primaire à Queru Queru, une banlieue de Cochabamba considérée comme « marginale » et très pauvre. Destinée aux jeunes filles autochtones, l'école accueille près de 80 élèves dès l'ouverture : un nombre qui ne cessera d'augmenter au fil des ans. En 1967, les MIC associent leur école au mouvement Fe y Alegria, une organisation reconnue par le gouvernement, qui accepte alors de défrayer le salaire des professeurs. Cette prise en charge permet d'offrir une école gratuite ou à coût minimal. En 1980, l'école est cédée complètement à l'organisation.

Arrivées en Amérique centrale en 1962, les MIC installent leur mission initiale dans la petite ville de Totonicapán, à environ 200 km de la capitale du Guatemala. Jusqu'en 1970, où elles disposeront d'une maison un peu mieux organisée, les sœurs s'établissent dans une ancienne chapelle passablement délabrée. Elles se voient confier, dès janvier 1963, la direction

Sr Françoise Veillette dans une classe de 1re secondaire du collège Maria de la Providencia. Lima, Pérou, 1974.

Fe y Alegria

Le mouvement Fe y Alegria (« Foi et Joie ») est fondé en 1956 par le père José Maria Velaz, un jésuite professeur d'université à Caracas au Venezuela. Le but de cette œuvre éducative est de faciliter à la jeunesse démunie l'accès aux écoles primaires et secondaires, afin de faire baisser l'analphabétisme et d'effectuer une promotion sociale pour tous. Pour atteindre ses objectifs, l'organisation accepte dans ses institutions tout enfant, peu importe son origine ethnique, sa classe sociale ou sa religion, et lui offre une éducation gratuite. Les écoles Fe y Alegria s'établissent de préférence en périphérie des grandes villes, dans les faubourgs les plus misérables ou les campagnes éloignées. L'enseignement primaire sert à donner confiance en soi aux jeunes des milieux défavorisés et à les amener vers des études secondaires et techniques, afin qu'ils puissent prendre leur vie en main. Les institutions Fe y Alegria sont habituellement gérées par des religieuses (plus de 70 instituts différents en 1970). Le mouvement s'étend à plusieurs pays d'Amérique latine : Panama, Salvador, Colombie, Pérou et Bolivie. En 1970, plus de 80 000 étudiants à travers l'Amérique latine fréquentent une école Fe y Alegria.

du collège Pedro de Bethancourt, seule école catholique de la ville. Cette petite école primaire et secondaire compte alors quelque 200 élèves. Le succès est tel que les sœurs doivent louer une maison pour héberger le collège, jusqu'à ce que la construction d'une nouvelle bâtisse soit achevée en janvier 1966. En 1977, l'école est fréquentée par plus de 475 enfants, et une dizaine de professeurs sont d'anciens élèves. En plus du cursus régulier, les sœurs offrent des cours d'arts ménagers, de musique, de chant, d'orientation professionnelle et, bien sûr, de catéchèse. En 1981, toutefois, à la suite de divers problèmes, les sœurs quittent le Guatemala.

En 1962, l'évêque d'Ancud se présente à la Maison Mère afin de demander l'aide de la communauté pour son diocèse situé sur l'île de Chiloé, au sud du Chili. Il souhaite confier aux MIC la direction d'une école primaire et secondaire. À leur arrivée, en janvier 1963, les trois pionnières nommées pour cette mission s'installent dans une immense maison

Sr Jeanne Pelletier dans sa classe au Collège de Bethancourt. Totonicapán, Guatemala, 1964.

de 60 pièces que leur laissent les Sœurs de la Charité de l'Immaculée-Conception, une communauté allemande qui se retire par manque de fonds et de personnel religieux. Les sœurs prennent immédiatement la direction du Colegio Inmaculada Concepción qui comporte une maternelle, le niveau primaire et la première année du secondaire. Elles comptent alors sur 150 élèves, dont 10 pensionnaires. En décembre 1967, en accord avec l'évêque, les sœurs ferment l'institution, à peine cinq ans après en avoir pris la charge. Le manque de stabilité des professeurs laïques (et l'obligation d'accepter des enseignants moins préparés), la grande exigence des parents et les difficultés d'adaptation des sœurs sont mises de l'avant pour expliquer cette décision.

Ce sont là les seuls engagements MIC en faveur de l'éducation traditionnelle, si l'on exclut quelques initiatives individuelles ou ponctuelles. Sr Ida Brochu, par exemple, enseigne la psychologie, de 1987 à 1991, à l'école normale de Pucallpa. Quelques sœurs collaborent à l'organisation d'écoles en Bolivie, en 1973 et 1987. D'autres offrent des cours d'anglais, de français ou de musique pendant quelques années en divers endroits. Il faut également tenir compte de nombreux et importants projets d'alphabétisation, mis sur pied au Pérou et en Bolivie dans le cadre de programmes beaucoup plus larges. À Cochabamba (Bolivie), par exemple, l'Institut d'éducation rurale offre non seulement des sessions d'alphabétisation, mais encadre et forme des auxiliaires qui deviennent à leur tour des agents formateurs. À Yauri, au Pérou, où les sœurs prennent fait et cause pour la population durement touchée par la pauvreté et la répression, l'alphabétisation n'est qu'une des nombreuses facettes de leur action sociale dans la région.

Et ailleurs ?

Nous voici presque au terme de notre vaste tour d'horizon. Après l'Asie, les Antilles, l'Afrique et l'Amérique latine, que reste-t-il ? Bien sûr, il y a le Québec, déjà évoqué dans les chapitres précédents. Les sœurs y enseignent depuis les tout débuts de l'Institut. Délia Tétreault, la fondatrice, est consciente du formidable outil promotionnel que constitue à la fois pour la communauté, mais aussi pour l'œuvre missionnaire, l'éducation de la jeunesse. Elle réalise aussi qu'au Canada cette œuvre recèle un certain potentiel financier. Les cours privés de musique (offerts dans presque toutes les écoles MIC), de dessin et de peinture (donnés dans les maisons de Québec, Granby, Trois-Rivières, Perth et Edmunston), de même que les cours de langue constituent en effet des apports non négligeables pour une communauté dont les sources de revenus sont limitées.

En outre, faire la classe au Québec se veut une excellente préparation pour les missions. De nombreuses sœurs ont d'abord enseigné dans les écoles d'ici avant de partir et mettre à profit leur expérience outre-mer. Ainsi, à Outremont et Montréal, mais aussi à Rimouski, Granby, Trois-Rivières, Chicoutimi et Perth au Nouveau-Brunswick, les sœurs ont la charge, jusqu'au début des années 1970, de jardins d'enfants, d'écoles primaires et secondaires. Plusieurs anciennes et anciens élèves n'hésitent pas à vanter la qualité de l'enseignement dispensé dans les établissements MIC:

> « Mes » sœurs étaient de formidables éducatrices et je leur dois énormément, comme tous ceux qui ont eu la chance de bénéficier de leurs talents de pédagogues. Chez les Sœurs de l'Immaculée-Conception, on faisait son primaire en six ans au lieu de sept, et il n'était pas rare que l'école secondaire privée où l'on s'inscrivait ensuite vous fasse « sauter » une année… C'est dire la valeur de leur travail[21].

Au total, c'est plus de 40 000 jeunes qu'elles ont contribué à former au fil des ans et bon nombre d'entre eux gardent encore aujourd'hui un souvenir heureux de ce passage chez les Sœurs Missionnaires de l'Immaculée-Conception.

Sr Marthe Desjardins, attentive aux progrès de deux de ses élèves. Edmunston, 1965.

Élèves en pique-nique: sr Lucille Talbot à droite et sr Lucienne Ferland à gauche. Rimouski, 1951-1952.

Ce sont les mêmes objectifs financier et promotionnel qui poussent les MIC à offrir cours privés et classes pour les petits à Rome, où elles s'installent en 1925 à l'occasion de l'Exposition missionnaire du Vatican. La communauté désirant garder un pied-à-terre dans la Ville éternelle, les quelques sœurs en poste doivent trouver un moyen de subvenir à leurs besoins, ce qu'elles feront notamment par l'ouverture de quelques classes, puis, en 1949, d'un jardin d'enfants qui accueillera les petits jusqu'en 1960. L'ouverture d'un autre jardin d'enfants, Our Lady's Kindergarten, en 1957, à Marlborough (Massachusetts, É.-U.), répond encore une fois aux mêmes objectifs. Les exigences de l'État pour les établissements scolaires, de même qu'un personnel religieux réduit, ont toutefois raison de cet engagement en 1971.

Enseignement pratique, technique et professionnel

Ce panorama général montre l'importance de l'œuvre éducative au sein de l'Institut. Dans pratiquement tous les pays où les sœurs sont appelées, elles sont invitées à prendre la direction d'au moins une école. Règle générale, à la suite de ce premier essai les MIC se retrouvent rapidement à la tête d'un nombre considérable d'établissements scolaires. Seule l'Amérique latine échappe à cette tendance. Si le cursus traditionnel sert bien les MIC en Asie et dans les Antilles, voire en Afrique et à Madagascar, il n'en demeure pas moins que dans bon nombre de ces pays, des besoins pour d'autres types de formation se font également sentir.

Devant la situation peu enviable des femmes dans la plupart de ces pays, les sœurs se sentent interpellées : il faut faire quelque chose. Certes, les encourager à fréquenter l'école primaire puis secondaire – et leur offrir la possibilité de le faire en ouvrant des écoles – est une stratégie efficace pour permettre aux jeunes filles d'améliorer leur sort. Nombreuses sont celles, toutefois, qui ne peuvent poursuivre de telles études, faute d'aptitudes ou par manque d'argent. Et que faire des jeunes épouses ? Il faut donner à toutes des outils pour qu'elles puissent se sortir de leur statut de misère et connaître une vie meilleure. C'est ainsi que la promotion de la femme devient un des objectifs prioritaires des MIC.

Dans les pays où l'analphabétisme et la pauvreté atteignent des sommets, des initiatives qui répondent plus spécifiquement aux impératifs de la réalité quotidienne – trouver du travail, par exemple – s'avèrent indispensables. En effet, tous ne peuvent s'attaquer aux exigences des diplômes du curriculum classique. Éloignement, pauvreté, retard académique et situation familiale constituent parfois des obstacles insurmontables. Permettre à quelques-uns d'entre eux d'acquérir un savoir-faire artisanal ou technique peut changer leur vie.

Enfin, la difficulté, pour les MIC, de recruter du personnel enseignant qualifié s'avère un problème récurrent dans plusieurs pays. Or, afin d'assurer aux jeunes une éducation de qualité ainsi qu'une relève adéquate lorsqu'elles devront partir, les sœurs se voient dans l'obligation de travailler à la formation de futurs professeurs. Elles doivent aussi veiller à former des auxiliaires et des éducateurs qui pourront poursuivre les projets d'alphabétisation.

Les MIC, à l'écoute des besoins, ajustent le tir. Des initiatives diverses et variées, en réponse aux nécessités locales et régionales, voient le jour. Il est vrai que plusieurs de ces initiatives, parce qu'elles ne bénéficient pas d'un encadrement ou d'une structure plus formelle, pourraient être mises au crédit d'une certaine action sociale. On ne compte plus les endroits et le nombre de fois où les sœurs, en marge de leur occupation principale, offrent des cours de couture ici, des classes d'alphabétisation là. Cela dit, en Haïti comme en Afrique et en Amérique latine, certains programmes se révèlent plus permanents. Ils ont la constance et la structure d'une œuvre d'éducation ou de formation.

La promotion de la femme : un enjeu d'équité et d'égalité

Nul besoin de remonter bien loin dans le temps pour trouver une époque où les Québécoises n'avaient pas accès à l'éducation supérieure et où leur statut, juridique ou social, était inférieur à celui des hommes. Au Québec, rappelons-le, elles n'obtiennent le droit de vote qu'en 1940. Leur arrivée sur le marché du travail survient lors de la Deuxième Guerre mondiale et leur entrée massive dans les établissements d'enseignement secondaire ne se fera sentir qu'à partir des années 1960.

Peut-être, justement, parce qu'elles sont témoins de ces avancées chez elles – au Canada, aux États-Unis mais aussi en Asie –, les sœurs font de la promotion de la femme haïtienne, zambienne, bolivienne, bref de toutes les femmes, un enjeu prioritaire. Or, afin d'obtenir un statut plus enviable, ces femmes doivent avoir accès à une instruction de base et même une instruction supérieure. Elles doivent aussi être en mesure de commander le respect de leur époux et de leur famille en maîtrisant un certain savoir-faire, en acquérant certaines connaissances qui leur permettront d'offrir de meilleures conditions de vie à leur famille. Il peut être difficile, avec nos regards d'Occidentaux, familiers des revendications féministes, de concevoir l'apprentissage des arts ménagers comme un chemin vers la promotion féminine. Mais dans des pays où la différence entre la vie et la mort dépend de quelques notions d'hygiène de base, de quelques notions d'horticulture ou des quelques sous gagnés par la vente de gâteaux ou de tricots, il est concevable que cet apprentissage confère un meilleur statut aux femmes qui savent le maîtriser.

Qu'il s'agisse des centres ménagers en Haïti, des Homecraft Center au Malawi et en Zambie, ou encore de l'Institut d'éducation rurale en Bolivie, ces établissements organisés et mis en place par les MIC visent un seul objectif : donner une certaine dignité à la femme en la sortant de l'ignorance dans laquelle préjugés et culture la maintiennent depuis toujours. Les programmes offerts sont partout assez semblables : alphabétisation et matières de base, cours d'hygiène et de premiers soins, de couture, de tricot, de cuisine et d'horticulture, le tout dans un cadre favorisant l'apprentissage des valeurs chrétiennes. Évidemment, ces centres ne sont pas révolutionnaires par le contenu de la formation proposée. Depuis la toute première mission de Chine, les sœurs offrent de tels cours à une clientèle variée : aux jeunes filles de leurs écoles, aux femmes qui se réunissent dans les ouvroirs, aux domestiques, etc. Ce qui constitue l'originalité et la spécificité de ces institutions, c'est d'abord le regroupement de toutes ces matières sous un seul toit, de même que la structure et l'encadrement offert, qui font de ces leçons autrefois éparses, une véritable formation, dûment sanctionnée par un certificat.

Les premières expériences du genre débutent vers le milieu des années 1950. Aux Cayes, en Haïti, le Centre ménager Myriam voit le jour officiellement en 1956. Modeste, il n'accueille à ses débuts que 11 élèves. En 1983, elles sont plus de 100 à fréquenter ce centre. On y reçoit aussi bien les jeunes filles qui, ayant complété leur primaire, ne peuvent poursuivre des études secondaires, que celles qui arrivent pratiquement analphabètes. Au fil des ans, le cursus de base s'est enrichi et bonifié. On y offre désormais, en créole, des cours de puériculture, d'hygiène familiale et alimentaire, de français, de comptabilité, de coupe et couture, de broderie, d'art culinaire, de sociologie, de morale et de catéchèse. Le but du Centre Myriam ? La promotion intégrale de la femme haïtienne.

Sr Pauline Mailloux enseigne la couture au centre Myriam. Les Cayes, Haïti, c. 1976.

Des établissements similaires au Centre Myriam s'implantent dans la plupart des postes de mission en Haïti. Au début des années 1970, les sœurs dirigent huit centres ménagers, sans compter les centres annexes. En effet, des succursales de ces centres de promotion féminine sont aussi organisées hors des bourgs, en milieu rural. Ce sont des femmes ou des jeunes filles issues des établissements MIC, devenues monitrices d'arts ménagers, qui dirigent ces annexes sous la supervision de la directrice du Centre principal.

On se souvient que dès leur arrivée en Afrique, les sœurs perçoivent l'urgence d'agir en faveur des femmes. « Dans la culture africaine, la femme n'a, jusqu'à maintenant, qu'un rôle inférieur, celui de la servante, parfois même de l'esclave », écrit sr Pauline Longtin en poste au Malawi dans les années 1950[22]. Elle n'est pas la seule à percevoir ainsi la situation des femmes. Sr Bérengère Cadieux, qui a œuvré 45 ans en Afrique, parle aussi de l'état « presque d'esclaves » des femmes africaines[23]. Afin de les aider à améliorer leur condition et leur rôle au sein de la famille, les MIC mettent aussi sur pied des écoles destinées à favoriser le développement de compétences et de savoir-faire dans le domaine domestique.

Au Malawi, un premier projet de formation structurée voit le jour à Karonga en 1957. Lorsque soumis aux autorités locales, il reçoit une approbation spontanée. Toutefois, les gens s'empressent de noter les obstacles qui pourraient faire échouer l'initiative des MIC : d'abord, il y a les préjugés de

Quand la nécessité est mère de l'invention…

Photo de sr Hélène Hétu et du fameux petit four.
Centre ménager de Chantal, Haïti, c. 1976.

Dans le cadre de leur formation dans les centres ménagers, les femmes haïtiennes apprennent notamment à faire du pain, des gâteaux et des biscuits. Toutefois, les voilà bien embarrassées lorsque vient le temps de mettre leur savoir en pratique à la maison : elles n'ont pas de four. Comment faire cuire un gâteau sur trois pierres ? Sr Hélène Hétu, directrice de centres ménagers en Haïti pendant plusieurs années, fait alors preuve d'une belle inventivité. Ingénieuse, elle bricole un four à partir d'un bidon d'huile de cinq gallons, bidons que les sœurs reçoivent à titre de dons pour les cantines scolaires. Utilisant l'ouverture comme porte du four, sr Hélène entreprend ensuite de découper, sans autre outil qu'un couteau et un marteau, un trou d'une douzaine de centimètres dans l'un des côtés du récipient de métal. Elle fixe ensuite quelques broches de part en part du bidon afin d'y déposer la casserole de cuisson, et le tour est joué !

En posant ce four de fortune sur un feu de charbon de bois, et en faisant preuve de vigilance, les femmes réussissent la cuisson de pains, de gâteaux et de biscuits qu'elles peuvent offrir à leur famille lors des jours de fête, ou encore vendre au village. L'invention de sr Hélène fera de nombreuses adeptes et toutes voudront apprendre à confectionner leur petit four.

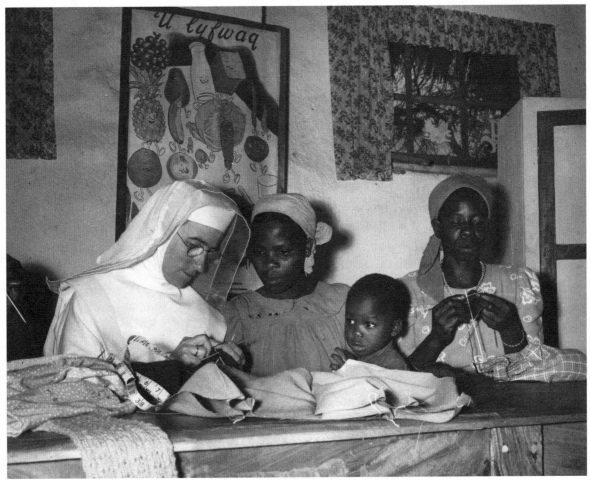

Sr Jeanne Plante donne un cours de tricot au Homecraft Center de Karonga. Malawi, 1961.

la majorité protestante envers les catholiques… et puis il y a la distance. Les femmes marcheront-elles plusieurs kilomètres, trois fois par semaine, pour aller à l'école ? « Ne soyez pas surprises, leur dit-on, si vous n'en avez que 7 ou 8. Ce sera un début[24]. »

Après les mois nécessaires à l'organisation (locaux, ameublement et fournitures), l'école, baptisée Nazareth, ouvre ses portes à 22 femmes dont

18 non-catholiques. Un après-midi par semaine, elles reçoivent une formation de base concernant l'hygiène, le soin des enfants et les premiers soins. À ces leçons s'ajoutent aussi des cours d'anglais et de comptabilité familiale. Un deuxième après-midi est consacré à la couture, au tricot et au reprisage alors que la troisième demi-journée fait place aux travaux culinaires. Bien entendu, au travers de ces divers enseignements, les sœurs parviennent à faire passer quelques principes de morale chrétienne.

Ce premier Nazareth constitue un véritable succès. La fin de l'année se révèle l'occasion d'exposer les différents travaux de couture et de tricot. Il y a aussi distribution de prix et de certificats. Les sceptiques sont confondus! L'expérience est reprise et bientôt les Nazareth, qui prendront le nom de Homecraft Center, se multiplient dans les différents postes de mission du Malawi. Les programmes ne varient guère, bien que l'ajout de classes d'alphabétisation s'avère parfois nécessaire. Comme pour leurs écoles traditionnelles, les sœurs remettent la direction de leurs centres de promotion féminine à l'État, à partir des années 1970. Non pas sans avoir préparé la relève. En effet, plusieurs des femmes et des jeunes filles africaines qui enseignent et dirigent dans les Homecraft Center du pays sont d'anciennes élèves des Sœurs Missionnaires de l'Immaculée-Conception.

En Zambie, le développement des centres domestiques répond aux mêmes besoins et aux mêmes objectifs. Dès janvier 1955, soit six mois après leur arrivée, les sœurs ouvrent à Chipata une première école de sciences domestiques. Une vingtaine de femmes s'y présentent pour suivre le programme qui s'étend sur 18 mois. Les sœurs entreprennent également des visites à domicile afin de juger de l'application des théories apprises en classe. L'appui financier du gouvernement, qui favorise de telles initiatives, et de fondations privées comme le Beit Trust, permet de nombreux agrandissements. En 1959, de nouveaux locaux sont inaugurés sous le nom de Our Lady Homecraft Center. À partir de 1962, s'ajoutent une trentaine de pensionnaires qui s'inscrivent pour un cours de deux ans. Cette nouvelle section, destinée aux jeunes filles ayant complété le cours primaire, prend le nom de Saint Anne's Homecraft Training Center. En 1984, le centre pour femmes ferme ses portes mais le centre pour jeunes filles

Sr Huguette Ostiguy et des élèves du Centre domestique de Chikungu soignant les poules. Zambie, 1975.

continue sur sa lancée. Dans les années 1990, le programme offert s'avère des plus complets : horticulture, nutrition, santé et hygiène, soins des enfants, art culinaire, tenue de maison, coupe et couture, budget, leadership, préparation au mariage, Bible et bien plus encore.

Quant au centre domestique de Chikungu, ouvert en 1963, il prend dans les années 1970 une nouvelle orientation, semblable à celle du Saint Anne's Training Center : la formation de femmes, de leaders, qui prendront la direction de « clubs de femmes » dans les villages. Il offre sensiblement les mêmes cours que l'établissement de Chipata.

Un rapport sur l'état des œuvres à Madagascar, daté d'avril 1970, note que l'enseignement ménager n'y rencontre pas, de façon générale, la faveur des élèves ni des parents. Alors que le cours primaire attire entre 600 et 800 élèves dans les écoles les plus importantes, on n'y retrouve qu'entre 8 et 12 élèves inscrites au cours d'enseignement ménager. Aussi, ce n'est qu'en 1974, à Ambohibary, qu'un véritable centre de promotion féminine voit le jour à Madagascar. L'objectif de ce centre, selon sr Elisabeth Méthot, qui en a été la directrice, est de «former des femmes capables de tenir un foyer convenablement et d'y élever chrétiennement leurs enfants[25]». Il s'adresse avant tout aux jeunes filles de 13 à 19 ans. Une majorité de ces filles ne sont pas scolarisées, ou très peu, alors que les autres ont à peine complété leur primaire. Elles viennent de la brousse, pour la plupart. Certaines, dont le village est trop éloigné, deviennent pensionnaires. Le programme de ce centre s'étend sur deux ans, mais deux autres années peuvent être ajoutées pour celles qui souhaitent se spécialiser. Le cours régulier comporte des matières pratiques : tricot, broderie, couture, tressage. Aux plus avancées, on offre aussi des leçons de calcul, de puériculture, de massage et de secourisme. En 1984, un centre similaire ouvre ses portes à Tsaramasay grâce au financement de l'ambassade canadienne.

Ce n'est que quelques années après leur arrivée en Bolivie que les MIC s'orientent davantage vers de la formation pratique en sciences domestiques. En 1964, elles sont chargées de la direction et de l'administration de l'Académie Santa Rita, un centre de formation féminine mis sur pied à La Paz par un couple de Hollandais, M. et Mme Jean Smith, au début des années 1950. Les sœurs y organisent un enseignement centré autour des techniques de coupe et de couture. Elles enrichissent bientôt leur programme avec l'art culinaire et l'alimentation, puis des cours de psychologie, de relations humaines, d'hygiène et de catéchèse. Dans les années 1970, s'ajoutent des cours de Bible, d'éducation sexuelle et de «coopérativisme», ainsi qu'un enseignement optionnel de la broderie, du tricot et des arts plastiques. Au début, l'école ne compte qu'une trentaine d'élèves mais dès 1965, elles sont plus de 70. La moyenne s'établit ensuite rapidement autour d'une centaine par année. En 1975, l'Académie s'associe au mouvement Fe y Alegria qui favorise l'éducation des plus démunis.

Plusieurs succursales de l'Académie voient le jour dans des zones rurales comme San Juan ou Potosi. Bien qu'elles ne s'occupent pas nécessairement de tous ces centres annexes, les sœurs en facilitent la mise en place. Au début des années 1980, par manque de personnel, les MIC se désengagent graduellement de l'enseignement et de la gestion de l'Académie Santa Rita.

Sr Renée Ratel à l'Académie Santa Rita de La Paz. Bolivie, 1982.

Une succursale de l'Académie à Catavi…

Sr Anita Perron, après 30 ans d'apostolat dans les Andes boliviennes, connaît bien la réalité des femmes des campagnes et des mines de l'Altiplano. Elle a été témoin des premières initiatives lancées en faveur de la promotion féminine :

> En juillet 1969, je m'aventurais dans la Cordillère des Andes pour arriver aux fameuses mines d'étain de Siglo XX et de Catavi. Assez vite, j'ai compris que ma mission se vivrait là dans un climat de tension. Les mineurs étaient conscients des injustices et réclamaient leurs droits, appuyés par leur épouse et les jeunes du milieu. La répression brutale des militaires ne se faisait pas attendre. J'ai vécu dix ans dans ce contexte d'oppression. […]
>
> Malgré le contrôle militaire, j'ai vu les femmes s'intéresser à l'apprentissage de la couture et à des techniques d'artisanat. Elles ont fait des démarches pour établir à Catavi une succursale de l'Académie Santa Rita de La Paz. […] Quelques centaines de femmes ont suivi les cours qui leur donnaient droit à un certificat de main-d'œuvre qualifiée. Elles ignoraient alors combien ces nouvelles compétences les aideraient à affronter, en partie, les difficultés financières que leurs familles devraient assumer en 1986, avec la mise à pied de milliers de mineurs[26].

Les cinq succursales passent sous la direction du mouvement Fe y Alegria au cours de l'année 1983 et les sœurs quittent La Paz en 1986.

Au fil des ans, les MIC organisent et favorisent la mise sur pied de « Clubs des femmes », centres de promotion féminine plus souples et adaptés à la réalité rurale, en plus de cours divers (coupe, couture, etc.), dans les régions éloignées et les villages miniers. Destinée aux jeunes filles qui ne peuvent fréquenter l'école supérieure, faute de moyens, cette formation pratique est offerte gratuitement, les élèves ne défrayant que le coût de leurs fournitures. Cependant, même cet apport minimal se révèle parfois impossible, comme le soulignent les sœurs d'Irupana dans leur rapport de mission en 1965 :

Les jeunes filles qui fréquentent notre Académie appartiennent à des familles très pauvres et sont dans l'impossibilité économique de suivre un cours supérieur qui est plus coûteux. Cependant, elles doivent se pourvoir de tissu et de tous les articles de couture nécessaires pour leurs études. Ceci crée un obstacle pour le nombre d'autres qui seraient désireuses de se perfectionner en cette branche, le salaire du père [...] ne suffisant pas à défrayer les dépenses, et les quelques coupons ou échantillons de tissu que nous recevons ne nous permettent pas de distribuer gratuitement à chacune. Nous souhaiterions recevoir pour cette œuvre qui est l'avenir de notre petit pueblo, une quantité de matériel pour les besoins de l'Académie, ou une somme d'argent, environ 1 000,00 $ par année pour acheter ce matériel[27]...

Alphabétisation des femmes à Corani Pampa. Bolivie, c. 1995.

Un des engagements majeurs des MIC en faveur de la promotion féminine en Bolivie demeure leur travail à l'Institut d'éducation rurale (IER) de Cochabamba. Mise sur pied en 1958, afin d'aider le monde rural des Andes à se développer et à s'adapter au monde moderne, cette œuvre diocésaine se développe pendant une dizaine d'années, pour s'étioler ensuite. En 1976, sr Gaëtane Guillemette s'applique à la ressusciter. Entre 1976 et 1986, l'Institut offre aux jeunes de la campagne, hommes et femmes, une formation humaine, spirituelle, sociale et missionnaire pour qu'ils deviennent des leaders catholiques et travaillent à améliorer les conditions de vie de leur milieu. À partir de 1986, toutefois, la formation des hommes se poursuit au Centre CADECA (Casa del Catequista) sous la direction d'un prêtre allemand alors que l'IER continue de veiller à la formation des jeunes femmes.

Au début, les jeunes filles issues des zones rurales venaient suivre une formation sur certains sujets particuliers pendant une période limitée, soit entre quelques jours et quelques mois. Elles retournaient ensuite dans leur milieu afin de diffuser leurs connaissances. Bientôt cependant, un programme plus structuré et plus développé se met en place. L'IER devient le premier institut à offrir à la femme quechua une formation complète et à long terme (un an). Il peut compter sur une quarantaine d'inscriptions chaque année. On y offre des cours d'alphabétisation, d'hygiène, de santé préventive, d'horticulture, d'économie domestique et d'art culinaire.

Sr Elmire Allary enseigne quelques rudiments d'horticulture à deux élèves de l'Institut d'éducation rurale (IER). Cochabamba, Bolivie, 1998.

Quelques matières de base sont également au programme. Une formation technique diversifiée (coupe et couture, broderie, tissage au métier, tricot à la main et à la machine) de même qu'une formation chrétienne (caté-chèse et cours d'initiation biblique) complètent le cursus proposé. Afin de soutenir les jeunes promotrices ainsi formées, les MIC organisent un réseau de centres ruraux qu'elles continuent de visiter régulièrement. En outre, ces jeunes femmes peuvent revenir périodiquement à l'Institut afin de recevoir une formation complémentaire ou simplement y trouver quel-ques paroles encourageantes.

L'arrivée de sr Suzanne Labelle, médecin, en 1995, amène des nouveautés au programme de l'IER. L'Institut continue de former chaque année une quarantaine de jeunes femmes entre 17 et 25 ans pour en faire des promo-trices de santé en milieu rural. Toutefois, après leur formation de base, une dizaine d'entre elles ont peu à peu la possibilité de poursuivre des études spécialisées au cours d'une deuxième année. Depuis 1998, elles

Leçon d'art culinaire à Yauri: on apprend à faire des galettes. Pérou, 1991.

peuvent ainsi obtenir une formation d'auxiliaire-infirmière et, depuis 2001, d'auxiliaire-vétérinaire.

Malgré tous les efforts mis de l'avant par les MIC, et tous les organismes dévoués à cette cause depuis les années 1960, la situation des femmes en Bolivie inquiète toujours la communauté internationale qui juge, en 2001, « préoccupante l'inégalité de facto entre les hommes et les femmes [...]

aggravée par la persistance de préjugés traditionnels et de conditions sociales telles que la discrimination à l'encontre des fillettes dans les zones rurales dans le domaine de l'éducation[28] ».

Bien que la promotion de la femme soit également une préoccupation majeure des MIC au Pérou et au Guatemala, on n'y retrouve aucune institution aussi bien orchestrée que l'IER. De fait, les initiatives apparaissent beaucoup plus ponctuelles et informelles: initiation aux travaux domestiques, cours de couture, alphabétisation, etc. Au Pérou, trois projets offrent néanmoins une certaine constance. À Yauri, région de haute altitude où les conditions de vie sont très difficiles, les MIC pratiquent une action sociale multiple dès 1972. L'engagement en faveur des femmes y occupe une place importante, et ce, jusqu'au départ des sœurs en 1991. En 1979, les sœurs s'installent à San Juan de Miraflores, un bidonville à la périphérie de Pucallpa. Dès leur arrivée, elles inaugurent un Centre de promotion féminine où elles offrent des cours de couture et d'artisanat, auxquels s'ajoutent ensuite des cours d'art culinaire, d'hygiène et de santé commnautaire. En 1985, les MIC se retirent de San Juan. Enfin, en 2002, sr Jeanne-Odette Rasoarimanana est au service de la promotion féminine à Cajabamba, petit village éloigné et très pauvre du nord des Andes péruviennes. Elle propose aux femmes de la montagne quelques notions pratiques d'hygiène, un peu d'alphabétisation et d'éducation de base, un enseignement pratique pour la coupe et la couture, le tout dans un cadre propre à la découverte de la religion catholique.

Formation manuelle et technique : la dignité dans le travail

Dans certains pays où œuvrent les MIC, le travail rémunéré, particulièrement chez les jeunes, constitue une denrée rare. Que ce soit en Haïti, en Afrique ou en Amérique latine, les taux de chômage atteignent des proportions considérables. Les contextes économiques de ces pays ne favorisent certes pas le plein emploi, mais l'absence de formation ou de savoir-faire spécifique chez les jeunes gens représente une autre facette du problème : il y a trop de main-d'œuvre non qualifiée. Si les sœurs ne peuvent modifier les politiques économiques d'un pays ou encore pallier l'absence de celles-ci, elles réussissent parfois, de façon très locale, quelques petits miracles de leur cru.

À La Boule, en Haïti, sr Marthe Desjardins ouvre, en 1969, un atelier de confection de cartes et de tableaux, dans le but d'aider les jeunes sans emploi. Sous sa direction artistique, garçons et filles apprennent à travailler l'écorce de bananier. Cet artisanat permet de réaliser de petits ouvrages qui attirent l'attention. Le Centre Banico devient vite populaire. Il reçoit des commandes importantes : jusqu'à 2000 cartes à l'occasion des fêtes de Noël. Les touristes se montrent également très intéressés aux pièces artisanales. Petit à petit, le Centre prend de l'expansion. Au début des années 1980, une vingtaine d'employés y travaillent et gagnent ainsi un salaire décent. Malheureusement, certains ouvriers deviennent de plus en plus exigeants et soupçonneux. Ils accusent les MIC de s'enrichir avec le Centre. Devant les accusations injustifiées et les difficultés, la supérieure provinciale prend la décision de remettre l'atelier aux autorités diocésaines de Port-au-Prince en 1981. Certains ont continué de fabriquer des tableaux et des cartes selon l'art improvisé de sr Marthe. Il s'en fait toujours en Haïti aujourd'hui.

Dès son arrivée à Mzuzu, au Malawi, en 1978, sr Léontine Lang propose une initiative similaire : ouvrir un centre pour les jeunes qui ne sont plus aux études, afin qu'ils apprennent un métier et puissent gagner leur vie. Une douzaine de garçons et filles, ayant le goût et le talent pour la sculpture, se présentent. En 1981, le Craft Center fonctionne bien, mais l'année suivante, après quatre ans de service, sr Léontine quitte pour son congé au Canada. Le Centre ferme alors ses portes. À la fin de son congé, elle revient avec une nomination pour la Zambie, où elle effectue un long séjour (1985-1999). À la demande de l'évêque de Chipata, elle met aussi sur pied un atelier pour jeunes artistes. Avec eux, elle produit de nombreuses réalisations pour le diocèse : décorations, bannières, affiches, etc. En février 1996, avec son équipe, elle se rend au Kanyanga Zonal Health Center et travaille pendant trois jours à la production d'une fresque pour un des départements du centre de santé.

Sr Marthe Desjardins et des élèves de Banico. La Boule, Haïti, c. 1973.

Sr Léontine Lang à l'atelier de peinture du Delia Art and Craft Center. Mzuzu, Malawi, 2002.

De retour au Malawi en 1999, sr Léontine voit à la réouverture du Craft Center qui prend le nom de Delia Art and Craft Center. Peu de temps après, elle décide d'ouvrir un deuxième centre. Elle partage avec tous ces jeunes ses talents d'artiste et leur enseigne un métier selon leur capacité. Avec quelques-uns d'entre eux, elle réalise une commande pour les Sœurs du Saint-Esprit qui souhaitent renouveler leur chapelle. Bientôt, les projets se multiplient : rénovation de la chapelle du collège de Marymount, vaste peinture murale à l'arrière de la cathédrale de Mzuzu, peinture murale à l'extérieur de l'hôpital Saint John, etc.

À Cochabamba, en Bolivie, le savoir-faire proposé par les sœurs est tout autre... Il s'agit plutôt d'un collège commercial pour filles, mis sur pied à la demande de Mgr Luis Rodriguez, évêque auxiliaire, qui souhaite contrer l'influence « néfaste » d'un collège voisin tenu par les protestants :

> [...] ma première mission fut le Collège Commercial bilingue à Cochabamba, parce que le collège anglais méthodiste attirait. C'est la raison pour laquelle l'évêque est venu au Canada pour chercher des missionnaires car en ce temps-là l'élève qui fréquentait ce collège était excommunié, de même que sa famille[29].

À ses débuts, en 1958, le Colegio Comerciale Nuestra Senora de Lourdes accueille une cinquantaine d'étudiantes. Vingt ans plus tard, l'établissement compte près de 350 élèves. Les sœurs y offrent un cours complet de secrétariat spécialisé (sténographie, dactylo, tenue de livres, etc.) et hébergent une douzaine de pensionnaires. Au niveau professionnel, l'école est un succès. Néanmoins, les MIC s'interrogent sur le bien-fondé de cette œuvre qui ne rencontre pas leurs critères d'engagement social et chrétien. Au début de 1984, elles vendent toute la propriété (le collège et la résidence des sœurs). L'école commerciale ferme ses portes un peu plus tard dans l'année. Dans les années 1960, les sœurs répondront brièvement à une autre requête de Mgr Rodriguez, devenu évêque de Santa Cruz, pour un deuxième collège commercial, le Cardinal Cushing Institute. Cet engagement aura toutefois été de courte durée puisque les sœurs se retirent dès 1968.

Les sœurs offrent-elles d'autres formations spécifiques, destinées à favoriser l'accession au marché du travail ? Aux Philippines, on retrouve deux projets en ce sens. En 1968, sr Thérèse Boutin met sur pied le SAPAVEC ou Sapang Palay Vocational Educational Center, un centre offrant des cours de couture aux femmes. Doté d'un ouvroir, le centre procure également du travail. Les sœurs s'associent avec des fabriques de vêtements qui paient à la pièce et trouvent des débouchés pour les réalisations de leurs protégées. Au Fatima Community Center de Davao, les MIC s'occupent pendant une dizaine d'années (1970-1980) d'un centre de formation pour les jeunes qui n'ont pas les moyens de poursuivre leurs études. Garçons et filles peuvent ainsi y suivre en six mois une formation de cuisiniers, « bellboys » ou chasseurs, serveurs, tailleurs ou couturières, qu'ils pourront faire valoir auprès de futurs employeurs.

À Madagascar, le Centre multidisciplinaire Mahereza, qui ouvre ses portes en 1993, répond à des objectifs similaires : il comprend un dispensaire et une bibliothèque en plus d'offrir des cours de coupe et couture, de broderie et de musique. Le père Martial, curé de la paroisse de Tsaramasay et initiateur du projet, confie la direction du Centre à sr Thérèse Leblanc-Cormier, et la section musicale à sr Suzette Jean. En 2007, les

MIC y œuvrent toujours. Enfin, à l'Académie Santa Rita de La Paz, en Bolivie, les sœurs organisent également, entre 1972 et 1974, des cours du soir pour les hommes désirant devenir tailleurs.

La formation des maîtres

Au fil des ans, les MIC ont été appelées à s'occuper d'un très grand nombre d'écoles. Bien qu'elles assurent elles-mêmes une partie de la charge d'enseignement, elles ne peuvent jamais pourvoir tous les postes. La bonne marche de leurs institutions repose donc en grande partie sur les compétences du personnel enseignant local. Or, à en croire les commentaires notés ici et là dans les chroniques de mission, la formation des instituteurs et institutrices se révèle trop souvent insuffisante, particulièrement devant les exigences accrues des États en matière de pédagogie. En effet, l'incapacité de plusieurs gouvernements à mettre sur pied un nombre suffisant d'institutions de formation pour les enseignants ne les empêche nullement d'exiger des compétences qu'ils ne sont pas en mesure de dispenser. Bien que ce problème touche tout autant les pays d'Afrique que les Antilles ou l'Amérique latine, les MIC concentrent leurs efforts en ce domaine en Haïti et à Madagascar.

En 1952, les MIC s'installent au Cap-Haïtien avec l'intention spécifique d'ouvrir une école normale, c'est-à-dire une école destinée à la formation de futures institutrices. Présentes en Haïti depuis 1943, les sœurs ont eu largement l'occasion de constater la nécessité d'un tel établissement. Elles obtiennent l'autorisation de l'évêque et l'École normale Mater Admirabilis voit bientôt le jour. On y offre les cours nécessaires à l'obtention du diplôme d'enseignement régulier et professionnel. Une panoplie d'activités parascolaires favorisent en outre une formation intégrale : théâtre, cercle littéraire, volley-ball, films, conférences, etc. Comme le souligne sr Jeanne Guinois, l'École normale a pu donner à des centaines de jeunes filles une formation remarquée pendant 27 ans :

> L'École Normale était un nouveau support pour le milieu. La communauté a formé des institutrices pour le primaire qui ont été fort appréciées dans les

Sr Georgette Barrette et quelques
élèves de sa classe de l'École
Normale Mater Admirabilis.
Cap-Haïtien, Haïti, 1971.

milieux où elles ont travaillé. Plusieurs même ont enseigné au Canada avec succès. Elles disent encore aujourd'hui combien leur formation reçue à l'École Normale leur a rendu service. C'était une École Normale professionnelle. En plus du classique, on y enseignait la couture, l'art culinaire, la puériculture, le dessin, etc.[30]

D'autres initiatives voient aussi le jour. Pendant quelques années, entre 1976 et 1985, sr Lise Doucet anime et supervise des Centres d'École normale professorale mis sur pied dans six localités rurales autour des Coteaux. Organisés par la CHR (Conférence haïtienne des religieux), les Centres visent à l'augmentation du nombre des professeurs ainsi qu'à la qualification d'enseignants déjà en exercice, mais n'ayant reçu aucune formation. En collaboration avec les directeurs d'école, ils offrent des sessions pédagogiques, des visites et des collaborations à des émissions radiodiffusées sur des thèmes complémentaires comme l'artisanat, l'hygiène, le rôle de la femme, l'éducation, etc. En 1978, une école professorale, sous la direction de sr Rita Pageau, ouvre ses portes au Trou-du-Nord.

Comme en Haïti, les MIC de Madagascar constatent dès leur arrivée les besoins des jeunes professeurs. À cette époque, il est très difficile d'entrer à l'École Normale faute de places disponibles. Afin d'assurer un enseignement de qualité, elles formeront donc les professeurs dans leurs propres écoles. Leurs établissements deviennent ainsi des lieux de formation permanente puisque les sœurs y proposent, depuis le début des années 1960, des sessions de pédagogie ou de recyclage, de même que des journées pédagogiques annuelles.

Afin de remédier au manque de places à l'École Normale, le gouvernement malgache organise des cours de pédagogie et de méthodologie en vue de l'obtention du certificat d'aptitudes. Ces cours se donnent dans différents secteurs, le soir ou les fins de semaine. Bientôt, pourtant, ce certificat n'est plus suffisant. Le baccalauréat en pédagogie devient obligatoire pour pouvoir enseigner. Le problème de formation des maîtres reste donc entier. C'est alors que l'idée d'une école normale, pour le secteur privé, fait peu à peu son chemin.

L'année 1987 marque un tournant décisif pour les MIC de Madagascar qui s'interrogent sur les activités à prioriser dans l'avenir. L'heure est au social. Faut-il investir davantage dans ce domaine ou dans l'éducation ? Les sœurs choisissent de garder leurs écoles et de leur donner une visée plus adaptée aux besoins de l'évangélisation et aux réalités d'un peuple appauvri par des années de dictature socialiste. Elles vont également s'investir davantage dans la formation des maîtres. Grâce à l'initiative de sr Jeanne Desclos, elles décident de lancer l'expérience-pilote de l'Institut catholique de pédagogie (ICP). Impossible d'accomplir seules un pareil projet. La mise en commun des ressources des communautés religieuses de la région, également intéressées à une telle école, permet à l'Institut d'ouvrir ses portes en 1992.

L'Institut offre le même programme pédagogique que les écoles normales malgaches et enseigne également les nouvelles méthodes d'apprentissage. Il propose toutefois une formation ancrée dans les valeurs de la religion catholique. Tout en visant la compétence au niveau pédagogique, les sœurs veillent à préparer les futurs enseignants « à leur rôle d'éveilleurs de la foi, de témoins de l'évangélisation ». Après bien des démarches, le ministère de l'Éducation a accepté de reconnaître les diplômes du baccalauréat et de la licence décernés par l'ICP. L'Institut forme donc des instituteurs pour le primaire et le secondaire et contribue à la formation de personnel de direction.

Une œuvre de respect

Savoir, c'est pouvoir, dit l'adage populaire. À ce titre, les Sœurs Missionnaires de l'Immaculée-Conception, grâce à leur engagement tous azimuts dans la formation, ont contribué à façonner l'élite de nombreux pays et ont offert à bon nombre de jeunes et moins jeunes une chance pour un avenir meilleur. Que ce soit dans leur œuvre d'enseignement au Québec ou en mission, les MIC ont toujours démontré, et continuent de le faire, un grand souci d'équité. Elles ne refusent pas les plus démunis, utilisant au contraire les subsides des mieux nantis pour subventionner les plus pauvres. Jamais elles ne font de distinction entre les uns et les autres. Ils sont tous égaux. C'est bien là le même souci d'équité qui s'applique au sein de l'Institut. Rappelons que dots et pensions n'ont jamais été des facteurs de discrimination ou de refus dans la communauté.

De même, la simplicité, la joie et la reconnaissance, qui sont au cœur du charisme MIC, se retrouvent au cœur de leur pédagogie. C'est ainsi que sans faire de prosélytisme outrancier, elles gagnent le respect et la reconnaissance de leurs élèves et de leurs familles, et ce, même dans les milieux non chrétiens. À tel point qu'on ne compte plus les anciens élèves qui souhaitent retrouver leurs anciens professeurs MIC: que ce soit au Québec, en Haïti, à Hong Kong, aux Philippines ou ailleurs, les élèves et le corps enseignant ont gardé des souvenirs précieux qui les incitent à rester en contact.

Notes

1. AMIC, Lettre de Délia Tétreault aux sœurs de Canton, 1918.
2. AMIC, Lettre de Zénaïde Marcoux (sr Marie-de-Lourdes) à Délia Tétreault, Canton, 1909.
3. AMIC, Lettre de Agnès Lavallée (sr Du-Saint-Cœur-de-Marie) à Anna Paquette (sr Marie-de-la-Providence, sup. gén.), Canton, 26 février 1948.
4. AMIC, Janet Delisle, Mémoires vivantes, décembre 2003.
5. Voir le récit de Simone Boisclair, «Dieu écrit droit avec des lignes courbes», *Le Précurseur*, nov.-déc. 1996, p. 14-15.
6. AMIC, Simone Boisclair, Mémoires vivantes, avril 2004.
7. Voir le récit de Jeanne Brassard, «Mon royaume», *Le Précurseur*, nov.-déc. 1959, p. 565.
8. AMIC, Lettre de Jeanne Thiboutot (sr Bernadette-Soubirous) [Mati] à son frère l'abbé A. Thiboutot, 14 février 1960.
9. AMIC, Diana Chaîné, Mémoires vivantes, juillet 2002.
10. AMIC, Suzanne Morneau, Mémoires vivantes, mars 2001.
11. AMIC, Jeannette Légaré, Mémoires vivantes, octobre 2003.
12. Citation de Marguerite Hétu dans *50 ans de vie M.I.C. en Haïti*, 1993, p. 13.
13. *Ibid.*, p. 77.
14. AMIC, Chroniques de Port-Salut, octobre 1954.
15. Voir l'interview avec Mésina Paulémon, «Pastorale dans l'Arrière-Pays», *Le Précurseur*, mars-avril 1976, p. 41.
16. AMIC, Lettre de Mgr Alberto Villaverde à Anna Paquette (sr Marie-de-la-Providence, sup. gén.), 19 juin 1948.

17. AMIC, Armandine Gauthier, *Mémoires vivantes*, décembre 2004.

18. AMIC, Claudette Bouchard, *Mémoires vivantes*, août 2005.

19. AMIC, Chroniques de Kanyanga, 30-31 juillet 1957.

20. AMIC, Katete, Rapports trimestriels, 1962.

21. Extrait d'une lettre de Lysiane Gagnon, journaliste et ancienne élève. En ligne : http://www.soeurs-mic.qc.ca/femmes/femme5.htm

22. AMIC, Pauline Longtin, *Mémoires vivantes*, février 2006.

23. AMIC, Bérengère Cadieux, *Mémoires vivantes*, avril 2003.

24. AMIC, Pauline Longtin, *Mémoires vivantes*, février 2006.

25. Voir le récit d'Elisabeth Méthot, «Un centre de promotion féminine», *Univers*, déc. 1988, p. 23.

26. Voir le récit d'Anita Perron, «Des Boliviennes courageuses et avisées», *Le Précurseur*, nov.-déc. 1998, p. 12-13.

27. AMIC, Bolivie, Projet Irupana – Historique, vers 1965.

28. Conseil économique et social, *Observations finales du Comité des droits économiques, sociaux et culturels : Bolivie, 21 mai 2001,* ONU, 2001.

29. AMIC, Pierrette Quevillon, *Mémoires vivantes*, novembre 2003.

30. AMIC, Jeanne Guinois, *Mémoires vivantes*, avril 2004.

CHAPITRE 7

La santé, des lépreux aux sidéens

*Ayez-en soin comme de la prunelle de vos yeux. Soignez-les
comme vous me soigneriez si j'étais malade au milieu de vous.*

Délia Tétreault[1]

Tout comme l'éducation, les soins de santé représentent un outil
d'évangélisation appréciable pour les Sœurs Missionnaires de
l'Immaculée-Conception. Si elles ont parfois privilégié l'un ou l'autre de
ces domaines – en Mandchourie, par exemple, elles n'ont aucune œuvre
d'enseignement mais de nombreux dispensaires alors qu'à Cuba, elles
n'ont aucune initiative en santé mais plusieurs collèges – dans la plupart
des pays de mission, elles ont utilisé santé et éducation en tandem. Ainsi,
à côté des institutions scolaires s'organisent dispensaires, maternités, hôpitaux de brousse et cliniques mobiles. Au début des années 1960, elles dirigent un peu plus d'une vingtaine d'établissements de santé à travers le
monde, sans compter des engagements ponctuels ou moins formels dans
d'autres cadres.

Cette forme d'apostolat connaît des changements considérables au fil
des ans. Certes, l'impact de Vatican II dans les années 1960 et 1970 se
révèle important, mais ce sont surtout les découvertes technologiques et
le développement des connaissances médicales qui jouent un rôle dans
cette évolution. D'une part, ces avancées impliquent une formation de

Sr Éva Marier et un jeune patient
au dispensaire de Charpentier.
Haïti, 1954.

plus en plus spécifique de la part des religieuses, que ce soit en soins infirmiers, en médecine, en pharmacologie ou en techniques de laboratoire.
D'autre part, les progrès réalisés changent le rapport à la maladie. Imper-
ceptiblement, les attentes se modifient. La mort n'est plus inéluctable. Des
décès peuvent être évités par de simples mesures d'hygiène ou par la vaccination. La prévention et l'éducation deviennent ainsi des composantes
essentielles de l'œuvre de santé et s'ajoutent aux soins de première ligne
prodigués par les sœurs.

Depuis leurs toutes premières missions, les MIC n'ont de cesse de
panser les plaies. Partout, elles soulagent et soignent les corps tout en travaillant à sauver les âmes. Jusqu'à la fin des années 1950, les succès des
dispensaires se mesurent d'ailleurs plus souvent en termes de conversions
ou de baptêmes *in articulo mortis* (à l'article de la mort) qu'en termes
d'opérations réussies ou de vies sauvées. À partir des années 1960 et 1970,
tout en continuant de gérer dispensaires et cliniques, les sœurs inaugurent
des interventions plus ciblées : cliniques prénatales, cliniques pour les
0-5 ans, unités mobiles, etc. En outre, des initiatives destinées à former
des agents de santé locaux voient le jour en divers endroits. Dans les années
1970, bien qu'elles n'abandonnent pas le créneau de la santé, les sœurs
doivent tenir compte de diverses réalités. La prise en charge par l'État de
certains services, le vieillissement de leurs effectifs, leur diminution éven-
tuelle ainsi qu'un désir de travailler plus directement à l'évangélisation les
amènent à remettre certaines responsabilités en d'autres mains.

Médecine d'avant-guerre en Asie

Quelques années à peine après leur arrivée à Canton, en 1909, les MIC se
voient confier la responsabilité d'une léproserie à Shek Lung (Shilong).
Ce premier engagement dans le domaine de la santé en Chine est bientôt
suivi de nombreuses autres initiatives, dont huit dispensaires en Mandchourie entre 1927 et 1933. Aux Philippines, elles acceptent également, en
1921, la direction d'un important centre hospitalier destiné à la communauté chinoise de Manille. Or, au début des années 1920, les effectifs MIC
sont encore assez modestes. Surtout, il s'avère difficile de recruter des

jeunes filles qualifiées, c'est-à-dire des infirmières diplômées, afin de prendre en charge ces projets exigeants. Les conditions de pratique médicale en Chine, dans la première moitié du siècle, se révèlent en effet particulièrement difficiles : problèmes d'insalubrité, absence d'hygiène et pauvreté compliquent le travail des missionnaires qui n'ont reçu bien souvent qu'une formation minimale.

Auprès des lépreux

En 1912, les autorités chinoises confient aux prêtres des Missions Étrangères de Paris l'administration d'une léproserie, située sur une petite île à une soixantaine de kilomètres de Canton, juste à côté du village de Shek Lung. À la demande de Mgr J.-M. Mérel, les MIC acceptent de préparer et d'envoyer de nouvelles missionnaires se joindre à cette œuvre, fondée cinq ans plus tôt par Lambert-Louis Conrardy, un médecin et prêtre belge. Après un court stage de formation à l'Hôpital des Incurables tenu par les Sœurs de la Providence, à Montréal, trois sœurs s'embarquent pour la léproserie de Shek Lung en juillet 1913.

La lèpre ou la maladie de Hansen

La lèpre ou maladie de Hansen est une infection chronique qui affecte les terminaisons nerveuses, la peau et les muqueuses, provoquant parfois des infirmités sévères (paralysies, pertes de la sensibilité et mutilations des extrémités). Transmise par la salive ou des sécrétions nasales lors de contacts rapprochés et fréquents avec un sujet infecté, la lèpre est peu contagieuse mais elle a toutefois longtemps été incurable. Depuis l'Antiquité, l'apparence du lépreux suscite peur et révulsion. Victimes de ségrégation, les malades sont rejetés par leur communauté et leur famille. En 1909, la Société de pathologie exotique de Paris demande d'ailleurs l'exclusion systématique des lépreux et leur regroupement dans des léproseries comme mesure essentielle de prévention. Les premiers traitements sont mis au point dans les années 1940, mais il faut attendre les années 1960 pour l'obtention d'une guérison complète. Actuellement, la maladie subsiste encore dans les zones tropicales. Ses principaux foyers sont l'Afrique, l'Amérique latine, l'Inde et l'Extrême-Orient.

La léproserie de l'abbé Conrardy compte alors plus de 700 lépreux, divisés par groupe de 40 à 50, dans divers bâtiments répartis sur deux îles. Les femmes y vivent strictement séparées des hommes. Le gouvernement chinois fournit, en principe, une allocation pour la pension et les soins des lépreux, mais celle-ci varie considérablement selon les autorités en place. Elle se révèle en outre généralement insuffisante. Les conditions de pauvreté et d'insalubrité dans lesquelles les sœurs travaillent quotidiennement ont de quoi faire frémir les plus endurcis. À cela s'ajoutent le brigandage – les tensions politiques encouragent pirates et brigands qui pullulent dans la région –, la guerre, la famine ainsi que les inondations. Après qu'elles aient eu passé tout un été dans l'eau, la fondatrice exige que les sœurs quittent l'île Sainte-Marie, constamment submergée, pour installer leurs protégées dans un coin de l'île principale (Saint-Joseph), malheureusement victime elle aussi d'inondations périodiques. Sr Malvina Biron, Clara Hébert et Alma Léger, les pionnières de cette œuvre difficile, se sont battues pendant plus de 30 ans contre les éléments marins.

Les sœurs procurent aux lépreux certains soins qui visent essentiellement à les soulager, et non à les guérir, puisqu'à l'époque il n'y a encore aucune cure pour cette maladie. Sr Gertrude Laforest, qui a travaillé à la léproserie de 1948 à 1952, se souvient des injections d'huile de chaulmoogra, une plante de l'Inde, qu'elle administrait quotidiennement :

> À leur arrivée, les lépreux prenaient un bain, ils avaient une coupe de cheveux. Les pionnières du début ont dû arroser les pansements séchés, avant de pouvoir les remplacer. […] L'huile de chaulmoogra a beaucoup diminué les plaies. C'était efficace, mais les injections étaient difficiles à donner et à recevoir : un gros trocart de 10 cc. On soignait aussi avec des poudres de sulfa, du mertiolate et de la poudre. J'apprenais avec sr Jeanne Bouchard qui était une infirmière pleine de compassion. La première fois, j'ai failli perdre connaissance mais à la fin, je donnais 200 injections par jour[2] !

Dans certains cas, la maladie provoque la perte de sensation dans les extrémités. Les sœurs doivent alors procéder à l'amputation : « Nous avions un tablier spécial, se souvient encore sr Gertrude, mais pas de gants. On se désinfectait les mains à l'alcool. »

Sr Jeanne Bouchard administre des soins à un lépreux. ShekLung, Chine, 1949.

Des fourmis, des vers… et des rats!

Il n'est pas toujours facile de se faire une idée juste des conditions de vie des missionnaires, que ce soit en Chine ou ailleurs. Les quelques anecdotes racontées par sr Gertrude Laforest nous font mesurer l'écart qui existe entre notre mode de vie et celui plutôt hasardeux de la mission:

> Le lendemain de mon arrivée, j'ai senti quelque chose dans mes poches durant la messe. En y mettant la main, j'ai découvert qu'elles étaient pleines de fourmis! Je me souviens aussi d'avoir fait un gâteau pour la fête du prêtre. Au moment de le manger, il était grouillant de fourmis! Nous l'avons mis au soleil, les fourmis sont parties et on l'a mangé. […] On essayait parfois d'avoir de la viande fraîche et quand j'allais à Canton, j'apportais une petite chaudière spéciale pour la mettre: du filet de bufflesse. Les jeunes allaient la chercher à 6 h du matin, mais j'arrivais au couvent à 5 h le soir. Déjà verte, avec des vers. Je la frottais avec du vinaigre et je la faisais cuire tout de suite[3].

Bien plus que les fourmis, les vers ou même les voleurs, ce sont toutefois les rats qui indisposent le plus la missionnaire:

> On avait des moustiquaires, surtout contre les rats, il y avait tellement de rats et j'avais bien plus peur des rats que des voleurs. Nous, on ne s'est jamais fait mordre mais les lépreux se faisaient manger un morceau d'oreille ou un doigt de pied et ils ne s'en apercevaient pas. […] Une nuit, sr Saint-Charles-de-Milan m'a crié: viens à mon secours! Elle tenait un gros rat dans le coin de sa moustiquaire. Mon Dieu, c'était épouvantable! J'ai répondu: tout, mais pas ça! À Canton, le père O'Neill, de la Catholic Welfare, me demanda si j'avais besoin de quelque chose. Je lui dis: avez-vous des trappes à rats? Il m'en donna une douzaine. Je reviens à la maison: une heure après, il y avait 12 rats dans les trappes[4]!

Pendant près de 40 ans, les MIC veillent sur les lépreux et lépreuses de l'île Saint-Joseph, leur procurant nourriture, hébergement, soins et réconfort. Elles leur offrent aussi les secours spirituels de la religion catholique: elles baptisent les mourants, certes, mais instruisent également hommes, femmes et enfants qui choisissent d'embrasser la foi chrétienne. L'espoir d'échapper un jour à leur condition joue-t-il un rôle dans la conversion des lépreux? «Ils sont très impressionnés, écrit sr Jeanne Bouchard, quand je leur dis: au ciel, vous ne serez plus lépreux, vous serez beaux et personne n'aura peur de vous[5].» Ainsi, au-delà des difficultés de tous les jours, baptêmes, premières communions et fêtes religieuses rythment aussi le quotidien de la léproserie.

Après avoir surmonté quantité d'obstacles, y compris la guerre, les quatre dernières sœurs doivent malgré tout laisser leur œuvre, expulsées par les communistes en juin 1952.

Les dispensaires de Mandchourie

La Société des Missions-Étrangères du Québec accepte, en 1925, un vaste territoire d'apostolat dans le nord-est de la Chine: la Mandchourie. Elle en confie la direction à l'abbé Louis-Adelmar Lapierre, futur évêque de Szepingkai (Siping), celui-là même qui avait permis à Délia Tétreault, grâce à une simple tasse de café, de voir se concrétiser son rêve d'un séminaire canadien des missions étrangères[6]. Il ouvre un poste à Leao Yuan (Liaoyuan), en 1926, et demande aussitôt aux Sœurs de l'Immaculée-Conception de s'engager à ses côtés. La fondatrice répond positivement à cette invitation et un premier groupe de trois sœurs arrive l'année suivante afin de prendre en charge le dispensaire. C'est le début d'un apostolat prolifique. Entre 1929 et 1933, sept autres postes avec dispensaire voient le jour. Comparativement aux missions du sud de la Chine, et à Canton en particulier, l'apostolat en Mandchourie semble beaucoup plus facile pour les MIC. Les troubles politiques et les privations les affectent tout autant, mais les relations avec les autorités ecclésiastiques s'avèrent nettement plus harmonieuses. En effet, l'abbé Lapierre est nommé préfet apostolique en 1930 puis vicaire apostolique et enfin évêque en 1946.

Le nombre de sœurs en poste en Mandchourie augmente rapidement. De trois en 1927, elles passeront à près d'une cinquantaine en 1938. À une époque où le recrutement au sein de l'Institut commence à peine à prendre son essor, l'envoi d'un personnel qualifié pour œuvrer dans les dispensaires relève du tour de force. Impossible, bien sûr, de n'envoyer que des infirmières diplômées. Elles ne sont pas aussi nombreuses que le souhaiterait la fondatrice et leur recrutement s'avère sporadique. Pour pallier ce manque de formation, les sœurs nommées pour la Mandchourie suivent des stages de préparation avant leur départ. Elles acquièrent également leur savoir sur place, auprès de consœurs plus expérimentées, comme l'explique sr Aurore Lusignan :

> J'avais 25 ans. Départ le 17 septembre 1933. J'étais nommée pour la Mandchourie… Au Canada, j'ai suivi un cours de dispensaire en préparation pour nos dispensaires de la Mandchourie, à l'Hôpital Chinois, rue Lagauchetière. Les docteurs Forcier et Rupert Derome se sont beaucoup occupés de moi : le docteur Forcier me donnait un cours après son travail et j'assistais à toutes les opérations du docteur Derome. Sœur Marguerite Farrell me donnait un cours chaque jour. En Chine, deux gardes-malades graduées m'ont donné des cours : sr Sainte-Anne et sr Marie-Berthe Fleurent. […] J'ai travaillé au dispensaire tout le temps que j'ai été en Manchourie. Quand nous étions avec une infirmière graduée, elle nous communiquait son savoir en autant que possible. Si nous étions avec une ancienne missionnaire, elle avait son expérience à nous communiquer. Souvent nous avions une centaine de malades par jour[7].

Le travail des sœurs aux dispensaires leur permet de prendre contact avec les gens de la région et de se gagner leur sympathie. Elles y donnent des consultations gratuitement, deux ou trois fois par semaine, et distribuent des médicaments. Ces petits établissements de fortune deviennent rapidement des endroits très fréquentés. On profite de la présence des gens dans la salle d'attente pour dispenser quelques notions de religion, les invitant à venir s'instruire plus sérieusement dans les catéchuménats. C'est aussi l'occasion de baptiser les malades, et particulièrement les enfants moribonds. L'apprentissage de la langue, dans un tel contexte, devient primordial, et les sœurs de Mandchourie consacrent de nombreuses heures à l'étude du mandarin. Dès que possible, elles effectuent également des visites à domicile afin de faire le suivi à la fois sur les soins prodigués et l'enseignement religieux dispensé. Pour sr Alice Buteau, il n'y avait pas de méthode plus efficace :

Sr Alice Ladouceur et sr Catherine Lebel au dispensaire de Fakou. Mandchourie, Chine, 1940.

Sr Béatrice Lareau effectue ses visites aux malades en chariot à bœufs. Leao Yuan Sien, Mandchourie, Chine, 1931.

Les patients font la file au dispensaire de Koung Tchou Ling. Manchourie, Chine, 1934.

Soigner les corps pour atteindre les âmes est la méthode d'évangélisation la plus efficace… Nous pouvons dire que nos meilleures et plus fructueuses relations avec les Chinois nous venaient du dispensaire et des visites faites aux malades à domicile. En leur faisant du bien, nous les amenions infailliblement à nous demander l'instruction catholique et cela nous rendait très heureuses[8]…

Prodiguer soins, traitements et réconfort à des centaines de malades n'est pas seulement un travail harassant, il comporte aussi des risques. Mgr Lapierre souligne le dévouement des sœurs qui ont veillé les malades au mépris de leur propre santé :

Je regretterais d'oublier celles qui sont mortes au champ d'honneur et dorment leur dernier sommeil sur la terre de Mandchourie : sr Saint-Dominique, encore toute jeune, décédait à Szepingkai en 1933 de la variole […] sr Saint-

Mathias, victime de son zèle, a contracté le typhus en soignant un orphelin atteint de ce mal[9]…

Les sœurs de Mandchourie sont les dernières à quitter le territoire chinois. L'invasion japonaise en 1931 complique le fonctionnement des œuvres mais ne les interrompt pas. En 1941, la déclaration de la guerre entraîne la fermeture temporaire de quelques postes mais les MIC restent en place. Après la reddition du Japon en 1945, la plupart des postes ouvrent à nouveau. Le départ des forces japonaises déclenche cependant une lutte sans merci entre nationalistes et communistes pour le contrôle du pays. Cette nouvelle guerre provoque la fermeture, en 1947, de la plupart des postes de Mandchourie et un exode vers le sud de la majorité des MIC. Quelques sœurs, empêchées de partir, demeurent toutefois à Leao Yuan, Paichengtze (Baicheng) et Szepingkai. Pas pour longtemps. Les communistes occupent le territoire de façon définitive à partir de 1949 et ferment les trois dernières missions peu de temps après. Les toutes dernières sœurs quittent en 1953.

D'autres dispensaires en Chine… Tsungming et Süchow

Lors d'un passage à Montréal en 1927, Mgr Simon Tsu (Zhu Kaimin), un des premiers évêques chinois sacrés à Rome, demande aux Missionnaires de l'Immaculée-Conception quelques sœurs pour venir s'occuper d'un orphelinat dans son vicariat. Les quatre premières MIC arrivent à Tsungming (Chongming), une île située à l'embouchure du Fleuve Bleu, non loin de Shanghai, en 1928. Aux côtés d'œuvres caritatives (crèche, orphelinat, ouvroir), elles supervisent l'établissement d'une nouvelle congrégation autochtone: les sœurs Thérésiennes. De plus, elles s'occupent d'un petit dispensaire, où elles reçoivent parfois plus de 100 patients par jour, et visitent des malades à domicile. Pendant la guerre, bien que la plupart des sujets européens de Shanghai soient placés dans des camps par l'armée japonaise, les missionnaires de Tsungming échappent à cette mesure et demeurent isolées sur leur île. Les communications avec l'extérieur s'avèrent presque impossibles et les inquiétudes sont grandes, mais dans l'ensemble, les sœurs n'éprouvent pas de graves difficultés. En 1948, les MIC sollicitent de Mgr Tsu l'autorisation de quitter Tsungming, ce qu'il accepte, estimant que les Thérésiennes sont désormais en mesure de prendre la relève.

En 1932, le père Georges Marin, un jésuite nouvellement nommé préfet apostolique du Süchow (Xuzhou), dans la province du Jiangsu au nord-est de Shanghai, effectue un voyage de recrutement au Québec et aux États-Unis. À son tour, il demande quelques sœurs pour son territoire de mission. Les MIC accèdent à sa requête. En 1934, quatre missionnaires – deux du Canada et deux de Mandchourie – se présentent à Suchöw, ville la plus importante de la préfecture avec 300 000 habitants. Elles sont accueillies et logées par les Présentandines, une congrégation de religieuses autochtones. En 1936, enfin installées dans leurs propres locaux en face du nouvel évêché, les MIC ouvrent les portes d'un dispensaire. Soins des malades, visites à domicile, le travail n'y diffère guère de ce qu'elles font ailleurs :

Sr Cécile Mathieu accueille une blessée. Süchow, Chine, 1943.

> J'étais accréditée comme « docteur », explique sr Cécile Mathieu, avec une carte de visite. [...] Aucune notion d'hygiène en Chine à cette époque. Les gens étaient infectés de syphilis à 80 %. Pour la syphilis, nous recevions un vaccin de l'Europe. C'était difficile à donner par injection intraveineuse (il ne fallait pas une goutte hors de la veine) mais les résultats étaient miraculeux. [...] Mais peu de lèpre dans cette région[10].

Les sœurs de Süchow n'échappent pas aux aléas de la guerre. En 1937-1938, lors de la guerre sino-japonaise, elles doivent fuir devant les bombardements. La mission est touchée mais le couvent des MIC reste intact. Pendant l'occupation japonaise, elles sont arrêtées, brièvement, puis relâchées. En décembre 1941, à la suite de la déclaration de guerre entre le Japon et les États-Unis, elles sont constituées prisonnières de guerre et ne peuvent plus sortir de la ville. En 1943, elles sont placées en garde à vue à Shanghai. Après la défaite japonaise, en 1945, les MIC retournent à Süchow, mais quelques années plus tard, devant l'avancée communiste, la supérieure générale décide d'évacuer la mission.

Souvenir de guerre

Sr Cécile Mathieu a vécu 12 ans à Süchow. Elle y arrive en 1936, alors que fait rage la guerre sino-japonaise, et part en 1948 devant la menace communiste. En 1937, les Japonais bombardent le territoire. Les sœurs se réfugient, à la demande de Mgr Philippe Côté, nouveau vicaire apostolique, dans la campagne environnante :

Mgr Côté a jugé que c'était trop dangereux pour les MIC de rester à Süchow et il nous a envoyées vivre dans une petite paroisse dans la campagne. [...] Pendant ce séjour, les militaires chinois qui fuyaient les Japonais sont arrivés dans ce village. [...] Nous avions peur d'être attaquées et bombardées à cause d'eux car les Japonais voulaient les tuer. Nous étions certaines d'y passer cette fois et nous nous sommes préparées à mourir, sept ou huit MIC regroupées autour de la supérieure qui priaient avec la ferveur qui convient à ces dernières heures. Je me souviens que la supérieure m'a demandé d'aller chercher sr Simone Boisclair, qui était couchée malade d'une migraine, afin que nous mourions toutes ensemble dans la chapelle. Elle n'a pas voulu bouger de son lit en me disant : « Quand on est malade, on meurt couché [11] ! »

L'Hôpital chinois de Manille aux Philippines

Dès leur arrivée, en 1921, et pendant près de 15 ans, l'œuvre principale, pour ne pas dire exclusive, des MIC aux Philippines, demeure le Chinese General Hospital de Manille. Cet hôpital, considéré comme un des meilleurs centres hospitaliers des Philippines, est inauguré en 1891 afin de desservir l'importante communauté chinoise de Manille et des Philippines. De nouveaux bâtiments, plus spacieux, et capables d'accueillir plus de 100 patients, sont construits en 1921. On y ouvre également, cette même année, une toute nouvelle école d'infirmières.

C'est pour cet hôpital rénové que le Dr Jose Tee Han Kee, directeur de l'établissement depuis 1917, et fervent catholique, demande à l'archevêque de Manille, Mgr Michael O'Doherty, de faire venir les Sœurs Missionnaires de l'Immaculée-Conception. Il les aurait vues à l'œuvre à Canton et Hong Kong et aurait été enchanté de leur travail. C'est ainsi que Mᵍʳ O'Doherty, par l'entremise de son homologue montréalais, Mᵍʳ Bruchési, demande à la fondatrice des MIC son assistance pour l'hôpital chinois de Manille. Délia accepte la requête et promet l'envoi, le plus rapidement possible, de six sœurs, dont trois infirmières diplômées, pour prendre en charge la direction de l'établissement.

Il est difficile de comprendre la décision de la fondatrice. Au début de 1921, elle sait qu'elle n'a pas le personnel nécessaire pour répondre à une telle demande. Les sœurs de Chine ne suffisent déjà pas à la tâche. Elles ne sont que 14 pour répondre à tous les besoins de Canton et de Shek Lung. En outre, au Canada, les fondations se multiplient : Rimouski (1919), Joliette (1919), Québec (1920) et Vancouver (1921). Les œuvres de propagande missionnaire requièrent un personnel toujours plus nombreux. Enfin, les MIC sont déjà engagées dans une œuvre hospitalière auprès de la communauté chinoise de Montréal et une autre s'organise progressivement à Vancouver. Or les infirmières diplômées se font rares au sein de la communauté. La requête de Mᵍʳ O'Doherty n'excède-t-elle pas les capacités du jeune Institut ?

Lorsque le nouveau Chinese General Hospital de Manille ouvre ses portes, en juin 1921, les sœurs ne sont pas au rendez-vous. Elles arrivent, au nombre de cinq, quelques mois plus tard, la plupart en provenance de Chine et non de Montréal. Aucune d'entre elles n'est officiellement infirmière. De plus, seules trois sœurs ont été désignées par leur supérieure pour le travail à l'hôpital, les autres devant plutôt œuvrer à l'évangélisation ou l'éducation de jeunes enfants. L'archevêque de Manille considère l'affaire bien mal partie et craint que le comité d'administration de l'hôpital ne rejette les MIC en vertu d'une rupture de contrat évidente. Pourtant, la décision est prise de laisser une chance aux sœurs de démontrer leur savoir-faire.

Trois des sœurs qui devaient prendre la direction de l'école d'infirmières se retrouvent donc à suivre les cours nécessaires pour obtenir leur accréditation officielle. Pendant ce temps, les autres occupent divers postes administratifs. Avec l'étroite collaboration du directeur Tee Han Kee, elles prennent en charge l'essentiel des services de l'institution. Délia n'est certes

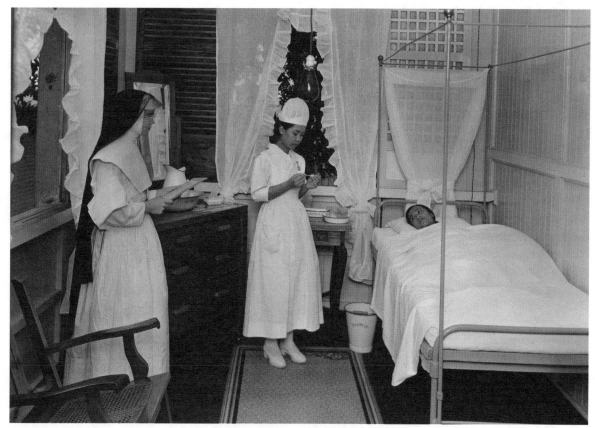

Sr Marie-Alice Houde supervise le travail d'une infirmière à l'Hôpital chinois de Manille. Philippines, 1935.

pas à l'aise avec la situation : « Je tremble, écrit-elle en 1923, à la pensée que les Sœurs de Manille sont sur le point de me demander de l'aide, nous n'avons pas une seule Sœur préparée pour le soin des malades[13]. » Toutefois, pour la fondatrice, tout comme pour Mgr O'Doherty, la première responsabilité des MIC dans ce contexte « païen » demeure leur travail pastoral : elles se trouvent à Manille afin de faire connaître la religion catholique et susciter des conversions.

Sur ce plan, la situation se révèle plutôt bonne. À leur suggestion, les infirmières acceptent de faire une prière en commun, matin et soir. De

Deux autres hôpitaux pour la communauté chinoise

L'Hôpital chinois de Montréal

La fondation de l'Hôpital chinois de Montréal remonte à 1918, année où sévit la terrible épidémie de grippe espagnole. À cette époque, les hôpitaux hésitaient à accepter les patients chinois et eux-mêmes n'étaient guère enclins à recourir aux services hospitaliers. Avec l'accord de Mgr Bruchési, Délia Tétreault décide de prendre en charge les membres de la communauté chinoise de Montréal victimes du fléau. On ouvre, à leur intention, un refuge sur la rue Clark. L'établissement reste ouvert jusqu'à la fin de l'épidémie en 1919. Cette œuvre temporaire expose néanmoins au grand jour la nécessité de mettre sur pied un service de santé au bénéfice de la communauté chinoise.

En 1920, grâce au soutien financier de marchands chinois ainsi qu'aux aumônes recueillies, la communauté chinoise acquiert une ancienne synagogue au 112, rue de la Gauchetière. La direction du nouvel hôpital est confiée aux MIC. Responsables de l'organisation et de la gestion de l'établissement, les sœurs prodiguent également soins et réconfort, sans négliger pour autant la pastorale et la caté-  chèse. Pendant 45 ans, les MIC administrent l'hôpital et son personnel laïque avec pour seul soutien financier la générosité de la communauté chinoise. Au début de 1962, les autorités de la Ville de Montréal condamnent l'édifice devenu trop vétuste : il faut fermer ou déménager.

Le nouvel hôpital chinois sur la rue Viger. Montréal, 1999.

À la suite d'une campagne de souscription qui recueille près d'un million de dollars, l'hôpital emménage dans de nouveaux locaux, sur la rue Saint-Denis, en juin 1965. Une quinzaine de sœurs continuent d'y œuvrer. De nouveaux services voient le jour : obstétrique et psychiatrie. Au Québec, comme ailleurs au Canada, le contexte de la pratique médicale évolue. Des programmes gouvernementaux permettent aux soins hospitaliers d'être accessibles à tous, selon un principe de gratuité. L'Hôpital chinois de Montréal n'échappe pas à ce changement de cap. Il adhère à l'Association des hôpitaux du Québec et se prévaut des budgets alloués par la Régie de l'assurance-maladie. En 1971, selon la loi, il devient un hôpital public. Compte tenu de la diminution de leurs effectifs, les MIC quittent l'administration de l'hôpital en 1985. Depuis sa fondation, en 1920, plus de 140 sœurs ont travaillé dans les différents services de l'hôpital. En 1986, la décision est prise de déménager l'hôpital, qui doit être à nouveau agrandi, dans le quartier chinois. En 1999, le vieux rêve devient réalité. L'Hôpital chinois de Montréal retourne au cœur du quartier chinois, rue Viger.

Les membres du conseil d'administration posant devant l'hôpital chinois de Montréal. À l'arrière-plan, les MIC responsables de l'établissement. Montréal, 1921.

Le Mount Saint Joseph Hospital

Alors même que des sœurs s'activent à la mise sur pied de l'Hôpital chinois à Montréal, d'autres MIC arrivent à Vancouver, en mai 1921, appelées par Mgr Timothy Casey, inquiet du sort des nombreux immigrants chinois qui viennent travailler sur les chemins de fer. Elles organisent une petite infirmerie de quatre lits dans leur résidence louée de la rue Keefer. Devant les besoins sans cesse grandissants de la communauté asiatique, les sœurs achètent une maison, en 1924, et y ouvrent un dispensaire. Très vite, un plus gros bâtiment s'avère néanmoins nécessaire. En 1927, débute la construction d'un hôpital de trois étages, attenant à la résidence des MIC. Le Saint Joseph's Oriental Hospital ouvre ses portes l'année suivante. Il dessert tant la population chinoise, qui atteint près de 30 000 habitants au début de 1930, que la communauté japonaise, un peu moins nombreuse avec 20 000 individus. Il devient de plus en plus évident que la communauté n'a pas les ressources humaines et financières pour maintenir un tel établissement selon les normes gouvernementales : « Avons appris que votre excellence comptait sur nous pour la tenue d'un grand hôpital […] N'avons ni les gardes-

Sr Thérèsa Germain, radiologiste au Mount Saint Joseph Hospital. Vancouver, c. 1975.

malades, ni l'outillage, ni les ressources pour une œuvre aussi onéreuse[12]… »

Loin de baisser les bras, les sœurs cherchent du soutien financier auprès de bienfaiteurs et essaient d'intéresser quelques médecins à leur œuvre. En 1936, elles inaugurent même une clinique externe, au cœur du quartier chinois, la Chinese Health Clinic, qui fonctionnera jusqu'en 1951. Pendant la guerre, l'hôpital ne suffit plus à la demande. Des projets pour un nouvel édifice sont lancés et, en 1944, débute la construction du futur Mount Saint Joseph Hospital. À son ouverture, en 1946, il compte 87 lits et tous les services modernes. Près d'une dizaine de sœurs y travaillent avec six médecins et un personnel laïque limité. L'ancien Hôpital oriental est désormais destiné exclusivement aux tuberculeux jusqu'à sa fermeture en 1952.

Avec l'instauration de l'assurance hospitalisation, en 1949, les deux hôpitaux MIC ouvrent leurs portes à toutes les nationalités et débordent d'activités. Le Mount Saint Joseph Hospital continue sur sa lancée. On y ajoute une nouvelle aile en 1956 et encore d'autres lits en 1977. En 1987, les MIC remettent l'administration de l'hôpital à des laïcs. Sr Germaine Roy y aura consacré 20 ans de sa vie. Les sœurs continuent de s'occuper de divers services, mais surtout de la pastorale, jusqu'à leur départ définitif en 2000.

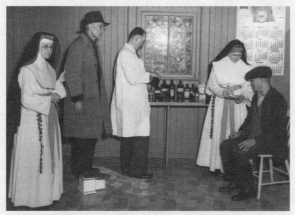

Sr Anna Girard, à gauche, et sr Berthe Surprenant accueillent les patients au St. Joseph's Oriental Hospital. Vancouver, 1944.

même, les employés prennent peu à peu l'habitude de participer à la célébration eucharistique quotidienne. Au début des années 1930, le travail des sœurs est cependant loin de faire l'unanimité. Le comité d'administration de l'hôpital se plaint que les sœurs affectées au centre hospitalier s'occupent davantage d'évangélisation que de tâches médicales. De plus, le départ de sr Mary Donavan (Marie-Angélina), nommée pour Vancouver à l'automne 1930, contribue certainement à envenimer la situation : après les départs successifs, en 1926 et 1929, de trois infirmières MIC formées aux Philippines, celui de sr Mary, une pionnière de 1921 elle aussi formée à l'hôpital de Manille, ne fait pas bonne impression. Il reste pourtant six sœurs en poste à l'hôpital, dont trois infirmières. Dans l'espoir, peut-être, d'apaiser les tensions, sr Mary Donovan est de retour à Manille à l'automne 1931. À partir de ce moment, les effectifs MIC sont à la hausse et deux infirmières s'ajoutent, portant le total à six. Rien n'y fait, cependant. En août 1939, compte tenu de divergences irréconciliables, le nouveau comité d'administration expulse le Dr Tee Han Kee et somme les MIC de quitter l'hôpital dans les 48 heures.

Ce congédiement abrupt met un terme au travail « médical » des MIC aux Philippines. Elles se tourneront, avec beaucoup plus de succès, vers l'enseignement et la direction d'écoles. Cette expérience doit-elle être perçue comme un échec ? Pour le comité administratif de l'hôpital, qui recherchait d'abord du personnel qualifié, efficace et constant, peut-être. Mais pour les religieuses, évangélisatrices avant tout, ces années ont été néanmoins fécondes. Les visites aux familles et les cours de catéchèse portent fruit : les conversions se multiplient. En outre, ces quinze premières années aux Philippines ont permis aux MIC de nouer des liens étroits avec la communauté chinoise qu'elles continueront d'ailleurs à servir au travers de leur œuvre d'éducation.

Quelques œuvres d'après-guerre en Asie

Le déclenchement de la guerre dans le Pacifique en décembre 1941 affecte la plupart des missions MIC en Asie. Mises en résidence surveillée, voire internées dans des camps, les sœurs voient leur quotidien transformé. Certaines ont été rapatriées au Canada. C'est le cas des sœurs du Japon. Elles n'y retournent qu'à la fin des hostilités. Nous avons vu dans le chapitre précédent que les conditions d'apostolat des religieuses s'y trouvent facilitées par la liberté de culte décrétée alors par le gouvernement. Cela dit, le Japon d'après-guerre est un pays dévasté qui a subi de lourdes pertes humaines et matérielles. Afin de venir en aide aux nombreuses victimes de la guerre, les sœurs de Koriyama ouvrent un petit dispensaire en 1948, imitées par celles de Wakamatsu en 1950. Ces modestes établissements ne restent pas ouverts très longtemps, fermant leurs portes au milieu des années 1950 par manque de malades et de médecins. Il est vrai que la reconstruction du Japon, véritable miracle économique, permet rapidement à l'État nippon de pourvoir aux besoins de sa population.

En Chine, l'avancée des communistes, puis la prise du pouvoir par Mao en 1949, met un terme aux œuvres des Missionnaires de l'Immaculée-Conception. À Hong Kong, où se replient plusieurs sœurs, c'est l'éducation et non la santé qui accapare le plus les MIC. Néanmoins, elles dirigent tout de même un modeste dispensaire, de 1952 à 1984, d'abord à Sham Shui Po, au nord de Kowloon, puis sur Diamond Hill. Elles joignent à ce service un peu de travail social, notamment pour les réfugiés, et un catéchuménat.

Sr Irène Pelland soigne des enfants à l'hôpital de Kwong Wah. Hong Kong, Chine, 1955.

À Taiwan, où elles s'installent après leur expulsion de Chine, les MIC font aussi quelques incursions dans le domaine de la santé. Arrivées en 1955 à Shih Kuang Tze, un village du nord de Taiwan, elles y ouvrent aussitôt un petit dispensaire. Les statistiques de la première année font état de 3593 patients et de 18 baptêmes. Comme dans les dispensaires de Mandchourie, les sœurs profitent de la salle d'attente pour enseigner quelques notions de catholicisme. Elles effectuent également de nombreuses visites à domicile. Le nombre de patients augmente rapidement. Déjà, à la fin de 1958, ils sont plus de 10 000 à visiter le petit établissement de santé. Après avoir obtenu les services d'un médecin, de façon plus régulière, et ceux d'une sage-femme, le dispensaire se dote, au début des années 1960, d'une maternité de quatre lits qui remporte un vif succès pendant

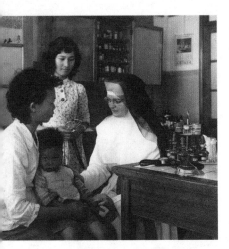

Sr Berthe Paradis au dispensaire
de Shih Kuang Tze. Taiwan, 1957.

une dizaine d'années : jusqu'à 20 accouchements par mois. En 1970, le dispensaire, qui a peu à peu pris des allures d'hôpital, avec sa maternité et ses patients hospitalisés, se voit pourvu d'un appareil de radiographie, gracieuseté d'un organisme de charité. Cependant, le manque de stabilité du personnel médical entraîne une diminution de patients. Ajoutée aux coûts élevés de fonctionnement, cette situation justifie la décision de fermer l'établissement en 1982.

Entre 1956 et 1960, les MIC ouvrent à Taiwan deux autres dispensaires. L'un à Taipei, la capitale, dans le nord du pays, et l'autre à Suao, une petite ville côtière (35 000 habitants) plutôt isolée, habitée par des pêcheurs. Le dispensaire de Taipei est offert à la communauté par Mme Simone Simard, une infirmière de Montréal engagée dans le travail humanitaire. Pour les MIC, il s'agit d'une opportunité intéressante. Le dispensaire, en assurant la subsistance des sœurs, permettra d'instituer d'autres œuvres pastorales. Avec l'aide d'un médecin et d'une aide-infirmière, les sœurs commencent leur travail au dispensaire en avril 1956. Le nombre de patients augmente constamment. En 1965, il atteint près de 20 000. Notons que sr Marie-Berthe Fleurent, une infirmière qui y œuvre pendant 20 ans, jouit d'une excellente réputation : les médecins de la région la considèrent d'ailleurs comme une des leurs. Au début des années 1970, plus de 5000 patients trouvent chez les MIC un accès gratuit à des soins de santé. L'établissement ferme néanmoins ses portes en 1977 pour les raisons habituelles : coûts, manque de personnel, nouvelles priorités…

Quant au dispensaire de Suao, ouvert en 1959 et doté d'une maternité quelques années plus tard, il est lourdement endommagé par un typhon en 1967. Il ferme l'année suivante, les sœurs ayant obtenu la direction du nouvel hôpital de Nan Ao, non loin de là. Petit bourg d'environ 15 000 habitants, Nan Ao est surtout fréquenté par les populations aborigènes des montagnes. Installées dans les locaux de l'hôpital, les sœurs ont beaucoup de difficultés à recruter et conserver leur personnel médical à cause de problèmes de communication, les routes étant souvent coupées. En 1974, la direction de l'hôpital passe aux mains du diocèse. Quelques sœurs continuent à y travailler jusqu'en 1980.

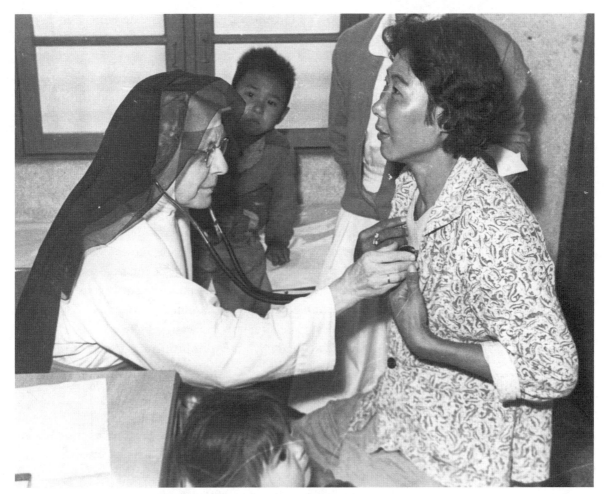

Sr Jeanne Nadeau au dispensaire de Suao. Taiwan, 1962.

Après le Japon, Hong Kong et Taiwan, les sœurs ont-elles entrepris d'autres projets en santé sur le continent asiatique ? Aux Philippines, après leur expérience au Chinese General Hospital de Manille, elles semblent avoir laissé ce champ d'action de côté pour un long moment. Mais par un de ces étranges retours de balancier, les MIC renouent avec l'hôpital chinois près de 30 ans plus tard, soit en 1969. Deux sœurs y offrent alors leurs services, à titre d'infirmières, jusqu'en 1971, puis à nouveau de 1978 à 1980. Aux soins de santé prodigués, elles n'hésitent pas cette fois encore à joindre pastorale et catéchèse.

D'autres initiatives sont également lancées dans le cadre de projets pastoraux ou sociaux, conformes, en cela, à l'orientation nouvelle que prennent les œuvres MIC aux Philippines dans les années 1970. À Sapang Palay, par exemple, où les sœurs veillent à l'installation de squatters chassés de Manille, elles mettent sur pied un petit centre médical, le Bayanihan Health Center, qu'elles remettent deux ans plus tard, soit en 1968, aux autorités gouvernementales. Dans la même veine, le Fatima Community Center qu'elles supervisent pendant une dizaine d'années, à Davao, comporte également une petite clinique externe. Entre 1975 et 1978, au cours de leur mission auprès des Mangyans, une tribu autochtone du Mindoro, une île du nord des Philippines, une épidémie de rougeole se déclare. Une clinique temporaire – qui deviendra permanente par la suite – est donc organisée. Enfin, afin de soulager les nombreux immigrants vietnamiens entassés dans un camp de réfugiés à Palawan, sr Françoise Royer propose ses services, entre 1983 et 1987, à titre d'infirmière et de sage-femme. Elle s'occupe en outre d'une clinique de maternité.

Vers une médecine moderne en Haïti

En Haïti, les premières initiatives en santé, d'humbles dispensaires dépourvus de presque tout, ne sont pas sans rappeler ceux de Mandchourie. Les sœurs y offrent des services de première ligne : pansements, points de suture, injections d'antibiotiques, etc. On y soigne aussi quelques maladies, telles la malaria, le tétanos et la tuberculose, fréquentes dans cette contrée pauvre, au climat tropical. Toujours comme en Mandchourie, les sœurs poursuivent en même temps un travail d'animation pastorale : « Pansement du corps, pansement de l'âme ; pénicilline, rappel des commandements de Dieu, c'est le procédé[14]. »

Avec le temps, la pratique médicale des sœurs évolue. D'abord, les MIC sont de plus en plus nombreuses à détenir une formation d'infirmière, assortie de spécialités diverses, notamment l'obstétrique. D'autres abordent un domaine complètement nouveau, l'analyse sanguine, et deviennent des techniciennes de laboratoire. Toutes ces qualifications les rendent plus à même de comprendre et d'appliquer les nouveaux savoirs concernant les maladies et leur traitement. Grâce à un incessant travail de sollicitation auprès d'organismes de charité et de fondations diverses, les sœurs parviennent à mettre sur pied des établissements plus modernes, équipés d'instruments indispensables – appareil radiographique et microscope, par exemple – pour établir de meilleurs diagnostics. En outre, au fur et à mesure qu'augmentent les connaissances en matière de prophylaxie, la médecine préventive devient un rouage essentiel de l'apostolat en santé. La formation d'agents de santé locaux y occupe également une place de plus en plus importante. Ainsi, avec les années, quelques projets assez ambitieux voient le jour.

En 2005, l'espérance de vie en Haïti est de 52 ans à la naissance. Un enfant sur dix y meurt avant l'âge de cinq ans. Difficile d'imaginer ce que seraient ces chiffres sans les services de communautés religieuses, et autres organismes humanitaires, depuis plus d'un demi-siècle.

De modestes dispensaires, mais de grands services

Entre 1943 et 1956, les MIC prennent en charge sept dispensaires. Un huitième ouvre ses portes en 1971. Tous ces établissements sont plus que modestes à l'origine : petites « cayes » ou simples bâtisses pauvrement meublées. Lorsque sr Simone Lebœuf, infirmière, est chargée de mettre sur pied un dispensaire à Roche-à-Bateau, en 1945, elle ne dispose que de maigres ressources. Une maison de deux pièces, au bord de la mer, lui sert de local :

> La première pièce, d'environ 11 pieds sur vingt, est la salle d'attente ; elle regorge, surtout le jeudi : jusqu'à cent soixante-cinq patients y passent en un jour. C'est là que notre chère Sœur Supérieure donne des cours de catéchisme aux adultes. Déjà un bon nombre ont bénéficié de ses leçons […]. Dans la seconde chambre, notre Sœur Infirmière, Sœur Saint-Alphonse-de-Liguori, prodigue aux malades soins et encouragements[15].

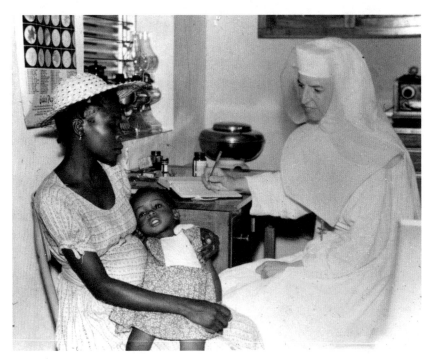

Sr Marcelle St-Arnaud en consultation au dispensaire du Limbé. Haïti, 1958.

L'ardeur de sr Simone et son dévouement lui permettent de faire beaucoup avec peu. Avec humour, le père Armand Ouellet, o.m.i., la surnomme « Mère Alphonse, chef de la santé publique ». Le dispensaire gagne vite en popularité et les gens peuvent y recevoir des soins, des conseils d'hygiène ainsi que quelques principes de foi chrétienne.

Même les établissements qui affichent le nom d'« hôpital » ne sont pas mieux lotis. En 1953, au Limbé, sr Marcelle St-Arnaud commence à accueillir les malades dans un très modeste logis appelé « hôpital ». Il n'y a pas d'eau, pas d'électricité. Quatre lits, quelques nattes empilées pour les cas d'urgence, des paniers de jonc pour les nouveau-nés, une table pour les opérations et quelques chaises constituent le mobilier rudimentaire de ce local de fortune. Mais peu importe, semble-t-il, les pauvres conditions d'installation, les dispensaires remportent un grand succès. Il se présente tant de malades au dispensaire des Coteaux qu'un garde militaire doit venir chaque matin mettre de l'ordre à l'heure des consultations. À Roche-à-Bateau, de même qu'au Trou-du-Nord, les patients se présentent dès les premiers jours par centaines. Sr Eustelle Samson, infirmière, et sr Éva Marier, technicienne de laboratoire, ne suffisent pas à la tâche au dispensaire de Charpentier, ouvert en 1950. Les statistiques de la clinique Saint-Jean, nom de l'ancien hôpital du Limbé, font état, pour 1968, de 48 292 patients, 342 accouchements et 245 enfants traités en pédiatrie.

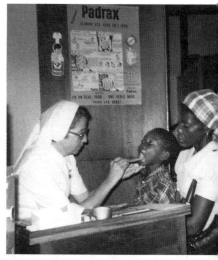

Sr Marguerite Roy au dispensaire de Charpentier. Haïti, 1977.

À l'hôpital du Limbé

Lorsqu'il est question de soins de santé, les statistiques se révèlent souvent intéressantes. Elles ont par contre le désavantage de déshumaniser quelque peu le propos. Qui sont ces centaines de patientes et patients qui visitent quotidiennement les dispensaires MIC ? En stage au dispensaire du Limbé en 1955, sr Laurence Tourigny ne les a pas oubliés :

> Lors de mon stage bénévole à l'hôpital, il y avait là comme patientes : Virginie, jeune fille de seize ans atteinte d'une broncho-pneumonie doublée d'une infection grave ; Élise, vingt ans, souffrant cruellement d'un abcès ; Alice, la pauvre maman non mariée qui pleurait son troisième bébé parti comme les autres peu après sa naissance. Sous mes soins particuliers étaient placées Marie-Louise, 18 mois, apportée mourante de Port-Margot et qui fut réchappée grâce au sérum ; Yolande, 3 mois, ma préférée parce que la plus misérable. Sa tête n'était qu'une plaie où se voyait par endroits l'os du crâne. Une de ses oreilles était à moitié tombée et l'autre perforée à la suite d'une infection traitée à l'amidon mêlé d'indigo ! Nourrie seulement de purée de tayo, la petite était si faible à son arrivée qu'elle ne pouvait avaler sans de douloureux efforts. Quatre fois par jour, il me fallait mettre une heure à lui faire absorber deux à trois onces de lait. Lorsque je quittai le Limbé, Yolande déjà renforcie commençait à se débrouiller avec sa bouteille[16].

Afin de faire face à cette clientèle nombreuse et assidue, plusieurs dispensaires subissent des agrandissements. La plupart font même place à de nouveaux locaux, plus fonctionnels et mieux adaptés aux besoins croissants.

L'octroi de subventions, gouvernementales ou privées, rend également possible l'ajout de services et l'embauche d'un personnel spécialisé. C'est ainsi qu'en 1951 le dispensaire de Roche-à-Bateau peut former une sage-femme pour la région. Il en forme bientôt pour toute la Côte Sud. L'obstétrique, la puériculture et les services d'analyse sanguine constituent les principaux services spécialisés offerts dans les dispensaires et cliniques MIC. À Port-Salut, au début des années 1980, le département de la Santé publique envoie un jeune médecin pour faire des consultations une fois par semaine. Faute de médecin résident ou de chirurgien, il arrive que les sœurs infirmières soient dans l'obligation de pratiquer de petites opérations. À Chantal, lorsque les cas se révèlent trop graves, elles transportent le malade en jeep vers l'hôpital des Cayes.

Une meilleure connaissance des mesures de prophylaxie, c'est-à-dire de prévention des maladies, entraîne peu à peu une révision importante des objectifs poursuivis par les MIC en santé. En effet, devant l'ampleur des problèmes sanitaires, il n'est plus possible de ne traiter les maladies qu'en aval. Il faut aussi traiter en amont, c'est-à-dire faire la promotion de mesures d'hygiène, parler d'alimentation et encourager la vaccination, si l'on veut voir diminuer de façon significative le pourcentage de personnes malades ainsi que le taux de mortalité infantile. Pour ce faire, l'éducation des femmes, et plus particulièrement des mères, semble un point de départ tout désigné. Par conséquent, des cours prénatals sont offerts aux futures mamans : hygiène de la grossesse, alimentation et soins pour les nouveau-nés. S'y ajoute la vaccination contre le tétanos, nécessaire pour protéger la mère et l'enfant pendant ses premières semaines de vie.

Afin de rejoindre les mamans des zones rurales, des visites s'organisent autour des chapelles, en dehors des bourgs. Sages-femmes et auxiliaires locales parcourent donc les régions éloignées. Les sœurs contribuent également à cet apostolat rural exigeant : « ... il faut laisser pour quelques jours la sécurité du foyer, voyager à dos de bêtes emportant provisions et matériel médical dans des routes difficiles et parfois sous la pluie[17] ». Pour faire le suivi après la naissance et augmenter les chances de survie des petits, des cliniques 0-5 ans sont mises sur pied. On y reçoit mères et enfants pour

Sr Clara Leblanc, technicienne de laboratoire au dispensaire du Sacré-Cœur à Charpentier. Haïti, 1983.

des cours d'hygiène familiale et des conseils de nutrition. La santé des enfants fait l'objet d'une attention particulière : contrôle du poids, croissance physique, développement mental, etc. Des suppléments vitaminiques et un programme de vaccination peuvent aussi être proposés.

Essayant de tirer le meilleur parti des effectifs disponibles, les MIC doivent réévaluer leur engagement dans certains dispensaires. Entre 1972 et 1988, elles ferment ou remettent à l'État six de leurs huit dispensaires. Aux Coteaux, d'où les sœurs se retirent en 1972, c'est une auxiliaire diplômée, au service du dispensaire depuis 25 ans, qui continue de répondre aux besoins de la population. Au Trou-du-Nord, elles partent après quelques années à peine, en 1975, afin de ne pas nuire au médecin qui y installe sa pratique. Un dispensaire-hôpital gouvernemental ayant ouvert ses portes dans le bourg voisin de Pointe-Sable, les sœurs de Port-Salut arrêtent leur service en 1980. L'infirmière, sr Lise Tremblay, y propose plutôt sa collaboration pour l'organisation et la supervision du département de médecine préventive. En 1981, la direction générale de la

Sr Lise Tremblay, infirmière, au dispensaire de Chantal. Haïti, 2001.

Santé publique fait connaître son intention de confier la responsabilité du dispensaire de La Boule au Conseil communal de la localité. Les MIC remettent donc les clés de l'établissement après avoir œuvré 25 ans auprès de la population. Elles laissent également le dispensaire de Roche-à-Bateau et la Clinique Saint-Jean du Limbé, respectivement en 1987 et 1988.

Quelques projets plus ambitieux

Dans certains postes de mission, les MIC contribuent à mettre en place des services de santé beaucoup plus spécialisés. Grâce à leurs qualifications professionnelles, les sœurs deviennent des collaboratrices de premier plan pour des projets plus ambitieux. Ainsi, le dispensaire de Charpentier, en plus des services directs à la population – consultations, pansements, pharmacie – offre aux jeunes filles l'occasion d'acquérir une formation d'auxiliaires en laboratoire, grâce à la présence sur place d'une technicienne diplômée, sr Éva Marier. De plus, en 1972, la Croix-Rouge inaugure un centre de transfusion sanguine auquel collaborent régulièrement et activement sr Éva et ses auxiliaires.

Au Limbé, les protestants possédant dans la région une magnifique clinique-hôpital, les autorités diocésaines souhaitent vivement être en mesure d'offrir un établissement similaire à la population. Il faut agir promptement. Les sœurs soumettent des plans pour une construction plus convenable, plus hygiénique. Les fonds nécessaires obtenus, la construction débute et, en juin 1956, Mgr Albert Cousineau procède à la bénédiction des nouveaux locaux. Le dispensaire-hôpital prend le nom de Clinique Saint-Jean. En 1962, sr Henriette Lapierre, infirmière diplômée, est nommée pour Haïti. Forte de son savoir, elle se présente au Limbé bien décidée à soigner les malades avec des méthodes et des moyens plus modernes. Pour ce faire, elle se montre insistante auprès du département de la Santé publique d'Haïti et n'hésite pas à solliciter l'aide de plusieurs organismes internationaux.

Plan d'action pour le Limbé

Interrogée sur son expérience de plus de 20 ans au Limbé (1962-1985), sr Henriette Lapierre a bien voulu partager souvenirs et impressions. Son témoignage, dont voici quelques passages, ne laisse aucun doute sur le dynamisme qui a caractérisé son engagement missionnaire en santé :

Mes trois premières années : voir et juger. Deux étapes qui m'ont ouvert les yeux sur la misère de ce peuple sous le joug de la dictature duvaliériste. [...] Il n'y avait rien pour m'arrêter ! Je me suis fait un plan d'action pour dix ans, croyant que tout irait sur ce train. Mais il a fallu toutes mes années en Haïti pour le réaliser et le voir brusquement s'arrêter. Enfin !

Après trois ans comme directrice de ce dispensaire-hôpital, sans médecin – toutes mes réclamations auprès du ministère de la Santé pour obtenir un médecin résident étant demeurées vaines –, j'ai commencé à accueillir des médecins américains [...]. Comme il n'y avait rien à obtenir de la Santé publique, je me suis adressée au doyen de la Faculté de médecine de Port-au-Prince. [...] Il me présenta, après quatre ans, le Dr Paul Bruno Jean-Baptiste qui venait de terminer ses deux années de résidence. Mais voici qu'au Limbé, la population était devenue habituée à « un médecin blanc » et voyait comme une déchéance d'avoir un médecin local haïtien. Pour ne pas exposer ce médecin au mépris, j'ai obtenu de Misereor d'Allemagne l'appui financier pour deux ans de résidence au Canada pour une spécialisation en maladies pulmonaires [...]. Tout s'est bien réalisé ! À son retour, parce qu'il était passé par les hôpitaux du Canada, le Dr Paul Bruno Jean-Baptiste a été le médecin de référence de toute la région Nord. [...] [Il] a exercé sa profession durant 17 ans au Limbé[18].

Ainsi s'établit petit à petit toute une gamme de services, assurés par un personnel compétent : clinique externe, pédiatrie, maternité, pharmacie, dentisterie, médecine interne, radiologie, laboratoire, secrétariat médical… La prévention et l'éducation, de même que la supervision et la formation d'auxiliaires pour les zones rurales, comptent également pour une grande part du travail effectué par les nombreux intervenants.

Parmi les projets substantiels réalisés au Limbé grâce à l'implication des MIC et au soutien de fondations diverses, mentionnons un projet de

Sr Hélène Hétu fait la démonstration du système de filtration. Les Cayes, Haïti, 1970.

filtration de l'eau. Une méthode simple et efficace : deux cruches de grès, dont la première, qui sert de filtre, renferme du sable, du gravier et du charbon. Ce programme rudimentaire, largement diffusé, a diminué de façon importante les cas de maladies dues à l'ingestion de parasites. Autre apport considérable : la formation de jeunes techniciens de laboratoire. Un cours de deux ans, approuvé par l'École de technologie médicale de l'Université d'État d'Haïti, et pleinement subventionné par Développement et Paix et l'ACDI, a permis à 16 jeunes garçons d'obtenir un diplôme. L'enseignement leur a été dispensé par trois techniciennes de laboratoire du Canada dont une MIC, sr Clara Leblanc.

L'œcuménisme au service de la santé

À Deschapelles, s'élève depuis 1954 l'hôpital Albert-Schweitzer, fondé et dirigé par le Dr Larry Mellon, un millionnaire américain. Doté de 75 lits, d'un équipement moderne et même d'une salle d'opération climatisée, l'établissement est entièrement subventionné par la fondation Grant, une association philanthropique créée par le Dr Mellon lui-même. Le riche médecin et son épouse, technicienne de laboratoire, ne se contentent d'ailleurs pas de financer l'œuvre, ils mettent également les ressources de leur art au service des malades. La particularité de cette œuvre réside dans la présence d'un personnel de nationalités et de religions diverses, travaillant en toute liberté sous une direction américaine et protestante. Depuis 1956, un groupe d'infirmières MIC y apportent leur contribution : « Pour ma part, je trouve aussi édifiantes que renversantes l'entente et la collaboration qui règnent entre tant d'éléments disparates », raconte sr Marie-Jeanne Nantais[19].

Le centre hospitalier de Deschapelles offre bien sûr de nombreux services. Les MIC se voient confier notamment la direction d'un petit sanatorium, baptisé l'Escale, formé de cinq pavillons, deux pour les femmes et trois pour les hommes, pouvant recevoir 34 malades. Quelques sœurs travaillent aussi au centre de radiologie alors que sr Simone Lebœuf fonde et assure la direction de l'école d'infirmières auxiliaires. Faute de relève, les MIC doivent laisser la mission. Sr Lucille St-Onge est la dernière infirmière MIC à se dévouer à ce centre hospitalier unique au pays : elle s'en va le 28 février 1978.

Un nouvel ennemi dans la brousse africaine

Comme en Haïti, les soins de santé en Afrique ont évolué considérablement depuis le début des années 1950, époque de l'arrivée des MIC. Pauvreté, dénuement, absence de ressources matérielles caractérisent alors les dispensaires ou hôpitaux de brousse. La malaria, la diphtérie, le tétanos et la tuberculose comptent parmi les maladies les plus souvent recensées. Au fil des ans, le soutien financier de nombreux organismes favorise une nette amélioration des conditions de pratique médicale. De meilleurs instruments permettent des diagnostics plus sûrs. Des programmes de vaccination, auxquels s'ajoutent des programmes d'éducation des mères et le suivi des enfants, diminuent les cas de maladies infantiles. Mais un autre ennemi guette… Au tournant des années 1980, une nouvelle forme d'épidémie fait déjà des ravages dans la population de l'Afrique subsaharienne : le sida.

Aujourd'hui, que ce soit au Malawi ou en Zambie, les conséquences du sida se font douloureusement ressentir. L'espérance de vie dans ces deux pays se situe sous la barre des 40 ans. Selon les données recueillies par ONUSIDA en 2005, près de 15 % de la population adulte de ces pays est atteinte[20]. Le pourcentage de jeunes femmes victimes de la maladie est encore plus élevé. Le nombre d'orphelins du sida ne cesse d'augmenter. Sensibilisation, éducation et prévention s'avèrent plus nécessaires que jamais.

Quant à Madagascar, les sœurs n'y ont pratiquement aucune initiative en santé. À Ambohibary, elles ont la responsabilité d'un modeste dispensaire pendant quelques années, soit de 1959 à 1965. À partir des années 1990, elles s'engagent en faveur de projets de prévention tels que « Santé maternelle et infantile », un vaste projet diocésain, ou encore donnent des sessions d'informations sur le sida, car Madagascar n'échappe pas à la terrible pandémie.

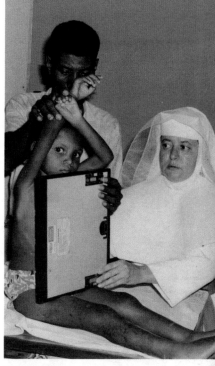

Sr Jeanne Jetté travaille au service de radiologie de l'Hôpital de Deschapelles. Haïti, 1960.

La médecine de brousse

Les MIC amorcent leur apostolat sur la terre africaine en 1948. Dès leur arrivée à Katete, au Malawi, elles voient à l'organisation d'un dispensaire et d'une maternité. L'année suivante, elles prennent en charge le dispensaire de Mzambazi, jusque-là tenu par les Pères Blancs. Puis s'ouvrent ceux de Rumphi, Karonga et Kaseye en 1951, Vua en 1952 et Nkata Bay en 1953. Quelques années plus tard, le dispensaire de Mzuzu voit le jour, de même que ceux de Kanyanga et Nyimba, en Zambie.

Tous connaissent d'humbles débuts: simples constructions de bois ou de terre battue, avec une seule pièce, parfois deux, ameublement rustique, absence d'eau courante et d'électricité. Certains établissements bénéficient très tôt de quelques améliorations, sans pour autant perdre leur caractère rudimentaire. À Nkata Bay, par exemple, lors de l'arrivée des sœurs en 1953, une petite pièce de 8 pieds sur 25 est d'abord aménagée afin de leur permettre de dispenser les premiers soins aux patients. D'une simple cabane en bois sur piliers, on passe ensuite à des locaux plus spacieux et mieux aérés. Les cases ou huttes avoisinantes servent pour l'hospitalisation. Une maternité, avec planchers de terre battue et toit de chaume, s'ajoute au petit complexe de santé. Lorsque sr Gertrude Paré s'y engage sept ans plus tard, en janvier 1961, les conditions n'ont guère changé:

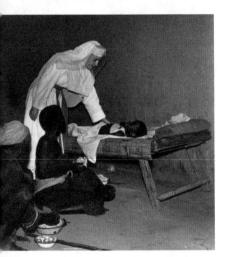

Sr Hedwidge Lapierre au dispensaire de Nkata Bay. Malawi, 1969.

> […] au dispensaire-maternité, ma vision de brousse se concrétisait: une bâtisse en terre battue au toit de chaume avec plancher en terre et panneaux de bois comme fenêtre. Pas d'eau courante, un tonneau à remplir chaque jour. Les lampes à kérosène s'ajustaient à nos besoins. Toilettes à l'extérieur. Et la vie est belle[21]!

Selon sr Jeanne Piché, qui arrive à Nyimba en 1959, il est difficile d'imaginer ce qu'est un hôpital de brousse. Même après quelque temps au dispensaire, la réalité africaine n'est pas encore bien enracinée:

> Un jour, sr supérieure me dit: «L'ambulance arrive.» Je sortis immédiatement et cherchai du regard. Alors elle désigna… un attelage de bœufs! Dans la charrette gisait une jeune mourante. Selon la coutume, la mère et la grand-mère l'accompagnaient, leur nourriture et leurs marmites sur la tête[22].

S'il est vrai que les grands malades sont transportés en ambulance, autrement dit en charrette à bœufs, la plupart des patients doivent faire de longues heures de marche, parfois à travers les hautes herbes, avant d'atteindre le dispensaire. En outre, la coutume africaine veut que la famille prenne en charge l'alimentation du patient hospitalisé. Dans les chroniques de Kanyanga, on peut lire également qu'il est possible, parfois, de juger de la gravité d'un cas par le nombre de personnes qui accompagnent le malade. Un mourant, une personne empoisonnée, c'est tout le village qui arrive, chacun protestant par sa présence qu'il n'est pas responsable[23].

Sr Marguerite Legault, à côté de la charrette servant au transport des malades en région éloignée. Katete, Malawi, c. 1975.

Comme en Haïti ou en Mandchourie, les installations rudimentaires ne représentent pas un obstacle à la fréquentation des dispensaires, au contraire. Les salles d'attente se remplissent chaque jour davantage. À Vua, écrit sr Yvette Ricard en 1954, l'on vient de 30 milles à la ronde faire soigner ses petits et gros bobos... À l'heure du dispensaire, tous les patients, assis sur la natte, remplissent la pièce. Qu'y soigne-t-on ? Les maladies habituelles (malaria, tuberculose, infections de tous genres) ainsi que des blessures diverses : « Parmi les derniers gros cas traités au dispensaire, reprend sr Yvette, se trouvait un employé des pères qui s'était fait piquer par un *chitumbi*, serpent énorme et très venimeux[24]. »

Comme en Haïti, la popularité des établissements MIC encourage les sœurs à solliciter l'aide de l'État et de fondations privées afin d'améliorer les conditions de pratique médicale. Grâce à des demandes répétées, les dispensaires et hôpitaux sous leur responsabilité se voient peu à peu dotés de locaux plus vastes, de nouveaux lits et d'équipement moderne tels des microscopes et des appareils de radiographie. En 1965, l'hôpital de Nyimba, par exemple, peut compter sur une cinquantaine de lits, une clinique externe, une maternité et un laboratoire équipé de deux microscopes, instruments précieux pour dépister les maladies tropicales. Près de 3000 patients y sont hospitalisés chaque année alors que plus de 12 000 reçoivent soins et traitements au dispensaire-clinique. À la même époque, celui de Rumphi, où travaille sr Yvette Caron, reçoit environ une centaine de patients par jour :

Les dangers de la brousse

Les pays d'Afrique où œuvrent les MIC ne sont pas exempts de danger. L'instabilité politique et la pauvreté alimentent la violence et la délinquance. Plusieurs maladies tropicales, notamment, y font des ravages et n'épargnent pas toujours les missionnaires. À cela, il faut encore ajouter la menace, réelle, des bêtes sauvages :

> Il nous arrive d'avoir la visite, même dans notre maison, de ces indésirables serpents. L'autre jour, c'était un satu. En plus de piquer, ce reptile crache un venin qui, s'il atteint les yeux, rend instantanément aveugle. L'animal se glissa sous la véranda, en plein jour heureusement. Un indigène qui passait l'identifia comme très dangereux et nous prévint de ne rien faire nous-mêmes pour le tuer. Il s'en fut chercher le frère de la mission, qui accourut avec sa carabine, l'épaula et mis fin à la vie du satu, de même qu'à la crainte générale. À peine 15 jours plus tard, avec l'aide des enfants, nous devions faire la chasse à un autre reptile mesurant plus de 10 pieds et aussi dangereux que son congénère. Il réussit à nous échapper en se faufilant dans la remise. Peu après, une sœur, en soulevant le couvercle d'une boîte, l'aperçoit qui dort paisiblement enroulé sur lui-même. Le frère est de nouveau appelé à la rescousse. De toutes les bêtes sauvages de ce pays : lions, hyènes, léopards, crocodiles, etc., c'est bien le serpent qui est le plus à craindre[25].

[...] malaria, dysenterie, pneumonie, bilharziose, sous-alimentation, parasitose, extractions dentaires, plaies tropicales, toujours très longues à guérir, sont la monnaie courante de tous les jours. Les cas spéciaux ne manquent pas ; par exemple, ce type qui s'était donné un coup de hache sur la main, et cet autre, qui m'est arrivé l'oreille pendante, à demi arrachée ; alors, on se lance dans la haute couture. Il y a aussi les brûlures, surtout en saison froide. Car le feu est allumé dans la maison, et sous prétexte de donner plus de chaleur au bébé, la mère le couche entre le feu et elle, au lieu de le protéger ; or, il arrive que durant la nuit, le bébé roule dans le feu[26].

À la fin des années 1960, le dispensaire de Kaseye peut compter sur une équipe hautement qualifiée. Outre les services d'un médecin, sr Lyse Brunet, il bénéficie des connaissances de sr Yvette Carle, infirmière-anesthésiste, et

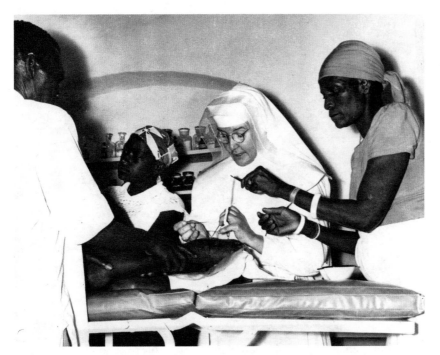

Sr Émilie Martin soigne une jambe blessée. Rumphi, Malawi, 1959.

de sr Mireille Morin, technicienne de laboratoire. Sr Lyse y met en pratique ses connaissances en obstétrique. En compagnie de sr Yvette, elle procède à des chirurgies mineures et se familiarise avec les accouchements difficiles alors que sr Mireille met sur pied un petit laboratoire d'analyse sanguine. En 1970-1971, c'est au tour de l'hôpital de Mzuzu, tenu par les Medical Missionaries of Mary, de bénéficier des services d'un médecin et d'une technicienne de laboratoire MIC puisque les sœurs acceptent de prêter main-forte au personnel médical en place.

La responsabilité d'un établissement de santé, qu'il soit en pleine brousse ou non, ne saurait se limiter aux seuls traitements médicaux. Afin de mener à bien les tâches médicales, tout le personnel soignant doit pouvoir compter sur une gestionnaire avisée qui voit à la bonne marche de l'institution. Sr Suzanne Leclair est directrice du Centre de santé de

Ouverture des caisses de médicaments. De gauche à droite: sr Mireille Morin,
sr Yvette Carle et sr Lyse Brunet. Kaseye, Malawi, 1969.

Kanyanga, en Zambie, de 1986 à 1990. Son rôle? Répondre à tous les
besoins, sauf ceux qui relèvent des soins infirmiers:

> Quatre ans que je vis à Kanyanga, dans la brousse africaine. J'administre le
> Centre de Santé de la mission […]. Je suis responsable de l'entretien des
> bâtisses du dispensaire et des maisons du personnel infirmier, ce qui veut dire
> réparations de tous genres, peinture, menuiserie, maintenance, constructions
> variées: abri pour la cuisson lors des démonstrations hebdomadaires de nutri-
> tion, clôtures, douches, maisonnettes pour le personnel et, dans quelques
> mois, une petite morgue. Je supervise le jardin de nutrition, la buanderie, la
> propreté des terrains, le bon fonctionnement du système d'énergie solaire, la
> pompe et l'engin qui nous fournissent l'eau si précieuse pour tous et, à l'oc-
> casion, les fours à briques. Je vois aux réserves de farine, d'huile, de sel et de
> sucre, de fèves, de riz, d'arachides, etc. pour la clinique de nutrition. Avec
> quelques membres du personnel, j'aime parcourir la campagne environnante
> à la recherche du bois de chauffage pour la buanderie […]. Je vois à la cor-
> respondance, aux salaires des employés, à la tenue des livres du dispensaire
> et aux nombreux rapports mensuels à soumettre[27] […]

Ainsi, à côté d'une liste déjà fort longue de soins prodigués, s'alignent tous les travaux d'intendance et de gestion. Mais là ne s'arrête pas le travail des MIC. À ces tâches exigeantes, se superpose leur principal apostolat : l'annonce de la Bonne Nouvelle. Pour les sœurs, la pratique médicale ne se dissocie pas de l'enseignement des valeurs chrétiennes et de quelques notions de catéchèse.

Sr Françoise Royer accueille une femme et ses enfants. Mzambazi, Malawi, 1978.

Anecdotes linguistiques

Les dispensaires, et plus encore les salles d'attente, on l'a vu, constituent des lieux privilégiés pour la catéchèse et l'apostolat. En Afrique comme en Asie ou en Haïti, les sœurs doivent se familiariser avec les langues locales si elles veulent faire quelques progrès à cet égard. Dans des lettres écrites aux membres de sa famille, sr Yvette Caron, en poste à Rumphi, au Malawi, entre 1964 et 1971, raconte quelques anecdotes amusantes concernant l'apprentissage du chitumbuka :

> À propos de la langue du pays, je me débrouille assez bien. Je n'ai pas manqué de faire de grosses erreurs, par exemple : voulant demander des nouvelles de la femme qui avait eu un bébé, la veille, je demande le plus sérieusement du monde : « Comment est la femme qui est née hier ? » Et à une femme, je demande : « Quel est le nom de notre mari ? » Dans un pays où la polygamie existe sur une haute échelle, une pareille question a toute une signification[28].

Il semble aussi que les Africaines, de façon amusante, se soient approprié quelques expressions typiquement québécoises :

> Une femme se présente à la cuisine portant son enfant sur son dos. Questionnée sur le nom de l'enfant, elle répond : « Pitouna ». « Où avez-vous trouvé ce nom ? » de reprendre la sœur. « Mais c'est vous qui le lui avez donné l'an dernier ! » Alors notre sœur cuisinière se souvient qu'ayant déjà rencontré la dame en question, elle s'était extasiée dans un enthousiasme bien canadien : « Oh ! la belle petite pitoune » et c'est ainsi que le nom lui est resté[29].

Prévention et éducation, un virage important

Comme en Haïti, de meilleures connaissances en matière de prévention des maladies entraînent des modifications importantes dans les soins et services prodigués par les MIC dans leurs missions du Malawi et de la Zambie. Les taux effarants de mortalité infantile – jusqu'à tout récemment les deux pays affichaient des taux supérieurs à 100 ‰[30] – les incitent là aussi à cibler d'abord les femmes, mères ou futures mères, afin d'offrir à leur progéniture une meilleure chance de survie. C'est ainsi que voient le jour différentes cliniques : prénatales, pour nourrissons, pour les 0-5 ans. On y parle des étapes de la grossesse, d'hygiène, d'alimentation et de vaccination. Des campagnes d'immunisation contre les principales maladies infantiles connues (diphtérie, coqueluche, tétanos, tuberculose, polio) sont organisées et on y distribue au besoin des suppléments pour les enfants souffrant de sous-alimentation.

Un des premiers défis ? Convaincre les futures mères de faire suivre leur grossesse par le personnel médical et les persuader, lorsque des complica-

Femmes avec leur nouveau-né au Centre de santé de Mzambazi. Malawi, 1983.

Sr Louise Denis donne un cours d'hygiène dans une succursale de brousse près de Katete. Malawi, c. 1985.

tions sont anticipées, d'attendre la venue de leur bébé à la clinique ou à l'hôpital et non dans leur village, bien trop loin pour permettre une intervention en cas d'accouchement difficile. Au Centre de santé de Mzambazi, c'est là un des principaux objectifs de sr Françoise Royer, infirmière licenciée, bachelière en sciences du nursing et spécialiste en obstétrique. Chaque mois, aidée de sages-femmes africaines, elle peut se réjouir de la naissance de 75 à 80 bébés, soit plus de 900 pour l'année 1978. À titre de comparaison, soulignons qu'au Québec seuls 27 hôpitaux sur 76 ont pratiqué plus de 1000 accouchements en 2005.

Après la naissance, il s'agit de fidéliser la jeune mère afin qu'elle assiste aux cliniques pour nourrissons ou cliniques 0-5 ans. Ces cliniques, fortement encouragées par les gouvernements du Malawi et de la Zambie, visent à introduire une meilleure hygiène dans les habitudes de vie, à favoriser une alimentation plus équilibrée afin d'éliminer la mortalité due à la malnutrition ou dénutrition et à encourager l'immunisation des enfants par la vaccination. À partir des années 1960, les MIC vont offrir ces cliniques de prévention dans pratiquement tous leurs dispensaires et hôpitaux d'Afrique. Pour répondre à la demande du ministère de la Santé du Malawi, une clinique de nutrition, destinée à contrer spécifiquement les cas de kwashiorkor et de marasme – des formes sévères de malnutrition chez l'enfant où l'apport en protéines est nettement insuffisant – est même mise sur pied au Centre de santé de Mzambazi. Grâce aux organismes internationaux, chacun des jeunes patients peut y recevoir une diète équilibrée.

En 1971, deux projets de cliniques mobiles s'organisent simultanément en Zambie et au Malawi. Leur but ? Rejoindre les villages éloignés et offrir à ces populations, souvent laissées à elles-mêmes, des programmes de vaccination pour les enfants et quelques notions de base quant à l'hygiène et l'alimentation, en plus des soins de première ligne. Après avoir remis leur école aux mains du gouvernement, en septembre 1970, les sœurs de Kanyanga disposent du personnel nécessaire pour mener à bien un tel projet. Un premier essai a lieu à Egicekendi, à huit kilomètres de la mission. Puis, les gens de Munyukwa, à plus de 20 km de Kanyanga, demandent à leur tour une clinique pour enfants. Entre janvier et mai 1971, les sœurs tiennent dans ces deux villages des cliniques régulières, tous les 15 jours. Le chef de Limbalimba, situé à 29 km de la mission, supplie également les MIC de venir voir ses gens. Mais ce village est trop éloigné. La saison des pluies rend la route impraticable. Pour effectuer leurs déplacements, les sœurs se voient d'ailleurs offrir une petite roulotte bien équipée et fort pratique :

> Au début, nous utilisions notre petite camionnette. Grâce au père Neeland, père Blanc, jadis à Kanyanga, nous avons reçu de la Hollande une voiture [roulotte] parfaitement équipée pour notre travail. Les plans furent dessinés par sr Irène Champagne. Nous pouvons en cas d'orage faire une véritable clinique à l'intérieur. On y trouve un évier, une table, un lit et des armoires où nous pouvons classer nos effets sans avoir à recommencer chaque semaine. Vraie bénédiction[31] !

Afin d'accroître les services de santé et de prévention dans les régions éloignées, la formation d'auxiliaires peut se révéler une solution intéressante. À Kanyanga, les MIC travaillent, depuis le milieu des années 1980, à la formation de sages-femmes pour les villages éloignés. À partir de 1990, elles offrent à une dizaine de jeunes gens une formation en premiers soins, sanctionnée par un certificat, de même qu'un suivi périodique. Ces Health Village Workers deviennent ainsi des agents de première ligne, tout en favorisant l'implantation de mesures préventives dans les régions les plus reculées.

Quant au Mobile Health Unit de Mzimba, les défis qu'il présente ne sont pas moindres : assurer chaque semaine la régularité des visites dans six cliniques éparpillées dans un rayon de 65 km. Plus de 120 personnes à voir et traiter, après le service « Mère et Enfant », et le temps qui file à toute vitesse… obligeant les sœurs à penser au retour, aux distances à parcourir :

> Dès 6 heures du matin, le personnel prend place et nous roulons, la jeep chargée à pleine capacité, les médicaments, les vaccins déposés dans des

Sr Gertrude Paré et son équipe s'apprêtent à effectuer leurs visites avec la clinique mobile. Mzimba, Malawi, 1973.

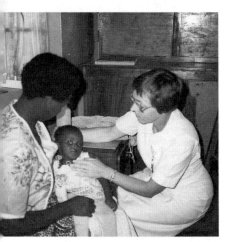

Sr Blanche Cloutier au dispensaire de Kanyanga. Zambie, 1983.

glacières, les balances, les sacs de farine de maïs de 200 lbs, le lait en poudre, tout y est, grâce aux six membres de l'équipe chargée de cette responsabilité. Nous avions aussi enseigné à des élèves de 8e année la manière de donner les vaccins afin de nous seconder à chaque clinique d'immunisation[32].

Au début des années 1960, les MIC ont la responsabilité d'une dizaine de dispensaires, cliniques ou hôpitaux en Afrique. En 2005, elles n'ont plus qu'un seul établissement. Tous les autres ont été remis à l'État ou à d'autres communautés religieuses au fil des ans. Pourquoi ? D'une part, les gouvernements, affranchis de la tutelle coloniale, tentent d'affirmer leur indépendance en confiant à des Africains certains postes de gestion, qu'il s'agisse de dispensaires ou d'écoles. D'autre part, au tournant des années 1970, les MIC prennent conscience que leur recrutement ne sera plus jamais le même. Les effectifs vieillissent sans grand espoir de relève. Des priorités s'imposent. Les sœurs doivent se résigner à remettre la direction de leurs derniers centres de santé, Kaseye en 1991, puis Katete et Mzambazi en 1994, ne gardant que celui de Kanyanga, en Zambie.

Face au nouveau fléau

Pendant plus de 40 ans, les sœurs ont œuvré au mieux-être de la population du Malawi et de la Zambie. Elles ont travaillé activement à mettre sur pied des programmes de prévention et d'éducation et contribué à former des agents de santé susceptibles de poursuivre dans cette voie afin que l'avenir se présente sous un jour meilleur. Mais voilà qu'au moment où elles se retirent presque complètement du domaine médical, n'ayant plus le personnel nécessaire pour assumer d'aussi lourdes responsabilités, un nouvel ennemi montre son visage.

Devant les ravages causés par le sida en Afrique, les MIC ne peuvent rester indifférentes. Dès la fin des années 1980, malgré un désengagement graduel en santé, elles trouvent les ressources nécessaires pour s'investir dans des programmes de prévention, d'éducation et de soutien auprès de la population du Malawi et de la Zambie. Elles ne sont pas seules à se mobiliser pour cette nouvelle lutte : l'Église d'Afrique y participe pleinement et bon nombre de projets constituent des initiatives diocésaines.

Le sida, un quart de siècle d'épidémie mondiale

Le syndrome de l'immunodéficience acquise, mieux connu sous son acronyme SIDA, ne peut se développer que chez une personne déjà infectée par le virus de l'immunodéficience humaine ou VIH. Le VIH attaque et détruit les cellules du système immunitaire, rendant la personne atteinte vulnérable à toutes sortes d'infections. L'affaiblissement des défenses du corps humain entraîne alors de graves complications. Lorsqu'une personne séropositive, c'est-à-dire porteuse du VIH, souffre d'une ou de plusieurs maladies, on dit alors qu'elle a le sida.

À l'heure actuelle, il n'existe aucun vaccin en mesure d'éradiquer ce virus mortel. Les traitements antiviraux disponibles ne permettent aucune guérison : seule la prolifération du VIH au sein de l'organisme est ralentie, retardant ainsi l'éclosion du stade « sida ». Alors que les pays développés peuvent assurer la prise en charge financière de ces traitements, les pays en voie de développement, qui regroupent plus de 95 % des malades – soit près de 40 millions de personnes – ne peuvent en supporter les coûts : leur capacité de soigner leur population s'en trouve altérée de façon considérable.

L'Afrique constitue « l'épicentre mondial de la pandémie de sida », selon ONUSIDA. On y retrouve les taux de transmission et de décès les plus élevés. En effet, 63 % des personnes infectées par le VIH vivent en Afrique subsaharienne. L'ONU estime qu'en 2005, 2,8 millions de personnes ont contracté la maladie dans la région, et 2,1 millions sont mortes du sida. Les contrecoups de cette épidémie se révèlent particulièrement cruels pour les femmes : d'une part, elles encourent un risque plus important que les hommes d'être infectées par le VIH ; d'autre part, la majorité d'entre elles devront prendre en charge les personnes frappées par le virus[33].

Le volet sensibilisation et éducation amène les sœurs à favoriser les échanges et les discussions sur la maladie (risques, effets, traitements) dans divers milieux. Au Malawi comme en Zambie, les MIC organisent la formation d'animateurs volontaires pour la prévention et l'aide aux sidéens dans les villages. Elles s'occupent particulièrement de rejoindre et de former les jeunes par des mouvements comme Behavior Change Process ou Youth

Alive Program. À leur école secondaire de Marymount, à Mzuzu, par exemple, chaque année une équipe de l'hôpital rencontre les élèves et donne des causeries sur le VIH. En 1997, sr Léontine Lang, en poste en Zambie, prépare des vidéos éducationnelles sur le sida, outils précieux pour les professeurs qui travaillent à la prévention. Des sessions d'informations sont également offertes pour les adultes, dans les églises par exemple. Dans le respect de la doctrine catholique, les sœurs font appel à des changements de comportements : abstinence et fidélité sont fortement encouragées.

Dans la mesure où les coûts d'hospitalisation s'avèrent inabordables pour la très grande majorité des Africains, des projets tels que Home Based Care, organisé par sr Louise Lefebvre, tentent de promouvoir et de faciliter les soins à domicile. Des équipes mobiles se rendent chez les gens afin de prodiguer des conseils sur les soins à offrir, l'hygiène nécessaire, les produits à utiliser et les précautions à prendre. De plus, de l'aide psychologique et spirituelle est proposée aux personnes atteintes et aux membres de la famille.

Autre aspect important de la mobilisation des MIC en faveur des sidéens : l'aide aux orphelins. Plusieurs programmes sont mis sur pied afin d'aider les enfants laissés sans parents par la maladie : distribution de lait, distribution de vêtements, refuge temporaire, paiement de frais de scolarité... De nombreux efforts sont déployés afin d'inciter les gens de la famille et du village à coopérer pour prendre soin de ces orphelins. Un programme assure l'instruction et un suivi pour les grands-mères qui prennent chez elles leurs petits-enfants ou encore pour l'aînée de la famille, s'il n'y a pas de grands-parents capables d'adopter les petits. Le Child Care Center de Kanyanga, sous la direction de sr Jacqueline Vachet, constitue un refuge temporaire où les enfants sont hébergés le temps qu'un enseignement adéquat soit donné à la personne qui adopte.

Chaque année, depuis le début des années 1990, la célébration de la journée mondiale du sida, le 1er décembre, représente une occasion privilégiée pour les sœurs d'Afrique de poursuivre la sensibilisation et l'éducation, mais aussi d'offrir messes et prières à l'intention des victimes de ce véritable fléau des temps modernes.

En Amérique latine

Les MIC s'installent en Amérique latine en 1957. Jusqu'au début des années 1980, elles y fondent une vingtaine de postes de mission. Que ce soit en Bolivie, au Pérou, au Guatemala ou encore au Chili, leur engagement dans ces pays témoigne de façon éloquente de l'orientation nouvelle adoptée par les agents missionnaires à la suite de Vatican II et des théologiens de la libération : aller vers les plus démunis et, en solidarité avec eux, travailler à construire un avenir meilleur, plus juste et plus équitable. Aussi, contrairement à l'Afrique ou Haïti, ce n'est pas tant l'évolution et l'amélioration du service médical offert qui retiennent d'emblée l'attention en Amérique latine, mais le cadre communautaire dans lequel il s'organise.

La Bolivie, le Pérou et le Guatemala, où les MIC mettent sur pied quelques initiatives en santé, constituent des pays pauvres, à majorité rurale, et marqués, on l'a vu, par des années de dictature militaire et de guerres civiles. Les infrastructures médicales y font cruellement défaut, surtout dans les régions éloignées. Autour des années 1960, l'espérance de vie à la naissance n'est pas bien élevée : moins de 50 ans. La mortalité infantile, quant à elle, y atteint des sommets. Depuis cette époque, d'importants progrès ont été réalisés à cet égard. En Bolivie, la mortalité des enfants de moins de 5 ans est passée de 125 ‰ en 1990 à 65 ‰ en 2005. Le Pérou et le Guatemala font aussi bonne figure depuis 1990, faisant passer le taux de mortalité infantile sous la barre des 30 ‰. Les MIC, comme beaucoup d'autres communautés religieuses, travailleurs humanitaires et organismes internationaux, ont contribué à ce grand bond en avant.

En Bolivie

C'est en Bolivie que l'œuvre de santé des MIC est la plus considérable. Entre 1961 et 1981, elles mettent sur pied et assument la direction de quatre dispensaires-hôpitaux, tous situés dans des régions rurales et difficiles d'accès. La précarité des installations, l'éloignement, les troubles politiques et la méfiance des populations autochtones compliquent singulièrement l'engagement des sœurs.

Dès 1954, les pères Augustins hollandais avaient demandé aux Missionnaires de l'Immaculée-Conception de se joindre à leurs œuvres apostoliques dans le sud des Yungas, région montagneuse sur le versant est de la Cordillère des Andes. Ce n'est que plus tard, en 1961, que la communauté peut répondre à cette invitation. Cinq sœurs s'amènent donc à Irupana, un village d'environ 6000 habitants, à l'est de La Paz, afin de prendre en main l'administration de l'hôpital. Les Yungas abritent des vallées profondes et boisées. La végétation y est luxuriante, mais les moyens de communication rudimentaires accentuent l'isolement des communautés.

Construit vers 1950 par de riches propriétaires de la région pour leurs familles et employés, l'hôpital d'Irupana passe aux mains de l'État lors de la Révolution de 1952. Le ministère de la Santé n'a cependant pas les ressources humaines ou financières pour l'entretenir : bientôt tout disparaît et les salles vides deviennent des logements pour sans-abri. Lorsque les MIC arrivent en 1961, il ne reste plus que les bâtiments. Et encore, plusieurs vitres ont été enlevées, de même que des poignées de portes, commutateurs, verrous et ampoules électriques. Les religieuses doivent reprendre l'œuvre à zéro, une tâche d'autant plus difficile qu'elles font face à la concurrence des protestants adventistes, qui administrent avec brio l'hôpital voisin de Chulumani. Grâce à une aide internationale du Canada, des États-Unis et des Pays-Bas pour l'ameublement, l'équipement et les médicaments, les sœurs relancent l'hôpital. Avec le soutien d'organismes de charité, elles parviendront à bonifier constamment les soins offerts : distribution de médicaments, dépistage de maladies à l'aide d'un microscope, injections d'antibiotiques, services d'hospitalisation, maternité…

Toutefois, un long travail de promotion reste à faire pour vaincre la méfiance de la population, plus habituée de recourir aux guérisseurs qu'à se faire soigner à l'hôpital. Des visites à domicile sont entreprises pour sensibiliser les gens, détecter les malades et les femmes enceintes. Pendant ce temps, les patients plus fortunés préfèrent se rendre à Chulumani, où le médecin adventiste américain jouit d'une solide renommée, alors que l'hôpital est toujours sans médecin permanent. Chaque année marque en effet l'arrivée d'un nouveau docteur, jeune et sans expérience, car en vertu d'une loi bolivienne, tous les finissants en médecine doivent travailler une année dans les régions isolées du pays avant d'obtenir leur licence. Or, une fois leur diplôme en main, ils ne reviennent pas. Néanmoins, les efforts déployés par les sœurs – sr Juliette Ouellet, entre autres, y œuvre pendant une quinzaine d'années – amènent des changements. Le recours aux guérisseurs diminue et l'accès à l'hôpital va croissant. Le programme prénatal et le service de maternité sont bien établis, après quelque temps, et sr Juliette est demandée pour assister les naissances à domicile quand la méfiance ou l'hésitation l'emporte sur le besoin. Il s'agit d'un travail exigeant et certains membres de l'équipe MIC, au milieu des années 1970, aspirent à d'autres formes d'apostolat. En mars 1976, les sœurs entreprennent des démarches auprès des Dominicaines de la Présentation, des religieuses colombiennes, afin de leur confier la direction de l'hôpital. En quinze ans, l'engagement des MIC en santé a procuré des bienfaits indéniables dans la région, dont un programme d'éducation aux mesures d'hygiène de base et la formation d'une douzaine d'agents de santé, chargés de la promotion sanitaire dans les zones éloignées.

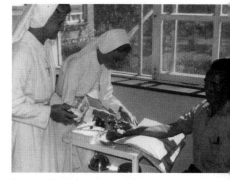

Sr Jeannine Sabourin et sr Juliette Ouellet prodiguent soins et conseils à la population d'Irupana. Bolivie, 1968.

C'est dans le nord du département de Potosi, au cœur de l'altiplano bolivien, que l'on peut découvrir les plus importantes mines d'étain au monde. Au début des années 1960, les quatre communautés principales que l'on y retrouve, Siglo Veinte, Catavi, Llallagua et Uncia, abritent plus de 65 000 habitants, dont 90 % travaillent dans les mines, dans des conditions effroyables, pour moins d'un dollar par jour. Les mineurs souffrent régulièrement de silicose à cause de leur travail, ou de tuberculose due aux conditions hygiéniques déficientes et à la malnutrition. Dans les années 1970, l'espérance de vie dans les mines n'est que de 37 ans... Il s'agit d'un milieu très politisé et les syndicats jouent un rôle capital. Les mouvements de protestation et de revendication, fréquents, sont cependant réprimés de manière très violente par les divers gouvernements boliviens. La région regroupe également près de 200 000 *campesinos* (paysans indiens) parlant quechua ou aymara. Ils viennent régulièrement à Llallagua vendre leurs produits et recevoir une certaine attention médicale.

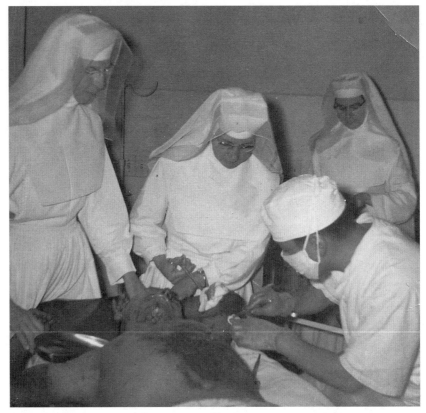

Sr Marcelle St-Arnaud, sr Juliette Ouellet et sr Gabrielle Tremblay assistent le médecin qui opère un homme blessé par une explosion de dynamite. Hôpital d'Irupana, Bolivie, 1966.

Dans les années 1960 et 1970, toute la région est secouée par une forte agitation politique à laquelle les missionnaires, par solidarité envers les travailleurs exploités, se retrouvent parfois mêlés. Au fil des coups d'État, des grèves et des répressions, des religieux, oblats et jésuites, sont détenus et même expulsés.

En octobre 1965, trois Missionnaires de l'Immaculée-Conception s'installent à Catavi, quelques semaines à peine après une répression violente qui a causé la mort de plus de 200 mineurs et de membres de leur famille.

Elles se joignent à une équipe pastorale formée par les Oblats de Marie Immaculée. Employées par le COMIBOL (Compagnie des Mines de Bolivie), les sœurs se voient tout d'abord confier la responsabilité de la lingerie et la direction de la cuisine de l'hôpital de la compagnie minière. Elles offrent également quelques cours de dactylographie et de catéchèse pour les diverses écoles de l'entreprise minière, ainsi qu'une formation générale auprès des infirmières de l'hôpital (cours de morale médicale, musique, etc.). Un an plus tard, le Dr Del Pozo, surintendant des Relations industrielles de la compagnie, confie à sr Suzanne Labelle, médecin nouvellement nommée pour Catavi, le service de médecine générale pour hommes ainsi que celui de la pédiatrie :

> Quand je suis arrivée en 1966, je venais comme missionnaire aussi. En arrivant dans la région minière j'ai d'abord travaillé à l'hôpital de cette compagnie. Ça m'a permis de me familiariser avec le milieu et de voir les besoins. Je me suis aperçue que sur à peu près 60 000 habitants de la région minière, la moitié avait droit aux soins médicaux et l'autre non, sans compter les 250 000 campagnards des environs du nord de Potosi qui n'avaient aucune aide médicale[34].

Afin d'offrir des soins médicaux à ceux qui ne peuvent bénéficier des services de la compagnie minière, sr Suzanne et sr Marcelle St-Arnaud, infirmière, en accord avec les pères Oblats, réorganisent le dispensaire de Llallagua, localité située à quelques kilomètres de Catavi. Un projet de coopérative et d'hôpital est également soumis et accepté. La population promet son aide pour la construction. Après quelques années de fonctionnement, grâce à l'implication des pères oblats et des gens du village, la Coopérative populaire de Santé (COPOSA) – le premier organisme de ce type au pays – ouvre les portes de son hôpital.

L'hôpital, achevé, compte une quarantaine de lits. Petit à petit, il se dote de services de radiographie, de pharmacie, de dentisterie, de chirurgie et de laboratoire. Une vaste campagne de vaccination contre la rougeole, les oreillons et la rubéole rejoint plus de 2000 enfants. Une campagne de vaccination contre la poliomyélite s'organise ensuite. Malgré l'aide financière d'organismes canadiens et internationaux, l'hôpital peine toujours à atteindre son objectif d'autofinancement. En plus d'assurer leur service à l'hôpital, les MIC effectuent de nombreuses visites à domicile. Trop de gens, cependant, ne peuvent se déplacer et se rendre au poste de santé de Llallagua, surtout pendant la saison des pluies :

> Quand j'allais visiter les gens dans leur village, raconte sr Suzanne, je me rendais compte que c'était insuffisant. Au temps des pluies on ne pouvait s'y rendre et eux ne pouvaient venir jusqu'à l'hôpital. Alors, nous avons offert de former des personnes des communautés rurales pour qu'elles puissent répondre aux besoins de santé de leur propre village[35].

C'est ainsi qu'en 1975, la Coopérative de santé commence un programme de promotion sanitaire rurale : quatre jeunes venus des campagnes environnantes reçoivent un entraînement d'un mois à l'hôpital. Il s'agit d'offrir une formation minimale à des jeunes de zones éloignées afin qu'ils retournent ensuite dans leur communauté rendre des services médicaux de base :

> On leur apprenait les notions de base en hygiène pour les premiers soins et les traitements les plus courants. On leur montrait aussi comment faire un premier diagnostic, et surtout à renvoyer les paysans vers l'hôpital dès que le problème dépassait leur compétence[36].

Une entente avec les gens du village prévoit la construction, à leurs frais, d'un petit poste sanitaire que la Coopérative de santé promet pour sa part d'équiper de façon modeste, mais suffisante pour les besoins de l'endroit : une table, quelques chaises, des lits. De plus, grâce à l'aide d'organismes internationaux, les jeunes qui complètent leur formation se voient pourvus de l'équipement indispensable à leur travail : tensiomètre, stéthoscope, instruments pour des chirurgies mineures, etc. Par analogie avec les *Barefoot Doctors* de Norman Bethune en Chine (des médecins traditionnels itinérants), les membres de ce programme furent surnommés les « médecins en sandales » à cause de leurs *abarcas*, les sandales des Indiens fabriquées avec de vieux pneus de voiture.

Si la planification de ce projet doit beaucoup à sr Suzanne Labelle, c'est cependant sr Alice Berleur, infirmière, qui le met en place et en assure la

Deux « médecins en sandales » avec sr Suzanne Labelle. Llallagua, Bolivie, c. 1975.

direction. Elle parvient même à obtenir quelques bourses de l'OMS afin d'offrir à ses protégés une formation d'auxiliaires-infirmiers encore plus poussée, reconnue par un diplôme officiel du gouvernement bolivien, ce qui leur confère le droit à un petit salaire versé par le ministère de la Santé. En 1977-1978, c'est plus de 25 jeunes qui reçoivent la formation offerte par la Coopérative. Entre 1980 et 1983, ils sont une vingtaine de « médecins en sandales » à recevoir leur diplôme du gouvernement. Les sœurs quittent Llallagua en avril 1983, après avoir donné à la population quelques outils pour travailler elle-même à un avenir meilleur.

À la suite de leur départ de Llallagua, les MIC examinent diverses possibilités de mission dans la région. Après réflexion, et plusieurs rencontres avec les curés des principales paroisses, elles décident de s'établir à Huancarani, un petit village de 200 familles dans l'altiplano, dépendant du village, un peu plus important, de Pocoata. Il s'agit d'un milieu rural défavorisé, en haute altitude (quelque 3300 mètres) et ne bénéficiant ni d'eau potable, ni d'électricité. Arrivées en juin 1983, les sœurs s'installent dans une petite maison achetée près de l'église. Bientôt, soutenue par la CUSO, Oxfam Canada et Développement et Paix, l'équipe entreprend la construction d'un petit poste sanitaire. Tous, au village, collaborent au transport des matériaux : pierres, sable et autres matières premières. En 1987, les MIC remettent la direction du Centre médical à l'évêché. Quelques sœurs continuent néanmoins de superviser son fonctionnement, assuré par un Bolivien, et de travailler à la prévention, notamment par des programmes de vaccination. Elles quittent définitivement la région en 1997.

Poursuivant leur expérience auprès des populations éloignées, les MIC s'établissent en 1981 dans le nord du Beni. Cette région est le deuxième plus grand département de Bolivie (214 000 km²) mais ne compte guère plus de 45 000 habitants, répartis dans des petits villages au cœur de la jungle. Les sols marécageux empêchent la construction de routes solides et le service aérien, utilisant des pistes de terre tracées dans les champs, n'est pas régulier. Le personnel religieux y est peu nombreux : trois prêtres franciscains espagnols et quatre religieuses brésiliennes.

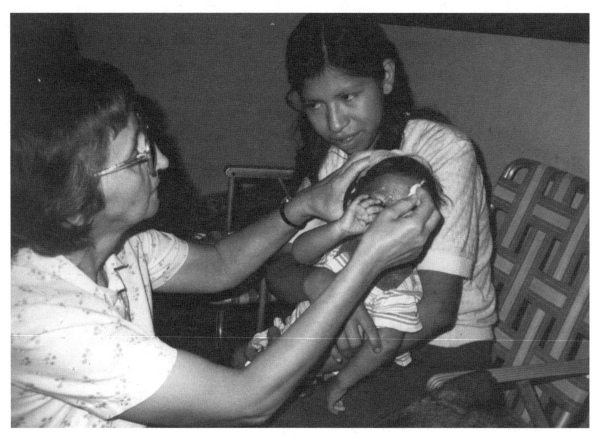

Sr Rose-Alice Rousseau donne des soins au bébé d'une jeune mère de 15 ans. Baures, Bolivie, 1982

Les MIC choisissent de s'installer à Baures, un petit village de 4000 habitants sans eau courante et pratiquement sans électricité (deux heures et demie chaque soir). Les petites maisons y sont en terre séchée et dépourvues de presque tout : on n'y trouve que quelques hamacs, un lit ou deux, quelques chaises, parfois une table. La principale voie d'accès au village est le Rio Negro, une des nombreuses rivières navigables de la région qui se jettent dans l'Amazone. C'est également le meilleur moyen de transport pour rejoindre les petites agglomérations des alentours.

La religieuse qui parle de sexualité

Sr Marie-Paul Ross est docteure en sexologie, clinicienne et conférencière. Elle est la première religieuse à éduquer jeunes et moins jeunes dans leur quête pour apprivoiser leur sexualité. Dans un article paru dans *La Semaine* en avril 2005, sr Marie-Paul raconte son histoire :

> Dans ma communauté, par pur hasard, on m'a demandé de faire mon cours d'infirmière. Après l'avoir suivi, je suis allée en Bolivie, en pleine brousse, où j'ai été frappée par les problèmes de la jeunesse : maltraitance, alcoolisme, etc. J'ai commencé à donner des cours sur la sexualité en tant qu'infirmière. Je trouvais qu'il y avait beaucoup de jeunes de 13 et 14 ans qui se faisaient avorter. [...] Puis, je me suis fait mettre à la porte du diocèse parce que j'avais osé critiquer l'inaction du clergé face à de telles pratiques. J'ai osé dénoncer la position de l'évêque, qui était très dure pour les familles. Par exemple, les couples devaient être mariés pour avoir accès aux sacrements. J'ai dénoncé le tout dans une réunion, ce qui m'a valu une invitation à quitter. J'avais aussi créé un club sportif pour garçons et filles, ainsi qu'un groupe de danse folklorique pour préados, afin qu'ils apprennent à entrer en relation sans se mutiler ou s'utiliser comme ils le faisaient. [...] Je faisais aussi de l'éducation sexuelle. Donc, selon l'évêque, je n'étais ni missionnaire ni religieuse[37].

Cette première expérience amène sr Marie-Paul à approfondir ses réflexions sur la sexualité et à développer un modèle d'intervention. Interpellée par le Vatican, elle doit expliquer ses vues. Plutôt que de la condamner, toutefois, on l'invite à poursuivre ses études : elle obtient le premier doctorat en sexologie clinique du Canada. Par la suite, elle fonde l'Institut international de développement intégral (IIDI) et œuvre auprès de tous ceux, laïcs ou religieux, qui veulent poursuivre une démarche de développement personnel ou encore cheminer vers une guérison à la suite d'un deuil, d'une agression ou de comportements déviants.

Dès leur arrivée, les trois pionnières s'occupent de pastorale et de santé (distribution de médicaments et visites aux malades). L'année suivante, elles acceptent de prendre en charge le petit hôpital local qui compte une quinzaine de lits et se trouve dans un état de détresse par manque de personnel et d'entretien. L'infirmière, sr Marie-Paul Ross, s'intéresse tout particulièrement aux jeunes gens. Inquiète des problèmes d'abus sexuels, d'alcoolisme et de violence associés à la jeunesse bolivienne, elle cherche à modifier ces comportements délinquants : elle met sur pied des équipes sportives où garçons et filles se côtoient et, surtout, elle parle de sexualité. Ses façons de faire, son franc-parler, ne font pas que des heureux. Les autorités ecclésiastiques lui demandent de quitter le diocèse en 1983.

Outre l'amélioration des lieux, les MIC de Baures doivent relever un autre défi de taille : trouver un médecin susceptible de s'installer de façon permanente dans la région. Au fil des ans, grâce à diverses subventions, l'hôpital est rénové. L'ajout d'équipement permet de donner tous les soins nécessaires aux gens de la région. Dès 1987, les MIC songent tranquillement à se retirer. En juin 1991, elles annoncent officiellement leur départ et se désengagent graduellement, s'assurant de trouver des remplaçants locaux pour assumer leurs fonctions. L'administration du dispensaire est confiée au conseil de la paroisse. Les sœurs partent en avril 1992, laissant un vide dans la communauté qui ne sera comblé que deux ou trois ans plus tard avec la venue des Ursulines du Calvaire.

À Cochabamba, bien qu'elles n'aient pas la direction d'un établissement de santé proprement dit, les MIC s'engagent néanmoins dans un important projet de santé pour les milieux ruraux. Comme nous l'avons vu dans le chapitre précédent, l'arrivée de sr Suzanne Labelle à l'Institut d'éducation rurale, en 1995, permet à celui-ci d'offrir quelques sessions de formations plus spécialisées en santé. L'École de formation des auxiliaires-infirmières, qui prend le nom d'Agradecer (ce qui signifie « remercier »), est d'ailleurs reconnue officiellement par le ministère de la Santé en 2001. Le cours de technique médico-vétérinaire, mis en place à l'initiative de sr Elmire Allary, obtient ses lettres de noblesse en 2003. Les auxiliaires-infirmières formées par l'IER s'engagent à la fin de leur cours à retourner dans un village doté d'un petit dispensaire et se font offrir par l'Institut une trousse de premiers soins assez complète. Ce projet n'est pas sans rappeler les « médecins en sandales » de Llallagua. La rétention de ces auxiliaires, dans les campagnes, se révèle toutefois quelque peu problématique dans

Sr Suzanne Labelle enseigne aux étudiantes infirmières à l'IER. Cochabamba, Bolivie, c. 1998.

la mesure où le gouvernement bolivien lui-même n'hésite pas à leur offrir un poste en ville, avec rémunération à la clé.

Initiatives ponctuelles au Pérou

Contrairement à la Bolivie, les sœurs s'engagent peu en santé au Pérou. Occupées par des projets sociaux et leurs tâches pastorales, elles laissent à d'autres, cette fois, ce champ d'action exigeant. Notons néanmoins quelques initiatives ponctuelles qui parsèment plus de 40 ans d'activité missionnaire dans ce pays andin. À Yauri, par exemple, où les MIC s'installent en 1972, sr Agnès Bouchard coordonne, au fil des ans, plusieurs campagnes de promotion sanitaire destinées aux populations des zones rurales. En outre, dans les cours de promotion féminine ou de promotion familiale offerts par les sœurs, on n'hésite pas à parler d'hygiène, de premiers

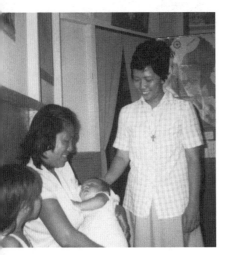

Sr Rosario Salazar accueille une mère et ses enfants au dispensaire de San Juan de Miraflores. Pérou, 1990.

soins, de nutrition. Au début des années 1980, sr Rosario Salazar, infirmière, offre ses services au petit dispensaire de San Juan de Miraflores, en plus d'effectuer des visites à domicile. Cet engagement se poursuit jusqu'au départ des sœurs en 1991. Un Centre de développement psycho-sexuel (CEDEPSE) est mis sur pied à Lima, en 1992, à l'initiative de sr Marie-Paul Ross qui y œuvre en tant que sexologue. Le Centre est cependant dissous en 1995 lorsque les sœurs sont nommées pour d'autres postes. De 1993 à 1995, sr Rosario Salazar offre cette fois ses services à des familles de la région minière de Huarochiri, venues réclamer justice à Lima et vivant dans la misère. Chaque semaine, elle va soigner et soulager ces gens. Enfin, en 2003-2004, les sœurs de Cajabamba entreprennent la formation d'agents de santé pour les zones éloignées.

Quelques beaux projets au Guatemala

À la demande de l'évêque, Mgr Luis Manresa, les MIC acceptent d'ouvrir en 1969 une deuxième mission au Guatemala. Champerico, village d'environ 10 000 habitants, est situé sur le bord de la mer. Un important port, destiné à l'exportation du coton et du poisson, s'y construit à la fin des années 1960 et au début des années 1970. La population, formée principalement des travailleurs du port et de pêcheurs, est majoritairement *ladinos* (métis). Lorsque les sœurs arrivent à Champerico, elles sont d'abord engagées par la Compagnie du Port afin de mettre sur pied un certain nombre d'œuvres pour les travailleurs. Bien vite, cependant, elles manifestent le désir de travailler pour toute la population du village et non pour les seuls travailleurs portuaires. Elles établissent un dispensaire et obtiennent, grâce à des soutiens financiers, la visite régulière d'un médecin, puis éventuellement celle d'un biochimiste pour les analyses de laboratoire. Au fil des ans, le dispensaire s'agrandit et se modernise. Les subsides obtenus permettent également aux sœurs de former des aides-infirmières qui peuvent ensuite les seconder dans leurs tâches. Afin d'améliorer les conditions de salubrité de la ville, les sœurs offrent aux femmes, mères et futures mères, des cours sur l'hygiène de base et la nutrition. Elles contribuent aussi à la formation de coopératives pour la gestion de l'eau potable et la création de réservoirs d'eau.

Dans leur mission de Totonicapán, les MIC s'occupent, depuis leur arrivée en 1962, de divers projets sociaux et éducatifs. En 1975, elles s'engagent dans deux importants projets en santé. D'abord, grâce au soutien financier d'organismes internationaux, les sœurs peuvent mettre sur pied une clinique mobile à laquelle se joint une équipe d'intervenants : médecin, dentiste, infirmier et infirmière. Sous la direction de sr Jeanne Pelletier, la clinique mobile se rend alors plusieurs fois par semaine dans les villages des environs afin d'apporter aide et soins à une population privée d'infrastructure médicale. Grâce à d'autres fonds, une clinique médicale est aménagée dans des locaux de la paroisse, dans le centre de Totonicapán. Cette clinique est pourvue de tout l'équipement nécessaire pour offrir des soins de qualité aux plus démunis. Un médecin s'y rend deux fois par semaine alors qu'une infirmière assure pour sa part une présence quotidienne. Une clinique dentaire, d'abord rudimentaire, reçoit de l'Ambassade du Canada un équipement moderne et très complet.

Malgré des succès indéniables, l'engagement des Missionnaires de l'Immaculée-Conception au Guatemala se termine en 1981 à la demande du conseil général. Des différends inconciliables – tant à l'intérieur de la communauté qu'avec certaines autorités religieuses en place – motivent cette décision. Avant de partir, les sœurs entreprennent des démarches auprès d'autres communautés religieuses. Les Terciaras Capuchinas acceptent de remplacer les MIC qui les initient alors aux œuvres en cours.

Sr Yvette Ricard et une auxiliaire à la clinique de Totonicapán. Guatemala, 1969.

Une œuvre de courage et de détermination

Comme l'éducation, l'œuvre de santé est une entreprise majeure dans l'histoire des MIC. Il s'agit d'une œuvre exigeante, difficile même. La souffrance des gens, leur abandon, constitue un spectacle éprouvant pour quiconque a fait vœu de soulager et soigner son prochain. De plus, il faut être investi d'une véritable mission pour travailler inlassablement à faire changer les mentalités, les comportements… faire comprendre que telle ou telle maladie peut être évitée, que de simples mesures peuvent sauver les tout-petits qui meurent par milliers.

C'est aussi une œuvre exigeante par la formation qu'elle requiert. Que ce soit sur le terrain ou sur les bancs d'école, il faut apprendre à panser et suturer des plaies, faire des injections, amputer des membres. Les avancées médicales ont exigé encore plus des missionnaires : techniques de laboratoire, de radiologie, de pharmacologie, etc. Il s'agit, également, d'une œuvre risquée. Après tout, les sœurs côtoient jour après jour des patients atteints de maladies contagieuses. Et que dire du sida ? Avant que le virus du VIH ne soit connu et identifié et que des mesures de précaution ne soient appliquées, combien d'actes médicaux ont été pratiqués ?

Œuvrer en santé c'est tout ça, mais c'est aussi beaucoup plus. Un malade sauvé, un enfant mis au monde… voilà sans doute la seule récompense nécessaire pour ces femmes courageuses et fortes :

> La santé, un enjeu porté à bout de bras par des centaines d'infirmières et autres spécialistes… une mission exigeante mais valorisante pour chaque vie qui grâce à nos efforts s'est remise à battre, à survivre, à reprendre souffle[38].

Notes

1. AMIC, Lettre de Délia Tétreault aux sœurs de Canton et Shek Lung, 15 novembre 1913.
2. AMIC, Gertrude Laforest, Interview, septembre 1990.
3. *Ibid.*
4. AMIC, Gertrude Laforest, Interview, 27 mars 1988.
5. Lettre de Jeanne Bouchard, 17 octobre 1948, *Le Précurseur*, vol. 15, 1949, p. 75.
6. Voir chapitre 2, p. 66-67.
7. AMIC, Aurore Lusignan, Interview, mai 1990.
8. AMIC, Alice Buteau, Interview, juin 1990.
9. AMIC, Lettre de Mgr Lapierrre à Anna Paquette (sr Marie-de-la-Providence, sup. gén.), 23 mai 1952.
10. AMIC, Cécile Mathieu, Interview, juillet 1991.
11. *Ibid.*
12. AMIC, Lettre de Délia Tétreault à Mgr Duke, 25 juillet 1931.
13. AMIC, Lettre de Délia Tétreault à Orphise Boulay (sr Marie-de-Loyola) [Québec], 13 janvier 1923.

14. Texte de la rédaction, «En Haïti», *Le Précurseur*, Montréal, mai-juin 1952, p. 125.

15. Récit de Léa Lécuyer, «Une visite au dispensaire», *Le Précurseur*, mai-juin 1950, p. 478.

16. Récit de Laurence Tourigny, «À l'hôpital du Limbé», *Le Précurseur*, janv.-fév. 1955, p. 306.

17. Récit de Pierrette Gagné, «Au service de la Vie: le sens de ma mission en Haïti», *Le Précurseur*, mars-avril 1991, p. 42.

18. AMIC, Henriette Lapierre, Mémoires vivantes, novembre 2006.

19. Récit de Marie-Jeanne Nantais, «Bonheur à Deschapelles», *Le Précurseur*, janv.-fév. 1962, p. 23.

20. ONUSIDA est un programme de l'ONU destiné à coordonner l'action de différentes agences spécialisées afin de lutter contre la pandémie de VIH/SIDA. Ces données sont tirées du rapport de 2006, *Le point sur l'épidémie de SIDA* (ONUSIDA/OMS, 2006).

21. AMIC, Gertrude Paré, Mémoires vivantes, mai 2004.

22. Récit de Jeanne Piché, «Dorée sur tranche», *Le Précurseur*, mai-juin 1960, p. 133.

23. AMIC, MIC-O, mai 1970, p. 3.

24. Récit d'Yvette Ricard, «Vua», *Le Précurseur*, janv.-fév. 1954, p. 30-31.

25. *Ibid*.

26. AMIC, Lettre d'Yvette Caron à ses parents et amis, Rumphi, novembre 1964.

27. Récit de Suzanne Leclair, «Ah! Quelle seconde carrière», *Le Précurseur*, mai-juin 1991, p. 77-79.

28. AMIC, Lettre d'Yvette Caron à ses parents et amis, Rumphi, novembre 1964.

29. AMIC, Lettre d'Yvette Caron à ses parents et amis, Rumphi, 27 novembre 1966.

30. En démographie, les taux de natalité et de mortalité s'expriment pour 1000 habitants. Ici, il s'agit donc d'un taux de 100 pour 1000, c'est-à-dire 100 décès pour chaque groupe de 1000 enfants.

31. AMIC, MIC-O, juillet 1972, p. 5.

32. AMIC, Gertrude Paré, Mémoires vivantes, mai 2004.

33. Ces données sont tirées du rapport d'ONUSIDA, *Le point sur l'épidémie de SIDA* (ONUSIDA/OMS, 2006).

34. Récit de Suzanne Labelle, «Radio-Canada a présenté…», *Le Précurseur*, mai-juin 1984, p. 75.

35. *Ibid*, p. 76.

36. Récit de Suzanne Labelle, «Femme médecin en altitude», *Présence Magazine*, novembre 1997, p. 12.

37. Élise Leclerc, «Marie-Paul Ross, la religieuse qui parle de sexe», *La Semaine*, avril 2005, p. 26.

38. AMIC, Mireille Morin, m.i.c., «Madisi. Au rendez-vous de la collaboration plurielle», notes personnelles, juillet 2005.

CHAPITRE 8

S'engager auprès des plus démunis

Il y a tant de malheureux dans le monde, tant de pauvres,
non pas en biens de la terre mais de ces pauvres en bonheur.
À ces derniers surtout, donnons des sourires et des prières, de la bonté.

Délia TÉTREAULT[1]

LES ŒUVRES À CARACTÈRE SOCIAL – les œuvres de charité, comme on les nommait autrefois – constituent le troisième champ d'action traditionnellement dévolu aux communautés religieuses. Cet engagement en faveur des enfants abandonnés, des vieillards solitaires, des handicapés et des pauvres ne date pas d'hier. Depuis toujours l'Église offre réconfort spirituel et secours matériel aux plus démunis, aux laissés-pour-compte de la société, se conformant ainsi au message exprimé dans l'évangile de Matthieu :

> Car j'ai eu faim, et vous m'avez donné à manger ; j'ai eu soif, et vous m'avez donné à boire ; j'étais étranger, et vous m'avez recueilli ; j'étais nu, et vous m'avez vêtu ; j'étais malade, et vous m'avez visité ; j'étais en prison, et vous êtes venus vers moi. [...] Je vous le dis en vérité, toutes les fois que vous avez fait ces choses à l'un de ces plus petits de mes frères, c'est à moi que vous les avez faites[2].

Les changements profonds dans la conception des devoirs et responsabilités de l'État au cours des 50 dernières années ont toutefois occasionné

Sr Yolaine Lavoie distribue du lait à la suite d'inondations à Tananarive.
Madagascar, 1982.

une redistribution des tâches et ce, aussi bien dans les sociétés occidentales
où l'État providence joue son rôle de protecteur et pourvoyeur du citoyen,
que dans les pays émergents où les gouvernements tentent d'assumer une
plus grande présence. Ainsi, dans les sociétés plus riches, on a vu disparaître peu à peu les orphelinats, les refuges pour vieillards et les asiles
d'aliénés tenus par des religieuses au profit d'institutions subventionnées
par les pouvoirs publics. Dans certains pays, comme le Canada, des programmes sociaux garantissent un revenu minimum aux citoyens, de même
qu'un accès pour tous à la justice. Cela dit, même dans les pays les plus
aisés et les plus sociaux-démocrates, l'État ne parvient pas à soulager tous
les maux ou à combler tous les besoins. L'entraide sociale, la solidarité, la
générosité s'avèrent toujours nécessaires. Les nombreux organismes de
bienfaisance, de même que les fondations privées témoignent de ce besoin.
C'est d'ailleurs pourquoi au Canada comme en pays de mission, l'action

sociale des Sœurs Missionnaires de l'Immaculée-Conception se révèle à la fois multiple et constante depuis leur fondation.

Il s'agit d'une œuvre parfois difficile à cerner, difficile à mettre en lumière. Au-delà de certaines actions plus apparentes, que ce soit la prise en charge d'un orphelinat, la construction d'une route ou la mise sur pied d'un centre pour immigrants, il y a aussi les gestes discrets, dont on ne retrouve pas aisément la trace dans les archives: les rencontres, l'écoute, le partage… Dans ce chapitre, il sera question des actions de moyenne et grande envergure menées par les sœurs depuis les débuts de l'Institut, mais aussi, dans la mesure du possible, d'initiatives plus modestes.

Peut-on déceler, depuis les tout premiers gestes faits, une évolution dans l'œuvre sociale des MIC? Absolument. On retrouve cette évolution à la fois dans la manière de faire et dans la nature même de l'action. Ce sont les années 1950-1960 qui marquent encore une fois un tournant. Le renouveau prôné par Vatican II, jumelé à l'évolution de la condition féminine dans les sociétés d'après-guerre, permet aux sœurs de sortir de la réserve et du carcan où les cantonnait une tradition séculaire. Sr Corinne Bourassa, arrivée en Mandchourie en 1929 à l'âge de 21 ans – elle demeure en poste jusqu'en 1953 –, n'hésite pas à parler d'enlisement:

> Parler aux chrétiens après la messe: non, cela ne se faisait pas. J'ai fait une remarque à Mgr Lapierre: «On a piétiné 25 ans sur place, sans bouger, à attendre les gens. Il faut aller vers les pauvres, faire des contacts.» Mgr a sauté fort à m'entendre. On était enlisé dans la tradition. Aller faire des visites aux pauvres, ce n'était pas permis[3].

Les changements proposés par le Concile, tant au niveau de la vie religieuse que de l'activité missionnaire, se traduisent notamment par un «aller vers» qui permet aux sœurs d'être davantage présentes aux autres, d'être à l'écoute de leurs besoins et de travailler au mieux-être des collectivités dans un esprit de collaboration avec divers intervenants. En effet, l'ouverture démontrée par les textes conciliaires pour la culture, les traditions et les croyances des peuples missionnés – écho des idées nouvelles nées de la décolonisation et des revendications nationalistes des anciennes

Construction d'une route par des bénévoles. Sr Jeanne Pelletier est responsable du chantier. Totonicapán, Guatemala, 1977.

colonies – entraîne des rapports plus égalitaires et plus respectueux. Quant à la nature de l'intervention des missionnaires, elle se modifie selon les contextes et le niveau d'implication des différents États : à tels endroit il s'agit de procurer à une communauté des services de base tels qu'un accès à de l'eau potable ; à tel autre endroit, il s'agit de mettre sur pied une radio locale ; à tel autre, encore, il faut s'occuper de jeunes handicapés abandonnés à leur sort.

Une constante, cependant. Cette action sociale nouvelle, comme les œuvres de charité d'autrefois, vise toujours les groupes les plus vulnérables : les enfants, les personnes âgées, les malades et les handicapés, les pauvres, les sinistrés, les réfugiés, les immigrants et, plus globalement, les communautés isolées.

Les enfants, au cœur de l'apostolat MIC

Par leur œuvre d'éducation et de santé, les MIC font preuve d'un engagement marqué auprès des enfants, des filles en particulier. Leur œuvre sociale n'échappe pas à cette règle. Ainsi, dès leur première mission à Canton, elles acceptent la charge d'une crèche et d'un orphelinat. Elles auront rapidement, dans différents quartiers de la ville et ailleurs en Chine, la responsabilité d'établissements similaires. Après la guerre, dans les années 1950, c'est aux Philippines, au Japon, en Haïti, au Malawi, de même qu'à Madagascar qu'elles continuent leur apostolat auprès d'enfants abandonnés.

Les MIC dispensent également de nombreux services destinés à améliorer les conditions de vie des jeunes les plus défavorisés : cantine scolaire, distribution de nourriture, de vêtements, organisation de loisirs et de mouvements de jeunes, etc. À cet égard, tous les pays de mission, que ce soit en Asie, aux Antilles, en Afrique ou en Amérique latine, bénéficient du travail et de la présence des religieuses.

La crèche de la Sainte-Enfance et les orphelinats chinois

L'apostolat des Sœurs de l'Immaculée-Conception auprès des bébés chinois a longtemps constitué l'une de leurs principales cartes de visite au

Canada. Étroitement associé à l'œuvre pontificale de la Sainte-Enfance, ce travail auprès des orphelins bénéficiait d'une grande visibilité grâce aux nombreuses propagandistes qui passaient de porte en porte, ainsi que dans les écoles, pour demander une aumône en faveur des enfants abandonnés. Plusieurs se souviennent encore des « petits Chinois à 25 ¢ ». Œuvre difficile, tant sur le plan physique qu'émotionnel, elle a suscité son lot de commentaires négatifs et a même valu aux sœurs un procès pour meurtre de la part du gouvernement communiste. Cet exigeant labeur, accompli sans relâche pendant plus de 40 ans, mérite d'être expliqué et remis en contexte.

Lorsque les premières MIC quittent le pays à destination de Canton à l'automne 1909, les crèches et les orphelinats ne sont pas inconnus au Québec. De nombreuses communautés religieuses – pensons aux Sœurs Grises, aux Sœurs de Miséricorde ou encore aux Sœurs de la Providence – s'occupent d'enfants abandonnés par leurs parents pour des raisons de pauvreté, de moralité (naissance illégitime) ou d'incapacité. Des statistiques révèlent que les Sœurs Grises se voient confier une moyenne de deux à trois enfants par jour à Montréal à la fin du 19e siècle[4]. De plus, il semble qu'un grand nombre des enfants reçus ne survivent pas : sur 719 enfants recueillis en 1875, 631 meurent dans la même année. Ces décès élevés s'expliquent en grande partie par la mauvaise santé des petits, ou encore par les mauvais traitements subis avant leur arrivée chez les sœurs[5].

Bien que les MIC n'occupent pas ce champ spécifique d'apostolat au Québec, elles ne peuvent ignorer cette triste réalité qui perdure au début du 20e siècle. Aussi, lorsqu'elles prennent en charge la crèche de la Sainte-Enfance, à Canton, de même que l'orphelinat qui lui est rattaché, les sœurs ne sont pas surprises par la tournure des événements :

> Tous les jours, on nous apporte enveloppés de guenilles, trois ou quatre bébés ; nous remettons vingt sous de monnaie chinoise à la porteuse, et nous ondoyons sans retard le nouveau venu, de peur qu'il ne puisse attendre le moment du baptême solennel, qu'un père vient donner chaque soir. Ces pauvres petits meurent presque tous[6].

Sr Cécile Paquette, accompagnée de jeunes orphelines, recueille des bébés abandonnés devant la crèche de la Sainte-Enfance. Canton, Chine, 1940.

Grâce aux subsides de la Sainte-Enfance, les sœurs rémunèrent les individus, domestiques ou mendiants, qui amènent les enfants jusqu'à la crèche afin qu'ils ne soient pas tentés de les laisser sur le bord de la route lorsque le trajet se révèle trop long: 20 ou 25 sous de monnaie chinoise, c'est presque le salaire d'une journée de travail à l'époque. Certaines femmes, les «glaneuses», gagnent d'ailleurs leur vie de cette façon. À l'extérieur de Canton, dans les villes environnantes, elles prennent temporairement en charge les enfants abandonnés. Lorsqu'elles en ont un nombre suffisant, elles les apportent aux sœurs. Reconnaissables à leurs paniers remplis de bébés, ces femmes sont tellement connues qu'elles obtiennent leur passage gratuitement sur les trains et les bateaux.

Le nombre d'enfants que l'on amène aux sœurs augmente considérablement au fil des ans. De trois à quatre on passe à six ou sept par jour, voire davantage. En 1922-1923, c'est plus de 4000 bébés qui sont recueillis et baptisés par les MIC. La plupart ne survivent pas et meurent peu après leur arrivée. Pourtant, comme l'explique sr Gratia Blanchette, les sœurs ne négligent aucune alternative:

> Tout fut essayé pour élever ces enfants, nous servant tout d'abord des moyens canadiens que nous connaissions: lait en poudre, lait condensé et même lait de vache. Rien ne réussit. Nous avons donc confié les bébés à des femmes chinoises. Chacune, dans une chambre, avait deux bébés à soigner, c'était son seul travail. Elles pouvaient demander tout ce qu'elles croyaient nécessaire ou utile. Pendant quelques années nous avons eu sept de ces femmes. Résultat? Un seul bébé a vécu jusqu'à un an[7].

Ces essais divers grugent les ressources financières des sœurs mais, surtout, minent leur moral. «On vous apporte ces bébés afin qu'ils ne meurent pas sous le toit de leurs parents. Ils sont à peu près mourants à leur arrivée chez vous», se font-elles répondre par le Bureau d'hygiène de Canton. Sr Berthe Dufresne tente néanmoins une nouvelle approche: elle place les enfants les mieux portants en foyers nourriciers. Les sœurs comptent jusqu'à une quarantaine de ces nourrices dans toutes les parties de la ville. Les résultats ne sont cependant guère plus encourageants. De 1910 à 1948, les MIC reçoivent et ondoient 124 562 enfants. Elles en sauvent

Sr Berthe Dufresne avec deux bébés de la crèche. Canton, Chine, 1934.

658. À deux reprises, lors de périodes troublées, les sœurs refusent d'accepter de nouveaux venus, faute de ressources suffisantes. Ces refus ne les empêchent pas de retrouver le lendemain cinq ou six enfants abandonnés devant leur porte à la faveur de la nuit.

Lorsqu'un enfant réussit à atteindre l'âge de deux ans malgré la présence persistante d'épidémies telles que la diphtérie, la rougeole et autres maladies infantiles, il est retiré du foyer d'accueil où l'avaient placé les sœurs et ramené à la crèche afin d'éviter qu'il ne soit élevé dans un milieu non chrétien. À l'âge de quatre ans, les fillettes sont transférées à l'orphelinat et peuvent fréquenter l'école du Saint-Esprit tenue par les MIC. Quelques-unes parviennent à terminer les premières années du cours moyen. On leur enseigne parfois la musique, mais plus généralement la tenue de maison, la broderie et le tricot. Quant aux garçons, beaucoup moins nombreux, ils sont adoptés par des familles catholiques.

Pourquoi tant de bébés abandonnés ?

Comme au Québec et ailleurs dans le monde, la pauvreté est un facteur important pour expliquer l'abandon de bébés en Chine. Obligée de travailler dans les champs pour aider à subvenir aux besoins de sa maisonnée, une mère préfère parfois se séparer de son nouveau-né. L'empressement est d'autant plus grand s'il s'agit d'une fille. Un fils est nécessaire à la famille pour perpétuer le nom et pratiquer le culte des ancêtres, une fille, selon les valeurs chinoises de l'époque, ne sert à rien. La guerre et les troubles civils, fréquents en Chine dans la première moitié du 20e siècle, ont aussi des répercussions sur la destinée des enfants. Parfois obligés de quitter leur maison pour un lieu inconnu, sans savoir s'ils trouveront de la nourriture ou un abri, les parents aiment mieux laisser leur tout-petit dans un endroit sûr. Enfin, dans un contexte de polygamie, il arrive parfois qu'une deuxième ou une troisième épouse ait des enfants avant la première, ce qui peut entraîner des conflits. Afin d'éviter disputes et mésentes, on se défait alors du nouveau-né.

Toutefois, une des principales causes de l'abandon des enfants chinois à cette époque demeure les superstitions. En effet, il est généralement considéré de mauvais augure qu'un enfant meure sous le toit de ses parents car son esprit pourrait revenir porter malheur à ceux qui n'ont pas su lui conserver la vie. Ainsi, si les chances de survie de l'enfant semblent minces, on se hâte de s'en débarrasser. D'autres superstitions influencent la destinée des tout-petits : si un bébé naît avec une dent, le devin conclut que cet enfant mangera ses parents plus tard. Il est donc préférable d'écarter la menace. Si un enfant vient au monde en présentant d'abord la main, on croit qu'il deviendra mendiant, ce qui n'est pas acceptable dans un foyer qui se respecte. Si le jour de la naissance du bébé, un événement malheureux se produit (accident, incendie, etc.) ou si sa venue au monde coûte la vie à sa mère, il devient évident pour tous qu'il s'agit d'un mauvais esprit et qu'il vaut mieux s'en départir pour le bien de la famille.

Pour les sœurs qui veillent jour et nuit sur les enfants de la crèche et de l'orphelinat, la plus grande difficulté demeure le manque de fonds. Les subsides octroyés par la Sainte-Enfance permettent de vivre à peu près deux mois par année. Pour le reste, il faut improviser. Les cours privés offerts par les sœurs apportent parfois un supplément d'argent. D'autres fois, ce sont d'importantes compagnies européennes qui se montrent généreuses lorsque sollicitées. L'orphelinat subsiste aussi grâce aux dons des bienfaiteurs et à quelques offrandes des parents. En effet, plusieurs « orphelines » sont simplement issues de familles trop pauvres pour s'occuper d'elles, mais les parents ou des membres de la famille apportent de temps à autre un petit surplus du jardin. Quand la caisse demeure irrémédiablement vide, un câblogramme est envoyé à la Maison Mère.

Sr Jeanne Nadeau supervise la leçon de tricot des orphelines. Canton, Chine, 1947.

Au début des années 1930, les locaux de la crèche s'avèrent trop étroits pour accommoder le nombre d'enfants toujours en hausse. Un terrain dans le nord-est de la ville est cédé aux MIC par les autorités de Canton. Elles y font construire une maison et plusieurs annexes s'y ajouteront au fil des ans. Le transfert de la crèche dans le quartier de To Kom Hang s'effectue en 1933. Les sœurs y continuent leurs soins auprès des petits jusqu'en 1951, au moment où des calomnies colportées par les communistes les obligent à cesser leur travail. Cette campagne de diffamation culmine avec l'arrestation, en mars, des cinq sœurs responsables de la crèche et de l'orphelinat. En décembre, elles subissent un véritable procès populaire où elles sont accusées d'avoir tué des milliers de bébés chinois. Condamnées à cinq ans de prison puis à l'expulsion hors du pays, les MIC, dépouillées de leur costume religieux, sont menées à travers la ville en camion avec des pancartes autour du cou dénonçant leurs crimes. Seul aspect positif de cette humiliante aventure, les sœurs ne purgent pas la totalité de leur sentence : en février 1952, trois des prisonnières sont renvoyées à Hong Kong et, en décembre de la même année, les deux dernières prisonnières sont à leur tour expulsées vers le protectorat britannique.

Quant à sr Lucia Ho, sa nationalité chinoise lui évite l'arrestation et le procès. Toutefois, elle n'obtient pas la permission de quitter le pays avec ses dernières compagnes et reste seule à Canton. Fidèle à sa communauté

D'anciennes compagnes accueillent sr Lucia Ho lors de son arrivée à l'aéroport de Montréal en 1980. Après un séjour de quelques années à Québec, sr Lucia meurt à l'infirmerie de Pont-Viau, le 29 août 1984.

et refusant de collaborer avec le régime en place, sr Lucia est finalement emprisonnée en août 1958. Après de nombreux interrogatoires, elle est relâchée mais considérée comme une «contre-révolutionnaire». Gardée à vue par la police, elle doit se soumettre à des sessions de rééducation et accomplir de durs travaux manuels. Libérée en 1975, elle ne peut reprendre contact avec les MIC qu'en 1978. Elle est alors âgée de 70 ans. Après de nombreuses démarches de la communauté auprès du gouvernement chinois, la sortie de sr Lucia Ho est enfin autorisée. Le 12 juin 1980, après une séparation de près de 30 ans, elle retrouve à Hong Kong sa famille religieuse.

Des vestiges de la propagande communiste

À la suite du procès des MIC en décembre 1951, les autorités municipales de Canton installent dans le cimetière à proximité de l'orphelinat, une plaque témoignant des «crimes» commis par les sœurs canadiennes. Gravé dans la pierre, le texte chinois identifie clairement les Missionnaires de l'Immaculée-Conception et les accuse d'avoir maltraité et tué des milliers de bébés chinois pendant les 18 ans où elles ont dirigé la crèche et l'orphelinat. Cette plaque fut découverte par quelques MIC lors d'un voyage en Chine en 1990. Les sœurs constatèrent alors que la bâtisse de l'orphelinat, détruite, avait été remplacée par un hôtel de luxe et que seul le jardin, ombragé d'arbres plantés par les missionnaires, avait été conservé comme parc public. En 1999, cette plaque était encore visible, mais selon une information récente, elle serait maintenant disparue.

La crèche et l'orphelinat de la Sainte-Enfance ne sont pas les seuls établissements du genre dont se chargent les MIC dans la région. De 1916 à 1923, elles assument également la responsabilité d'une crèche officielle du gouvernement chinois. Située à Tong Shan, petit village tout juste à l'extérieur de Canton, cette crèche, qui accueille quelque 3000 enfants annuellement, se trouve alors sous la direction de protestants. Les sœurs en acceptent la responsabilité afin de pouvoir «faire beaucoup de bien et sauver beaucoup d'âmes[8]». De 1929 à 1931, elles ouvrent une mission à Tseng Shin, petit poste dépendant de Canton, où elles s'occupent aussi

Lucia Ho, avant son entrée chez les MIC, entourée d'orphelins. Canton, Chine, 1935.

de recueillir les enfants abandonnés. En outre, les MIC fréquentent régulièrement les crèches municipales de la ville afin de baptiser les bébés mourants. C'est là une des principales consolations pour les sœurs :

> Combien de fois nos sœurs se couchent fatiguées, et avec la triste prévision d'une nuit blanche causée par l'extrême chaleur et par une démangeaison intense [...] mais aussi avec l'heureuse satisfaction d'avoir enregistré vingt-cinq baptêmes en une seule journée ; vingt-cinq petits êtres qui ont été conquis pour le Ciel[9] !

L'apostolat auprès des enfants abandonnés se retrouve aussi au cœur de la mission de Tsungming (Chongming), près de Shanghai, où les sœurs s'occupent pendant une vingtaine d'années (1928-1948) d'une crèche et d'un orphelinat. À leur départ, cette œuvre est laissée aux bons soins des Sœurs Thérésiennes, une communauté chinoise. En Mandchourie, bien que l'œuvre principale des MIC soit les dispensaires, elles acceptent néanmoins de prendre en charge deux orphelinats, l'un à Leao Yuan (Liaoyuan), où elles ont aussi une crèche, et le deuxième à Pamientcheng (Bamiancheng).

Amitié-Chine, un projet intercommunautaire

En 1981, à l'occasion d'une conférence internationale sur la Chine, sr Fleurette Lagacé, m.i.c., fait la rencontre de Roland Laneuville, p.m.é, et de Marcel Marcil, s.j. Tous les trois vivement intéressés par la Chine en raison de l'œuvre missionnaire passée de leur communauté, ils s'entendent sur la nécessité de mettre sur pied un projet commun. En 1983, MIC, PMÉ et Jésuites deviennent les membres fondateurs et les principaux bailleurs de fonds d'Amitié-Chine. Cette association a pour but de s'informer et d'informer le public sur la Chine, de favoriser les contacts et le dialogue dans le sens d'un rapprochement Église-Chine et de prier pour et avec la Chine. Ses membres reçoivent ainsi régulièrement des bulletins de nouvelles, des documents d'information relatifs aux événements en Chine, des textes de réflexion ainsi que diverses invitations à des activités socio-culturelles.

Avec les années, Amitié-Chine s'engage dans différents projets en lien avec la Chine. Le projet Grands-Mères, parrainé depuis 1994 par l'Association des Familles Québec/Chine, permet à des infirmières et des médecins retraités de venir en aide aux enfants des orphelinats chinois. Amitié-Chine y participe en administrant bénévolement les fonds recueillis par l'Association et en délivrant les reçus d'impôt aux bienfaiteurs. Dans les années 1990, un projet de jumelage d'écoles entre Laval et Shenzhen voit le jour. Amitié-Chine agit alors comme intermédiaire entre les écoles et les autorités chinoises : informations, prise de contact, conseils, traduction, etc. Un projet de formation d'infirmières en zones rurales, une clinique médicale et deux orphelinats reçoivent également un soutien financier grâce à l'organisme au fil des ans.

Par ses contacts, Amitié-Chine facilite en outre les voyages et les séjours en Chine de nombreuses personnes, dont plusieurs MIC. Il propose également à des particuliers ou des institutions des services d'interprètes, de traduction et des cours de langue en plus de présenter des causeries et de participer à des expositions. L'organisme, dirigé par sr Fleurette Lagacé depuis 1998, cesse ses activités en mai 2005, d'autres groupes et d'autres réseaux étant désormais en mesure de répondre aux besoins croissants d'informations sur la Chine.

Les sources se font plutôt discrètes sur ces œuvres, du moins en comparaison avec celle de Canton, et il est dès lors bien difficile d'évaluer le nombre d'enfants recueillis. Chose certaine, le nombre d'enfants abandonnés y est bien moindre que dans le sud de la Chine.

Des orphelins de guerre aux enfants de la pauvreté

Lorsque les MIC retournent, en 1946, dans leurs missions de Koriyama et de Wakamatsu, dans le nord du Japon, elles reprennent leurs œuvres d'éducation là où elles les avaient laissées. Cependant, les sœurs ne peuvent rester insensibles au sort des orphelins de guerre, nombreux après la reddition japonaise. À côté de leur maison de Koriyama, elles ouvrent un petit établissement, en mai 1950, dans lequel elles accueillent bientôt une

Sr Lucienne Renaud et quelques assistantes supervisent le dîner des plus jeunes orphelines de Maria En. Koriyama, Japon, 1958.

trentaine de fillettes de deux à cinq ans. Afin de disposer de ses propres locaux, l'orphelinat Maria En déménage quelques années plus tard à Momomidaï, à une dizaine de minutes du couvent. Selon les coutumes du Japon, les enfants n'y portent pas d'uniforme et fréquentent les écoles de la ville. De 1950 à 1970, les MIC reçoivent un peu plus de 300 orphelines. Les garçons y sont admis à partir de l'automne 1971. Au fil des ans, la nature de l'orphelinat se modifie. Il devient davantage un centre d'accueil pour des enfants aux prises avec des problèmes familiaux : maladie mentale, alcoolisme, divorce, pauvreté. Au début de 1990, l'avenir de l'œuvre est remis en question par le conseil général. Il est vrai que les conditions socio-économiques du Japon de l'après-guerre, pour lesquelles l'orphelinat se voulait une réponse, ont bien changé. Afin de mieux répondre à leur mission évangélique, les MIC procèdent à la fermeture de la maison en 1992.

En 1956, quelques années après leur arrivée à Davao, au sud des Philippines, les sœurs proposent aux autorités ecclésiastiques la fondation d'un établissement qui permettra de prendre en charge les enfants orphelins ou abandonnés par des familles trop pauvres pour s'occuper d'eux. Le projet est approuvé, à la condition que les fonds nécessaires à son ouverture soient fournis par les citoyens de Davao. L'année suivante, à la suite d'une collecte généreuse, les MIC inaugurent le Child Jesus Home. Elles y accueillent les garçons jusqu'à l'âge de six ans, et les filles jusqu'à l'âge de 12 ans. Si à cet âge les filles n'ont toujours pas trouvé de famille d'adoption, les sœurs les gardent alors sous leur tutelle jusqu'à la fin du secondaire. Au début des années 1980, à l'heure des remises en question, la décision est prise de fermer l'orphelinat et de confier les enfants à un autre organisme.

À la demande des évêques de Port-au-Prince et de l'épouse du président d'Haïti, Paul Eugène Magloire, les MIC acceptent, en 1955, de prendre la direction d'un orphelinat situé à Delmas, dans le quartier nord de la capitale. Au mois de mai de l'année suivante, sr Marguerite Hétu et sr Marie-Paule Blanchet inaugurent les lieux en y accueillant une cinquantaine de fillettes de 5 à 12 ans. Avec le temps, l'ingéniosité des sœurs et la généro-

En 1971, sr Marie-Simone Saint-Amant, en service à l'orphelinat Marie En depuis 12 ans, est honorée par le Club Rotary. Elle est photographiée ici avec une ancienne pensionnaire de l'orphelinat. Koriyama, Japon, c. 1970.

sité de nombreux donateurs permettent de meubler adéquatement l'établissement pauvrement pourvu au départ :

> Peu à peu la maison prit un aspect accueillant. Des lits superposés, des chaises, des petites armoires remplirent les dortoirs destinés aux orphelines ; des tables et des bancs à la taille des jeunes meublèrent leur futur réfectoire. Des pupitres, tableaux et cartes géographiques annoncèrent qu'il y aurait des classes. La lingerie se garnit grâce à la générosité haïtienne unie à l'amitié canadienne et américaine[10].

En plus de trouver à l'orphelinat de l'Immaculée-Conception un toit et des soins appropriés, les jeunes orphelines reçoivent également une instruction. Les MIC y donnent en effet le cours primaire. En 10 ans, l'établissement reçoit plus de 750 enfants. En 1969, l'orphelinat, dont les locaux sont agrandis avec le soutien du ministère de l'Éducation nationale, ouvre ses portes à des élèves externes de la paroisse et devient une institution scolaire. Une dizaine d'années plus tard, en 1979, les orphelines sont toutes transférées dans un foyer dirigé par les Filles de la Charité de Saint-Vincent-de-Paul. L'orphelinat, devenu l'école Immaculée-Conception de Delmas, est toujours sous la responsabilité des MIC.

La première mission des MIC en Afrique voit le jour à Katete, au Malawi, en 1948. Après y avoir rapidement mis sur pied un dispensaire et une école primaire, les sœurs se préoccupent du sort des enfants abandonnés. Le 8 avril 1950, elles recueillent un bébé de trois semaines dont la mère est morte et dont le père ne veut pas. Mgr Marcel Saint-Denis baptise l'enfant, une fille, du nom de Maria. C'est le début de l'orphelinat de la Sainte-Enfance. De 1950 à 1955, l'orphelinat reçoit une quarantaine de tout-petits. Un peu plus de la moitié d'entre eux survivent. En 1955, les orphelins de Katete sont transférés à Mzambazi dans un bâtiment tout neuf construit spécifiquement pour eux. Sr Cécile Blais prend la direction du nouvel établissement, aidée dans sa tâche par sr Marie-Jeanne Dumas. Leurs efforts se voient contrecarrés par le mauvais état de santé des nouveaux arrivants : sur les 20 bébés recueillis cette année-là, une quinzaine meurent.

Sr Annette Gouger donne une leçon d'art culinaire aux orphelines de Delmas. Port-au-Prince, Haïti, 1962.

Les enfants de l'orphelinat s'amusent à ramasser du bois sous l'œil attentif de sr Cécile Blais. Mzambazi, Malawi, 1956.

En 1958, diverses décisions des autorités religieuses – en réaction, sans doute, à la montée du nationalisme africain – visent à réintégrer les enfants dans leur famille ou, à défaut, dans leur milieu, et ce de plus en plus jeune. D'abord à partir de quatre ans, puis à partir de deux ans, les enfants sont ainsi retournés dans un foyer. Leur nombre diminue rapidement. Deux ans plus tard, le conseil général MIC prend la décision de mettre fin à l'accueil des pensionnaires et des orphelins.

Parvenues à Madagascar en septembre 1952, les MIC prennent la direction de deux établissements scolaires de Morondava – une école européenne et une école malgache – dans les mois qui suivent leur arrivée. Dès son ouverture, l'école malgache accueille des élèves externes et des pensionnaires, mais aussi une douzaine d'orphelines. Afin de subvenir aux besoins de ces fillettes sans parents ou issues de familles pauvres, les sœurs reçoivent des subsides de l'État, de même que des fonds de la Sainte-Enfance. Leur nombre varie beaucoup selon les années. En 1954, elles sont une vingtaine et un certain nombre d'entre elles, parmi les plus âgées (14 à 19 ans), travaillent à l'ouvroir. Elles font également la cuisine, le raccommodage et le repassage. Pour les sœurs, il s'agit de les préparer à leur futur rôle de maîtresse de maison, mais toutes ne voient pas les choses de cette façon. Sans doute encouragées par certaines revendications nationalistes, près d'une quarantaine de jeunes filles parmi les pensionnaires et les orphelines quittent l'internat de l'école en 1959, année de la proclamation de la République malgache. Elles n'aimaient pas qu'on leur demande de faire la cuisine pour les petits. Au début des années 1960, le nombre d'orphelines est nettement à la baisse. En 1965, le gouvernement malgache demande d'ailleurs qu'il ne soit plus question d'« orphelines », mais de « fillettes pauvres » que l'on accepte gratuitement.

Le dernier orphelinat dirigé par les MIC est mis sur pied à Catavi, dans la région des mines de Bolivie, à l'initiative du père Guy Breault, o.m.i. En 1967, il lance en effet un projet d'orphelinat pour fillettes et demande la collaboration des religieuses. Sr Céline Trudeau accepte de prendre part à l'organisation et d'assurer, pour quelque temps, la direction de l'établissement dans des locaux temporaires :

> [...] j'ai donc réalisé ce travail avec beaucoup d'amour pour ces petites orphelines. Ayant eu l'expérience de m'être occupée des petites pensionnaires à Cuba, je me sentais bien à l'aise pour diriger un orphelinat de fillettes [...]. Il y avait déjà un orphelinat pour garçons dans la région, c'est-à-dire à Tranque. J'allais souvent visiter les frères des petites orphelines en les amenant avec moi[11].

Lors de son ouverture, l'orphelinat accueille une trentaine de gamines de 6 à 14 ans. Pour combler ses besoins, il peut compter sur la générosité des paroisses de la région qui offrent vivres, vêtements, lits et matériel de cuisine. En 1969, d'autres que les MIC en prennent la direction. Le transfert de l'œuvre à Uncia se fait quelques années plus tard.

Diverses ressources pour les enfants démunis

L'engagement des MIC pour les enfants pauvres ou abandonnés ne se limite pas à la prise en charge d'orphelinats. Elles trouvent le moyen de s'occuper des enfants démunis de mille et une manières. Il est impossible de rendre compte dans le détail de toutes les initiatives, certaines très ponctuelles, entreprises par les sœurs. Ces efforts poursuivent essentiellement deux objectifs : combler certains besoins de base tels que l'alimentation et l'éducation et offrir un encadrement solide, notamment au

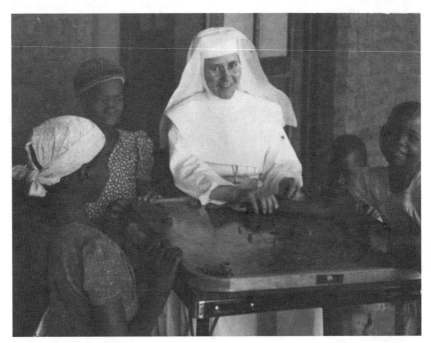

Sr Lucile Fontaine avec des jeunes de Nkata Bay. Malawi, 1963.

moyen de loisirs, à des jeunes souvent désœuvrés et laissés à eux-mêmes. Aussi, que ce soit dans un cadre scolaire ou paroissial, les sœurs veillent à ce que les jeunes puissent s'épanouir dans l'apprentissage de valeurs chrétiennes.

Les MIC organisent des cantines scolaires dans plusieurs de leurs écoles. Grâce à des fonds octroyés par la Sainte-Enfance et d'autres organismes de charité, les sœurs peuvent offrir un repas du midi substantiel aux enfants les plus pauvres. Ce soutien est largement répandu dans les écoles d'Haïti, mais aussi à Madagascar : des cantines scolaires ont été aménagées pendant un certain temps à Morondava et Ambohibary et ce service est toujours offert à Tsamarasay. À Santa Luzmila, au Pérou, et à Irupana, en Bolivie, ce sont plutôt des petits déjeuners qui ont été servis aux enfants affamés. Les sœurs acquittent aussi, lorsque nécessaire, les coûts d'inscription, les frais d'uniformes ou encore les fournitures scolaires de plusieurs élèves.

L'encadrement des jeunes, des filles en particulier, est également une préoccupation constante chez les MIC. À Granby, elles tiennent une pension pour les jeunes ouvrières, sous le nom de Patronage Immaculée-Conception, de 1931 à 1952. Elles ouvrent également en plusieurs endroits des foyers pour étudiantes. Ceux-ci permettent aux jeunes filles qui ne peuvent regagner le domicile familial après les classes de trouver un milieu de vie à la fois sécuritaire, moralement acceptable (elles y sont entre filles, sous la supervision de religieuses) et spirituellement stimulant. En outre, si la communauté y gagne quelques vocations, les sœurs auront fait d'une pierre deux coups. Au Québec, certaines maisons, comme l'école apostolique de Rimouski et la maison de retraite de Granby, sont converties, pour quelques années, en pensions pour étudiantes à la fin des années 1960. À Ottawa, après avoir accueilli les sœurs aux études, la maison du 28, Goulburn se transforme en résidence pour jeunes universitaires en 1985. Aux Philippines, la résidence Our Lady of Good Counsel accueille pendant plus de quarante ans les jeunes filles de Davao. Au Japon, les étudiantes peuvent trouver un accueil chaleureux dans les foyers MIC de Tokyo et Wakamatsu pendant de nombreuses années. Il en va de même à Taiwan où les sœurs offrent un tel service à Kuanhsi puis à Taipei, où elles inaugurent le Delia Service Center en 1986. De tous ces établissements, seul le Delia Service Center continue de remplir encore aujourd'hui sa mission d'accueil.

Au sein de leurs institutions d'enseignement, les MIC offrent aux élèves une pléiade d'activités parascolaires. Le sport, la musique, le chant choral et le théâtre comptent parmi les occupations où s'illustrent le plus les jeunes sous leur responsabilité, qu'ils soient de Montréal ou de Trois-Rivières, de Hong Kong ou de Mzuzu. Dans certains endroits, les activités parascolaires ne sont toutefois pas suffisantes pour rejoindre les enfants. Surtout lorsqu'une bonne part d'entre eux ne fréquente pas l'école. C'est pourquoi les sœurs œuvrent aussi au sein des paroisses. Elles tentent d'y implanter, avec la collaboration de divers intervenants, suffisamment d'activités pour les occuper et leur éviter le chemin de la délinquance. C'est ce qu'explique sr Paule Charpentier, en Haïti de 1960 à 1975 :

> Retournant au Trou-du-Nord, je constate l'absence de détentes normales et instructives pour les jeunes. M'adressant à une Organisation […] qui envoyait gratuitement outre-mer des livres, probablement recueillis dans nos bibliothèques : la réception de 500 volumes fut leur réponse. Le curé de la paroisse, Mgr Eugène, réunit des jeunes, apporte des planches et forme des tablettes bien vernies, pour installer nos volumes. La « bibliothèque paroissiale » devient le rendez-vous du village. Par l'entremise de Mgr Cousineau, je reçois d'Adveniat […] l'argent nécessaire à l'achat d'instruments musicaux […], de même que pour l'achat de gants, balles, ballons nécessaires à l'organisation d'équipes qui s'affrontent, chaque semaine, sous les applaudissements des gens du bourg. Le village s'anime, les gens s'amusent bien[12].

D'autres initiatives similaires voient le jour aussi bien en Haïti – Hinche-Loisir, par exemple, est mis sur pied au début des années 1970 – qu'en Amérique latine ou en Afrique. À Champerico, au Guatemala, où l'on compte 90 maisons de prostitution pour une population de 13 000 habitants, sr Maria Teresa Trujillo et sr Gliceria Acosta s'entendent sur la nécessité d'offrir aux jeunes, particulièrement les 14-20 ans, de saines distractions : elles mettent sur pied des équipes de football (soccer) et de

Sr Lucile Baril avec l'équipe de basket-ball de l'IER. Cochabamba, Bolivie, 1994.

Sr Françoise Pageau, photographiée ici avec les guides de Chipata, a travaillé de nombreuses années comme formatrice et animatrice auprès des jeunes guides zambiennes. En 1959, elle reçoit les éloges de Lady Clay, la fille de Baden-Powell, pour l'ensemble de sa contribution au mouvement scout. Chipata, Zambie, 1956.

basketball, forment un petit orchestre et organisent des danses. Sr Marie-Paul Ross, infirmière et sexologue, fait de même pour les jeunes de Baures, en Bolivie, au début des années 1980. Des clubs de loisirs pour jeunes sont aussi créés au Malawi et en Zambie.

Dans plusieurs pays, les MIC facilitent également l'implantation du mouvement scout de Baden-Powell, de même que son pendant féminin, le guidisme. Que ce soit dans leurs écoles des Philippines (Manille, Las

Pinas, Mati et Davao), au Malawi et en Zambie, où le mouvement est très important, ou encore au Japon, à Madagascar, en Bolivie et au Chili, les sœurs organisent et animent des « troupes » de jeunes de tout âge.

Auprès des plus démunis

Les enfants ne sont pas les seuls à bénéficier de soins et d'attentions particulières de la part des sœurs. Elles se préoccupent du sort de tous ceux que la société abandonne, quel que soit leur âge. C'est ainsi qu'elles dirigent deux importants refuges pour personnes âgées en Haïti, qu'elles s'occupent de déficients mentaux à Canton, de même qu'à Taiwan, et de handicapés physiques – des victimes de la polio pour une grande part – au Malawi et en Zambie. Enfin, elles tâchent de soulager la misère des plus pauvres partout où elles la rencontrent, tout en apportant réconfort et espoir aux exclus, aux laissés-pour-compte.

Les personnes âgées

Si, en certaines occasions, des parents se voient contraints d'abandonner leur enfant faute de ressources suffisantes pour le nourrir, il en va parfois de même pour les personnes âgées. Un vieux père, une vieille mère peuvent s'avérer une responsabilité trop lourde pour la famille. Si, en plus, ce parent a besoin de soins médicaux, cette charge peut devenir tout bonnement impossible à assumer. Dans les pays au fort taux de mortalité, il arrive aussi qu'une personne survive à toute sa famille. Seule au monde, elle ne peut compter sur quiconque pour l'aider dans son vieil âge.

Les premiers engagements des MIC auprès de personnes âgées commencent en Chine. En plus d'une crèche et d'un orphelinat, les bâtiments de Canton abritent un refuge destiné à de vieilles femmes. Dans ses mémoires, sr Gratia Blanchette parle des vieilles « bossues, idiotes, épileptiques, aveugles, sourdes-muettes » recueillies par les MIC[13]. Nous avons peu de détails sur cette œuvre pourtant tenue par les sœurs jusqu'en 1927. Dans leur mission de Tong Liao, en Mandchourie, les MIC s'occupent également d'un refuge pour vieillards. Elles procurent à leurs protégés nourriture, soins, vêtements et enseignement religieux. Cette œuvre prend fin en même temps que la mission en 1947.

Par la suite, c'est en Haïti que les sœurs poursuivent leur apostolat auprès des vieillards. Aux Cayes, l'œuvre de « La Charité S.V.P. », confiée aux MIC dès leur arrivée en 1943, offre non seulement une classe pour les enfants les plus pauvres, mais accueille aussi une centaine de femmes et d'hommes, âgés pour la plupart, malades ou handicapés de surcroît. Les conditions y sont plus que rudimentaires : un plancher et un toit, une quarantaine de lits, des nattes pour les mieux portants, pas de médicaments, rien pour vêtir ou nourrir adéquatement les gens. Le défi est de taille. D'abord avec des moyens de fortune et l'aide de la Maison Mère, qui envoie régulièrement des caisses remplies de vêtements, de nourriture et autres nécessités, puis avec l'aide de bienfaiteurs étrangers qui fournissent médicaments et subsides, les sœurs réorganisent les lieux et assurent de meilleurs soins à leurs protégés.

Ainsi, grâce à un travail incessant – sr Béatrice Bérubé, notamment, y consacre 23 ans de sa vie, de 1964 à 1987 – le modeste refuge La Charité S.V.P. devient un centre d'accueil où les personnes âgées, désormais pourvues du nécessaire, retrouvent un peu de dignité. Au-delà des besoins matériels, les sœurs procurent également à leurs pensionnaires un cadre spirituel apprécié : catéchèse, chapelet quotidien, messes en plein air… En 1992, l'œuvre est confiée aux Missionnaires de la Charité, congrégation fondée par mère Teresa.

En 1956, les MIC acceptent de prendre la direction de l'asile communal Sténio-Vincent, fondé en 1940 au Cap-Haïtien. Avec bien peu de moyens, les sœurs acceptent de se dévouer auprès des femmes et des hommes qui y sont hébergés. Comme aux Cayes, les demandes d'admission excèdent le nombre de lits. De plus, les subsides de l'État se révèlent insuffisants à assurer aux pensionnaires le minimum requis en termes de soins et d'alimentation. Heureusement, les dons des marchands et notables du coin de même que l'aide obtenue d'organismes étrangers et de bienfaiteurs permettent peu à peu d'offrir des repas décents, de meilleurs soins et un mobilier plus confortable.

Sr Rachel Blanchette, à gauche, et sr Marie-Lucienne Déry, au centre, avec des personnes âgées de l'Asile communal. Cap-Haïtien, Haïti, 1978.

Beaucoup de travail et une bonne dose d'ingéniosité s'avèrent également nécessaires pour faire du refuge rudimentaire un havre convenable
pour les vieillards démunis du Cap-Haïtien. Sr Rachel Blanchette, qui a
œuvré auprès de ces derniers de 1958 à 1990, raconte une partie de sa
journée :

> Nous arrivons au refuge vers les 7 heures du matin. Pendant que Sœur [Jean-
> nette Papillon] visite les malades et leur administre traitements et médica-
> ments, je passe mon tablier et vois à servir le déjeuner […]. Toute la matinée
> s'écoule à diriger les travaux domestiques – blanchissage, nettoyage, raccom-
> modage, cuisine, et à répondre aux demandes d'admission. Ma tâche la plus
> dure, c'est d'avoir à en refuser quotidiennement un trop grand nombre[14].

Au-delà de ces responsabilités domestiques, les sœurs voient aussi à la
création d'un jardin, introduisent la culture d'arbres fruitiers et offrent
des cours d'alphabétisation. Tous les dimanches, elles se lèvent plus tôt
afin de convertir en chapelle l'une des salles : les lits sont rangés près des
murs, les bancs de la véranda transportés à l'intérieur. Un autel portatif
est installé au milieu de la pièce et à 7 h, le célébrant fait son entrée.

En 1998, sr Madeleine Alarie, directrice de l'œuvre depuis huit ans,
en remet la direction aux Missionnaires des Pauvres, une communauté
d'origine jamaïcaine qui collaborait avec elle depuis quelques années
déjà.

Les handicapés physiques et mentaux

Les handicapés constituent un autre groupe particulièrement vulnérable.
D'autant plus que dans de nombreux pays, aussi bien en Asie qu'en Afrique
ou en Amérique latine, les tares physiques et mentales font souvent l'objet
de tabous et que les personnes qui en sont affligées se retrouvent mises au
ban de la société.

C'est en 1938, en pleine guerre, que les MIC se voient offrir la direction
de l'asile d'aliénés de Fong Tsung[15] non loin de Canton. Devant les bombardements et l'avancée des troupes japonaises, le gouvernement chinois
est forcé de quitter la ville. Toutes les œuvres de charité sous sa responsa-

bilité sont alors confiées à l'évêque de Canton, Mgr Antoine Fourquet, qui s'empresse d'en remettre la gestion aux diverses communautés religieuses encore présentes. L'asile compte une quarantaine de bâtiments et accueille plus de 700 patients. Bien qu'elles n'aient pas à s'occuper des soins aux malades, les sœurs doivent assumer la gestion de l'institution, c'est-à-dire s'occuper des finances, du personnel et de l'approvisionnement. En cette période troublée, ce n'est pas une mince tâche. À leur arrivée, elles réalisent que les médecins se sont enfuis, de même que la moitié des autres employés. Il n'y a pas de nourriture et pas de bois pour le chauffage. L'aide reçue du Bureau d'Hygiène de Hong Kong et de la Croix-Rouge ne suffit pas à empêcher les nombreux décès dus à la sous-alimentation.

Outre cette intendance difficile, les sœurs se font un devoir de catéchiser le personnel de l'établissement. Une pièce est aménagée en chapelle. La messe y est offerte tous les jours et des prières en commun ont lieu matin et soir. Après quelque temps, elles peuvent se féliciter : tous les employés de l'asile ont embrassé la religion catholique et reçu le baptême. Quant aux malades qui en manifestent le désir, on leur administre le sacrement juste avant leur mort. Les sœurs ne peuvent poursuivre bien longtemps cet apostolat prometteur puisqu'en 1946 elles sont forcées de remettre l'asile au gouvernement communiste de Canton.

À la fin des années 1970, compte tenu de la montée du nationalisme africain, les MIC du Malawi et de la Zambie ont déjà remis plusieurs de leurs écoles et dispensaires à des communautés locales ou encore à l'État. Au moment où elles se désengagent de ces œuvres, les sœurs vivent aussi les changements engendrés par Vatican II. Or certains des textes conciliaires appellent à un recentrage sur la mission première :

> […] les démunis, les pauvres, les « plus loin »… Que de points d'interrogation ont suscités ces mots depuis que nous scrutons nos objectifs ! Que faire ? Et surtout, comment faire[16] ?

Sr Marie-Jeanne Fortin trouve son filon lorsqu'elle entend parler du projet du père Bernard Tremblay, un père blanc de Mzimba, au Malawi, qui désire faire quelque chose pour les « infirmes » qu'il rencontre lors de ses tournées apostoliques. Bien que le projet du père Tremblay échoue, sr Marie-Jeanne continue de chercher le moyen de venir en aide à ces démunis :

> Ne pourrait-on pas les faire venir à la Mission pour leur faire prendre conscience qu'eux aussi peuvent rendre leur vie utile et intéressante en s'adonnant à un métier à leur portée et leur donner au moins la chance de mieux connaître «CELUI» qui imposait les mains aux malades et les guérissait tous[17].

Les permissions officielles obtenues, des invitations sont envoyées afin de trouver des handicapés intéressés à profiter d'un séjour au Homecraft Center. Onze répondent à l'appel : quatre garçons et sept filles. Ainsi, pendant une douzaine de jours, aidés de sr Léontine Lang venue de Mzuzu et de quelques Africains experts dans l'art de la poterie, de la sculpture et du tressage, les jeunes handicapés apprennent à se servir de leurs mains. Tous réussissent à se fabriquer une paire de sandales tressées avec du fil de sisal. En plus de cet apprentissage manuel, ils reçoivent quelques notions de comptabilité budgétaire, des rudiments de couture ainsi qu'une initiation religieuse.

Cette première expérience positive entraîne, quelques années plus tard, soit en 1982, la création du Centre pour handicapées de Mzimba. L'établissement répond à un besoin réel. Des jeunes filles viennent au Centre pour un stage de trois ans. Elles sont d'abord confiées à MAP (Malawi Organisation Polio) qui les mène à Lilongwe, la capitale, afin de subir une opération susceptible d'améliorer leur motricité. Bien sûr, les résultats diffèrent selon la gravité des handicaps. Si certaines d'entre elles doivent apprendre à se mouvoir en fauteuil roulant – obtenus grâce à la générosité de bienfaiteurs –, d'autres parviennent à marcher et même courir avec la seule aide de souliers orthopédiques. Un des objectifs du Centre est d'offrir un milieu propice aux efforts de réhabilitation.

Au-delà de leur rééducation physique, ces jeunes handicapées entreprennent aussi de combler certains retards scolaires tout en obtenant une solide formation manuelle :

De jeunes handicapées de Mzimba témoignent leur reconnaissance à sr Marie-Paule Gaudreau. Malawi, 1988.

Les autres n'ayant jamais été à l'école ont pu apprendre à lire, à écrire. Elles peuvent signer leur nom et tenir une petite comptabilité. Le certificat qu'elles reçoivent aujourd'hui atteste qu'elles sont devenues d'habiles couturières. L'école leur donne comme prix, à la fin du cours, quatre mètres de tissu, du fil, des aiguilles et une paire de ciseaux. Avec ce petit bagage, elles commenceront à coudre pour leurs proches. Et si elles persévèrent dans cette optique, nous essayerons de leur trouver une machine à coudre, car la 3e année du stage leur a permis de faire six mois de couture à la machine[18].

À la fin de 1991, la maladie et le départ précipité pour le Canada de sr Marie-Paule Gaudreau, responsable du projet depuis ses débuts, oblige le conseil provincial à fermer le Centre. Il n'y a tout simplement pas de personnel disponible pour continuer l'œuvre. L'ouverture d'un centre de réhabilitation à 180 km de Mzimba facilite quelque peu cette décision. Souhaitant redistribuer l'argent amassé, le conseil d'administration du Centre décide de le répartir entre un fonds de soutien (frais d'études, prothèses orthopédiques) pour les handicapées de Mzimba qui avaient déjà commencé leur stage et le centre pour enfants handicapés de Rumphi, dirigé par les Sisters of the Holy Rosary.

Il semble que l'attention des MIC pour les handicapés, en Zambie, remonte aussi à la fin des années 1970. À cette époque, sr Evelyn O'Neill, en poste à Chipata de 1977 à 1982, intervient ponctuellement auprès de cette jeune clientèle de la ville. En 1980, elle organise un cours de couture d'une semaine. L'expérience est renouvelée l'année suivante :

> Dans quelques jours commencera un cours de couture qui sera donné par une handicapée à six jeunes, quatre garçons et deux filles. Plus tard, si tout va bien, ces élèves recevront une machine à coudre pouvant s'opérer uniquement à la main car ils sont tous incapables de se servir de leurs jambes[19]…

L'année 1981 ayant été proclamée par l'ONU l'Année internationale des personnes handicapées, sr Evelyn profite de son travail au Centre de communication de Chipata pour faire de la sensibilisation auprès de la population.

> Présentement, Radio-Zambie nous alloue plus de temps sur les ondes que nous pouvons en accepter. Durant 1981, nous aurons une série d'interviews à l'occasion de l'Année internationale des handicapés. […] Le but est de conscientiser le gouvernement et la population aux conditions dans lesquelles vivent la plupart des infirmes et handicapés. Depuis environ trois ans, il se fait une campagne de réhabilitation, surtout en faveur des jeunes handicapés. Deux thérapeutes […] se donnent sans compter pour réhabiliter les cas de polio. La mission catholique collabore en pourvoyant des béquilles car une menuiserie a été organisée à cet effet[20].

Arrivée à Chipata en 1983, sr Noëlla Fréchette embrasse elle aussi sans tarder la cause des personnes souffrant de déficiences physiques. Dans un petit local de la ville, elle supervise les cours de couture dont plusieurs bénéficient. Elle réussit aussi à obtenir des machines à coudre à ceux qui apprennent le métier de tailleur au Centre d'éducation pour adultes. Ils pourront ainsi retourner dans leur village et gagner leur vie. Pendant 10 ans, sr Noëlla multiplie les efforts pour que les handicapés de Chipata et des environs soient alphabétisés, pour qu'ils puissent poursuivre des études primaires ou

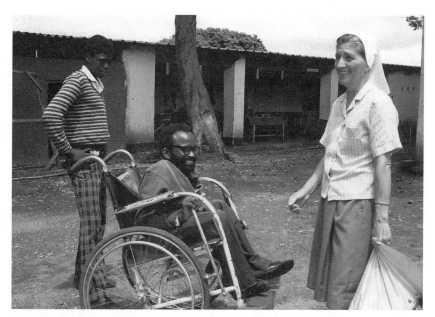

Sr Noëlla Fréchette et un handicapé de Chipata. Zambie, 1983.

secondaires. Elle fait aussi de nombreuses démarches pour obtenir des soins médicaux et des facilités d'adaptation avec prothèses ou fauteuils roulants. Elle obtient la collaboration – et des sommes généreuses – d'organismes canadiens ou locaux. Au-delà de l'aide matérielle, elle propose aussi à ses protégés des activités spirituelles et de nombreux loisirs.

En 1985, a lieu l'ouverture du Cheshire Home pour enfants handicapés. Cette maison, comme le Centre de Mzimba, permet entre autres aux enfants de profiter d'un lieu propice à la réadaptation à la suite de leur opération. Sr Hélène Gemme accepte provisoirement la direction de l'établissement, le temps qu'une communauté religieuse en prenne officiellement la charge. Physiothérapie quotidienne, leçons de lecture, d'écriture, de dessin, voilà entre autres ce qu'offre le Cheshire Home aux jeunes enfants en attente d'une chirurgie ou au retour de celle-ci. En 1989, sr Hélène Gemme quitte Chipata et laisse la direction du centre aux Sœurs Baptistines, une communauté zambienne.

À la fin des années 1980, bien loin de la brousse africaine, deux MIC de Taiwan s'engagent à leur tour auprès des handicapés. En 1987, sr Monette Ouellette et sr Françoise Larouche acceptent de prêter main-forte au Centre Hua Kuang, un institut pour handicapés fondé par le père S. Jaschko, s.j., à Kuanhsi. On y retrouve un peu plus d'une centaine d'enfants et de jeunes adultes, handicapés physiques et mentaux. Les sœurs s'acquittent de diverses tâches : sr Monette, membre du conseil d'administration, remplace provisoirement la directrice de l'établissement et sr Françoise veille sur des groupes d'élèves à qui l'on souhaite redonner une certaine autonomie. À deux reprises, en 1990 et 1992, sr Françoise voit son travail auprès des déficients intellectuels reconnu par le Bureau de l'Éducation de Hsinchu.

D'autres initiatives en faveur des handicapés peuvent aussi être soulignées au Pérou et en Haïti. En 1969, déjà, sr Gliceria Acosta organise des loisirs et des vacances pour de jeunes handicapés de Lima, victimes de la polio. À la fin des années 1980, les MIC font également beaucoup de sensibilisation auprès de la population de la capitale péruvienne. En 1978, à Chantal, en Haïti, un projet de communauté de l'Arche – foyer communautaire d'hébergement et d'intégration pour les déficients mentaux – voit le jour à l'instigation de sr Jeannette Fanfan qui siège au conseil d'administration quelques années. Ce foyer existe encore aujourd'hui.

De façon générale, dans la plupart des pays où œuvrent les MIC, les handicapés, jeunes et moins jeunes, parce qu'ils vivent dans des conditions difficiles, bénéficient du soutien informel des sœurs.

Sr Françoise Larouche avec une de ses élèves du Centre Hua Kuang. Kuanhsi, Taiwan, 1989.

Les pauvres

Que ce soit au Canada ou ailleurs, les MIC n'assument jamais qu'une seule œuvre. Au-delà de l'école, du dispensaire ou de la crèche qui monopolisent souvent plusieurs sœurs, il y a toujours un membre de l'équipe pour s'engager plus spécifiquement au sein de la paroisse. Avant Vatican II, cet apostolat est plus limité, plus encadré aussi. Sr Diana Chaîné œuvre à Las Pinas, aux Philippines, de 1947 à 1967. À cette époque,

La veille de Noël, sr Diana Chaîné fait des heureux en distribuant des bonbons à des enfants pauvres de Las Pinas. Philippines, 1966.

comme elle l'explique, faute de pouvoir visiter les familles à leur guise, les sœurs doivent s'en remettre à d'autres pour identifier les indigents :

> L'an dernier, à l'occasion de Noël, des amis nous expédiaient une caisse de vivres et de vêtements destinés aux pauvres de Las Pinas. Voulant rejoindre les plus déshérités, nous avons demandé à l'une de nos anciennes élèves, légionnaire de Marie, de bien vouloir repérer les familles vraiment dans le besoin[21].

Depuis la fin des années 1960, les sœurs se chargent elles-mêmes du repérage. Les visites aux familles – visites apostoliques qui ont pour but de faire connaître le Christ et l'Évangile – sont aussi l'occasion pour les sœurs de se rendre compte de situations difficiles, d'identifier certains besoins et d'apporter un réconfort humain, chrétien et parfois matériel. Elles peuvent ainsi tour à tour distribuer vivres et vêtements aux gens dans la gêne, soutenir des familles frappées par un deuil, trouver de l'emploi à un chômeur, rédiger de la correspondance pour les illettrés ou organiser une fête de Noël. Elles n'ont pas de mandat spécifique. Ce sont les situations rencontrées qui dictent leurs actions.

C'est grâce à la générosité de donateurs locaux, grâce aussi aux dons de parents et amis que les sœurs peuvent soulager les familles dans le besoin. Lorsqu'elles ont distribué tous les cadeaux reçus, épuisé leurs maigres ressources, elles se tournent alors vers les organismes de charité, les fondations, qui leur permettent de poursuivre leur engagement social en faveur des démunis.

Cette responsabilité envers les moins nantis de la paroisse prend parfois une allure un peu plus officielle ou structurée. À Davao, aux Philippines, une sœur contribue à mettre sur pied, en 1998, la fondation Save the Poor, un organisme diocésain de charité destiné à aider les plus démunis. À Madagascar, celles de Tsaramasay, Ivandry et Ambohibary siègent sur des comités paroissiaux pour les pauvres. En collaboration avec divers intervenants, les MIC participent en outre à de nombreux projets socio-économiques.

Le Centre artisanal des Cayes est un de ceux-là. Il ouvre ses portes en 1966 à l'instigation du père Armand Bédard, o.m.i., qui souhaite venir en aide aux jeunes filles démunies en leur procurant un travail rémunérateur. Les sœurs d'Haïti acceptent de collaborer à cette œuvre inédite et sr Béatrice Bérubé en assume la direction, en plus de superviser les travaux de l'atelier. Le Centre emploie un peu plus d'une vingtaine de femmes qui créent des ouvrages de broderie variés. Une exposition permanente des travaux réalisés attire les touristes étrangers. La renommée du Centre, que la qualité des broderies fait grandir, permet d'écouler faci-

Sr Lucille Sanschagrin conseille les employées du Centre artisanal. Les Cayes, Haïti, 1986.

lement tous les produits exposés, ce qui assure le salaire des ouvrières. Le Centre artisanal remplit à merveille son rôle pendant 20 ans. Il ferme en 1986 à la suite des troubles politiques incessants qui chassent le tourisme.

Sans une prise de conscience des paroissiens, et sans un certain appui de leur part, sr Noëlla Roy n'aurait jamais pu, au début des années 1980, transformer la Maison des pauvres de Trou-du-Nord, en Haïti – abri insalubre et malsain –, en une maison où les sans-abris peuvent trouver repos, ressources et un peu de dignité. Cette participation citoyenne constitue une autre forme de partenariat que l'on retrouve en maints endroits, dont le Pérou. Au début des années 1990, la situation économique de ce pays est désastreuse. Devant la hausse exorbitante des prix, plusieurs milliers de personnes risquent de mourir de faim. À la demande des évêques, chaque paroisse doit organiser la *olla común*, marmite collective, en faveur des plus pauvres. À Santa Luzmila, sr Aline Quirion, sr Claire

Sr Mésina Paulémon participe à la *olla común*. Santa Luzmila, Pérou, 1991.

Garceau et sr Mésina Paulémon s'associent à l'organisation des groupes de « marmites ». Chaque groupe est composé de 20 à 30 femmes et chacune d'entre elles cuisine à tour de rôle. En peu de temps, les sœurs ont mis sur pied une centaine de groupes prêts à commencer la *olla común* :

> À tour de rôle, les mamans cuisinent avec joie et abnégation et vers 11 h 30, petits et grands, jeunes et vieux viennent chercher leur repas. C'est impressionnant de voir avec quelle tendresse les convives sont servis[22].

Ces repas collectifs ne sont pas sans rappeler le « fourneau économique » tenu par les MIC de Rome entre 1926 et 1947. Grâce aux aumônes du pape, elles pouvaient alors offrir jusqu'à 200 repas par jour aux pauvres de la ville. Même au Canada, les MIC se préoccupent des pauvres de leurs paroisses. Le Centre de dépannage de Laval est fondé en 1973 à l'initiative de sr Jacqueline Héroux et de Mgr Jean-Marie Lafontaine, évêque auxiliaire de Montréal, qui souhaitent tous deux venir en aide à la population pauvre de cette banlieue nord de Montréal. En 1975, sr Jacqueline remet l'administration du Centre de dépannage entre les mains de bénévoles laïques. Elle en demeure toutefois l'animatrice jusqu'à son décès en 1978.

Ce ne sont là que les principaux projets auxquels collaborent les Missionnaire de l'Immaculée-Conception. D'autres, plus ponctuels, voient aussi le jour. Lors de séismes ou de sinistres importants, les MIC multiplient les demandes auprès de leurs bailleurs de fonds internationaux afin d'apporter secours matériel et soutien aux populations touchées. Que ce soit au Guatemala, en 1976, alors que le pays est frappé par l'un des tremblements de terre les plus meurtriers de son histoire ; à Manille, en 1971, lorsqu'un incendie ravage complètement les taudis d'un *barrio* tout près de la résidence des sœurs, ou à Chikungu, en Zambie, lorsqu'une famine décime la population, les sœurs sont à l'œuvre. Outre les subsides obtenus des divers organismes de charité, elles font également appel à la solidarité locale et organisent des souscriptions, des collectes de vêtements, de nourriture, d'eau potable, auxquelles elles associent même à l'occasion leurs élèves, particulièrement dans les écoles plus fortunées.

Les exclus: prisonniers, filles-mères et autres oubliés

Nous avons vu les MIC s'intéresser à divers groupes plus ou moins abandonnés à leur sort: les enfants, les personnes âgées, les handicapés, les pauvres… Elles n'hésitent pas non plus à offrir leurs services à ceux et celles que la société ne voit même plus et préfère oublier. Ainsi, dans la plupart de leurs missions, les sœurs se préoccupent des prisonniers eux-mêmes, de leurs épouses et de leurs familles. Certes, cet apostolat se veut avant tout évangélique et non pas social. Néanmoins, les conditions de détention cruelle, de même que les nombreux préjudices causés aux détenus dans bon nombre de ces centres d'incarcération, incitent les sœurs à offrir plus que des prières, comme l'explique sr Marguerite Hétu à propos de Croix-des-Bouquets, en Haïti:

> Près de la maison se trouvait la prison d'où souvent même la nuit, les sœurs entendaient gémir, crier les prisonniers battus ou torturés. Situation souvent pénible à supporter. À certaines occasions, les sœurs essaient de rendre des services à ceux qui en sortent presque sans vie. Elles obtiennent aussi de les visiter, particulièrement à l'occasion de Noël. Ainsi, en 1971 et 1972, elles préparent un dîner succulent pour une soixantaine d'entre eux, servi après une petite célébration expliquant le sens de Noël[23] […]

À la même époque, à Mati, aux Philippines, sr Marie-Berthe Beaumont fonde et coordonne les activités de Brothers Cells Donors et Lay Women Association, des groupes prônant l'amélioration des conditions de vie des détenus et proposant des programmes de réhabilitation par la création et la vente d'objets artisanaux. À Chipata, en Zambie, les sœurs offrent aux femmes de la prison des cours de sciences domestiques de 1955 à 1962. Depuis le milieu des années 1990, les MIC de Cuba procurent soutien et réconfort aux familles de prisonniers, notamment à Colón et Los Palacios. Il est vrai que la dictature imposée par Fidel Castro depuis la révolution de 1959 a créé un nombre important de prisonniers politiques.

À Santiago, au Chili, c'est auprès des filles-mères qu'œuvrent les MIC entre 1968 et 1974. Au Pérou, sr Claire Desrochers s'engage auprès des employées de maison, une classe ouvrière très peu favorisée, à partir de

Sr Marie-Berthe Beaumont avec des bénévoles de la Lay Women Association à la prison de Mati. Philippines, 1971.

1975. Le champ d'activité est vaste : elles sont alors 200 000 au pays, dont 100 000 seulement à Lima, la capitale. Leur situation n'est pas sans rappeler le cas des enfants en service en Haïti. Il faut voir, explique sr Claire, dans quels cadres ces jeunes employées doivent évoluer :

> Dès l'âge de 13 ou 14 ans, elles sont coupées de leur vie familiale. Toutes sont originaires de la « sierra » ou de la « selva », donc complètement sorties de leur milieu. Elles arrivent à la capitale avec un mince bagage d'instruction [...]. Un petit nombre d'entre elles réussissent à poursuivre leurs études, grâce à l'école du soir. Un bon nombre ne possédant pas les documents requis trouvent difficilement un emploi recommandable. Elles sont alors employées par des gens sans scrupule qui profitent d'elles et en abusent. Pas une semaine ne se passe sans que l'une ou l'autre de ces pauvres enfants ne vienne me prier de l'aider à sortir de quelque problème. Je dois bien souvent intervenir en leur faveur : lettres, télégrammes, démarches pour documents à obtenir, bref je mets tout en œuvre pour les dépanner le mieux possible[24].

Auprès des réfugiés et des immigrants

La sollicitude de Délia Tétreault pour les réfugiés et les immigrants remonte bien avant la fondation de sa communauté. Elle s'occupait alors des immigrants italiens de Montréal, prenant plaisir à leur enseigner le catéchisme. Dès que l'occasion se présente, elle n'hésite pas à orienter son jeune Institut dans cette voie.

Les Chinois du Canada

En 1913, quatre ans à peine après le premier envoi de missionnaires en Chine, la fondatrice des MIC se tourne vers les Chinois de Montréal. Pourtant, la charge de travail des religieuses est à cette époque déjà fort lourde. Les recrues ne se bousculent pas au portillon et les sœurs de Chine réclament des renforts. La communauté peut-elle vraiment assumer cette nouvelle œuvre ? Délia ne semble pas en douter, comme le laisse entendre cet extrait d'une lettre du chanoine Le Pailleur, curé de la paroisse Saint-Enfant-Jésus, à Mgr Bruchési :

> Je me suis alors imaginé qu'une direction sérieuse devrait d'abord être donnée, et tout naturellement [...] j'ai pensé à vos chères Missionnaires chinoises de l'Immaculée-Conception, nos voisines d'Outremont. Le Père Montanar est donc allé les voir. Elles ont étudié le projet si connexe à leurs œuvres, elles ont accueilli favorablement le projet et me prient de l'exposer à Votre Grandeur[25].

C'est ainsi que les MIC se voient confier une école du dimanche, l'École chinoise du Saint-Esprit, où elles enseignent les rudiments du catholicisme. Deux ans plus tard, on fait venir de Canton une sœur et une vierge catéchiste afin de faciliter les visites aux Chinois de Montréal. En 1916, préoccupée par l'avenir des enfants chinois, la fondatrice obtient de la Commission scolaire de Montréal l'ouverture d'une première école chinoise. Celle-ci ferme toutefois ses portes en 1931, vu le peu d'élèves toujours en classe après le retour en Chine de nombreuses familles.

En 1918, alors que l'épidémie de grippe espagnole éclate à Montréal, Délia reçoit la permission d'ouvrir un petit hôpital d'urgence au bénéfice

Sr Corinne Crevier avec six de ses élèves d'anglais. Montréal, 1950.

de la communauté chinoise. C'est le début d'une œuvre florissante, évoquée dans le chapitre précédent.

Entre 1931 et 1948, mis à part les services rendus à l'Hôpital chinois, les MIC semblent avoir peu collaboré à l'œuvre ou mission chinoise de Montréal. En 1948, un jardin d'enfants est inauguré et confié aux MIC jusqu'en 1957. Dix ans plus tard, elles acceptent à nouveau la direction d'une école, mais pour peu de temps. La Commission scolaire exige que les enfants d'origine chinoise soient intégrés aux établissements scolaires québécois. Les classes de maternelle et la garderie sont maintenues jusqu'en 1971. Les MIC continuent d'offrir divers services assez continus à la mission chinoise jusqu'en 1986, grâce à sr Charlotte Duhamel, une fidèle collaboratrice. Depuis, elles participent toujours à certaines activités de la paroisse.

Lorsque la fondatrice décide d'ouvrir une maison dans la ville de Québec, en 1919, l'un de ses premiers projets est d'y établir une œuvre chinoise. Dès l'année suivante, sr Orphise Boulay (Marie-de-Loyola), de retour de Canton, commence à visiter les familles chinoises et à les catéchiser dans leur langue. La communauté chinoise est certes beaucoup moins nombreuse qu'à Montréal, mais il y a du travail à faire. Les Chinois déjà baptisés ont besoin de continuer leur instruction religieuse. Ils demandent également à parfaire leur apprentissage du français.

À partir de 1921, les MIC sont en mesure d'offrir, le dimanche, des cours de français, d'anglais et de comptabilité à une vingtaine de Chinois. Ces cours sont donnés par des professeurs bénévoles. Une sœur assure l'enseignement du catéchisme. Afin de faire connaître l'œuvre, l'archevêque de Québec, Mgr Louis-Nazaire Bégin, lance un appel à tous dans *La Semaine religieuse de Québec* :

> Nous prions instamment MM. les Curés et toutes les personnes qui en auraient l'occasion, de faire connaître aux Chinois résidant dans leur paroisse ou leur entourage, l'ouverture des classes chinoises. Des leçons de français, d'anglais et d'instruction religieuse sont données chaque dimanche après-midi, de deux heures à quatre heures, chez les Sœurs Missionnaires de l'Immaculée-Conception, à Québec, par des professeurs compétents et très zélés[26] […]

Les sœurs continuent d'offrir ces cours jusqu'en 1929 puis, pour des raisons difficiles à cerner, elles cessent leur collaboration à la mission chinoise. Elles ne reprennent leurs activités qu'en 1943. En 1961, la classe de langue de la mission chinoise s'affilie à la Commission des Écoles catholiques de Québec sous le nom de Centre de formation Notre-Dame-du-Cénacle. Réservé jusqu'alors à la communauté chinoise, le Centre s'ouvre, en 1970, à tous les immigrants. En 1976, il prend le nom de Centre Missionnaire de l'Immaculée-Conception. Véritable centre de dépannage, des centaines de nouveaux arrivants, originaires de plus de 70 pays, y retrouvent, en plus des cours de langue, une multitude de services et de nombreuses activités sociales. Pour répondre à toutes les demandes, le Centre peut compter, à partir des années 1990, sur la collaboration ponctuelle de religieuses d'une dizaine de congrégations. Ne pouvant satisfaire toutes les exigences de la Régie des bâtiments, le Centre se voit contraint de fermer ses portes en juin 2000.

Les MIC vont aussi offrir des services aux immigrants chinois dans d'autres régions du Québec. De 1927 à 1954, elles proposent à ceux de Trois-Rivières – environ une cinquantaine – une classe du dimanche avec

À partir de 1983, la mission chinoise devient autonome du Centre MIC et demeure sous la responsabilité de sr Gertrude Laforest jusqu'en 1999. Ici, sr Gertrude et sr Helena Foung enseignent le français à un groupe d'immigrants chinois. Québec, 1991.

cours de langue et leçons de catéchisme. Elles effectuent également beaucoup de rencontres à domicile. Quant aux Chinois de Jonquière, Arvida, Kénogami, Chicoutimi et autres villes des environs, ce sont les sœurs de Québec qui leur rendent visite régulièrement.

En 1921, les MIC répondent également à l'appel de Mgr Timothy Casey, évêque de Vancouver, inquiet du sort des travailleurs et des enfants chinois, entièrement «à la merci» des protestants. Après avoir tenté en vain de mettre sur pied une école pour les enfants chinois, les sœurs se consacrent principalement aux soins de santé et au service pastoral. Destinées à l'origine à la communauté chinoise, les œuvres MIC de Vancouver s'ouvrent rapidement à une bien plus large population immigrante : Japonais, Indiens, etc.

De 1944 à 1955, les MIC effectuent aussi de fréquentes visites auprès des Chinois d'Ottawa. Si bien qu'en 1955, l'archevêque, Mgr Marie-Joseph Lemieux, leur demande d'établir une mission chinoise permanente. Les sœurs acceptent cette nouvelle œuvre. Outre les visites aux familles chinoises, elles donnent des cours de langues et organisent des activités sociales pour les étudiants universitaires. De plus, sous la direction de sr Nina Ennis, le Centre accueille de jeunes étudiantes à titre de pensionnaires. Vers la fin des années 1960, les services s'y multiplient : accueil, information et dépannage. Il ferme ses portes en 1986 après plus de 30 ans d'engagement au quotidien.

Une immigration diversifiée

Si la communauté chinoise occupe une place privilégiée dans l'œuvre MIC, d'autres communautés bénéficient aussi du soutien des sœurs. Les Japonais, par exemple, sont un peu plus de 500 à Montréal au début de la Deuxième Guerre mondiale. Or c'est par hasard, alors qu'elles travaillent comme propagandistes du *Précurseur*, que d'anciennes missionnaires du Japon prennent conscience de leur présence et de leurs besoins. À cette époque, plusieurs Japonais ne parlent ni français ni anglais. Sans tarder, les sœurs proposent leurs services comme interprètes. Elles offrent aussi plus d'une forme de secours : nourriture et vêtements pour les plus pauvres, visites aux malades et aux personnes âgées, catéchèse et préparation aux sacrements. Cette œuvre japonaise, commencée durant les aléas de la guerre, se poursuit jusqu'en 1973.

Dans la deuxième moitié du 20e siècle, les guerres civiles, les dictatures, les répressions politiques entraînent des exodes de populations à la recherche d'un monde meilleur. L'immigration est non seulement en hausse, elle se diversifie. Le Canada, comme tant d'autres pays occidentaux, accueille des centaines de réfugiés. De nombreux organismes collaborent alors pour mettre sur pied des services d'accueil et d'entraide, notamment au niveau paroissial. Les MIC participent à cet effort collectif. Dans plusieurs de leurs maisons du Québec, les sœurs offrent des services

Jeune Japonaise préparée pour sa première communion par sr Reiko Ohashi, à gauche, et sr Marie-Antoinette Jodoin. Montréal, 1952.

Sr Jeanne d'Arc Allary avec une fillette vietnamienne au camp Fabella. Les réfugiés vivent dans des tentes ou des maisonnettes aux murs de paille. Manille, 1980.

de façon sporadique. Dans les grands centres comme Québec et Montréal, où les besoins se révèlent plus importants, l'engagement des sœurs est aussi plus substantiel.

Dans les années 1970 et 1980, compte tenu des conflits qui font rage dans le Sud-Est asiatique, on assiste à un déferlement de réfugiés en provenance du Vietnam et du Cambodge sur les côtes des Philippines. Ces gens vivent entassés sur des bateaux de fortune ou dans des camps temporaires en attente d'un statut. En 1978, sr Jeanne d'Arc Allary, en service aux Philippines, s'emploie à trouver des parrainages pour aider les réfugiés vietnamiens à sortir de leur misère. Elle visite les camps, prend des photos des familles, remplit les formulaires officiels et envoie le tout à sr Huguette Turcotte, à Montréal, qui distribue les demandes reçues dans tous les diocèses canadiens. Grâce à cette collaboration efficace, sr Jeanne d'Arc a la joie de voir partir de nombreuses familles pour le Canada.

Celles-ci sont accueillies et soutenues par divers intervenants, au sein des paroisses, qui voient à leur installation et à leur adaptation. Les pères Jésuites apportent également à ce projet une contribution importante. Les sœurs de Pont-Viau sont aussi très actives à cet égard pendant de nombreuses années. Avec le soutien financier de plusieurs organismes, elles réussissent à procurer asile à des centaines de familles du Sud-Est asiatique :

> Essayez d'imaginer un logement d'accueil où ne se trouvent qu'un frigidaire et un poêle dans un état lamentable, pour recevoir deux, quatre, six personnes n'arrivant pas avec un camion de bagages, mais avec des sacs, une ou deux valises de linge comme avoir ! […] Eh bien, avec des cœurs ouverts, des bras vaillants, du partage généreux, les quatre familles ont trouvé un « chez-soi » accueillant pourvu des premières nécessités… et un peu plus. Que de larmes de reconnaissance versées par ces nouveaux amis ! Larmes qui en disaient plus que des paroles car la plupart du temps seul le langage du cœur et des gestes était possible[27].

En 1975, sr Juliette Desnoyers, de retour de Bolivie depuis peu, entreprend de travailler auprès des Latino-Américains de Montréal. Elle leur offre, entre autres, des cours de catéchèse, une préparation aux sacrements et des services d'interprète. Le plus difficile pour ces nouveaux arrivants, sans amis ni famille, est de s'intégrer à leur société d'accueil. À la fin de la décennie, on estime à 40 000 le nombre de Latino-Américains dans la région de Montréal et ce nombre est appelé à croître compte tenu des sérieux problèmes politiques qui existent dans leurs pays d'origine. Le moment est venu, juge sr Juliette, de leur procurer un lieu de rencontre, un centre bien organisé où ils pourront recevoir l'aide nécessaire.

En septembre 1978, le Centre d'aide hispano-américain (CAHA) ouvre ses portes dans le quartier Villeray à Montréal. Ses objectifs sont multiples : accueillir, informer, orienter et accompagner le Latino-Américain dans son cheminement d'intégration ; porter une attention spéciale à la femme latino-américaine ; favoriser le rapprochement des Latino-Américains et des Québécois. Quant aux moyens employés pour atteindre ces objectifs, ils sont tout aussi variés : accompagnement comme interprète, traduction de texte, préparation de documents divers, aide matérielle et monétaire, visites à domicile ou à l'hôpital, organisation d'activités

Une classe du centre ALPA sous la direction de sr Françoise Corriveau. Montréal, 1989.

récréatives, etc. En 1985, sr Juliette quitte le Centre après y avoir été directrice pendant sept ans. Une équipe totalement laïque a continué d'y assurer des services.

Au début des années 1980, sr Gliceria Acosta consacre tous ses temps libres au Centre d'aide hispano-américain. Elle est bien placée pour comprendre ces nouveaux arrivants. Elle-même s'est déjà retrouvée sans argent et sans bagage, dans un centre d'accueil pour réfugiés de Miami. Elle venait de fuir Cuba et la dictature de Fidel Castro. En 1982, CAHA ouvre une succursale dans le quartier Centre-Sud et sr Gliceria en devient la responsable. Dès l'année suivante, elle met sur pied un projet d'aide en deux volets : une coopérative d'artisanat et une équipe de secours et d'aide mutuelle immédiate. En 1984, la succursale se dissocie complètement du Centre d'aide hispano-américain. Le nouvel organisme, toujours sous la direction de sr Gliceria, prend le nom d'Alliance panaméricaine ou ALPA. Quelques années plus tard, le centre diversifie ses services et s'ouvre à tous les immigrants, sans distinction.

ALPA, qui signifie désormais Accueil Liaison Pour Arrivants, offre aux nouveaux venus de l'assistance pour des démarches administratives, un service de traduction et d'interprète, de l'aide pour la recherche de logement, divers services d'intégration à l'emploi, de même que des cours de français. Afin de faciliter l'accès des femmes au Centre, on y ouvre en 1987 une garderie. En octobre 1989, ALPA fait les manchettes de *La Presse* qui révèle qu'à ce jour 10 000 immigrants et réfugiés venus de 52 pays ont été dépannés par le Centre. Une équipe de cinq employés permanents, 10 travailleurs communautaires et 10 bénévoles qualifiés s'y activent. Au fil des ans, plusieurs MIC y offrent aussi leurs services. Malgré le départ de sr Gliceria Acosta en 1998 – elle quitte l'Institut pour des raisons personnelles – ALPA continue sur sa lancée : on y recense plus de 12 000 interventions en 2005-2006.

De retour à Montréal en 1986, après 25 ans de mission au Japon, sr Andrée Ménard découvre alors une ville multiethnique. Elle se rend compte des difficultés d'intégration des réfugiés et des immigrants et décide à son tour de faire quelque chose pour aider les nouveaux arrivants

Sr Andrée Ménard et des collaboratrices de PROMIS. Montréal, 1993.

des quartiers multiculturels de Côte-des-Neiges et Snowdon à s'adapter à leur société d'accueil. Sans tarder, sr Andrée se met à la recherche de partenaires et, en 1988, avec la collaboration de trois jeunes immigrants, elle fonde le centre PROMIS. D'entrée de jeu, il s'agit d'identifier les principaux besoins à combler. Rapidement, toute une panoplie de services est offerte, souvent en collaboration avec d'autres intervenants tels que le CLSC, la Ville de Montréal et les commissions scolaires : gardiennage, cours de français, soutien scolaire, visites aux familles, information, accompagnement, etc. Les plus démunis peuvent aussi y trouver du soutien : dépannage alimentaire, vestimentaire et distribution de meubles.

En 2003, le centre compte 50 employés et 400 bénévoles. Il dessert 23 000 immigrants originaires d'une centaine de pays différents. Plusieurs MIC ont offert leurs services à PROMIS et continuent de le faire encore aujourd'hui. L'organisme a reçu quantité de prix au fil des ans, soulignant son apport au développement communautaire. Sa fondatrice et directrice générale, sr Andrée Ménard, s'est aussi mérité de nombreux honneurs, dont la Médaille du Service méritoire décernée par la gouverneure générale du Canada, Mme Adrienne Clarkson, en 2003.

Ce ne sont là que les principaux projets orchestrés par les MIC en faveur des immigrants et des réfugiés. D'autres initiatives, plus modestes, pourraient aussi être évoquées. Sr Yolande Laroche, par exemple, enseigne depuis 2003 la coupe et la couture au centre Petites-Mains, un organisme ayant pour mission d'aider les femmes immigrantes à sortir de leur isolement, à apprendre un métier, à intégrer le marché du travail et à vivre dignement. D'autres encore continuent ici et là cet engagement pastoral et social auprès des nouveaux arrivants.

Réfugiés et immigrants en mission

Si les sœurs se préoccupent de façon constante, depuis les débuts de l'Institut, du sort des immigrants au Québec et au Canada, il en va de même à l'extérieur du pays. Aux États-Unis, il faut mentionner les services rendus à la communauté chinoise de San Francisco. En 1971, les MIC sont appelées à prendre la direction de la Saint Mary's Chinese School qui compte alors plus de 300 élèves, presque exclusivement d'origine chinoise. En plus de la direction, les sœurs enseignent l'anglais, la catéchèse et s'impliquent activement dans le travail pastoral du Chinatown de San Francisco. Elles remettent la direction de l'établissement à un professeur laïque en 1977, mais continuent d'œuvrer à l'école et dans le quartier jusqu'en 1991.

En 1974, à la suite d'un appel lancé par Mgr Marcel Gérin, p.m.é., en faveur des immigrants latino-américains, sr Suzanne Longtin et sr Claire Garceau acceptent de partir travailler pour quelque temps au Centre de pastorale d'Elizabeth, au New Jersey :

> Nous avons commencé à visiter les curés qui sont bien disposés envers les gens de langue espagnole afin de leur offrir nos services et de faire connaître le Centre qui est au service de toute la communauté espagnole d'environ 36 000 membres. Ici se donne la préparation au baptême et au mariage. Les Frères de l'Hôpital nous demandent aussi pour visiter les malades de langue espagnole, c'est un bon moyen d'apostolat[28].

La Saint Mary's Chinese School, à San Francisco, où les MIC ont travaillé de 1971 à 1991.

En Asie, l'engagement auprès des réfugiés commence dès 1912 alors que les missionnaires acceptent d'œuvrer auprès de la population mandchoue de Canton, soit environ 30 000 personnes jetées dans la misère à la suite de l'abolition du régime impérial en 1911. Les MIC organisent un ouvroir où peuvent travailler environ 200 femmes et donnent des leçons de tricot, de tissage et de catéchisme. Il semble toutefois que cette mission ne se soit pas prolongée très longtemps.

Aux Philippines, les sœurs œuvrent dès leur arrivée, en 1921, auprès de la communauté chinoise de Manille : d'abord à l'Hôpital chinois, puis au sein de l'Immaculate Conception Anglo-Chinese Academy (ICACA), deux institutions dont il a déjà été question dans les chapitres précédents. Il faut ensuite attendre les années 1970-1980 pour que les MIC des Philippines se tournent de nouveau vers les réfugiés et les immigrants. Après la chute de Saigon en 1975, de nombreux Vietnamiens fuient leur pays par la mer. Ce sont les *boat people.* Traversant la mer de Chine, ils arrivent par milliers sur les côtes des Philippines. En attendant de pouvoir trouver une terre d'accueil à tous ces gens, le gouvernement philippin met sur pied un important camp sous l'égide de l'ONU. Ce camp, situé sur la

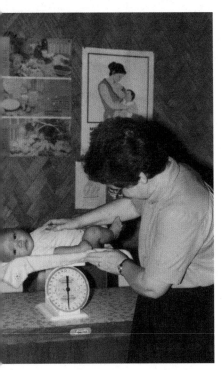

Sr Françoise Royer, infirmière
et sage-femme, pèse un bébé
vietnamien au camp de réfugiés
de Palawan. Philippines,
1983-1988.

grande île de Palawan, compte en moyenne près de 3000 réfugiés. Sr Françoise Royer y travaille en tant que sage-femme et infirmière de 1983 à 1987. Elle s'occupe également d'une clinique de maternité et enseigne le français et l'anglais. Des compagnes philippines ou canadiennes viennent aussi, à l'occasion, y enseigner les langues pendant quelque temps.

Après avoir œuvré, de façon assez ponctuelle auprès de réfugiés vietnamiens au début des années 1980, les MIC du Japon s'intéressent davantage, à partir de 1983, aux immigrants philippins. De retour dans son pays, sr Keiko Hasegawa prend conscience de la situation difficile de ces nouveaux arrivants et entreprend de les aider. Sa mission l'amène régulièrement à l'ambassade des Philippines, à Tokyo, où on lui propose un poste d'agent de liaison en 1988. Au début des années 1990, ce sont les jeunes filles philippines venues au Japon dans l'espoir de mieux gagner leur vie qui attirent l'attention des sœurs. À Koriyama et à Tokyo, elles ont parfois l'occasion d'aider ces travailleuses exploitées à obtenir justice. En 2002, sr Lorna Erickson se joint au personnel du Saitama Diocesan International Center qui aide les immigrants et réfugiés du diocèse. Elle s'occupe surtout des Philippins, mais travaille aussi auprès des Latinos-Américains. Enfin, entre 2003 et 2006, sr Ana Alvarado contribue activement aux divers services offerts aux immigrants de langue espagnole à Gyoda et ses environs, au nord de Tokyo.

Hong Kong subit l'arrivée massive de réfugiés en provenance de la Chine communiste au début des années 1950. À ces milliers d'immigrants les MIC offrent soutien matériel et soins médicaux pendant plusieurs années. À partir de 1985, plusieurs sœurs de Hong Kong s'engagent comme coordinatrices dans une œuvre de formation des travailleurs – composés surtout d'immigrants philippins – dans le quartier ouvrier de Kwun Tong. De 1989 à 1991, certaines résideront d'ailleurs directement dans cette paroisse.

En Amérique latine, au milieu des années 1970, les conditions de vie difficiles des travailleurs chiliens, engagés dans les usines d'Argentine, attirent l'attention des évêques des deux pays. À la suite de quelques rencontres, une pastorale de la migration s'organise dans les différents dio-

Sr Véronique Caouette, avec une équipe de collaborateurs, planifie la pastorale de migration. Ancud, Chili, 1976-1977.

cèses. Sr Véronique Caouette est nommée responsable de celui d'Ancud, au Chili. Elle organise dès lors des réunions avec ceux et celles qui projettent de partir en Argentine : il s'agit de rappeler à tous l'importance de faire légaliser leurs documents afin de ne pas demeurer dans la clandestinité et se condamner à des salaires de misère. De l'information à ce sujet se fait aussi à travers les médias. Sr Véronique parcourt le diocèse pour sensibiliser les agents de pastorale au phénomène de la migration et travaille à établir des ponts entre les agents des deux pays. De part et d'autre, ceux-ci voient à assurer la validation des documents et gardent un œil sur les employeurs argentins. En 1980, sr France Royer-Martel prend la relève et assume pour quelques temps encore la responsabilité de cet apostolat social et religieux.

Dans les missions des Antilles et d'Afrique, on mentionne peu d'initiatives en faveur des immigrants. Il faut dire que les contextes politiques et économiques de ces pays ne sont nullement favorables à la venue de familles en quête d'un avenir meilleur. Mais quelques exceptions confirment la règle. C'est ainsi qu'en 1970, sr Marguerite Maltais voit arriver à Hinche, en Haïti, des expatriés de la République Dominicaine. Ils n'ont rien. Elle organise aussitôt un comité pour leur venir en aide, obtient des vivres et des vêtements. Plusieurs d'entre eux ayant été mis en prison pour avoir traversé la frontière sans permis, elle les visite et tente de les réconforter. En 1965, ce sont des réfugiés de Mozambique que les sœurs de Nyimba, en Zambie, doivent soigner et soutenir pendant quelques années. Enfin, de 1994 à 1996, sr Françoise Royer et sr Agathe Durand, en collaboration avec divers intervenants, se dévouent auprès de milliers de réfugiés rwandais dans des camps du Zaïre et du Burundi.

Les grands projets communautaires

Depuis le milieu des années 1960, les MIC s'engagent aussi dans des projets sociaux qui visent non pas un groupe particulier, comme nous l'avons vu jusqu'ici, mais bien l'ensemble d'une communauté. Mobilisateurs, rassembleurs, ces divers projets – construction de route, acheminement d'eau potable, coopératives agricoles – tentent de sortir les communautés les plus défavorisées du cycle de la pauvreté. De plus, grâce à des plans d'action concertés, les communautés participent à leur propre salut, tant économique que spirituel. Pour être en mesure de proposer des initiatives pertinentes, les sœurs doivent toutefois bien cerner les besoins des populations. Elles doivent connaître avec précision les contextes qui influent sur le milieu. C'est pourquoi ce type d'intervention aurait été inimaginable avant les années 1960. Comme l'explique sr Céline Trudeau, qui arrive en Bolivie en 1966, les mentalités commençaient alors à peine à changer :

> J'étais la seule sur les quatre qui formions la communauté à Catavi, à travailler avec l'équipe des Oblats de la paroisse. J'avais été habituée, à Cuba, à travailler à l'extérieur de la maison, avec les gens. Mes compagnes habituées à travailler à l'intérieur voyaient d'un œil plutôt étrange et suspect mes sorties. J'ai visité beaucoup les familles des mineurs. Je voulais les comprendre dans ce travail pénible et dangereux, et prendre conscience de la situation des mineurs. J'ai aussi tenu à descendre dans les profondeurs des mines pour connaître l'am-

biance dans laquelle les mineurs travaillaient, les longs tunnels, le manque d'oxygène, les dangereuses explosions, l'éboulis des roches, la noirceur, l'humidité des lieux, etc[29].

Le premier de ces grands projets s'organise donc lorsque le maire de Manille annonce, en 1963, qu'il veut déplacer les 15 000 squatters d'Intramuros vers Sapang Palay, situé à quelque 30 kilomètres au nord-est de la capitale. Depuis 1957, les MIC enseignaient le catéchisme aux enfants des squatters. Elles décident donc de suivre les 3000 familles délogées afin de les aider à s'installer dans une région dépourvue d'eau courante, d'électricité et de voies de communication. Sr Carmen Castonguay, sr Madeleine Alarie et sr Thérèse Boutin sont les pionnières de ce vaste chantier social. L'Immaculate Conception Center, inauguré en 1965, leur sert alors de chapelle, d'école, de clinique et de résidence permanente. Les sœurs ouvrent un centre médical, le Bayanihan Health Center, qu'elles remettent à une équipe du gouvernement en 1968. Elles offrent également un programme de formation au leadership pour doter le village d'une organisation et d'une direction efficaces, de même que des séminaires sur l'agriculture et l'élevage afin de donner quelques ressources à ces citadins soudainement devenus campagnards. Des jardins communautaires, dont les produits sont vendus aux marchés et les profits redistribués, sont aussi créés. En 1968, les sœurs fondent le SAPAVEC ou Sapang Palay Vocational Educational Center, un centre de formation et d'emploi dont il a déjà été question. Persuadées que la communauté de Sapang Palay peut désormais continuer son développement, les MIC se retirent en 1980 afin de se consacrer aux missions chez les non-chrétiens.

En 1974, le chapitre provincial décide de redéfinir les orientations des MIC aux Philippines, choisissant d'insister sur la communication de l'Évangile à ceux qui ne le connaissent pas encore. C'est dans cet esprit que les missionnaires partent pour Mindoro, une île au sud de Luzon. Toutefois, compte tenu de l'éloignement des communautés, cet engagement pastoral cède parfois le pas à des initiatives beaucoup plus sociales. En 1975, les sœurs s'implantent à Calamintao, un village isolé peuplé d'autochtones, les Mangyans. Ces chasseurs-cueilleurs semi-nomades

Sr Thérèse Boutin en compagnie du frère Lacson, o.s.b., observe le travail d'une couturière du SAPAVEC. Sapang Palay, Philippines, 1974.

demeurent dans les montagnes autour du village et pratiquent le troc. Une épidémie de rougeole et de malaria se déclare, et amène la création d'une petite clinique. Les sœurs apprennent aussi la couture aux femmes, aident à l'alphabétisation et au développement d'une petite coopérative. En 1979, elles décident de se retirer et la dernière MIC quitte Calamintao l'année suivante.

En 1989, les sœurs des Philippines retournent dans leur ancienne mission de Mindoro auprès des Mangyans. Elles s'installent cette fois à Santa Cruz, sur la côte, d'où elles peuvent atteindre plus facilement les villages de l'arrière-pays. En fait, le village de Sepuyo ne peut être rejoint qu'après deux heures de marche si la rivière est à gué ou cinq heures de trajet accidenté dans les collines. Les sœurs fournissent aux Mangyans une assistance technique en agriculture : prêt de semences et d'instruments aratoires, séminaires sur l'agriculture. Elles supervisent aussi l'installation d'écoles, catéchisent et veillent à la formation des professeurs. De plus, beaucoup d'efforts sont déployés pour instruire et conseiller les tribus sur leurs droits politiques. Ainsi, lorsque les Mangyans se voient concéder officiellement, en 1996, la possession de leurs terres ancestrales, sr Elizabeth Dominguez et ses compagnes voient leurs nombreuses démarches et demandes récompensées. En 2007, les MIC sont toujours en service à Santa Cruz.

En Haïti, sr Lucille St-Onge, infirmière à Roche-à-Bateau, lance en 1980 un ambitieux projet de réfection de la route qui relie les Cayes à la Côte Sud. Cette initiative audacieuse force la main des TPTC (Travaux publics, Transports et Communications) qui se sentent obligés d'emboîter

De jeunes bénéficiaires de la générosité des étudiants de Manille. Calamintao, Philippines, 1975-1980.

Former des citoyens responsables

Les MIC ne font pas que travailler à l'amélioration des conditions de vie des communautés. Elles se soucient également de former des individus responsables, des leaders qui assureront la pérennité des œuvres mises en place. C'est dans cette optique qu'elles offrent en maints endroits des cours ou des sessions de formation humaine et sociale, mettant l'accent sur la communication, la responsabilisation et le leadership.

En 1984, après plus de 20 ans d'enseignement des sciences domestiques à Chipata, sr Rita Guay constate qu'il faut faire plus pour la famille, première cellule chrétienne. Elle s'engage alors dans la pastorale familiale. À une époque où les méthodes de contraception gagnent du terrain, elle sent le besoin d'offrir une autre option aux couples pour qui trop d'enfants signifie aussi misère et pauvreté. Elle joint le Family Life Movement of Zambia et y suit un séminaire sur le contrôle naturel des naissances. Elles visitent les couples zambiens qui s'intéressent à la méthode qu'elle propose (méthode naturelle Billings). Dès lors, il ne s'agit plus uniquement d'offrir des sessions de formation, mais également de préparer des couples-animateurs. À leur tour, ceux-ci feront la promotion de la famille chrétienne et de la méthode naturelle de planification des naissances, une méthode qui «favorise le dialogue au sein du couple, la collaboration et l'ouverture à l'autre[30]». L'implication de sr Rita au sein du mouvement familial se poursuit jusqu'au début des années 1990.

Quant à sr Estelle Fontaine, c'est alors qu'elle est directrice de l'école Immaculée-Conception, à Morondava, qu'elle constate la présence de nombreux conflits, notamment entre parents et enfants au sujet de l'éducation, ou encore au sein du couple quant à la limitation des naissances. Comme il n'existe aucune aide dans ce domaine, elle décide de se spécialiser en pastorale familiale. Au cours de ses études, elle se familiarise avec la méthode «Gordon». Docteur en psychologie, Thomas Gordon est un pionnier dans les méthodes non violentes de résolution de conflit. De retour à Madagascar en 1978, sr Estelle commence à offrir des sessions Gordon sur la communication parents-enfants, des séances de sensibilisation sur la planification familiale, des consultations pour des problèmes familiaux et conjugaux.

Peu à peu, son travail dépasse le cadre familial et s'étend aux individus et aux groupes qui souhaitent vivre de meilleures relations interpersonnelles dans leur milieu de travail ou dans leur vie sociale. En 1993, le Centre d'Éducation permanente des Adultes (CEPA) ouvre ses portes à Tsaramasay. Propriété des MIC, ce centre est dirigé par sr Estelle Fontaine depuis son ouverture. Lieu de formation en communication pour étudiants, cadres d'entreprises, enseignants, ouvriers, ou simples citoyens, le CEPA souhaite «contribuer au mieux-être et au mieux-vivre des familles et de la société en collaborant à la croissance humaine et chrétienne des personnes et des groupes avec lesquels il entre en contact[31]».

le pas. Grâce à l'aide financière qu'elle reçoit, sr Lucille peut offrir un petit gagne-pain à de nombreux ouvriers. De plus, cette réalisation se veut une bénédiction pour les gens du coin puisqu'elle facilite le transport parfois si pénible et si long sur de courtes distances :

> [...] plus d'un chauffeur de camionnette et plusieurs hommes du bourg se rappellent les travaux de réfection de la route – combien « rocheuse », cahoteuse et dangereuse – exécutés à l'instigation de Sr Lucille St-Onge et sous sa supervision. On savait la taquiner : « intendante responsable de la voirie »[32].

C'est sans doute dans leurs missions d'Amérique latine que les projets communautaires MIC sont les plus nombreux. L'influence de la théologie de la libération se fait nettement sentir dans les années 1970 et 1980. Déjà présentes à Lima et Pucallpa, les MIC du Pérou choisissent en 1972 de s'établir à Yauri, dans la province d'Espinar. Située à près de 4000 mètres d'altitude, cette région minière est aride, froide et fort pauvre. La population, à majorité rurale, souffre de sous-alimentation et manque de ressources pour se vêtir convenablement. La pénurie de personnel médical et de soins de santé est notoire. L'éducation se limite souvent à une ou deux années de scolarité, les femmes demeurent sous-estimées et les structures politiques oppressives, malgré l'existence d'organisations syndicales. C'est dans ce contexte que sr Agnès Bouchard et sr Thérèse Bergeron, accompagnées d'une collaboratrice, sr Thérèse Charbonneau, s.s.c.j., inaugurent la mission. Leur engagement au niveau social est considérable. Un des premiers objectifs des sœurs de Yauri est d'éduquer les gens au sens coopératif. Parmi les projets MIC mis sur pied, soulignons la fondation et la supervision d'un centre de coopérative artisanale, l'organisation de jardins communautaires ainsi que deux projets d'approvisionnement en eau potable.

Au fil des ans, s'ajoutent à ces projets d'envergure une campagne de prévention des maladies et de promotion sanitaire, des cours de formation sociale aux dirigeants de communautés ainsi qu'aux catéchistes et leurs épouses afin de mieux les sensibiliser aux problèmes sociaux et politiques.

Dès son arrivée, sr Agnès Bouchard s'engage aussi auprès des ouvriers miniers. Le travail à la mine constitue pour plusieurs l'unique moyen de ne pas laisser leur famille mourir de faim. Les conditions d'extraction du minerai y sont extrêmement difficiles. L'exploitation des travailleurs est de plus en plus dénoncée et sr Agnès n'hésite pas à conseiller les mineurs dans leurs négociations. En 1991, le manque de personnel et la nécessité de regrouper les effectifs mènent à la fermeture de la mission de Yauri. Cependant, sr Agnès poursuit son engagement auprès des ouvriers miniers. Elle joint notamment la Commission épiscopale d'action sociale (CEAS) où elle coordonne diverses formes d'assistance, que ce soit au niveau de l'alimentation, de la santé, de la défense des droits ou de l'accompagnement pastoral.

Sr Agnès Bouchard livre un discours à l'occasion de la première convention des artisans mineurs. Assise à côté d'elle, sr Thérèse Lavoie. Yauri, Pérou, 2003.

Solidarité avec les opprimés

Les MIC n'hésitent pas à dénoncer les violations des droits humains. Où qu'elles soient, elles manifestent aux côtés des populations qui réclament la démocratie et la justice sociale. À Yauri, au Pérou, non contentes de protester contre l'exploitation des travailleurs miniers, les MIC prennent aussi parti pour les prisonniers : à leur demande, elles rédigent des communiqués radio rapportant le non-respect de leurs droits. En Haïti, au sein de la Conférence haïtienne des Religieux (CHR), elles dénoncent les excès révoltants des dictatures successives. Aux Philippines, les MIC s'engagent dans NAMFREL (National Movement for Free Elections), un mouvement pour des élections nationales libres et transparentes. En Zambie, elles participent aux marches de lutte contre la malnutrition, et demandent de façon répétée des salaires plus justes pour les travailleurs. Dans le même esprit d'action en faveur des droits humains, les sœurs de Madagascar deviendront membres de l'ACAT, l'Action chrétienne pour l'Abolition de la Torture. Dans la plupart des pays où œuvrent les MIC, ces gestes de solidarité ne sont pas sans danger. Elles partagent néanmoins avec ces populations les risques de la revendication.

Sr Gaétane Guillemette observe avec satisfaction les résultats des travaux: le forage du puits et l'installation de canalisations permettront aux gens de la région de bénéficier d'eau potable. Cochabamba, Bolivie, 1984.

À partir du milieu des années 1980, les projets sociaux se multiplient à Ancud, au Chili. Jardins familiaux, culture des algues, élevage d'escargots, apiculture, tous ces projets sont supervisés par sr Gilberte Perras en tant que directrice diocésaine de Caritas-Ancud :

> Dès mon arrivée à Caritas, j'étais convaincue d'une chose : le développement d'un peuple doit se faire par les gens de ce peuple, selon ses besoins, avec sa participation. Sinon l'aide apportée devient facilement de l'exploitation[33].

Au bureau central de Caritas-Chili, les demandes d'aide affluent. Trop pauvres, les paysans manquent de moyens efficaces pour sortir de leur misère. Sans instruction, ils sont facilement la proie des profiteurs. Lorsqu'un projet est soumis, sr Gilberte et son équipe se rendent sur place pour évaluer la situation avec les gens de l'endroit et aider à trouver des solutions. « La mission, un dialogue ? Oui, à condition de respecter son interlocuteur, de le laisser s'exprimer, de le considérer comme un partenaire à part égale. En Amérique du Sud, Caritas-Chili l'a compris », précise sr Gilberte qui reste en poste jusqu'en 1996[34].

Les MIC de Cochabamba, en Bolivie, en service à l'Institut d'Éducation rurale, collaborent aussi à différentes œuvres sociales à partir des années 1980 : un projet d'eau potable pour Cochabamba et les environs, un projet d'exportation de tricots, l'organisation de centres ruraux pour la culture maraîchère et l'organisation de serres expérimentales. Il en va de même à Totonicapán, au Guatemala, où les sœurs prennent part à quelques projets communautaires dès la fin des années 1960 : projet d'agriculture avec cours donnés par des agronomes, construction de poêles à coût modique et supervision d'un important chantier de reconstruction à la suite du tremblement de terre de 1976.

Le respect des plus humbles

L'œuvre sociale des Sœurs Missionnaires de l'Immaculée-Conception s'est considérablement diversifiée au fil des ans. Mais pour que les sœurs puissent mettre sur pied des projets communautaires dans les régions isolées des Andes péruviennes ou auprès des communautés autochtones du sud des Philippines, une révolution aura été nécessaire. Révolution au sein de la société, qui reconnaît enfin aux femmes le droit de «faire des choses» en dehors de leur champ d'action traditionnel, et révolution aussi au sein de l'Église, qui permet enfin cet «aller vers».

Une constante, toutefois, émerge de la multiplication des œuvres sociales: le respect des plus humbles. Où qu'elles aillent, quoi qu'elles fassent, les MIC, par leur simplicité et leur ardeur au travail, se gagnent la confiance des plus démunis. À cet égard, le témoignage de sr Marie Fugère qui a passé 31 ans en Haïti est on ne peut plus éloquent:

> J'ai bien aimé vivre à la campagne dans la pauvreté et la simplicité. Aux Coteaux, nous avons remplacé des Sœurs […], lesquelles n'avaient pas nos coutumes de travail manuel et de respect des plus humbles, etc. Alors, en me voyant travailler manuellement et en me voyant traiter tout le monde sans hiérarchie, on me prenait pour une ancienne esclave. […] J'ai aidé au développement en dirigeant de gros travaux comme la création d'un cimetière, la construction de nos maisons, la plantation de beaucoup d'arbres divers. J'ai même enseigné la maçonnerie. […] J'ai montré à lire, à écrire, à compter à nos employés. J'ai visité les paysans, les pauvres[35].

Notes

1. AMIC, Lettre de Délia Tétreault aux sœurs d'Outremont, 30 octobre 1922.
2. Matthieu 25,35-40.
3. AMIC, Corinne Bourassa, Interview Mandchourie, mars 1991.
4. Jacques Bernier, *La Condition ouvrière à Montréal à la fin du XIXe siècle, 1874-1896*. Thèse de maîtrise, Université Laval, 1971, p. 75-76 cité dans Le collectif Clio, *L'histoire des femmes au Québec depuis quatre siècles*, Montréal, Quinze, 1992, p. 176.
5. *Ibid.*
6. Lettre de Zénaïde Marcoux (sr Marie-de-Lourdes) à Délia Tétreault, février 1910.
7. Récit de Gratia Blanchette, «Lumière sur l'œuvre des "petits Chinois"», *Le Précurseur*, mai-juin 1985, p. 238.
8. Lettre de Mgr A. Rayssac [Canton] à Délia Tétreault, 20 décembre 1915.
9. Texte d'une missionnaire de Canton, «De Montréal à Canton. Notes de voyages d'une Sœur Missionnaire de l'Immaculée-Conception», *Le Précurseur*, mai 1920, p. 11.
10. Marie-Paule Blanchet, «Il y a 10 ans», *Le Précurseur*, mai-juin 1966, p. 120-124.
11. AMIC, Céline Trudeau, Mémoires vivantes (Bolivie), février 2004.
12. AMIC, Paule Charpentier, Mémoires vivantes, décembre 2003.

13. AMIC, Gratia Blanchette, *Autobiographie*, manuscrit dactylographié, 1984, p. 51-52.
14. Rachel Blanchette, «Asile du Cap-Haïtien : vestibule du paradis», *Le Précurseur*, sept-oct. 1965, p. 512-518.
15. Les MIC écrivent indifféremment Fong Tsung ou Fong Chuen. Il n'a pas été possible de retracer ce petit village près de Canton pour lui donner son nom exact en pinyin.
16. AMIC, Marie-Jeanne Fortin, «Ils ont répondu à l'appel», *L'Écho*, 1ᵉʳ septembre 1979, p. 14.
17. *Ibid.*
18. AMIC, Chroniques de Mzimba, juillet 1985.
19. Evelyn O'Neill, «L'année des handicapés en Zambie», *Le Précurseur*, mars-avril 1981, p. 242.
20. *Ibid.*
21. Diana Chaîné, «Apostolat social à Las Pinas», *Le Précurseur*, janv.-fév. 1968, p. 47.
22. Mésina Paulémon, «Un chemin d'engagement», *Le Précurseur*, mars-avril 1991, p. 53-55.
23. Citation de Marguerite Hétu dans *50 ans de vie M.I.C. en Haïti*, 1993, p. 66.
24. Claire Desrochers, «Un nouveau champ d'apostolat : les employées domestiques», *Le Précurseur*, juillet-août 1975, p. 266-267.
25. Lettre du chanoine G.M. Le Pailleur à Mᵍʳ Bruchési, le 13 novembre 1913 cité dans *Les trente premières années de l'Institut des Sœurs Missionnaires de l'Immaculée-Conception, 1902-1932*, Chroniques de l'Institut, Côte-des-Neiges, 1962, p. 208.
26. *Semaine religieuse de Québec*, n° 9, novembre 1923, p. 136-137.
27. AMIC, Reina Martel, Mémoires vivantes (Service auprès de réfugiés du sud-est asiatique), octobre 2003.
28. Extrait d'une lettre de sr Suzanne Longtin publiée dans MIC-O, octobre 1974, p. 65.
29. AMIC, Céline Trudeau, Mémoires vivantes (Bolivie), février 2004.
30. Rita Guay, «Défi pour le couple zambien», *Le Précurseur*, mars-avril 1992, p. 250.
31. AMIC, Centre d'Éducation permanente des Adultes, Statuts, chapitre 2 : buts et activités, s.d.
32. Citation de Marguerite Hétu dans *50 ans de vie M.I.C. en Haïti*, 1993, p. 19.
33. Gilberte Perras, «Des réalisations qui poussent à rêver encore», *Le Précurseur*, mars-avril 1986, p. 50.
34. *Ibid.*
35. AMIC, Marie Fugère, Mémoires vivantes, avril 2003.

CHAPITRE 9

Faire connaître le bon Dieu

> *… faire connaître le bon Dieu,*
> *c'est notre œuvre principale, c'est la fin de notre Institut.*
>
> Délia TÉTREAULT[1]

L ES ŒUVRES D'ENSEIGNEMENT, de santé et d'action sociale menées tous azimuts par les Sœurs Missionnaires de l'Immaculée-Conception depuis leur fondation ne doivent pas faire oublier le principal objectif poursuivi par la communauté : l'évangélisation des populations non chrétiennes. En effet, les œuvres MIC constituent des moyens, des stratégies, qui permettent aux missionnaires de faire connaître le bon Dieu. Les sœurs, comme le rappelle à plus d'une reprise la fondatrice, sont d'abord et avant tout des catéchistes et l'enseignement de la doctrine chrétienne demeure la finalité première de leur engagement. L'ébauche des Constitutions ne laisse aucun doute à ce sujet :

> Les moyens d'action en pays infidèles seront l'exercice de toutes les œuvres de miséricorde spirituelle et corporelle suivant les besoins locaux, mais avant tout l'enseignement de la doctrine chrétienne. Chaque sujet, comme la société elle-même, ne doit pas perdre de vue que son unique affaire en ce monde est la gloire de Dieu et le salut des âmes[2]…

C'est là, d'ailleurs, l'objectif de toutes les entreprises missionnaires depuis les débuts de la chrétienté. Celles-ci constituent une réponse à

Sr Honora Reid donne une leçon de catéchisme, à l'aide d'images, à des patients de l'Hôpital chinois de Manille. 1927.

l'exhortation du Christ aux apôtres : «Allez donc, de toutes les nations faites des disciples, les baptisant au nom du Père et du Fils et du Saint-Esprit, leur apprenant à observer tout ce que je vous ai prescrit» (Mt 28, 19-20). Si le but poursuivi reste le même au fil des ans, des changements dans la manière de faire sont néanmoins perceptibles. Les missions catholiques des 16ᵉ et 17ᵉ siècles visaient à faire le plus grand nombre de convertis, sans grands égards pour la culture et les croyances des peuples missionnés. L'élan missionnaire du 19ᵉ siècle, pour sa part, n'a pu échapper au sentiment de supériorité des puissances coloniales. Le milieu du 20ᵉ siècle, toutefois, annonce un tournant majeur dans le processus d'évangélisation.

Les revendications nationalistes des pays colonisés de même que l'ouverture prônée par Vatican II et l'influence de la théologie de la libération se conjuguent d'heureuse façon pour faire de la mission, dans le dernier tiers du siècle, un véritable espace de dialogue et de collaboration. Il ne s'agit donc plus d'imposer sa foi et de « civiliser » les infidèles, mais plutôt de partager, dans le respect des différences culturelles et religieuses, les préceptes de sa religion.

Cette nouvelle conjoncture entraîne aussi la redéfinition du rôle des instituts missionnaires. Dans l'encyclique *Evangelii Præcones* (1951), Pie XII reconnaît enfin la maturité du clergé indigène et précise le rôle de soutien qu'aura dorénavant le personnel religieux en mission :

> L'Institut religieux dont les membres ont labouré au prix de leur sueur le champ du Seigneur, lorsqu'un décret du Conseil Supérieur de la Propagation de la Foi confie à d'autres ouvriers la vigne cultivée par eux et déjà couverte de fruits, ne doit pas nécessairement l'abandonner tout à fait ; mais ce sera faire œuvre utile et convenable que de continuer à aider le nouvel Évêque choisi dans le peuple du lieu. De même, en effet, que dans tous les autres diocèses du monde, des Religieux aident la plupart du temps l'Évêque local, de même dans les régions de Missions, les Religieux, bien qu'originaires d'une autre nation, ne cesseront pas de mener le combat comme des troupes auxiliaires[3].

Les textes conciliaires (1963-1965), et plus particulièrement le décret *Ad Gentes* sur l'activité missionnaire, réitèrent en outre la place privilégiée de l'Évangile dans l'œuvre missionnaire. Ainsi, les instituts sont appelés à remettre en question certaines œuvres de suppléance, des tâches administratives, par exemple, qui pourraient être confiées à des laïcs, afin de se consacrer davantage à l'enseignement de la Bonne Nouvelle :

> Les Instituts de vie active, qu'ils poursuivent ou non une fin strictement missionnaire, doivent se poser sincèrement devant Dieu la question de savoir s'ils peuvent étendre leur activité en vue de l'expansion du Règne de Dieu parmi les païens ; s'ils peuvent laisser à d'autres certains ministères, de façon à dépenser leurs forces pour les missions[4] [...]

Dans *Evangelii Nuntiandi*, publié en 1975, Paul VI propose un véritable manuel de l'évangélisation : définition, contenu, moyens, populations ciblées, personnel missionnaire, tout a été repensé à la lumière des objectifs de Vatican II. Ce texte, qui devient rapidement un document de référence pour les acteurs de la mission, place le salut en Jésus-Christ au cœur du message et insiste, entre autres, sur l'importance de la première annonce : «Révéler Jésus-Christ et son Évangile à ceux qui ne les connaissent pas, tel est, depuis le matin de la Pentecôte, le programme fondamental que l'Église a assumé comme reçu de son Fondateur[5]. » Enfin, inspirées par la théologie de la libération, élaborée par le dominicain péruvien Gustavo Gutiérrez au début des années 1970, les missions en général, mais particulièrement celles d'Amérique latine, connaissent, dans les années 1970 et 1980, un recentrage certain vers les pauvres et les opprimés.

Ces nouvelles conditions influencent-elles l'œuvre missionnaire poursuivie par la communauté MIC ? Sans aucun doute. Déjà, dans les chapitres précédents, nous avons pu en constater l'impact, que ce soit au niveau de la formation des sœurs – dès la fin des années 1960, une majorité d'entre elles optent pour les sciences religieuses – ou encore au niveau de l'orientation prise par les chapitres provinciaux et généraux. Après Vatican II, à mesure que les textes conciliaires sont digérés et interprétés, on assiste à un réalignement des priorités chez les MIC: partout, des œuvres de santé et d'éducation sont remises aux divers gouvernements ou à des communautés autochtones alors que les sœurs décident de consacrer une plus grande part de leur énergie à l'apostolat «direct». Ce passage ne se fait pas toujours sans heurt. Plusieurs, à l'instar de sr Henriette Lapierre en Haïti, acceptent mal que des années de dévouement et d'engagement soient désormais perçues comme une œuvre «indirecte». Des réflexions profondes s'amorcent pour comprendre la signification réelle des changements proposés :

> On était en 1978. Après une rencontre à Port-au-Prince, des Sœurs du Limbé étaient arrivées, nous annonçant qu'il était question d'évangélisation directe et indirecte maintenant. Et qui était dans l'évangélisation directe ? Celles qui faisaient la catéchèse directement et qui allaient partout dans les montagnes et qui allaient dire la Bonne Nouvelle. Ça, c'était du pur ! Tandis que l'évangélisation indirecte, c'était celles qui étaient à côté de tout ça. Même les écoles

Quelques enfants assistent à une leçon de catéchisme dispensée par sr Léocadie Landry. Taipei, Taiwan, 1959.

y passaient, ce n'était pas direct. [...] Alors, j'ai dit à ma compagne, Yolande Renaud : « Écoute, Yolande, il ne faut pas s'en faire avec ça, ce n'est pas vrai, ce n'est pas ça cette affaire-là ! Ouvre ta Bible et regarde dans Matthieu 25 qu'est-ce qui est dit : "J'ai eu faim et vous m'avez donné à manger, j'ai eu soif et vous m'avez donné à boire". » C'est à travers ces mots-là qu'il faut lire dans quoi vit l'homme créé par Dieu. [...] Là, j'ai dit non, il faut que j'aille discerner à ce sujet-là[6].

Par leurs œuvres d'éducation, de santé et d'action sociale, les MIC ont à coup sûr fait œuvre d'évangélisation et les chapitres précédents témoignent de cet engagement à la fois social et évangélique. Parallèlement à leurs activités pédagogiques ou aux soins de santé, elles ont également fait de l'apostolat « direct » : catéchèse et animation missionnaire sont au programme bien avant Vatican II. À partir de la fin des années 1960, cet apostolat occupe toutefois une place de plus en plus grande au sein des activités MIC. Il se diversifie aussi, comme nous le verrons dans ce chapitre. Ainsi, les sœurs veillent non seulement à former des chrétiennes et des chrétiens exemplaires, mais elles entretiennent, par de nombreuses activités, l'esprit religieux et missionnaire des populations converties.

Former des chrétiens exemplaires

Avec un premier projet d'école apostolique, Délia Tétreault montre déjà un souci évident de recruter et former des sujets féminins bien préparés pour le service de l'Église. Même après la fondation de son Institut missionnaire, cette préoccupation ne la quitte pas. Que ce soit au Canada ou à l'étranger, elle continue d'être sensible à cette réalité. Les écoles apostoliques, les nombreux noviciats MIC et le travail d'encadrement et de formation des communautés autochtones témoignent de la volonté constante d'offrir à la chrétienté des agentes modèles. Ce souci de formation ne se limite pas aux futures religieuses. Très tôt, Délia voit tout le potentiel que l'Église peut tirer de laïcs engagés. C'est ainsi que des partenariats fructueux avec des associés MIC ou des laïcs missionnaires s'organisent en maints endroits. Enfin, la présence insuffisante du clergé dans les régions éloignées de la plupart des pays de mission rend urgente et essentielle la formation de leaders, d'individus capables de transmettre la Parole de Dieu et d'animer la foi dans leur communauté.

De futures religieuses

Une école apostolique, où l'on se propose de préparer des sujets plus aguerris pour les congrégations religieuses qui œuvrent dans les missions *ad extra*, constitue, comme nous l'avons vu, le premier projet missionnaire de Délia Tétreault. Ouverte en 1902, sur le modèle de celle tenue par les Dames du Sacré-Cœur à Armagh, en Irlande, cette école représente une première au Canada. Après deux ans de fonctionnement, elle affiche toutefois des résultats plutôt décevants: peu de jeunes filles s'y présentent. À la fin de 1904, Délia obtenant du pape Pie X la permission de fonder un institut missionnaire, quelques-unes de ces aspirantes deviennent alors les premières novices MIC. Est-ce la fin de l'École apostolique d'Outremont ? Pas encore. Malgré son peu de succès initial, Délia souhaite la maintenir ouverte et fait de nombreux efforts de promotion pour attirer des jeunes filles intéressées à la vie religieuse et missionnaire. En vain, semble-t-il, puisque l'école ferme ses portes en 1910.

Mise en veilleuse par manque de sujets, l'idée d'une telle école n'est toutefois pas abandonnée par la fondatrice des MIC qui en voit tout l'intérêt pour la formation et la préparation de futures missionnaires. Elle relance donc un projet similaire à Rimouski en 1921. Cette fois, en plus de la préparation religieuse, l'école offre une formation scolaire de niveau secondaire avec brevet à la clé. Jusqu'en 1967, les sœurs de Rimouski y accueillent des candidates qui aspirent à la vie religieuse. Leur nombre varie selon les années : parfois aussi peu nombreuses que six ou sept, les aspirantes sont habituellement autour d'une quinzaine. Un autre établissement du genre voit le jour à Sainte-Marie-de-Beauce en 1932, mais il reçoit peu de candidates et ferme ses portes en 1943. Quant au juniorat Notre-Dame-des-Missions de Chicoutimi, il offre aux jeunes filles la possibilité de suivre le cours secondaire jusqu'en 10e et 11e année, en option générale ou scientifique. Entre 1955 et 1966, 225 étudiantes fréquentent l'établissement qui ferme l'année suivante, incapable de répondre à toutes les exigences posées par le ministère de l'Éducation du Québec. Plusieurs de ces « apostoliques » ou « junioristes » choisissent de poursuivre leur engagement religieux chez les MIC ou au sein d'autres congrégations religieuses. D'autres optent tout simplement pour une vie laïque.

Ce type d'établissement est aussi expérimenté en mission. À Morondava, Madagascar, les MIC dirigent une école et un pensionnat depuis leur arrivée en 1952. En 1955, elles décident d'ajouter à ces œuvres une école apostolique. Trois de leurs grandes élèves deviennent les premières candidates et vivent à l'écart des autres pensionnaires. Tout en faisant leur apprentissage, elles rendent plusieurs services domestiques (cuisine, lavage, repassage). Malheureusement, le nombre d'aspirantes n'augmente pas, ou si peu, et le projet est abandonné en 1962.

À Taipei, en 1961, les sœurs transforment leur ancienne résidence en école apostolique. L'Institut assume en tout ou en partie les frais

Session d'information et de réflexion pour aspirantes MIC, avec sr Anita Perron
et sr Monique Larouche. Cochabamba, Bolivie, 1994.

d'instruction de ces jeunes filles qui fréquentent également l'école voisine
du couvent afin de terminer leurs études secondaires. Elles ne sont jamais
bien nombreuses et malgré l'arrivée de huit nouvelles jeunes filles en 1967,
l'école ferme ses portes en 1970. Six de ces « apostoliques » ont fait leur
entrée chez les MIC.

Le dernier essai a lieu à Cochabamba, en Bolivie. Les sœurs y fondent
l'École apostolique Délia-Tétreault qui fonctionne de 1984 à 1989. Le
nombre de filles, toutes issues de la campagne bolivienne, y varie entre 8
et 12 chaque année. Le projet, élaboré en collaboration avec des missionnaires d'autres communautés religieuses qui y envoient des aspirantes,
s'avère toutefois plus difficile que prévu sur le plan financier. En 1989,
l'École change de vocation et se consacre plutôt à la formation de catéchètes et de promotrices en milieu rural.

Somme toute, mis à part l'École apostolique de Rimouski et le juniorat
de Chicoutimi, les autres initiatives n'ont guère connu de succès, du moins
en termes de taux de fréquentation. Néanmoins, l'objectif poursuivi par

Délia Tétreault et ses filles est demeuré le même au fil des essais : offrir une formation de qualité, tant scolaire qu'apostolique, à de futures religieuses et missionnaires.

La qualité de la formation offerte aux candidates MIC est également une préoccupation constante pour la communauté. C'est pourquoi, à partir de 1953, l'Institut inaugure une série de postulats et de noviciats en pays de mission. Le nombre de candidates non canadiennes étant à la hausse, il était devenu de plus en plus évident pour les sœurs que l'entrée de toutes ces nouvelles recrues au noviciat de Pont-Viau, au Québec, ne constituait pas la meilleure façon de les former. En plus de faire l'apprentissage de la vie religieuse, celles-ci devaient vivre un difficile processus d'adaptation et d'intégration socioculturelle.

Tableau 9.1

Nombre de postulantes reçues dans les principaux noviciats MIC en mission

Pays	Ouverture	Nombre de postulantes reçues jusqu'en 2005[7]
Japon	1953	35
Philippines	1955	180
Haïti	1958	100
Hong Kong	1964	22
Cuba	1965	35
Taiwan	1965	23
Madagascar	1966	88
Pérou	1975	52
Zambie	1985	40

Dans leur propre pays, les candidates peuvent se concentrer davantage sur la formation à recevoir : cours de doctrine, de spiritualité, de chant liturgique, mais aussi d'économie domestique (cuisine, ménage, lessive, couture) et apprentissage apostolique (catéchèse, animation missionnaire). Sr Agathe Durand décrit ainsi la vie au noviciat d'Antsirabe, à Madagascar, au début des années 1980 :

> La vie chez nous, c'est chaque dimanche matin le rassemblement de 150 enfants de notre quartier [...] pour une heure de catéchèse que leur donnent

Quelques postulantes de Trou-du-Nord à l'étude. Haïti, 1988.

les novices et les postulantes. […] c'est, dix mois sur douze, le rendez-vous des novices et des postulantes pour les cours de l'Inter-Noviciat : l'une des pièces de la maison se transforme en classe, trois, quatre, cinq fois la semaine pour des cours de doctrine, de spiritualité, de chant liturgique. […] c'est sr Claire Guérard qui pense la vie alimentaire et passe jour après jour sa compétence et ses recettes aux novices et postulantes. […] La vie chez nous, c'est le temps donné au ménage, à la lessive, à la couture, car l'on ne vit pas que d'étude et de prière[8] !

Nombreuses sont les sœurs qui, comme sr Agathe et sr Claire, ont consacré temps et énergie à la formation de futures Missionnaires de l'Immaculée-Conception, que ce soit au noviciat de Pont-Viau ou en pays de mission : une œuvre d'initiation qui nécessite à la fois patience et doigté.

Des communautés autochtones

En maintenant ses projets d'écoles apostoliques malgré la fondation de son propre Institut missionnaire, Délia Tétreault fait preuve d'ouverture. Après tout, le principe de telles institutions est bel et bien de préparer des sujets féminins pour différentes communautés religieuses. Or ce souci d'œuvrer pour le plus grand bien de l'Église se manifeste également dans le soutien qu'offrent les MIC à diverses communautés autochtones. Cet engagement débute très tôt, dès la première mission de Chine.

À leur arrivée, les pionnières de Canton se voient confier, outre la crèche et l'orphelinat, la direction de 25 Chinoises regroupées en une association de vierges catéchistes. Pendant une douzaine d'années, elles supervisent la formation de ces jeunes femmes. En 1923, Mgr Antoine Fourquet, vicaire apostolique de Canton, transforme cette association des Vierges catéchistes de l'Immaculée-Conception en communauté religieuse à vœux simples. Au début des années 1940, quelques orphelines, élevées par les MIC, forment à leur tour une société de vierges chinoises sous le nom d'Association Notre-Dame de la Providence. Ayant fait vœu de chasteté, ces jeunes femmes assistent les missionnaires dans leur travail : catéchisme, enseignement, etc. En retour, les sœurs voient à leur offrir un solide encadrement religieux. Il est à peine question de transformer cette association en congrégation religieuse que la révolution communiste vient interrompre ce projet.

À Tsungming, les sœurs commencent par s'occuper d'une école apostolique – il s'agit en fait d'un genre de postulat – qui accueille des aspirantes pour la future communauté chinoise des Sœurs Thérésiennes. Trois ans plus tard, en 1931, le noviciat est érigé et neuf jeunes Chinoises forment le noyau du futur institut religieux. Les MIC veillent à la formation des novices et des jeunes professes. Elles supervisent leur vie religieuse jusqu'à ce que les plus anciennes professes aient acquis suffisamment d'expérience pour prendre en charge la destinée de leur communauté, en 1941. En Mandchourie, les MIC acceptent un mandat similaire. À Leao Yuang, de jeunes orphelines chinoises recueillies par les MIC constituent les premières aspirantes des Sœurs de Notre-Dame-du-Rosaire, une communauté indigène fondée à la demande de Mgr Lapierre. Le noviciat ouvre ses portes en 1930. L'année suivante, il est transféré à Szepingkai à la suite d'une attaque de brigands. Comme à Tsungming, les MIC veillent à la formation et à l'encadrement religieux des novices et des jeunes professes jusqu'en 1943. En 1939, à Süchow, les MIC président également à l'érection d'une école destinée à recevoir les aspirantes des Présentandines, une autre congrégation religieuse autochtone, mais le déclenchement de la guerre et l'internement des sœurs mettent fin au projet.

Au début des années 1990, les MIC profitent d'une certaine détente du côté de la Chine communiste pour faire quelques incursions dans le pays. Comme nous l'avons vu, elles enseignent notamment l'anglais, incognito, dans les universités ou collèges chinois. À partir de 1995, sr Celia Chua s'y rend au moins une fois par année pour donner retraites, cours et conférences à des communautés religieuses locales. Pendant 10 ans, elle y effectue plusieurs séjours plus ou moins prolongés. Les invitations viennent d'évêques, ou des congrégations elles-mêmes, qui souhaitent obtenir des informations sur le leadership, les programmes de formation initiale ou continue, et même la rédaction de constitutions.

En 1995, je suis allée seule donner deux courtes sessions sur la vocation religieuse à 35 novices du diocèse de Shanghai et à une vingtaine de sœurs à

Il existe encore aujourd'hui, en Chine, quelques représentantes des Sœurs Thérésiennes et des Sœurs de Notre-Dame-du-Rosaire qui gardent un bon souvenir des MIC. Des liens ont été renoués à partir des années 1990. Sur cette photo, Mgr Louis Aldémar Lapierre, évêque de Szepingkai, sr Béatrice Lareau et sr Jeanne Caron lors de la première profession des Sœurs de Notre-Dame-du-Rosaire en 1933.

Tsungming. […] En 1997, j'ai donné deux semaines de conférence sur la spiritualité et la prière aux scolastiques du même diocèse et une semaine à 35 sœurs du diocèse de Ling Po. Ensuite, en 1998, j'ai été invitée à enseigner à 50 sœurs à Xi'an le rôle de l'Esprit saint dans la vie religieuse. Pour moi, cette expérience, quoique courte, est une preuve de la fidélité de la présence MIC en Chine continentale[9].

À partir des années 2000, d'autres MIC dont sr Mary Hsu, sr Marthe Lai, sr Pauline Yuen et sr Huguette Chapdelaine se rendent aussi régulièrement en Chine continentale afin d'y offrir, à leur tour, retraites, cours et sessions de formation.

Les Missionnaires de l'Immaculée-Conception offrent ce type de soutien et d'encadrement dans d'autres pays. Au début des années 1950, elles sont sollicitées pour former et superviser une communauté autochtone naissante, les Sisters of the Holy Rosary, à Katete, au Malawi. Sr Madeleine Loranger participe, en 1951, à la fondation de l'Institut en préparant la première cohorte de cinq candidates. L'année suivante, sr Bernadette Dumas commence la formation initiale des jeunes filles en inaugurant le noviciat. En 1956, ce dernier déménage à Rumphi. Pendant une dizaine d'années, sr Bernadette continue d'offrir ses services à la jeune communauté malawite : telle une supérieure générale, elle visite les sœurs et veille à la formation de chacune. Les MIC se retirent, en 1969, lorsque les Sisters of the Holy Rosary acquièrent leur autonomie. En 1981, au moment de préparer seules pour la première fois leur chapitre général – un père s'en chargeait auparavant –, elles demandent à nouveau l'aide des MIC. Sr Pauline Longtin partage avec les futures capitulantes les méthodes d'organisation et d'animation d'un chapitre général, de l'élaboration des desiderata jusqu'à la clôture, en insistant sur l'importance des élections du conseil général. La contribution des MIC est à nouveau requise au début des années 1990, cette fois pour divers cours aux postulantes et novices de Rumphi : sr Gisèle Leduc et sr Yolanda Oducado leur enseignent notamment l'anglais, l'histoire de l'Église, l'histoire du Salut et la Vie communautaire.

Toujours au Malawi, les MIC acceptent en 1978 la direction d'un centre de formation continue, le Center of Ongoing Formation, dans le diocèse de Dedza. À la demande de sr Suzanne Lachapelle, directrice et responsable de la formation, sr Pauline Longtin vient offrir, en 1979, une session de huit jours sur les vœux et la spiritualité de la vie religieuse. Une vingtaine de sœurs de sept communautés différentes y participent.

En Zambie, les MIC offrent également de nombreux services à une communauté autochtone de Chipata, les Good Shepherd Sisters. Les premières candidates sont réunies par Mgr Mazombwe, évêque de Chipata, au centre domestique des MIC pour une retraite à la toute fin de l'année 1977. Quelques jours plus tard, il y a messe à la cathédrale et promesses

Sr Francine Ravaoarilala et sr Marie-Paule Sanfaçon photographiées en compagnie de l'assistante-générale des Sisters of the Holy Rosary, sr Mary Kaunda, et de la supérieure générale, sr Jane Rose Nkhana (à droite). Mzuzu, Malawi, 2002.

Un institut de formation au service des Églises du Sud-Est asiatique

En poste aux Philippines, sr Jacqueline Blondin œuvre depuis 1948 dans l'enseignement, lorsqu'elle décide de retourner aux études, à l'instar de nombreuses consœurs, au milieu des années 1950. Elle choisit de se spécialiser dans le domaine des médias et des communications et obtiendra un doctorat de l'Université du Michigan, aux États-Unis, en 1974. Entre-temps, mieux connue sous le nom de « sister Jackie », elle fonde, en 1964, le SEMI (Summer Educational Media Institute), un organisme affilié à certaines universités de Manille, qui offre des cours sur l'usage de l'audiovisuel et divers séminaires sur les médias.

En 1975, sr Jacqueline élargit le mandat du SEMI afin de proposer un programme en développement organisationnel. C'est ainsi qu'elle met sur pied le SAIDI (Southeast Asia Interdisciplinary Development Institute), un institut d'études supérieures consacré aux communications ainsi qu'à la planification et à la gestion d'organisations et de ressources humaines. Les formations s'adressent aux administrateurs, aux enseignants et aux gestionnaires.

À l'évidence, les programmes universitaires formels de SAIDI ne peuvent être les seuls proposés si l'Institut veut atteindre des objectifs apostoliques. Ils sont trop lourds et trop exigeants pour répondre aux besoins les plus urgents des Églises et des organismes sociaux. Un programme adapté, le Working Conferences in Decision Making and Community Building, est donc rapidement mis en place. Il connaît un franc succès auprès des supérieurs d'instituts religieux, des évêques de divers pays asiatiques

En visite à Pont-Viau en 1979, sr Jacqueline Blondin présente le programme de SAIDI. Peu avant son décès, en 1984, elle a préparé la reconnaissance de la Saidi Apostolic Society. Aujourd'hui, sous le nom de Mary Mother of the Church Community (MMCC), cette communauté reconnaît sr Jacqueline comme sa fondatrice.

et des organisations internationales de développement social. Devant la demande croissante, plusieurs formations destinées au personnel religieux sont offertes, telles que l'ARFI (Asian Religious Formation Institute Program) et le RPSA (Renewal Program in the Service of Authority).

En quelques années, SAIDI devient un institut universitaire de haut niveau capable d'offrir une formation en développement organisationnel tant aux gestionnaires d'entreprises qu'aux gestionnaires de l'Église. Sr Jacqueline Blondin, fondatrice, en assure la direction et la coordination jusqu'en 1983.

des premières recrues. Les MIC acceptent de confectionner leurs costumes et leur offrent des sessions de formation pendant toute une année. À partir de 1980, et pour de nombreuses années, le Our Lady Homecraft Center devient une sorte de pré-postulat pour les candidates des Good Shepherd Sisters. Sous la direction de sr Yvette Demers pour les sciences domestiques, elles suivent aussi les cours de sr Evelyn O'Neill sur les communications et ceux de sr Pauline Williams sur la Bible et la formation à la vie communautaire. Il arrive aussi que certaines novices viennent y faire une retraite préparatoire à leur engagement. Sr Victoria Chirwa, invitée à quelques reprises pour animer des récollections, agit en outre en 2002 comme modératrice lors de leur pré-chapitre général.

La congrégation des Sœurs de Notre-Dame-d'Haïti est fondée en 1951, au Cap-Haïtien, par Ulna Prophète, sous la direction du père Maurice Choquet, de la Congrégation de Sainte-Croix. Après 10 ans d'existence, le recrutement s'avère toujours des plus difficiles pour la petite communauté. Il faut dire que la direction du père Choquet, devenu évêque auxiliaire, ne fait pas l'unanimité. Devant le refus de deux congrégations européennes de prêter une sœur haïtienne pour aider à leur relance, les Sœurs de Notre-Dame-d'Haïti demandent à Mgr Choquet de s'adresser aux MIC. Sr Jeannette Dufresne, approchée pour ce service, hésite, prie, réfléchit et, finalement, accepte de sortir temporairement de son institut afin de devenir supérieure générale de cette communauté haïtienne en difficulté. En juillet 1961, elle est reçue avec beaucoup de joie dans la

Un brin de causette entre sr Jeannine Forcier et une sœur des Good Shepherd. Chipata, Zambie, 1983.

maison de Notre-Dame-d'Haïti, au Cap-Haïtien. Malgré tous ses efforts, les résultats ne sont pas au rendez-vous. En 1967, l'Institut est dissout et on invite les sœurs à se joindre à d'autres congrégations. Sr Jeannette rentre donc au bercail après un peu plus de six ans d'absence.

La situation des Petites Sœurs et des Petits Frères de Sainte-Thérèse-de-l'Enfant-Jésus, deux congrégations haïtiennes de Rivière-Froide, au sud de la capitale, connaît un dénouement fort différent. Après avoir écouté le père Godefroy Midy, un jésuite de Port-au-Prince, lui parler de la condition de ces deux jeunes Instituts, un matin de 1978, sr Henriette Lapierre met au point un ambitieux plan pour relancer ces communautés religieuses méprisées par la population :

> Je me suis réveillée brusquement en pleine nuit… il y avait tout un plan qui se dessinait dans ma tête […]. Toutes ces communautés autochtones, presque des analphabètes, quoi! […] [Le père Midy] m'avait raconté comment elles étaient bafouées : on les appelait les hébétées, les épaisses […] et personne ne voulait les écouter. […] C'est là que je me suis dit : « Qu'est-ce qu'on fait ? » Le mieux, le plus rapide, le plus urgent, c'est le rattrapage académique. Mais quelle dimension! 180 Sœurs puis 70 Frères, c'est de l'argent! Qu'est-ce que ça coûte tout ça ? Et puis, on ne peut pas les mettre dans les petites écoles du bord en Haïti. C'est dans la ville de Port-au-Prince, puis c'est dans les bons collèges qu'il faut les mettre! Dans ma pensée éveillée, ça disait : *La solidarité des Églises avec une autre Église, la solidarité canadienne avec l'Église haïtienne, les religieux de l'Église canadienne avec les religieux haïtiens.* […] Je voyais dix ans de rattrapage[10] […]

Le plan de sr Henriette consiste, dans un premier temps, à instituer un rattrapage scolaire subventionné par la Conférence religieuse canadienne (CRC) en solidarité avec la Conférence haïtienne des religieux (CHR). Après avoir surmonté bien des obstacles, le projet prend forme. Dans le cadre de son projet de 25e anniversaire, la CRC accepte de fournir une aide financière qui se maintiendra pendant près de 15 ans. De nombreuses congrégations, tant en Haïti qu'au Canada, offrent aussi leur soutien. Par conséquent, au-delà du rattrapage prévu, plusieurs religieuses et religieux peuvent poursuivre des études supérieures à l'Université Laval, au Québec, et obtenir un baccalauréat en psycho-éducation, en santé communautaire ou encore en théologie. La formation spirituelle et religieuse n'est pas négligée et plusieurs suivent des sessions chez les Jésuites de Québec. Sr Pierrette Badeau assure la coordination et le soutien de ces étudiantes et étudiants au Canada.

Il faut noter aussi, dans cet effort commun, l'apport de sr Jeannine Gagnon. Diplômée, entre autres, en théologie et en administration, elle est maintes fois sollicitée pour l'accompagnement spirituel et la formation, aussi bien religieuse qu'administrative. Hébergée chez les Petites Sœurs à Rivière Froide de 1979 à 1984, elle a été pour elles une présence marquante :

> […] alors que je demeurais à Rivière-Froide chez les Petites Sœurs de Sainte-Thérèse, les Petits Frères, environ une vingtaine, demeurant sur un morne voisin, venaient suivre avec les Sœurs les sessions que j'organisais (cours de Bible, d'administration, de christologie, service de l'autorité). Chaque semaine, le dimanche, je leur donnais particulièrement deux heures de cours, en christologie surtout[11].

Une fois les deux premières étapes réussies (rattrapage scolaire et formation religieuse), sr Henriette entend voir au bon fonctionnement des congrégations. Il s'agit donc de leur offrir une formation en administration (gestion, économat, comptabilité, secrétariat, archives) et de les conseiller, de les encadrer, lors de la préparation des chapitres ou de l'élaboration des constitutions. Ces communautés étant implantées en milieu rural, leur prospérité pourrait profiter aux populations des environs. Il est donc aussi important de les aider à développer les ressources locales. C'est pourquoi de nombreux intervenants, religieux et laïcs, en plus d'assurer aux deux Instituts une formation dans ces différents domaines, accordent leur soutien financier pour la réalisation de divers projets de développement agricole. Depuis le début des années 2000, toutefois, toutes les demandes de subventions sont rédigées et présentées par les deux communautés haïtiennes. Sr Henriette n'est plus que leur répondante auprès des divers organismes et instituts religieux. La formation reçue a bel et bien porté fruits. L'ambitieux plan s'avère une réussite.

Sr Jeannine Gagnon en compagnie de sr Lauraine Destinée, une Petite Sœur de Sainte Thérèse-de-l'Enfant-Jésus. Rivière-Froide, Haïti, 1982.

À la fin des années 1980, des services sont offerts à d'autres communautés religieuses d'Haïti. De 1988 à 1991, sr Jeannine Gagnon enseigne la christologie et l'initiation aux sciences de la mission au Juniorat intercommunautaire d'Haïti qui regroupe de jeunes religieux et religieuses, en préparation à leurs vœux perpétuels. Sr Jeannine y est la seule femme enseignante. Ces cours prennent fin en 1991, au moment du coup d'État à Port-au-Prince, pour des questions de sécurité. Durant ces mêmes années, à la demande du père Midy, sr Jeannine reçoit aussi à la maison centrale de Port-au-Prince une dizaine de candidats jésuites pour des cours de spiritualité. Quant à sr Jeanne-Françoise Alabré, elle prend le relais de sr Étiennette Guérette pour offrir chaque semaine, de 1989 à 1996, des cours de formation chrétienne, d'initiation biblique et de liturgie au Séminaire de propédeutique de Hinche.

Les MIC procurent également leur soutien à des communautés d'Amérique latine. À Ancud, au Chili, sr Marie-Dolores Tremblay, aidée de ses compagnes, prend en charge la formation des futures Missionnaires diocésaines de Chiloé de 1978 à 1982. Au Pérou, sr Agnès Bouchard accompagne le jeune Institut Notre-Dame-du-Carmel fondé par Mgr Albano Quinn pour les régions éloignées de sa prélature de Sicuani, dans la région minière de Cuzco. Pendant cinq ans, de 1982 à 1987, sr Agnès voit à leur installation – avec l'évêque, elle se met notamment en quête d'une maison adéquate –, à leur formation spirituelle et supervise leur apprentissage pastoral.

Des laïcs engagés

Tout au long de leur histoire, les MIC ont pu compter sur la collaboration et le soutien de nombreux laïcs. Dès les débuts de l'Institut, la fondatrice favorise la mise sur pied de l'Association des Dames auxiliaires des Sœurs Missionnaires de l'Immaculée-Conception dans le but de soutenir les œuvres MIC. Lorsque s'ouvrent d'autres maisons au Québec, les sœurs, suivant le modèle de la Maison Mère, veillent à établir une association de dames bénévoles pour l'ouvroir missionnaire. Elles offrent à chacun de ces regroupements un encadrement spirituel stimulant et organisent en

Un groupe d'ASMIC fait l'étude du *Long Magnificat* sous la direction de sr Olivette Côté (1re à gauche) et de sr Léonie Therrien (5e à partir de la droite). Pont-Viau, 1996.

outre de nombreuses retraites, au fil des ans, pour ces femmes dévouées et engagées.

Au milieu des années 1970, des femmes laïques se présentent chez les MIC, attirées par le charisme de la fondatrice, et manifestent le désir d'être affiliées à la communauté. En 1980, jugeant du sérieux de leur demande, l'Institut organise des rencontres pour permettre aux trois premières candidates d'étudier la spiritualité MIC. L'année suivante, le projet d'affiliation est officiellement approuvé et les trois membres du noyau initial, Andrée Bellerive, Jocelyne Dallaire et Nicole Guénette, voient enfin leur désir se concrétiser. En 1983, ce petit groupe d'affiliées prend le nom d'ASMIC pour Associés aux Sœurs Missionnaires de l'Immaculée-Conception. Sous la responsabilité de nombreuses MIC, elles approfondissent la spiritualité de Délia Tétreault, grâce notamment à des écrits publiés par sr Pauline Longtin (*Fondement de l'esprit missionnaire chez Délia Tétreault*, 1979) et sr Gisèle Villemure (*Qui est Délia Tétreault?*, 1983).

À partir de 1984, un nombre constant de nouvelles recrues vient augmenter les rangs de l'Association : des femmes et des hommes, de tous âges, de tous milieux et de toutes nationalités. Ils viennent y apprendre à vivre leur engagement chrétien, selon la spiritualité d'Action de grâces mariale et missionnaire des MIC, à travers des rencontres de formation, de partage et de célébration. En 1986, une section anglaise se forme pour répondre à la demande de plusieurs anglophones. La même année ont lieu les premières promesses d'engagement des ASMIC du secteur français. Lors du 10ᵉ anniversaire, en 1990, les ASMIC du Canada comptent trois groupes : Québec, Montréal et Laval. Avec le temps, d'autres ASMIC s'organisent à Joliette, Saint-Jean, Granby… À l'étranger, le mouvement s'amorce en 1987. En 1991, un bulletin de liaison entre les ASMIC du Québec et d'ailleurs paraît sous le titre de *Journal ASMIC*.

Tableau 9.2

Les ASMIC dans le monde en 2005

Pays ou régions	Nombre d'ASMIC en 2005	Nombre de candidat(e)s en formation en 2005
Afrique (Zambie, Malawi)	-	14
Amérique du Sud (Pérou, Bolivie, Chili)	110	-
Canada	84	8
Cuba	-	14
Haïti	102	17
Hong Kong	-	-
Japon	43	9
Madagascar	58	41
Philippines	115	-
Taiwan	8	-
TOTAL	520	103

Que font les ASMIC ? Leurs engagements varient selon les pays, les contextes, les besoins. Comme les MIC, ces gens font la promesse de porter la Bonne Nouvelle à ceux qui ne la connaissent pas. Au Canada, par exemple, ils assurent une présence auprès des immigrants, collaborent à l'animation missionnaire (transport des animatrices, expédition du *Précurseur*, promotion de la revue), organisent diverses activités (concerts, bingo, soupers-bénéfices) au profit des missions. Ils s'occupent également de la pastorale des malades, d'animation liturgique et d'initiation aux sacrements.

Ailleurs, la réalité peut être différente. Être ASMIC au Japon, par exemple, où les catholiques ne représentent que 0,4 % de la population, demeure un réel défi. « Par leur témoignage, ils invitent les parents de nos élèves à s'intéresser aux cours de Bible et de catéchèse proposés à notre école », explique sr Monique Cloutier[12]. De plus, grâce à leur influence dans certains établissements scolaires ou hospitaliers, les sœurs sont parfois invitées à venir partager les valeurs de l'Évangile. Aux Philippines, par contre, l'Association s'est développée rapidement parmi les anciennes élèves des MIC et leurs proches collaborateurs. Aujourd'hui, dix ans après leur fondation, ils sont une centaine, engagés dans divers services sociaux : soins de santé aux pauvres, programmes de bourses scolaires pour les étudiants défavorisés, collectes de fonds pour des projets en faveur des minorités tribales, etc.

Au Pérou, les ASMIC visitent les familles, s'occupent d'alphabétisation, de catéchèse et préparent les enfants aux sacrements. Au Chili, un nouveau projet s'ébauche en 2003 : une équipe missionnaire itinérante formée d'ASMIC et d'une MIC collaborera au développement intégral des communautés rurales éloignées. À Madagascar, les ASMIC visitent chaque semaine les prisonniers. Plusieurs s'impliquent chaque dimanche dans la catéchèse des enfants et d'autres se rendent en zones rurales ou éloignées où ils collaborent de diverses manières à l'évangélisation des communautés chrétiennes.

Sr Lea Nelson, au centre, avec un groupe d'ASMIC de Port-Salut. Haïti, 2001.

Si les ASMIC occupent une place particulière, compte tenu de leur attrait pour le charisme de la fondatrice, les MIC s'intéressent aussi à d'autres groupes laïques prêts à donner quelques mois, ou quelques années, à la mission *ad extra*. Sous l'influence du concile Vatican II qui les invite à prendre leur place dans l'activité missionnaire de l'Église, plusieurs se lancent dans l'aventure. Les MIC établissent une différence entre le laïcat missionnaire et les stages missionnaires, différence qui relève surtout du temps accordé au séjour en mission. Le stage réfère à un court séjour, de quelques semaines à quelques mois, alors que le laïc missionnaire s'engage pour quelques années. Les deux mouvements prennent leur essor au cours des années 1970, mais se structurent davantage au cours des années 1980.

Dès 1964, l'Institut envoie trois laïques canadiennes en réponse aux besoins en éducation des sœurs de Madagascar dont l'effectif étudiant s'élève alors à 2500 élèves. Elles y consacrent deux ans. Entre 1972 et 1981, c'est au tour des sœurs d'Haïti d'accueillir une douzaine de Québécoises désirant vivre un projet similaire. À la suite de nombreuses demandes, la décision est prise au chapitre général de 1976 de «permettre à des jeunes femmes de vivre une expérience missionnaire à l'étranger en lien avec nous». Une équipe de trois religieuses est formée pour étudier leurs demandes, les accompagner dans leur cheminement et les aider à concrétiser leur projet. Dans cette foulée, trois centres vocationnels missionnaires MIC sont ouverts, au début des années 1980, à Toronto, Québec et Longueuil, afin d'accueillir des jeunes pour des sessions et séjours de discernement. Les laïcs y trouvent aussi un lieu de préparation pour l'envoi à l'étranger. À Montréal, les MIC collaborent à l'Entraide missionnaire, un organisme intercommunautaire qui offre un programme missionnaire s'adressant à tous : prêtres, religieux, religieuses et laïcs.

En 1985, le Conseil d'Institut MIC se lance un défi : «Promouvoir l'émergence d'un laïcat missionnaire autochtone et étranger accueilli en vrai partenaire au service de l'activité missionnaire de l'Église.» Dès lors, de nombreuses rencontres, démarches de discernement et sessions de formation avec des laïcs interpellés par l'expérience missionnaire ont lieu en divers endroits. En outre, depuis 1987, les sœurs se sont jointes aux PMÉ et à d'autres communautés pour offrir à Pont-Viau un programme de formation missionnaire de deux ans : après une première année de discernement, où chacun est amené à réfléchir aux motivations sous-jacentes à son désir d'engagement, les candidats poursuivent une démarche d'approfondissement de la vocation missionnaire en vue d'évaluer leur capacité à vivre cet engagement à l'étranger.

Quelles sont les conditions pour devenir un partenaire MIC dans la mission ? D'abord, suivre une formation missionnaire, incluant un dis-

Nathalie Genest, missionnaire laïque, avec un jeune handicapé mental. Ambohibary, Madagascar, 2001.

Jeunes du stage Solidarité jeunesse. Elles ont donné un mois à l'orphelinat Salomón Klein ou à la maison d'accueil Madre de Dios. À gauche, sr Murielle Dubé. Cochabamba, Bolivie, 2001.

cernement de l'appel, et faire un cheminement dans la foi chrétienne. Il faut également posséder un niveau minimal d'études (collégial ou l'équivalent), être libre d'engagements familiaux, libre de dettes et signer un contrat d'engagement de deux ans au minimum. De 1994 à 2000, une dizaine de missionnaires laïques, après deux ou trois ans de préparation, acceptent l'insertion en mission. La Bolivie, le Japon, le Pérou, le Malawi, Madagascar, Taiwan et Vancouver bénéficient de leurs services. Quant aux stagiaires missionnaires, ils sont près de 90, après un an de préparation, à faire entre trois semaines et huit mois de stage. La Bolivie, le Pérou et Haïti constituent cette fois les destinations privilégiées.

Des leaders chrétiens

À partir de la fin des années 1960, les MIC se tournent davantage vers les communautés éloignées et isolées des différents pays où elles missionnent. Le nombre insuffisant de prêtres dans ces régions les amène à s'investir dans la formation de catéchètes et de leaders chrétiens, capables de suppléer au manque de prêtres. En outre, la création des communautés ecclésiales de base (CEB), popularisées d'abord en Amérique latine, se répand dans de nombreux pays et les sœurs participent à ce mouvement.

Le Centre de formation des catéchistes, mis sur pied en 1963 par Mgr Firmin Courtemanche, à Chikungu, en Zambie, est sans doute une des premières initiatives du genre auxquelles se joignent les MIC. Malgré un début difficile, le Centre prend son envol et ne cesse de progresser. Les candidats admis, des hommes mariés et pères de famille venus de la brousse, doivent suivre le cours d'éducation religieuse et profane qui s'échelonne sur une période de deux ans. Au programme, des cours de Bible, de catéchèse, de liturgie et de morale. Certaines matières scolaires de base y sont également enseignées. Comme l'explique sr Gemma Ouellet, au début de l'expérience les épouses des catéchistes en formation venaient habiter au Centre avec leur famille, mais ne recevaient aucune préparation spéciale. On a rapidement remédié à la situation :

> On a vite pris conscience du rôle important et nécessaire exercé par les épouses des catéchistes dans leur milieu de vie respectif. Elles se doivent de comprendre et de seconder leurs époux dans leur importante et délicate fonction. Mais aussi de vivre elles-mêmes une vie chrétienne de qualité qui soit [un] exemple et [un] stimulant pour leur entourage. Rien n'est épargné pour les sensibiliser à leurs responsabilités particulières. Tout au long du stage de leurs conjoints, elles bénéficient d'une classe régulière de religion et de morale chrétienne. On les initie également aux éléments essentiels de la tenue d'une maison, aux notions de base de puériculture, d'art culinaire et de couture[13].

Les MIC collaborent à ce Centre, qui prendra plus tard le nom de Pastoral Center jusqu'en 1985. En plus de l'enseignement dispensé, les sœurs accompagnent à quelques reprises les catéchistes pour une expérience pastorale : catéchèse, préparation aux sacrements, animation liturgique,

Johanni Soko, 92 ans, lit l'Évangile à sa petite-fille. Katete, Malawi, c. 1955.

etc. Elles visitent également les catéchistes et leur famille une fois qu'ils sont retournés dans leur paroisse. À Mzambazi, au Malawi, les sœurs font un travail semblable. De 1969 à 1979, sr Jeannette Caron s'occupe de l'École des catéchistes et de la formation de leurs épouses.

Au Chili, certaines régions telles que l'archipel de Chiloé, au sud, se trouvent particulièrement isolées par leur géographie et un rude climat qui trop souvent rend les routes impraticables et la mer houleuse. Dans les zones rurales, l'organisation pastorale repose largement sur l'engagement de laïcs prêts à animer leur communauté. Comme l'explique sr Gisèle Lachapelle, missionnaire à Chiloé depuis 1970, cette façon de faire est issue d'une longue tradition :

> En effet, depuis 1621, de génération en génération, des hommes et des femmes du peuple, les *fiscales* et les catéchètes animent la foi et voient à l'entretien des lieux de culte. En songeant que le diocèse comprend 24 paroisses dont seulement 12 ont un prêtre résident et que chaque paroisse comprend à son tour 10, 12 chapelles et même plus, l'Église de Chiloé mise beaucoup et avec raison sur cette participation des laïcs et travaille à faire grandir la dimension missionnaire des baptisés. Cela est très important pour l'évangélisation[14].

Les MIC apportent leur contribution à cette œuvre durable. À partir de 1969, celles d'Ancud offrent régulièrement des sessions de formation pour les catéchètes ruraux. Des hommes et des femmes viennent de tous les coins de l'île pour assister à ces cours. Les transports et les communications sont difficiles. Certains doivent marcher toute une journée, prendre ensuite une chaloupe avant de pouvoir se joindre à d'autres et terminer le voyage en jeep. Pour se rendre à Quicavi, sur la côte est de l'île, rencontrer des jeunes filles désirant devenir catéchètes, sr Marie-Paule Charbonneau doit faire deux heures de voiture et deux heures de marche pour y arriver. Le directeur diocésain de la catéchèse, le père Andres, ne s'y rend qu'une fois l'an. Les MIC poursuivent leur engagement auprès des catéchètes ruraux jusqu'en 2003.

En 1981, toujours au Chili, mais cette fois dans le nord du diocèse d'Ancud, les MIC acceptent le mandat de Mgr Juan Luis Ysern, évêque d'Ancud, qui s'inquiète du peu d'attention que reçoit la population de Chaitén : « La tâche principale, leur dit-il, sera de former des personnes capables de prendre des responsabilités dans la société et dans l'Église[15]. » Les sœurs travaillent en ce sens pendant cinq ans : catéchèse familiale, formation de catéchètes, formation chrétienne des scouts et guides... Mais les difficultés rencontrées dans cette région dépourvue d'infrastructures les obligent à mettre un terme à leur mission.

Dès leur arrivée à Yauri, au Pérou, en 1972, les MIC se voient confier par le père Angel Ojeda, curé de la paroisse, la formation des catéchistes ruraux. Avec le temps, une formation sociale s'ajoute à la formation religieuse. Des cours thématiques sont également proposés : mariage civil et religieux, construire la communauté, lois de la propriété sociale, etc. Des ressourcements et des retraites viennent aussi enrichir la formation des catéchistes. En 1983, ils sont plus de 80, issus de différentes communautés rurales, à venir assister à une session de formation. Cours et sessions continuent d'être donnés jusqu'en 1986.

À partir des années 1970, les MIC des Philippines s'engagent de plus en plus auprès des populations autochtones non chrétiennes de l'arrière-pays. L'éloignement de ces populations rend nécessaire la formation de communautés suffisamment autonomes sur le plan spirituel pour entretenir la foi chrétienne nouvellement implantée. Une fois les missionnaires partis, ils ne bénéficieront que rarement de la présence du clergé. C'est pourquoi à Malita, une petite ville du sud de Padada, les missionnaires offrent aux autochtones des montagnes des séminaires d'évangélisation, des cours de Bible et des instructions sur la famille chrétienne. Elles implantent également un programme d'alphabétisation. Leurs actions, conjuguées à celles des PMÉ, amènent les communautés converties à former des CEB. De chacun de ces regroupements émergent les leaders, qui prennent alors en main la destinée sociale et spirituelle du groupe. Arrivées en 1981, les MIC se retirent de Malita en 1995. Au cours des années 1990, elles favorisent aussi la mise sur pied de CEB au sein des populations autochtones de Mindoro, notamment à Santa Cruz et Mamburao.

Les communautés ecclésiales de bases ou *Ti Kominote Legliz* (TKL), comme on les appelle en créole, connaissent aussi une grande popularité en Haïti dans les années 1980. Les MIC ne sont pas étrangères à cette implantation, comme l'explique sr Laurence Tourigny, missionnaire au Cap-Haïtien :

> Avec le père Pollux Byas, c.s.c., j'ai parcouru des paroisses du diocèse pour aider à la création de ces noyaux d'Église. Plus tard des sessions se sont organisées

L'absence d'infrastructures routières adéquates complique la tâche des missionnaires. Ici, sr Adelaida Santiago, à droite, et sr Elmire Allary, sur la jeep, attendent des secours. Elles y ont passé la nuit ! Yauri, Pérou, c. 1997.

Sr Lilia Frondoza visite des autochtones du village de Siapo. Santa Cruz, Philippines, c. 1990.

au centre de formation Stella Maris sous la responsabilité du père Roland Lamy. Nous allons vers les gens, nous les visitons dans leurs milieux respectifs. Et les gens viennent à nous. À Stella Maris nous accueillons les futurs leaders. Les sessions que nous offrons présentent une méthode d'analyse de la réalité, une initiation à la Bible, à la vie en Église (Communautés ecclésiales de base) et des techniques d'animation[16].

En 1987, toutefois, une crise politique éclate et les groupes doivent se montrer prudents : membres et animateurs sont accusés d'être des agents de soulèvement populaire. Le coup d'État de 1991 sonne le glas des TKL :

Des centaines de membres et d'animateurs sont arrêtés, battus parce qu'ils sont connus comme faisant partie des TKL. Beaucoup doivent vivre en clandestinité, quitter leur famille, leur travail, leur maison. D'autres trouvent la mort. La peur s'installe. Tout est à recommencer[17].

La reprise se fait lentement. Là où elles existent, les TKL survivent avec difficulté. Afin de leur insuffler un dynamisme nouveau, un centre de formation pour les animateurs ouvre ses portes au Trou-du-Nord. À partir de 1996, on y offre des services au niveau de la catéchèse, de la pastorale familiale, de l'éducation, de la santé et même de l'agriculture. Le Centre constitue également un lieu de ressourcement pour les membres des organisations de paysans, pour les femmes et les défenseurs des droits humains. Sœur Léna Lagredelle y travaille avec enthousiasme :

> [...] nous poursuivons notre tâche avec la ferme assurance qu'elles renaîtront avec plus de vigueur car, là où il y a conversion, ces communautés sont des foyers d'évangélisation et un puissant moteur de libération et de développement[18].

Pastorale et animation missionnaire

En plus de former religieux et laïcs, les MIC consacrent une part encore plus importante de leur énergie à la pastorale et l'animation missionnaire des populations. De fait, il s'avère impossible d'évoquer ici chacune de ces initiatives, à la fois similaires et pourtant uniques par le contexte dans lequel elles s'inscrivent. L'immense travail effectué par les sœurs se trouve donc ici largement résumé. Seuls quelques exemples, parmi les plus représentatifs, ont été choisis afin d'illustrer ces nombreux engagements.

Pastorale des jeunes

Comme nous l'avons constaté tout au long des chapitres précédents, les enfants constituent à coup sûr une des priorités des Missionnaires de l'Immaculée-Conception. Par conséquent, il semblait judicieux de relever quelques-unes des nombreuses activités d'animation et de pastorale qui leur sont spécifiquement destinées.

Les MIC enseignent la catéchèse aux jeunes aussi bien dans leurs propres établissements que dans les écoles publiques et les chapelles de

Sr Cipriana Ccahuana et sr Carmen Tito animent une activité pastorale pour les enfants de Lima. Pérou, 2000.

brousse. Au Cap-Haïtien, une école de catéchèse est même spécialement mise sur pied au début des années 1980 pour répondre aux besoins de la jeunesse haïtienne. Sr Marie-Paule Sanfaçon, professeure à l'École normale du Cap-Haïtien, est à cette époque chargée de la catéchèse, au niveau secondaire, pour tout le diocèse :

> Je parcours les rues du Cap-Haïtien pour visiter les écoles. Je dialogue avec les directeurs et bientôt j'obtiens des périodes de catéchèse dans tous les établissements. [...] Cependant les difficultés ne tardent pas à se présenter : les élèves sont trop nombreux (100 et plus par classe) ; les écoles directement sur la rue sont trop bruyantes ; souvent les jeunes n'ont pas mangé, ils sont fatigués ; les locaux sont trop chauds, etc.[19]

La solution ? Une école spécialisée en catéchèse. L'évêque accepte de mettre des locaux à la disposition de sr Marie-Paule et de ses professeurs. Après avoir trouvé des chaises, des tableaux et le matériel didactique nécessaire, l'école accueille ses premiers élèves de première et deuxième secondaire. Le programme de deux ans se veut préparatoire à la confirmation. Quand arrive le jour de la cérémonie et qu'ils posent la main sur la Bible, ces jeunes connaissent mieux la portée de leur geste. Afin de continuer à nourrir leur foi, ils sont encouragés à s'engager dans la chorale paroissiale, le comité de liturgie ou encore à joindre un mouvement jeunesse tel Kiros, Jeunesse en marche ou Jeunes Témoins.

Les MIC organisent et animent en effet de très nombreux mouvements de jeunes à peu près partout où elles se trouvent. Que sont-ils ? Des associations ou regroupements, fortement marqués par l'engagement catholique, qui s'adressent aux enfants et aux adolescents afin de les aider à grandir en bons chrétiens et à approfondir leur spiritualité. Chacun d'eux possède sa spécificité spirituelle. Au sein de ces mouvements, les jeunes échangent entre eux, prient, méditent et réfléchissent sur leur vie à l'occasion de réunions, de rassemblements régionaux ou nationaux, voire de camps d'été. Mais tout n'est pas que divertissement et vie intérieure dans ces mouvements. Garçons et filles y trouvent également l'occasion de se rendre utiles, comme le raconte sr Antoinette Raynault, directrice de la section féminine des Kiros à Hinche, en Haïti :

> Tout au long de l'année, les activités paroissiales, organisées pour souligner tel ou tel événement, doivent leur succès aux différents mouvements de jeunesse. Oui, les membres de la Légion de Marie et les Kiros, sections masculine et féminine, s'occupent de la préparation de la fête des pauvres, de la journée des malades, des rencontres œcuméniques, etc. Ils organisent les loisirs, voire même la liturgie[20].

Les mouvements les plus souvent présents dans les missions MIC ? Le Mouvement eucharistique des jeunes (autrefois la Croisade eucharistique), la Légion de Marie et la Jeunesse étudiante catholique (JÉC). Il faut ajouter qu'en maints endroits, en dehors de ces mouvements jeunesse, les sœurs n'hésitent pas à proposer un accompagnement spirituel aux jeunes de leurs écoles ou de la paroisse, sous forme de sessions, camps de formation, pèlerinages, retraites et récollections.

La préparation à la première communion et à la confirmation occupe également une place importante dans la pastorale des jeunes. Celle-ci se

Sr Marie-Paule Sanfaçon avec des jeunes du CPJ, le Comité pastoral des jeunes. Cap-Haïtien, Haïti, 1985.

fait le plus souvent à même les cours de catéchèse offerts dans les classes. Parfois, des sessions de formation sont organisées pour rejoindre ceux qui ne fréquentent pas l'école. À Ancud, au Chili, la pastorale sacramentelle revêt toutefois une dimension particulière. Ce sont les parents qui préparent leurs enfants au sacrement de l'Eucharistie. Sr Pierrette Quevillon, missionnaire au Chili, explique le fonctionnement de cette catéchèse familiale :

> Ici, ce sont les parents qui préparent leurs enfants à la première communion, sur une période de deux ans. Les parents sont réunis chaque semaine, en petits groupes, sous la direction d'un guide […]. Tous ces gens réfléchissent comme adultes sur le thème ; ensuite on leur propose comment le transmettre à l'enfant. L'enfant a aussi du travail personnel. Une fois la semaine, il se retrouve avec un animateur qui renforce le travail des parents et apprend aux enfants à se réunir en Église. Il va sans dire que tous les coordonnateurs se réunissent aussi périodiquement pour évaluer et planifier. C'est une méthode qui existe depuis plus de 25 ans au Chili et ça donne de très bons résultats[21].

Parmi les nombreux projets d'animation missionnaire développés pour les enfants, plusieurs sont en lien avec le Service Mond'Ami, l'Œuvre pontificale de l'Enfance missionnaire, ou Sainte-Enfance, au Canada. Plusieurs MIC participent, notamment, à la rédaction et à la promotion des revues *Amigo* et *Amisol*, destinées aux élèves du primaire et aux responsables de l'enseignement religieux. En Haïti, les sœurs contribuent de façon importante au développement des OPM. En 1983, sr Lucette Gilbert et sr Marie-Paule Sanfaçon lancent le *Timoun Misyonè*, la revue de l'Enfance missionnaire, en créole. Depuis, plusieurs sœurs collaborent à sa rédaction. En 2003, sr Marie-Rosette Lafortune, une jeune Haïtienne, accède au poste de secrétaire nationale de l'Enfance missionnaire et devient la rédactrice en chef de la revue, dont le tirage actuel est de 20 000 exemplaires.

On doit également aux sœurs plusieurs autres outils d'animation : montages audio-visuels, chants sur disques ou cassettes, jeux, tableaux, concours, etc. Grâce à sr Monique Bigras, même le théâtre de marion-

Sr Évangéline Plamondon collabore à la présentation du théâtre de marionnettes donnée par des catéchètes, au profit des enfants. Lima, Pérou, 1979.

nettes devient un moyen d'évangélisation des tout petits. En poste à Cochabamba, en Bolivie, sr Monique cherchait un moyen d'aider les catéchètes boliviens à rejoindre efficacement les enfants :

> C'est dans ce but que j'ai commencé à utiliser un moyen de communication vieux comme le monde mais simple et capable de rejoindre le monde enfantin : le théâtre de marionnettes. Mes personnages n'étaient pas difficiles à trouver car j'ai pensé instinctivement à ressusciter dans une version bolivienne l'Amisol du Mond'Ami canadien, que reconnaîtront plusieurs enfants de chez nous. Il fallait l'entourer de nouveaux amis : Gotita, Transfo, Pablo, Pedro et la tía (tante), tout un monde qui à travers sa petite vie raconte à sa façon le message de Jésus-Christ[22].

Délia racontée aux enfants

En 1987, l'équipe d'animation missionnaire de Pont-Viau met sur pied un nouveau programme, accepté par les conseillers en éducation chrétienne de Laval. Son objectif est de «faire connaître aux jeunes du primaire et du secondaire ainsi qu'à des groupes d'adultes, l'apport culturel, historique, religieux et missionnaire d'une femme de chez nous, Délia Tétreault, figure marquante de notre histoire canadienne[23]».

Une courte présentation de la vie de la fondatrice, à l'aide d'un diaporama, le visionnement d'une vidéo, la visite de kiosques et des locaux du *Précurseur* constituent l'essentiel du programme de la visite guidée d'environ deux heures. De 1987 à 1993, ils sont plus de 8000 enfants à faire connaissance avec Délia et son œuvre. Pour la seule année 1995, ce sont 5500 enfants qui sont ainsi interpellés. En 2002, la maison de Pont-Viau, de même que celle de Joliette, où se donnaient des sessions similaires depuis 1992, reçoivent leurs derniers groupes dans le cadre du projet d'animation missionnaire avec Délia Tétreault.

Gageons toutefois que la fondatrice des MIC n'a pas fini de faire parler d'elle. Déjà en 1988, le Bureau national de la Propagation de la Foi choisissait Délia comme personne modèle à présenter aux jeunes. En 2003, l'Office de catéchèse du Québec mettait aussi Délia à son programme de 3e cycle du primaire. Les jeunes de 5e et 6e année ont pu alors découvrir Délia et son œuvre missionnaire dans un cahier intitulé *Comment vivre ensemble ?* De plus, l'Institut a fait

paraître un bon nombre d'imprimés, sous forme de contes ou encore de bandes dessinées, racontant aux enfants la vie de Délia. Une de ces bandes dessinées, publiée par le Delia Tetreault Center de Manille, a même été traduite en tagalog, une des langues les plus parlées aux Philippines.

De jeunes visiteurs écoutent attentivement sr Violeta Tutanes leur parler des Philippines, son pays natal. Pont-Viau, 1999.

Extrait d'une bande dessinée en tagalog racontant aux enfants la vie de Délia Tétreault.
Manille, Philippines, 1993.

Pastorale paroissiale

Là où s'installent les MIC, il y a toujours une sœur et même plusieurs pour s'occuper de pastorale au sein de la paroisse. Quelle que soit l'importance dévolue aux œuvres d'éducation, de santé ou de charité, la catéchèse, la préparation aux sacrements, l'animation liturgique et l'animation missionnaire occupent toujours une place prépondérante dans leurs activités.

Alors qu'une bonne part de la catéchèse des enfants peut se faire dans les classes, il faut bien sûr trouver d'autres occasions d'enseigner celle-ci aux parents. Que ce soit dans les différents quartiers de leur paroisse, dans les chapelles rurales ou les chapelles de brousse ou encore tout simplement en plein air dans les zones les plus défavorisées, les sœurs proposent des cours de catéchèse le dimanche et les jours de fête. À Cuba, notamment, de 1948 à 1959, elles mettent sur pied plus d'une quarantaine de centres de doctrine chrétienne destinés à l'enseignement de la catéchèse en milieu rural. Ces centres, installés dans des locaux de fortune, parfois même sur

Sr Véronique Bernatchez donne un cours de catéchèse à des femmes de Manguito. Cuba, 1953.

une galerie ou sous un arbre, rassemblent au total plus de 3000 participants, enfants et adultes.

La préparation aux divers sacrements (baptême, première communion et confirmation) n'est pas non plus destinée qu'aux enfants. Les sœurs enseignent les rudiments de la religion aux adultes qui se préparent à recevoir le baptême, en plus de voir à offrir une préparation suffisante à ceux qui désirent faire leur première communion ou leur confirmation. Des sessions de formation sont alors organisées le soir ou les fins de semaine. En plusieurs endroits, les sœurs encouragent également les cours de préparation au mariage.

Dans la plupart des missions, le personnel clérical est insuffisant. Les paroisses qui ont la chance de compter sur un curé résident ne sont pas légion. Celles qui bénéficient en plus des services d'un sacristain sont encore plus rares. C'est pourquoi les sœurs acceptent parfois de se charger de la sacristie, c'est-à-dire, entre autres, de voir au bon déroulement matériel des célébrations en préparant les objets liturgiques (calice, ciboire,

Sr Yvette Hervieux, à la sacristie, voit à la préparation de la cérémonie religieuse. Chipata, Zambie, 1956.

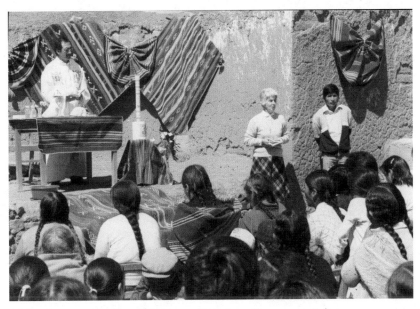

Sr Rita Ostiguy anime une célébration eucharistique. Huancarani, Bolivie, 1992.

encensoir, etc.) et linges d'autel nécessaires pour la messe. Elles dirigent aussi les chorales paroissiales au cours des cérémonies religieuses, et voient à former des enfants de chœur ou servants de messe. Enfin, nombreuses sont les MIC appelées, au fil des ans, à prendre en charge l'animation liturgique (prières, lectures, chants…) lors des services religieux.

Missionnaires au service du diocèse

Les sœurs Blanche et Marie Gérin arrivent au Honduras en octobre 1976, à la demande de leur frère Marcel Gérin, p.m.é., évêque de Choluteca. Ce ne sont plus de jeunes femmes : elles en sont à leur quatrième départ en mission ! Elles travaillent pendant quelque temps au Secrétariat de l'Union Pontificale Missionnaire de l'Amérique Centrale dont Mgr Gérin est le directeur, puis se voient attribuer de nouvelles tâches. Sr Marie devient responsable du secrétariat de la nouvelle Fondation Notre-Dame des Amériques, créée par Mgr Gérin lui-même. Cette fondation soutient la promotion et le développement d'un clergé autochtone. Sr Émilienne Marchand, qui arrive au Honduras en juin 1978, aide aussi au secrétariat de la Fondation en plus d'effectuer de l'animation pastorale dans la région. Cette mission au service du diocèse prend fin en 1981.

À l'instar des sœurs Gérin et de sr Émilienne, de nombreuses MIC ont accepté de rendre divers services aux diocèses. Sr Gisèle Lachapelle, par exemple, s'occupe pendant plus de 25 ans du secrétariat diocésain et de l'Enfance missionnaire d'Ancud, au Chili. Sr Charline Zafisoa, accède à la demande réitérée des évêques de Madagascar et devient secrétaire nationale des Œuvres pontificales missionnaires en 1990. Elle y travaille jusqu'en 2001. En 1994, sr Sara Olga Pérez, à titre de présidente de la Conférence cubaine des religieux et religieuses, prend la parole, à Rome, au synode sur la vie consacrée et sa mission dans le monde. Bien d'autres encore, dans différents pays, sollicitées ou mandatées par des associations et des organismes diocésains, nationaux et même internationaux, ont contribué et contribuent toujours à façonner, en solidarité, l'Église de demain.

Sur le plan pastoral, certaines MIC ont occupé et occupent toujours des fonctions peu habituelles pour des religieuses. Sr Rollande Ouellet fréquente assidûment, depuis plus de 35 ans, deux établissements pénitentiaires de Laval. Organiste à la messe dominicale, professeure de chant et de musique, collaboratrice des aumôniers dans l'organisation d'activités religieuses, sr Rollande se gagne la confiance de plusieurs détenus qu'elle accompagne dans leur cheminement spirituel, souvent même après leur libération. Quant à sr Noëlla Brisson, elle a vécu pendant près de 10 ans, de 1987 à 1996, une expérience d'aumônier en milieu carcéral à Vancouver. De 9 h à 16 h 30, cinq jours par semaine, en plus du dimanche, sr Noëlla s'est rendue auprès des prisonniers : « J'ai vécu dans ce milieu la meilleure expérience de ma vie », affirme-t-elle[24].

Sr Édith Faucher, pour sa part, a exercé ses talents de cuisinière pendant 14 ans dans les maisons de Québec et de Sainte-Marie-de-Beauce avant de devenir « curé » en Afrique. En 1983, après deux années d'études à l'Institut catéchétique africain, au Rwanda, elle est nommée pour Kanyanga, une paroisse sans prêtre de la Zambie. Seule femme au sein des comités paroissiaux, sr Édith doit gagner la confiance des pères et des catéchistes non habitués à voir une femme « jouer dans leurs chaudrons » :

> Au début, on ne me confie que le catéchuménat : la préparation au baptême. Trois ans plus tard je deviens, comme on m'appelle avec malice, le « curé » de Kanyanga. [...] Maintenant, je dispense la Parole et le Pain de Vie le dimanche et dans les assemblées spéciales. J'enseigne, prêche, donne les retraites du Carême, préside les célébrations dominicales [...]. Je baptise, j'assiste des mourants, je transporte les malades. Et je consacre beaucoup de temps à former des leaders[25] [...]

Quant à sr Gabrielle Tremblay, c'est au cœur de la selva péruvienne qu'elle remplit son rôle de « curé ». Responsable de la plus importante paroisse de Pucallpa, qui comprend 15 000 baptisés, elle déploie ses énergies dans la région depuis maintenant plus de 40 ans.

Catéchèse, animation liturgique, mais aussi retraites et animation de mouvements catholiques constituent des activités habituelles pour les MIC. Il n'est pas rare toutefois que l'animation missionnaire se pare d'un côté plus festif… Après tout, comme l'explique sr Véronique Bernatchez, en poste à Santa Luzmila, au Pérou, de 1981 à 1992, l'animation missionnaire peut aussi être une agréable soirée de théâtre :

> Les talents d'acteurs et d'actrices découverts dans les groupes, la voix superbe de Madame Felipa et la collaboration de tous, incluant compagnes et curé, permirent de présenter un théâtre en trois actes, déjà réalisé au Chili (et prêté en Bolivie) pour faire connaître et aimer notre chère Fondatrice. […] Un grand succès qui récompensait amplement les heures consacrées à l'élaboration du texte et aux exercices préparatoires à l'exécution. Ajoutons que le Magnificat à deux voix qui clôturait la soirée permettait à la chorale des couples-guides de participer à la fête[26] […]

Les médias au service de l'apostolat

Le côté avant-gardiste de Délia Tétreault à l'égard des médias n'est plus à démontrer. Sa façon d'utiliser les photographies prises en mission, le recours à une «lanterne magique» pour des projections et le lancement du *Précurseur* ne sont que quelques-unes des initiatives pour la promotion missionnaire évoquées dans les chapitres précédents. À partir des années 1970, les missionnaires en poste en Amérique du Sud, en Haïti et en Afrique en exploitent aussi tout le potentiel. Pour rejoindre de façon plus efficace les communautés éloignées des grands centres, les sœurs ne se contentent plus de se déplacer dans des endroits parfois difficiles d'accès. Elles utilisent la radio et l'audio-visuel afin d'exercer leur apostolat dans un territoire plus étendu.

Dès 1975, sr Gaëtane Guillemette s'engage dans le développement de Radio San Rafael (RSR), une station fondée en 1962 par des pères de Maryknoll. RSR se consacre à la diffusion de programmes de promotion culturelle pour les communautés quechuas de la région de Cochabamba, en Bolivie. Les émissions abordent des thèmes variés : évangélisation, alphabétisation, hygiène, agronomie, promotion féminine, coopératisme, etc. Grâce à la contribution d'Oxfam-Canada et de l'ACDI, sr Gaëtane réussit à amplifier considérablement la puissance du signal radio. Dès 1976, RSR compte une équipe de 31 membres, tous boliviens. La station établit des contacts avec plus de 140 téléauxiliaires formés à l'Institut d'éducation rurale (IER). Issus des campagnes boliviennes, ces gens travaillent bénévolement à l'élaboration de programmes liés aux besoins de leurs communautés. Les émissions diffusées sont également enregistrées sur cassettes puis acheminées vers les régions éloignées.

Dans les années 1980, la vidéocassette acquiert aussi ses lettres de noblesse dans la mission des Andes. On visionne des productions éducatives déjà disponibles sur le marché, on enregistre des émissions présentées à la télévision locale et on réalise des cours ainsi que des documentaires. Sr Monique Bigras, épaulée par des enseignants de l'IER, utilise la vidéo comme moyen d'animation de groupes de femmes et d'enfants quechuas. Au programme? Bible, catéchèse, hygiène, agriculture, sciences naturelles et histoire générale. Selon sr Monique: «La vidéo est aussi un moyen de lutter contre le monde de la violence, de la drogue et du sexe, contre l'invasion du "Rambo" américain qui déshumanise et détruit les cultures locales[27].» Elle prépare même des bandes sonores en langue autochtone.

À Yauri, au Pérou, les MIC ne sont pas en reste: elles utilisent la vidéo dans leur travail auprès des populations descendant des Incas. Catéchèse, animation des CEB, promotion féminine et développement économique sont au menu. En fait, les bandes vidéo permettent d'assurer un enseignement à distance d'une grande souplesse.

Dans les Antilles, en Haïti, les sœurs font leur début à la radio en 1978. La station *Radio Min Kontré* («mains ensemble», RMK), qui émet sous l'égide du diocèse des Cayes depuis 1974, s'assure les services de sr Gisèle Vachon. Cette radio propose aux habitants du diocèse, dont la grande majorité est analphabète, des programmes à contenu religieux (prière, méditation, catéchèse, etc.) et social (météo, nouvelles internationales, culture haïtienne, etc.). Sr Gisèle se voit confier l'animation en langue créole de *Kouryé Jinn yo*, «Courrier des Jeunes». Elle décrit ainsi son travail:

> J'ai formé une équipe d'étudiants et de personnes-ressources adultes pour m'aider. Chaque dimanche matin durant 20 minutes, nous répondons à des questions sur des sujets qui touchent à la vie des jeunes: l'amitié, l'amour, Dieu, la souffrance, la vie, les loisirs, la vocation, etc.[28]

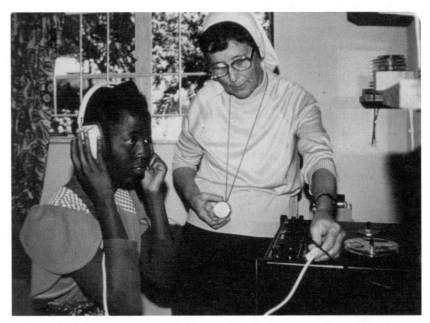

Sr Evelyn O'Neill donne de la formation au Centre des communications de Chipata. Zambie, 1981.

À la demande du directeur de RMK, un oblat canadien, sr Gisèle conçoit également des cours de catéchèse pour les élèves du secondaire. Ces cours prennent la forme de causeries enregistrées dans différents établissements d'enseignement. Sr Clémence Trudel prend la relève en 1980.

En 1976, un projet de librairie est mis sur pied par sr Evelyn O'Neill à Chipata, en Zambie, afin de répondre aux besoins des paroisses du diocèse : on y retrouve notamment des Bibles et des livres de chants, la plupart édités en nyanja, le dialecte de la province de l'Est, et des objets de piété. Avec le temps s'ajoutent la production de documents audio-visuels, puis la préparation d'émissions radiophoniques en nyanja pour Radio-Zambie qui met chaque matin sur les ondes un service religieux. Les activités du Centre des communications sont alors en pleine expansion. Il faut embaucher des collaborateurs et sr Evelyn est chargée de leur for-

Les MIC au service des médias : collaboration internationale

En 1975, le père Jean Désautels, un jésuite bien connu des MIC aux Philippines, devenu secrétaire général de l'Association catholique internationale de la radio et de la télévision (Unda), demande les services d'une MIC bilingue pour son secrétariat à Bruxelles, en Belgique. Le conseil général désigne sr Madeleine Delorme pour cette mission ponctuelle qui durera trois ans.

L'année suivante, le président mondial de l'Organisation catholique internationale du cinéma et de l'audio-visuel (OCIC), l'abbé Lucien Labelle, de Montréal, fait la même demande. Il obtient une réponse favorable et sr Huguette Turcotte rejoint sa compagne à Bruxelles. Suivent alors des années de travail assidu au service de ces organisations ecclésiales qui prennent une envergure considérable après l'impulsion donnée par Vatican II. Sr Huguette y poursuit son engagement pendant une douzaine d'années. Elle participe à plusieurs congrès mondiaux qui l'amènent aux quatre coins de la planète. Pour sr Huguette, ce mandat est intimement lié à l'intuition de la fondatrice :

> Les projets pastoraux mis en œuvre par les missionnaires et les organismes des jeunes Églises, souvent financés par l'intermédiaire du Service Missionnaire de l'OCIC à Rome, répondent à l'invitation de Mère Délia de «faire connaître le bon Dieu» par les moyens modernes de communication[29].

> Les deux organisations sœurs OCIC et Unda sont toujours au service de l'évangélisation et ont fusionné en 2001 sous le nom de SIGNIS.

mation. À la demande d'évêques d'autres diocèses, des sessions de formation en technique d'enregistrement radio sont offertes aux religieux et laïcs zambiens engagés dans l'apostolat. «Les années ont passé, écrit sr Evelyn, et le Centre des communications de Chipata continue de remplir son rôle d'évangélisateur à travers les Mass Médias[30].»

Au début des années 1990, un autre projet de librairie, le Diocesan Book Shop, est organisé à Chipata par sr Léontine Lang qui s'en occupe jusqu'en 1998. Depuis 2002, elle est en charge d'un établissement similaire à Mzuzu, au Malawi. À Antsirabe, à Madagascar, sr Adrienne Guay assume la direction de la Librairie catholique, après le départ, en 1984, du frère de la Salette qui en était responsable. Les objectifs de l'institution sont d'aider les familles pauvres à trouver des articles scolaires, de contrer la propagande socialiste et marxiste par la publication de livres religieux et de journaux catholiques, de favoriser des lectures édifiantes et de procurer différents objets religieux. En un mot, promouvoir l'évangélisation. La Librairie reçoit alors entre 250 et 300 clients par jour et jusqu'à 800 ou 900 lors de la rentrée scolaire. Les sœurs participent également à la formation d'un personnel capable d'assurer la relève. Elles quittent en 1987. Quelques années plus tard, en 1991, une expérience analogue est tentée à Morondova.

* * *

«Nous sommes catéchètes avant tout.» Voilà ce qu'aimait répéter à ses filles la fondatrice, Délia Tétreault. Malgré un investissement humain et matériel important en éducation, en santé, en service social, les Sœurs Missionnaires de l'Immaculée-Conception n'oublient jamais, pour leur part, le but premier de leur présence au sein des populations : y faire connaître et aimer le bon Dieu. Que ce soit de manière directe ou indirecte, les MIC relèvent ce défi quotidiennement depuis plus de cent ans.

> Ne vivez, chères Filles, que pour travailler à la gloire de Dieu et au salut des âmes : c'est la meilleure preuve d'amour que l'on puisse donner au bon Dieu[31].

Notes

1. AMIC, Lettre de Délia Tétreault à Blanche Clément (sr Saint-Paul) [Hong Kong], 27 mars 1931.
2. AMIC, Délia Tétreault, Esquisse, s.d.
3. *Evangelii Præcones*, par. 29.
4. *Ad gentes*, 40,3.
5. *Evangelii Nuntiandi*, 51,1.

6. AMIC, Henriette Lapierre, Mémoires vivantes (Implication pour la croissance des Petits Frères et des Petites Sœurs de Sainte-Thérèse-de-l'Enfant-Jésus), mars 2007.

7. Il s'agit des postulantes entrées entre la date d'ouverture du noviciat et le 31 décembre 2004. Les données n'étant pas toujours complètes, il s'agit de la meilleure estimation possible.

8. AMIC, Agathe Durand, «La vie au noviciat d'Antsirabe», *Mini-Résaka*, mars-mai 1980.

9. Témoignage de Celia Chua, «Expériences de mission en Chine», *Information M.I.C.*, vol. 22 n° 4, déc. 1999.

10. AMIC, Henriette Lapierre, Mémoires vivantes…, mars 2007.

11. AMIC, Jeannine Gagnon, Mémoires vivantes, septembre 2003.

12. Céline Gauvin, «Mêmes racines… même sève…», *Le Précurseur*, oct.-déc. 2003, p. 13.

13. Gemma Ouellet, «À Chikungu : une œuvre prioritaire», *Le Précurseur*, mai-juin 1975, p. 243.

14. Gisèle Lachapelle, «Missionnaires à Chiloé», *Le Précurseur*, nov.-déc. 1998, p. 28.

15. AMIC, Ancud, Chroniques, 1981.

16. Laurence Tourigny, «Pour une église peuple de Dieu», *Le Précurseur*, sept.-oct. 1987, p. 361.

17. Témoignage du père Gabriel Charles, prêtre diocésain cité dans Léna Lagredelle, «Une expérience remplie d'espérance», *Le Précurseur*, avril-mai-juin, 2000, p. 7.

18. Léna Lagredelle, «Une expérience remplie d'espérance…», p. 7.

19. Marie-Paule Sanfaçon, «Des jeunes s'engagent», *Le Précurseur*, mars-avril 1985, p. 196.

20. Antoinette Raynault, «Lettre d'Haïti. Kiro-Kiro-Kiro», *Le Précurseur*, sept.-oct. 1968, p. 235.

21. Pierrette Quevillon, «Nouvelles de mission», *Information MIC*, mai 1999, p. 8.

22. Monique Bigras, «AMISOL, nouvelle vedette bolivienne», *Le Précurseur*, mars-avril 1982, p. 46.

23. AMIC, MIC-O, juil.-sept. 1989, p. 43.

24. AMIC, Noëlla Brisson, Mémoires vivantes, avril 2003.

25. Édith Faucher, «Et la cuisinière devint "curé"», *Le Précurseur*, janv.-fév., 1989, p. 206-207.

26. AMIC, Véronique Bernatchez, Mémoires vivantes (Santa Luzmila), novembre 2003.

27. Témoignage de sr Monique Bigras cité dans Huguette Turcotte, «La vidéo dans les Andes», *Le Précurseur*, mars-avril, 1988, p. 46.

28. Gisèle Vachon, «R.M.K. la voix des ondes», *Le Précurseur*, mai-juin 1982, p. 69.

29. Huguette Turcotte, «Collaboration internationale pour l'évangélisation par les médias», notes personnelles, mars 2008.

30. AMIC, Evelyn O'Neill, Mémoires vivantes, septembre 2001.

31. AMIC, Lettre de Délia Tétreault aux sœurs de Manille, 11 juin 1926.

Conclusion
Et demain?

Vivez au jour le jour sans vous inquiéter pour l'avenir.

Délia Tétreault[1]

NOUS VOICI DONC AU TERME d'un vaste tour d'horizon destiné à faire connaître l'Institut des Sœurs Missionnaires de l'Immaculée-Conception – le premier institut du genre en Amérique –, et sa fondatrice, Délia Tétreault. Ce travail de synthèse aura également permis de mettre de l'avant, de façon concrète, les nombreuses œuvres accomplies, de même que les femmes qui ont contribué à leur réalisation au fil des ans.

Au Canada, les sœurs ont à coup sûr marqué l'imaginaire de milliers d'enfants en recueillant des sous pour les «petits Chinois» de la Sainte-Enfance. Or cette œuvre pontificale, étroitement associée aux MIC dans le souvenir collectif, est loin de rendre justice à la diversité de leur apostolat. Chargées de «faire connaître le bon Dieu», les Missionnaires de l'Immaculée-Conception ont choisi d'y parvenir en travaillant au mieux-être des populations. C'est là l'essence de leur engagement dans tous leurs pays de mission : Chine, Philippines, Japon, Hong Kong, Taiwan, Haïti, Cuba, Malawi, Zambie, Madagascar, Bolivie, Pérou, Guatemala, Chili et Honduras. Les différents chapitres de ce livre – particulièrement ceux où l'on voit les sœurs se dévouer pour éduquer, soigner et soulager la misère des gens – auront permis aux lecteurs d'élargir leur cadre de référence.

Dans ces pages, il a été question du passé. Mais l'histoire des MIC est toujours en marche. Un grand nombre de ces femmes poursuivent aujourd'hui le travail amorcé il y a plus de cent ans. Et demain, de nouvelles candidates franchiront les portes de l'Institut et deviendront des pionnières qui marqueront à leur tour l'histoire de la communauté. De nouveaux souvenirs viendront alors enrichir les archives. Alors que plusieurs analystes prévoient un futur plutôt sombre pour les instituts religieux au Québec, quel avenir se dessine pour les Sœurs Missionnaires de l'Immaculée-Conception?

Les MIC en 2007

« Les communautés ont vieilli, terriblement vieilli », écrit la sociologue Nicole Laurin dans un article intitulé « Quel avenir pour les religieuses du Québec[2] ». Les MIC, comme les autres, n'ont pas échappé à cette réalité. Alors que l'âge moyen était de 44 ans en 1965, il atteint 68 ans en 2007. Cela signifie que les entrées ne se font plus à un rythme suffisant pour freiner le déséquilibre. Pas assez de nouvelles venues pour faire contrepoids aux importantes cohortes qui ont fait leur entrée entre 1930 et 1965 et qui sont aujourd'hui vieillissantes. Au 1er janvier 2007, l'Institut compte dans ses rangs 625 sœurs, âgées de 24 à 100 ans! Plus des deux tiers d'entre elles dépassent l'âge de la retraite.

Pour les religieuses, toutefois, atteindre le cap des 65 ans n'est pas particulièrement significatif. Dans les couvents, on travaille jusqu'à un âge avancé[3]. Ainsi, sur les 421 sœurs âgées de 65 ans et plus, près de 325 exercent toujours une activité. Que ce soit par l'évangélisation directe ou indirecte, elles continuent de contribuer à la mission commune : annoncer la Bonne Nouvelle à ceux qui ne la connaissent pas. Ce vieillissement des effectifs a tout de même des répercussions sur l'engagement des sœurs : de nombreuses œuvres, faute de relève, doivent être remises à des communautés religieuses locales ou encore à des laïcs.

Il y a aussi des incidences financières non négligeables pour la communauté. Les coûts des soins de santé, compte tenu des besoins accrus dans

Figure 10.1

Répartition des professes MIC au 1ᵉʳ janvier 2007 selon les groupes d'âge

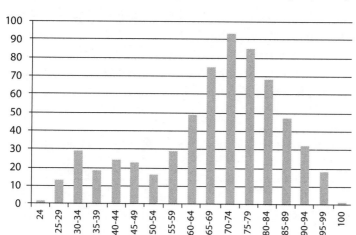

ce domaine, augmentent sans cesse ; il en va de même pour le recours à des employés laïques qui assument les tâches de soutien (administration, entretien, alimentation, etc.). Contrairement à d'autres communautés religieuses, les MIC ne sont pas riches. Elles doivent assurer une gestion serrée de leur patrimoine. Grâce aux conseils d'actuaires et de planificateurs financiers, elles peuvent anticiper les besoins à venir. La vente ponctuelle de propriétés leur permet en partie de faire face à ces nouvelles dépenses. De fait, les MIC planifient leur avenir depuis déjà un bon moment.

Perspectives d'avenir

Vieillissement des effectifs, cessions de diverses œuvres, ventes de maisons… L'avenir s'annoncerait donc bien sombre. Dans le cas des MIC, ces apparences sont toutefois trompeuses. Des éléments fort positifs viennent tempérer le précédent constat. Chaque année, depuis 2001, une dizaine de candidates ont prononcé leurs vœux temporaires, pour un total de 56 nouvelles professes (scolastiques) en six ans. Le nombre de postulantes et de novices se maintient aussi à un niveau encourageant : elles sont 26 en 2007. Bien peu de communautés religieuses, au pays, peuvent revendiquer de tels résultats. Cette relève, pour la plus grande part, vient d'Haïti et de Madagascar, où le charisme de la fondatrice Délia Tétreault suscite un élan missionnaire indéniable. Plus de 50 % des professes reçues entre 2001 et 2006 sont originaires de ces pays. Quant aux novices et postulantes de 2007, elles confirment cette tendance. L'Afrique, avec la Zambie et le Malawi, occupe le troisième rang.

Tableau 10.2

Répartition par pays des postulantes et novices MIC au 1er janvier 2007

	Novices	Postulantes
Canada	1	
Philippines	1	1
Haïti	6	3
Chili		1
Malawi		3
Zambie	2	
Madagascar	5	3
Total	15	11

Chaque jour, le caractère multiculturel de l'Institut s'accentue. Le pourcentage encore très élevé de Canadiennes masque sans doute un peu le phénomène, particulièrement au Québec. Mais comme le souligne Nicole Laurin, « l'avenir des communautés ne passe pas par le Québec, du moins dans l'immédiat[4] ». D'ici 10 ans, l'image de la communauté MIC se sera à nouveau considérablement transformée.

Autre élément positif, la participation toujours plus grande des laïcs dans l'aventure missionnaire. Que ce soit les ASMIC, dont le nombre, à travers les différents pays, augmente constamment, ou encore les laïcs missionnaires, jeunes et moins jeunes ont été plus nombreux que jamais à s'engager avec les MIC.

Pour toutes ces raisons, de nouvelles insertions missionnaires sont encore envisagées. Toujours soucieuses de répondre aux nombreux besoins des sociétés et de l'Église qui les appelle à aller partager la Bonne Nouvelle, les

MIC ont bel et bien quelques projets dans leurs cartons. Rien de concret à ce jour, mais les sœurs observent, réfléchissent. En Afrique, le Cameroun est évoqué comme une possibilité. Plusieurs demandes d'admission arrivent du Vietnam. Les MIC devraient-elles s'y implanter ? La question est à l'étude. Enfin, il y a la Chine. Les sœurs surveillent avec attention la conjoncture politique du pays et au moindre signe d'ouverture, elles renoueront avec leur premier champ d'apostolat. Des projets porteurs d'espoir pour l'Institut...

L'avenir montre donc des signes encourageants pour les MIC. Leur survie n'est pas menacée, du moins à court et à moyen terme. Toutefois, la prudence est de mise car le recrutement demeure fragile. Des efforts ont déjà été entrepris pour faciliter l'accueil de jeunes filles en Asie, en Amérique latine et en Afrique. D'autres initiatives en ce sens seront certainement nécessaires. De plus, des choix difficiles attendent la communauté. Quelles œuvres privilégier ? Quelles régions favoriser ? Maintenir une présence significative dans de nombreux pays constituera un enjeu de taille dans les années à venir. Dans la mouvance engendrée par ces décisions délicates, les Sœurs Missionnaires de l'Immaculée-Conception devront continuer de relever des défis quotidiens : favoriser le vivre ensemble interculturel, transmettre le charisme de Délia Tétreault et l'héritage canadien-français de la communauté, incarner la mission première dans des contextes nouveaux... C'est l'engagement que les MIC de tous les pays prennent déjà pour réaliser leur consécration de religieuses missionnaires.

Notes

1. Lettre de Délia Tétreault à Agnès Lavallée (sr Du-Saint-Cœur-de-Marie) [Koriyama], le 1er mars 1930.
2. Nicole Laurin, « Quel avenir pour les religieuses du Québec ? », *Relations*, juin 2002, n° 677, p. 30-34. [En ligne] http://www.revuerelations.qc.ca/relations/archives/themes/textes/eglise/egli_laur_0206.htm
3. Nicole Laurin fait le même constat. Voir Nicole Laurin, *op. cit.*
4. *Ibid.*

ANNEXES

Présence MIC au Québec et au Canada depuis 1905[1]

Ville	Arrivée	Départ[2]
Outremont	1905	…
Saint-Bruno	1915	1918
Nominingue	1915	1975
Montréal	1916	…
Rimouski	1919	1992
Joliette	1919	…
Québec	1919	…
Vancouver, Colombie-Britannique	1921	…
Pont-Viau (Laval)	1924	…
Trois-Rivières	1926	1992
Granby	1930	1986
Chicoutimi	1930	1986
Sainte-Marie-de-Beauce	1932	1967
Saint-Jean-d'Iberville	1935	2005
Ottawa, Ontario	1955	1997
Perth, Nouveau-Brunswick	1955	1971
Edmunston, Nouveau-Brunswick	1959	1967
Saint-Sulpice	1972	1995
Longueuil	1973	…
Labelle	1975	…
Sainte-Dorothée (Laval)	1978	1994
Toronto, Ontario	1981	1989
Verchères	1993	1999

1. Dans certaines villes, les MIC ont eu plus d'une résidence. Les années données ici montrent leur présence dans chaque ville depuis leur première implantation jusqu'à la fermeture de la dernière maison.
2. Les points de suspension indiquent qu'en date du 1er janvier 2008 les MIC sont toujours présentes dans la ville.

Annexe 2

Lieux de formation MIC au Québec 1905-2007

	Postulat	Noviciat	Scolasticat[1]
Outremont – 314, Ch. Côte-Ste-Catherine[2]	1905 - 1924[3]	1905 - 1924	1905 - 1938
Nominingue		1915 - 1921[4]	
Rimouski – Rue Ste-Marie et rue St-Germain	1919 - 1924		
Joliette	1921 - 1924		
Québec – Rue Simard	1922 - 1924		
Montréal - 2900, Ch. Côte-Ste-Catherine			1938 - 1967
Pont-Viau (Laval)	1924 - 1971	1924 - 1971	1967 - 1970
Outremont – 314, Ch. Côte-Ste-Catherine	1971 - 1972	1971 - 1972	1971 - 1972
Montréal – Rue Bloomfield			1972 - 1973
Montréal – Rue Louis-Colin	1972 - 1976 1992	1972 - 1976	
Montréal – Rue Plantagenet	1976 - 1982	1976 - 1982	1973 - 1982 1985
Québec – Rue Murray	1983 1986 - 1987		1988 - 1990 1996 - 1998
Longueuil – Rue St-Thomas	1985 - 1987		1982 - 1985
Ottawa – Rue Goulburn		1986 - 1988	
Ottawa – Rue Glynn		1988 - 1989	
Scolasticat International Longueuil - Rue St-Thomas			1990 - 1996 1998 - 2003 2004 - 2007
Montréal – Rue St-Dominique	1993 - 1994		
Montréal – Rue De Londres	2004 - 2007	2004	

1. Lieu de formation pour les jeunes professes à vœux temporaires.
2. Les MIC ne déménagent au 314 (anciennement le 28, chemin de la Côte-Sainte-Catherine) qu'en 1906. En 1905, elles résidaient au 27 de la même rue.
3. De 1919 à 1924, date de la construction de la maison de Pont-Viau, des postulats existaient simultanément à Outremont, Rimouski, Joliette et Québec.
4. Le noviciat canonique (2e année) se faisait à Nominingue alors que les novices de 1re année demeuraient à la Maison Mère.

Annexe 3

Lieux d'enseignement au Québec et au Canada

Ville	Établissement	Niveau	Années
Outremont	Académie Immaculée-Conception	Élémentaire	1906-1920
	Jardin Marie-Enfant	Maternelle	1938-1965
Montréal	Jardin Jésus-Enfant	Maternelle	1938-1958
	École Délia-Tétreault	Élémentaire	1958-1972
		Secondaire	1959-1970
		Collégial	1963-1968
	École chinoise catholique	Maternelle	1948-1957
		Élémentaire	1967-1971
			1913-1931
Saint-Bruno	École paroissiale	Élémentaire	1915-1918
Rimouski	École Saint-François-Xavier	Élémentaire	1932-1967
Granby	École Sainte-Famille	Maternelle	1931-1952
		Élémentaire	1931-1974
		Secondaire	1936-1952
	Patronage Immaculée-Conception	Maternelle	1936-1952
Trois-Rivières	École Marie-du-Temple	Élémentaire	1933-1954
	École Saint-Jean-de-Brébeuf	Élémentaire	1954-1972
Perth (N.-B.)		Maternelle	1956-1971

Écoles apostoliques et juniorat au Québec[1]

Ville	Type d'établissement	Années
Outremont	École apostolique	1902-1910
Rimouski	École apostolique	1921-1967
Sainte-Marie-de-Beauce	École apostolique	1932-1943
Chicoutimi	Juniorat	1955-1967

1. Au-delà d'une formation scolaire, ces établissements offraient aux jeunes filles une préparation en vue d'une future vie religieuse ou missionnaire.

Annexe 4

Répartition géographique des effectifs MIC à tous les dix ans (1910-2000)

PAYS/RÉGIONS	1910	1920	1930	1940	1950	1960	1970	1980	1990	2000
AMÉRIQUE DU NORD										
Québec	9	53	161	349	441	439	464	502	491	439
Vancouver			8	15	28	26	19	15	7	4
Ontario						4	17	14	12	3
Nouveau-Brunswick						9	7			
Nouvelle-Écosse										
États-Unis					7	7	11	10	4	1
ASIE										
Chine	6	17	36	86	27	1	1			
Hong Kong			5	10	11	27	30	32	17	11
Philippines			7	11	44	60	87	63	60	58
Japon			9	10	20	31	39	34	29	21
Taiwan						19	34	19	18	18
AFRIQUE										
Malawi					16	43	52	34	29	16
Zambie						20	25	21	17	11
Madagascar						13	32	33	33	31
Kenya										2
AMÉRIQUE LATINE										
Bolivie						6	22	12	14	8
Chili							8	6	6	5
Pérou						5	19	26	25	20
Guatemala							9	5		
Honduras								1		
ANTILLES										
Haïti					33	79	95	72	47	41
Cuba					19	43	11	18	17	15
EUROPE / MOYEN-ORIENT										
Italie			4	4	3	4				2
Angleterre							2			
Liban										1
TOTAL	15	70	230	485	649	836	984	917	826	707

Annexe 5

Présence MIC dans le monde depuis 1909[1]

ASIE

CHINE		
Chine du sud		
Canton (Guangzhou)	1909	1951
Shek Lung (Shilong)	1913	1952
Tong Shan (Dongshan)	1916	1923
Shameen (Shamian)	1917	1952
Tsungming (Chongming)	1928	1948
Tseng Shing	1929	1931
To Kom Hang (nord de Canton)	1933	1951
Süchow (Xuzhou)	1934	1948
Fong Tsun (Fengcun)	1938	1946
Xiamen	1991	1994
Zhaoqing	1991	1944
	1995	1977
Mandchourie		
Leao Yuan Sien (Liaoyuan)	1927	1951
Pamientcheng (Bamiancheng)	1929	1947
Fakou (Faku)	1930	1947
Taonan (Taonan)	1931	1943
Szepingkaï (Siping)	1931	1953
Tung Liao (Dongliao)	1932	1947
Koungtchouling (Gongzhuling)	1933	1947
Paitchengtze (Baicheng)	1933	1953
Changchun	1995	2004

PHILIPPINES		
Manille	1921	…
Las Pinas	1946	1974
Mati	1947	…
Davao	1952	…
Padada	1954	1980
Baguio	1955	…

Hagonoy	1965	1973
Sapang Palay	1966	1980
Kiblawan	1967	1972
Antipolo	1972	1989
Calamintao	1975	1980
Miarayon	1980	1983
Malita	1981	1995
Palawan	1983	1987
Santa Cruz	1989	…
Mamburao	1991	1998
Kibutiao	2005	…

JAPON		
Naze	1926	1933
Kagoshima	1928	1934
Koriyama	1930	…
Wakamatsu	1933	…
Kitakata	1965	1981
Tokyo	1949	…
Iwaki	1994	2000
Gyoda	2000	…

HONG KONG		
Kowloon (agglomération urbaine du Hong Kong continental)	1927	…

TAIWAN		
Kuanhsi	1954	…
Shih Kuang Tze	1955	1986
Taipei	1956	…
Suao	1958	1971
Hsinchu	1964	1971
Nan Ao	1966	1980
Chienshih	1999	2006

1. Dans certaines villes les MIC ont eu plus d'une résidence. Les années données ici montrent leur présence dans chaque ville depuis leur première implantation jusqu'à la fermeture de la dernière maison.

ANTILLES

HAÏTI

Les Cayes	1943	…
Les Coteaux	1944	1994
Roche-à-Bateau	1945	1987
Port-Salut	1947	…
Camp-Perrin	1949	1977
Mirebalais	1949	1970
Limbé	1950	1988
Cap-Haïtien	1952	…
Chantal	1953	…
Trou-du-Nord	1955	…
Port-au-Prince	1956	…
La Boule	1956	1982
Deschapelles	1956	1978
Croix-des-Bouquets	1958	1973
Hinche	1962	…
Dubuisson	1997	…

CUBA

Mercedes	1948	1961
Martí	1948	1961
Manguito	1949	1961
Los Arabos	1950	1961
Maximo Gomez	1952	1961
Colón	1954	…
San Jose de los Ramos	1958	1961
La Havane	1969	…
Morón	1973	1989
Holguín	1977	1996
Los Palacios	1980	2005

EUROPE

ITALIE

Rome	1925	1969

AMÉRIQUE DU NORD

Pour la présence MIC au Canada, voir annexe 1.

ÉTATS-UNIS

Marlborough (Massachusetts)	1946	1973
San Francisco (Californie)	1972	1991
Elizabeth City (New Jersey)	1974	1976
San Bruno (Californie)	1975	1981
Mc Neil (Arizona)	1986	1997

AFRIQUE

MALAWI

Katete	1948	1994
Mzambazi	1949	1994
Rumphi	1950	1971
	1983	1992
Karonga	1951	1978
Kaseye	1951	1991
Vua	1952	1956
Nkata Bay	1953	1974
	1995	2002
Banga (Nkata Bay)	1975	1985
Mzuzu	1956	…
Mzimba	1966	…
Madisi	1974	1980
Lilongwe	2004	…

MADAGASCAR

Morondava	1952	…
Ambohibary	1958	…
Antsirabe	1963	…
Tananarive (Tsaramasay)	1964	…
Mahabo	1964	1979

ZAMBIE

Chipata (anc. Fort Jameson)	1954	…
Kanyanga	1957	…
Nyimba	1959	1970
Chikungu	1962	1988
Kapata	1975	1976

AMÉRIQUE LATINE

BOLIVIE

Cochabamba	1957	...
Irupana	1961	1979
Santa Cruz	1962	1970
La Paz	1964	1986
Catavi	1965	1979
Villa Tunari	1972	1981
Puerto Villarroel	1979	1981
Llalagua	1980	1983
Baures	1981	1992
Huancarani	1983	1997

PÉROU

Pucallpa	1960	...
Lima	1962	...
Yauri	1972	1991
Santa Luzmila	1978	1993
San Juan de Miraflores	1979	1991
Tate	1996	2001
Cajabamba	2002	...

GUATEMALA

Totonicapán	1962	1981
Champerico	1969	1981

CHILI

Ancud	1963	2007
Santiago	1968	1974
	1992	...
Chaitén	1981	1987

HONDURAS

Miraflores	1976	1978
	1980	1981
Valle de Angeles	1978	1980
Choluteca	1976	1978

Bibliographie sommaire

Bacon, René. *Se faire Chinoises avec les Chinois (1922-1932)*. Lennoxville, MNDA, 1999.

Bruno-Jofré, Rosa. *Vision and Mission. The Missionnary Oblate Sisters*. Montréal/Kingston, McGill-Queen's University Press, 2005.

Collectif Clio. *L'histoire des femmes au Québec depuis quatre siècles*. Montréal, Le Jour, 1992 (1982).

D'Allaire, Micheline. *Vingt ans de crise chez les religieuses du Québec, 1960-1980*. Montréal, Bergeron, 1983.

Danylewicz, Marta. *Profession : religieuse. Un choix pour les Québécoises, 1840-1920*. Montréal, Boréal, 1988.

Denault, Bernard et Benoit Lévesque. *Éléments pour une sociologie des communautés religieuses au Québec*. Montréal/Sherbrooke, Presses de l'Université de Montréal, 1975.

Désilets, Andrée. « Un élan missionnaire à Gaspé : les Sœurs Missionnaires du Christ-Roi (1928-1972) ». *Société canadienne d'histoire de l'Église catholique. Sessions d'études*, 46 (1979), p. 65-85.

Dries, Angelyn. *The Missionary Movement in American Catholic History*. Maryknoll, NY, Orbis, 1998.

Duchesne, Lorraine et Nicole Laurin. « Les trajectoires professionnelles des religieuses au Québec de 1922 à 1971 ». *Population*, 2 (1995), p. 385-414.

Duchesne, Lorraine *et al.* « La longévité des religieuses au Québec ». *Sociologie et Société*, 19 : 1 (1987), p. 145-152.

Dufourcq, Elisabeth. *Les aventurières de Dieu. Trois siècles d'histoire missionnaire française*. Paris, Jean-Claude Lattès, 1993.

Dumont, Micheline. *Les religieuses sont-elles féministes ?* Montréal, Bellarmin, 1995.

Dumont, Micheline. « Les charismes perdus : l'avenir des congrégations religieuses féminines en l'an 2000 [au Québec] ». *Recherches féministes*, 3 : 2 (1990), p. 73-111.

Dumont, Micheline. « Les fondatrices étaient-elles des saintes ou des entrepreneures ? » dans Denise Veillette, dir., *Femmes et religion*. Sainte-Foy, Les Presses de l'Université Laval, 1995.

Ferreti, Lucia. *Brève histoire de l'Église catholique au Québec*. Montréal, Boréal, 1999.

Gervais, Émile. *Les sœurs missionnaires de Notre-Dame des Anges*. Québec, Belisle, 1963.

Groulx, Lionel. *Le Canada français missionnaire*. Montréal, Fides, 1962.

Lamontagne, Sophie-Laurence. « La mission sans frontière » dans *Le Grand Héritage II. L'Église catholique et la société du Québec*, Québec, Gouvernement du Québec, 1984, p. 171-209.

LAPERRIÈRE, Guy. *Les Congrégations religieuses. De la France au Québec, 1880-1914*, t. 1 : *Premières bourrasques, 1880-1900*, Sainte-Foy, PUL, 1996 ; t. 2 : *Au plus fort de la tourmente, 1900-1904*, Sainte-Foy, PUL, 1999 ; t. 3 : *Vers des eaux plus calmes, 1905-1914*. Sainte-Foy, PUL, 2005.

LAURIN, Nicole, Danielle JUTEAU et Lorraine DUCHESNE. *À la recherche d'un monde oublié. Les communautés religieuses de femmes au Québec de 1900 à 1970*. Montréal, Le Jour, 1991.

LAURIN, Nicole. « Quel avenir pour les religieuses du Québec ». *Relations*, juin 2002, n° 677, p. 30-34.

LESSARD, Marc et Jean-Paul MONTMINY, o.p. « Les religieuses du Canada : âge, recrutement et persévérance » dans *Recherches sociographiques*, vol. 8 (1967), p. 17-47.

LESSARD, Marc et Jean-Paul MONTMINY, o.p. « Recensement des religieuses au Canada » dans *Donum Dei*, vol. 11 (1966), p. 359-386.

Les trente premières années de l'Institut des Sœurs Missionnaires de l'Immaculée-Conception, 1902-1932. Chroniques de l'Institut, Côte-des-Neiges, 1962.

LINTEAU, Paul-André. *Histoire du Québec contemporain*. Tome 1 : *De la Confédération à la crise (1867-1929)*. Tome 2 : *Le Québec depuis 1930*. Montréal, Boréal compact, 1989.

MAGNAN, Anne-Marie, m.i.c. *Braise et encens, mère Marie du St-Esprit*. Montréal, Maison mère des Sœurs de l'Immaculée-Conception, 1960.

MALOUIN, Marie-Paule. *Entre le rêve et la réalité. Marie Gérin-Lajoie et l'histoire du Bon-Conseil*. Montréal, Bellarmin, 1998.

MALOUIN, Marie-Paule. *Ma sœur, à quelle école allez-vous ? Deux écoles de filles à la fin du XIXᵉ siècle*. Montréal, Fides, 1985.

MATIGNON, J.-J. *La Chine hermétique. Superstitions, crime et misère*. Librairie orientaliste Paul Geuthner, Paris, 1936.

[En ligne] http://classiques.uqac.ca/classiques/matignon_jj/chine_hermetique/matignon_crime.doc#table

RAGUIN, Yves, s.j. *Au-delà de son rêve... Délia Tétreault*. Montréal, Fides, 1991.

ROBILLARD, Denise. *Aventurières de l'ombre. De l'obéissance au discernement, les missions des Sœurs de la Providence, 1962-1997*. Montréal, Carte blanche, 2001.

ROUSSEAU, Louis et Frank W. REMIGGI, dir. *Atlas historique des pratiques religieuses : le sud-ouest du Québec au XIXᵉ siècle*. Ottawa, Presses de l'Université d'Ottawa, 1998.

SALAMONE, Frank A. « Feminist Mission Sisters : Nurses, Midwives, and Joans-of-all-Trades : The Dominican Sisters in Nigeria » dans *Women Missionaries and Cultural Change*. Williamsburg, College of William and Mary, 1989.

TRUCHET, Bernadette. « De la difficulté à partir en mission : les Franciscaines de la Propagation de la foi : 1840-1875 » dans *Femmes en mission*. Actes de la XIᵉ session du CREDIC à Saint-Flour (août 1990). Lyon, 1991, p. 99-104.

TUCKER, Ruth A. « Female Mission Strategies : A Historical and Contemporary Perspective ». *Missiology*, vol. 15, n° 1 (Janvier 1987), p. 73-89.

VOISINE, Nive, dir. *Histoire du catholicisme québécois*. Montréal, Boréal, vol. III, tome 1 : *Le XXᵉ siècle (1898-1940)*, par Jean HAMELIN et Nicole GAGNON, 1984 et vol. III, tome 2 : *Le XXᵉ siècle (de 1940 à nos jours)*, par Jean Hamelin, 1984.

Table des matières

ACHEVÉ D'IMPRIMER EN MAI 2008
SUR LES PRESSES DE K2 IMPRESSIONS
À QUÉBEC